Kelemen Alíz
Lily Jane

Borítóterv
Kapczár Botond

Lily Jane

Kelemen Alíz

Figyelem! A szereplők egytől egyig fiktív karakterek, bárminemű hasonlóság csupán a véletlen műve…

1.

Többféle dolog létezik a világon, ami megihlethet egy művészt. Van, akit a természet szépsége ragad magával; egyesek az emlékeikből és a maguk által átélt tapasztalatokból merítkeznek, míg akadnak olyanok is, akiket egy bizonyos érzés ejt rabul. Innen közelítve meg tehát, ez a hatalmas kuszaság, amit mi életnek nevezünk, telis tele van ihletet, művészetet árasztó csodákkal, múzsául szolgálva minden olyan embernek, akik alkotni születtek erre a világra.

Lily Jane Monroe is ezen típusú emberek csoportját erősítette. Ő talán nem mindig tudta volna pontos ihletforrását megnevezni, de az biztos, hogy feneketlen kútként áradt fejéből az ötletek tengere. Elég volt egy szó, egy hang, egy illat, vagy épp csak egy utcán elkapott, jelentéktelennek tűnő történés és Lily Jane-nek máris alkotnia kellett. Csak előkapta kopott, fekete fedelű vázlatfüzetét, kezében a grafit pedig önálló életre kelt. Viszont sajnos nem volt olyan szerencsés, hogy napjai minden aprócska pillanatában közelében tudhassa óriási becsben tartott vázlatfüzetét, így olykor kénytelen volt beérni egy egyszerű papírlappal, vagy éppen egy gyűrött szalvétával…

– Segafredo kávéból készítsem a cappucinót? Pulykás, vagy csirkés szendvicset szeretne? Hány darab csokis kekszet is mondtak?

Nos, igen. Az élet sajnos általában kissé bonyolultabb a vártnál és nem pottyant egyik pillanatról a másikra egy modern stúdiót milliónyi kibontakozási lehetőséggel fűszerezve a leendő művészpalánták ölébe, így Lily Jane ruhatervei színképeinek kigondolása közben egyelőre kénytelen volt egészen másfajta tevékenységekkel tölteni szabadidejét.

A pláza kávézója nem kifejezetten művészeknek való hely volt. Illetve, akár az is lehetett volna, hiszen egy forró ital és egy laptop társaságában eltölteni egy kellemes órát odabent a friss pékáru illatának varázsában biztosan bárki ihletét könnyedén meghozta volna. A pult mögött állva a nap végére pulykaszagú egyenruhában azonban már korántsem tűnt a hely olyan művészinek.

– Mennyi az idő?

– 6 múlt. Már csak fél óra és lerajzolhatod.

– A fejembe látsz, Natasha.

És valóban. Lily Jane kezei valósággal remegtek a vágytól, hogy papírra vethesse legújabb ötletét. Barátnőjének, Natashának persze nem kellett gondolatolvasó képességekkel rendelkeznie ahhoz, hogy ezt kitalálhassa, hiszen majdnem minden nap megtörtént.

– Járt ma már bent a kedvenced? – lökte viccelődve oldalba Natasha. Lily Jane megrázta a fejét, miközben a kávégép mellett várta, hogy lefőjön a fekete.

– Nem, pedig nagyon jól jönne még egy kis inspiráció.

– Még ennél is több? Hisz már így is percenként az órát bámulod!

– Nem csak a tervek miatt. Elfáradtam, Nat. Hosszú volt a nap.

Lily Jane kimerülten pislogott, miközben monoton mozdulattal öntött tejet a kávéba. Aznap tényleg óráknak tűntek a percek, az egyetemi előadások is

vánszorogva teltek csak el, a kávézóba pedig alig-
alig tért be valaki, nem volt nagy a forgalom. A
bejárat feletti szélcsengő dallamos hangja azonban
egy új vendég érkeztét jelezte, mire Natasha fáradt
arcú barátnőjére pillantott.
– Úgy látszik, mégiscsak szerencséd van.
Szinte mindenki az ajtó felé kapta a fejét. Talán még
a vendégek is megérezték, hogy valaki különleges
lépett a kávézóba, Lily Jane szemei pedig azonnal
felragyogtak és gyors léptekkel a kasszához sietett,
hogy kiszolgálhassa az érkező vendéget. Egy
középkorú hölgy volt az, de nem akármilyen
középkorú hölgy, hanem Lily Jane legtöbb ötletének
inspirációja. Talán mind ismerjük azt a bizonyos
megmagyarázhatatlan bölcsességet, amely néhány, a
fiatalkorán már túl lévő hölgy komoly, merengő
arcából és kisugárzásából árad, ennek a bizonyos
hölgynek pedig minden porcikája egyfajta komor
bájt és hideg, mégis elbűvölő eleganciát hirdetett.
Szigorú arcvonásai rezdületlenek és mozdulatlanok
voltak, csak csodaszép ívben görbülő szája mozgott,
miközben beszélt. Nem gesztikulált, olyan volt akár
egy hófehér bőrű, tökéletes márványszobor. Sötét
frizurája dúsan omlott vállaira, fénylő haja szabályos
keretet adott arcának. Valójában azonban az
öltözködése volt az, ami igazán magával ragadta
Lily Jane-t.
– Egy szójatejes cappucinót kérek elvitelre, cukor
nélkül – szólt dallamos, kissé mély hangján. Ezúttal
egy lágy, krémszínű selyemblúzt viselt finom
csipkeszegéllyel az ujján. A legfelső gombot
szabadon hagyta teret engedve a nyakában lógó,
leheletvékony ezüst nyakláncnak, szíve fölött pedig
egy apró, gyöngyökkel kirakott bross pihent. Lábain

az októberi időhöz képest talán kissé meleg, ám annál divatosabb bőr bokacsizmát viselt, ami tökéletes harmóniát alkotott magas derekú szivarnadrágjával. Telefonját tartó karján egy szürke gyapjúkardigán pihent hófehér, prémes nyakszegéllyel. Sokakban talán unszimpátiát kelthetett a hölgy rideg arckifejezése és már-már nagyzolóan elegáns megjelenése, azonban kétségkívül és cáfolhatatlanul gyönyörű volt.

– Máris készítem – rebegte Lily Jane, miközben magában megállapította, hogy az ilyen erős kisugárzású emberekhez egyszerűen képtelenség kevésbé alázatos hangnemben szólni. Nagyon igyekeznie kellett, hogy a forró ital elkészítése közben ne bámulja túl feltűnően a blúz csipkéjének mintáját, a bross gyöngykirakását, vagy éppen a gyapjúkardigán prémszegélyét.

– Ha még egyszer a pulcsijára nézel, azt fogja hinni, hogy el akarod lopni – suttogta alig hallhatóan Natasha, miközben elhaladt a lány háta mögött.

– Az nem pulcsi, hanem egy…

– Nem számít, de ne ilyen feltűnően! Ha nem a telefonját babrálná, a frászt hoznád rá.

Lily Jane a szemét forgatta barátnője rosszalló megjegyzésére, majd széles mosollyal az arcán nyújtotta át az időközben elkészült kávét.

– Köszönöm! – vette ki kezéből a hölgy fel sem pillantva telefonja képernyőjéből. Lily Jane továbbra is megbabonázva nézte őt, miközben kisétált a helyiségből édeskés parfümillatot hagyva maga után. Már-már szánalmasnak érezte magát a jelenetet követően, hiszen a nő feltűnően semmibe nézte őt és fel sem tűnt neki, mennyire elkápráztatta a lányt elegáns stílusával, Lily Jane-t mégis valamiféle furcsa elégedettség töltötte el akárhányszor új ötleteket merített belőle.

Újból az órára pillantott és nagy levegőt véve konstatálta, hogy nemsokára tényleg rajzolhat. Percek kérdése volt csupán, csak túl kellett élniük a szokásos napi látogatást egy sokkal kevésbé izgalmas kisugárzású embertől. Amikor hetet ütött az óra, ismét nyílt a kávézó ajtaja és Steve lépett be rajta, a tulaj. Határozottan kellemetlen kisugárzású, kopaszodó férfi volt még a kisugárzásánál is kellemetlenebb szaggal, ám annál nagyobb egóval.

– Mi újság, lányok? – lépett a pulthoz. Sosem várta meg a választ, miután szemeivel végigmérte a lányokat, továbbhaladt a konyha felé egyetlen további szót sem pazarolva rájuk.

– Tudod, Steve, csak a szokásos. Beleköptem három vendég csészéjébe és felvilágosítottam két gyereket, hogy a sarki boltban tizedennyiért vehetnének csokis kekszet. Ja, és a miénk ráadásul még rágós is – motyogta magában Natasha gúnyosan, Lily Jane pedig halkan kuncogott az orra alatt.

– Halkabban, még meghallja!

– A mi szánkon kiejtett szavakat? Ezt te sem gondolhatod komolyan. A szoknyánkon kívül semmit sem lát. Még egyetlen egyszer sem volt példa arra, hogy a szemembe nézzen. Szerinted képes egyáltalán megérteni, hogy beszélni, sőt még gondolkodni is képesek vagyunk?

– Fáradt vagy Natasha. Engedd el, tudod, hogy milyen.

– De ma ne legyen ilyen. Miért kell minden rohadt napon bejönni, amikor az égvilágon semmit sem csinál, csak beleszól mindenbe?

– Shh…

– De most komolyan!

– Natasha – váltotta komolyra a szót Lily Jane – Ne rúgass ki minket, légy szíves! Tudod, hogy mennyire kell mindkettőnknek ez a munka.

– Jobban örülnék, ha csinálnátok azt a munkát és nem csak beszélnétek róla. Ha már ennyire szükségetek van rá, ugyebár – lépett ki a konyhából Steve gúnyos mosollyal arcán. Lily Jane elvörösödve lépett a kávégép mellé és magában imádkozott remélve, hogy Steve csak az utolsó szavakat kapta el beszélgetésükből. Szorgalmas takarításba kezdett úgy téve, mintha észre sem venné az időközben mellélépdelő férfit, aki minden mozdulatát árgus szemekkel figyelte.

– Elég koszos lett a gép. Nem volt eddig idő kitakarítani? – kérdezte, hangja tele volt gúnnyal és rosszindulattal.

– Nem – válaszolta Natasha megelőzve a továbbra is megszeppent Lily Jane-t – Sokan voltak ma – hazudta – Nagy volt a forgalom és még nem volt idő kitakarítani a gépet, mint látod.

A lány hangja merész volt, határozottan nem tetszett Lily Jane-nek. Féltette a munkáját és tudta, ha Natasha felhúzza valamivel a főnököt, elég egy kis botlás és ő is repül.

– Akkor osszátok be jobban az időt! Ha legközelebb jövök, csillogjon-villogjon a gép, érthető? Natasha, odafigyelj, vendégek vannak a kasszánál!

– Már megyek is.

– Te pedig – fordult Lily Jane-hez – mosolyogj többet! Ilyen búskomor ábrázattal elijeszted a vendégeket.

Steve távozni készült, a lány pedig egyetlen szót sem szólva hallgatta a férfi távolodó lépteit, miközben egyre erősebb és agresszívabb mozdulatokkal sikálta az ártatlan kávégép belsejét.

– 10, 9, 8 – kezdte Natasha motyogni, amint Steve a bejárati ajtó kilincsére tette kezét.

– Gyűlölöm ezt az embert – felelte Lily Jane fél lábbal már el is lépve az egyébként kicsit sem koszos kávéfőző mellől.

– 3, 2…

– Máris jövök.

Natasha felnevetett a párbeszéden, amely minden héten lejátszódott közöttük. A visszaszámlálás elérte a nullát, Steve kilépett a kávézóból, Lily Jane pedig már rohant is a konyha felé, majd egy maroknyi szalvétával a kezében tért vissza. Elmúlt a veszély, most már jöhetett a várva várt jutalom.

És akkor Lily Jane rajzolni kezdett, a világ pedig megszűnt létezni néhány percre. Különös érzés volt ez. A zsongás alábbhagyott, némaság ölelte körül, csak a gondolatai közt cikázó, gyönyörű anyagok és textúrák voltak jelen, semmi más. Testét különös izgalom, bizsergés járta át, valóságos eufóriaként tört rá az ötletek áradata.

Ezúttal főként a hölgy csipkeszegélyét vette alapul. A kacskaringós virágminta annyira magával ragadta, hogy minden lerajzolt ruhadarabba belecsempészte valamilyen módon. Az egyik szalvétán egy hosszú szoknya omlott le egy rajzolt nő vékonyka derekán, az anyag függönyszerűen ölelte körül lábait, egy keskeny sávban pedig csipke és selyem díszítette. Egy másikon a nő karján pihentetett prémes kardigán képe volt látható, míg a harmadikon tökéletes mása virított a brossnak, amely aztán egy szűk csipkeruhát viselő, karcsú alak mellkasát díszítette. Az ötletek csak jöttek és jöttek, mígnem a bejárati szélcsengő hangja ébresztette fel Lily Jane-t gondolatainak édes menedékéből és kénytelen volt a kasszához rohanni félredobva a szalvétákat. Miután kissé sietősen kiszolgálta az érkező vendégeket, visszatért a szalvétákhoz, legnagyobb meglepetésére azonban Natasha elképedt tekintetével találta szemben magát.

– Őrült vagy – suttogta – Jézusom! Tisztában vagy vele, hogy ezek mennyire brutálisan jók?

– Még nincsenek készen. Ezek csak vázlatok – legyintett Lily Jane, de titkon persze nagyon jól estek neki barátnője dicsérő szavai.

Natasha továbbra is mozdulatlanul állt, teljesen megbabonázták őt a rajzok, pedig korábban is látta már Lily Jane néhány tervét.

– Ez annyira igazságtalan – nyögte végül.

– Micsoda?

– Az, hogy egy sonkaszagú egyenruhában ugrálsz az embereknek, miközben ilyen dolgok vannak a fejedben. Az, hogy egy egoista szemétláda azt gondolja, hogy a mosolygáson és a kávégép pucolásán kívül semmire sem viheted. Az, hogy itt pazarolod az idődet és az energiádat, amikor ki kéne menned azon a rohadt ajtón és elárasztani a világot az ötleteiddel. Lily Jane, én ritkán mondok ilyet, de te egy zseni vagy és, ha nem húzol el erről a helyről minél hamarabb, valami nagyon nem oké az agyaddal.

Lily Jane nagyot mosolygott magában, majd egy kupacba rendezte a telerajzolt szalvétákat.

– Te is tudod, hogy ez nem így működik.

– De miért nem? Ott van a mi drága, jóképű művészbarátocskánk. Ő miért csinálhatja azt, amit szeret?

– Azért ez nem teljesen igaz. Te is tudod, hogy Will ugyanannyit dolgozik, mint mi és hónapokon át az egész fizetését félretette, hogy egy kollekcióját megvalósíthassa. Ráadásul az sem volt kifejezetten sikeres, pedig ő sokkal tehetségesebb nálam.

– Hallod te, hogy mit beszélsz? Nem tudom, emlékszel-e, de én is ott voltam azon a bemutatón és az a narancssárga tüllruha olyan volt, mintha egy élő tábortűz vánszorgott volna végig a színpadon – borzadt el Natasha az emlék hatására – Ezért a blézerért viszont – mutatott az egyik szalvétára – képes lennék megverekedni valakivel.

– Will művészete más, mint az enyém.

– Borzalmas…

– Hé! – ütötte meg tréfásan barátnője karját Lily Jane. Nem szerette, ha Natasha Will-t kritizálta.

Két legjobb barátjának személyisége enyhén szólva távol állt egymástól, valamiért mégis jól megvoltak hárman. Natasha földhözragadt, de nagyon talpraesett típus volt, aki végtelenül racionálisan szemlélte a világot, Will-ben azonban egy valódi művészlélek veszett el, akivel Lily Jane órákig tudott megállás nélkül csevegni. A fiúval az egyetemről ismerték egymást, divat- és textiltervezést tanultak, ami mindkettejük óriási szenvedélye volt. Már az első pillanattól kezdve meg volt köztük az a megmagyarázhatatlan kötődés, amely az igaz barátokat összetartja. Nem számított, milyen szörnyű, vagy nehéz napon volt túl éppen, Will társasága mindig megnyugtatta és feltöltötte Lily Jane-t.

Natashával más volt a helyzet. A kávézóban ismerték meg egymást, ugyanarra az állásra jelentkeztek, aztán végül mindkettejüket felvették, mert jól tudtak együttműködni és Steve úgy vélte, két csinos lány még több vendéget fog a kávézóba vonzani, mint egy. Natasha is az egyetemre járt, ám racionalitásához hűen ő jogot tanult. Borzasztóan fogékony volt az új információkra, törvénycikkek százait mondta fel egy-egy vizsgája előtt Lily Jane-nek mindenféle gondolkodás nélkül, akárcsak egy robot. Egy közösen eltöltött, szenvedésekkel teli év a kávézóban pedig úgy összekötötte a két lányt, hogy a második évüket már kollégiumi szobatársakként kezdték az egyetemen.

Hármójukat pedig a pláza tartotta össze, merthogy Will a két percre lévő, hasonlóan forgalmas szendvicsbárban dolgozott és a nap végére ugyanolyan kifejezéstelen, lestrapált arccal kullogott a lányok felé, mint, ahogy ők is érezték magukat. Munka után minden este beültek Will munkahelyének leghátsó asztalához, ahol ingyen limonádéval vezették le a fáradtságot. Lily Jane-nek ez volt a kedvenc része a napban, mert ilyenkor igazán egyetemistának érezte magát. A kávézó zsongása és az egész napos rohangálás mellett nem igazán volt lehetőség fiatalnak és szabadnak éreznie magát, bulizni is ritkán jártak csak el, így ezek a nap végi beszélgetések rengeteget jelentettek számára. Még, ha az ingyen limonádé nem is volt annyira nagy szám.

– Na, mutasd már! – ujjongott Will el is feledkezve fáradtságáról, amint előkerültek Lily Jane táskájából a szalvéták.

– Nem is tudom. Nagyon kellett sietnem, sokkal szebben is ki lehetne dolgozni ezt a csipkét.

– Egész délután ezt hallgattam – forgatta a szemét Natasha – Kezdem azt hinni, csak azért nem látja be, mennyire brutálisan jók a rajzai, mert azt akarja, hogy többet dicsérjük.

– Ez nem igaz, Nat. Egyszerűen csak… nem tudom. Úgy érzem, lehetnének jobbak. Sokkal jobbak.

– Ha ettől jobbak lennének, életre kelnének.

– Azért, mert te más szemmel nézed.

– Lehet, hogy nem értek hozzá, de ami jó, az jó.

– Shh! – intette csendre a lányokat Will, miközben erősen koncentrálva kezei közé vette a szalvétákat. Egyesével szemlélte őket, néha-néha végighúzta ujjait a rajzolt vonalakon, igazi vérprofiként tanulmányozta a ruhaterveket. Lily Jane sokat adott Will véleményére, mert bár barátnője szintén kedvelte a divatos ruhadarabokat, azért mégiscsak Will volt az, aki szakmailag is hiteles véleményt tudott alkotni. Lélegzetvisszafojtva várta hát a kritikát.

– Gyönyörű ez a csipke – motyogta végül elgondolkodva a fiú – Nem kell rajta dolgozni, esetleg még egy kicsit tovább lehetne vinni az ötletet egy keskeny gallérral, vagy valami hasonló. Ezt a ruhát meg kell csinálnunk, Lily Jane, nem kérdés. Majd kigondolom a részleteket, de ezt a tervet nem szabad magára hagynunk.

– Köszönöm, Will! Nem is tudod, milyen sokat jelent ez nekem.

– Te nem tudod, hogy ez itt – mutatta fel a szalvétát – milyen sokat jelent. Eltehetem őket, hogy kigondolhassam, mit lehetne kezdeni velük?

– Mind a tiéd – Lily Jane mérhetetlen örömet érzett Will lelkesedését hallva.

– Jól van, témát válthatnánk végre? – ásított Natasha – Elismerem, hogy a jövő divatgurujaival van dolgom, de jó lenne, ha én is hozzá tudnék végre szólni valamihez. Tényleg, Will, mi a helyzet azzal a jóképű főnökfiúcskával?

Will elmosolyodva dőlt hátra a székén, miközben limonádéját szürcsölte.

– Peter gyakorlatilag nem a főnököm – felelte – Csak a főnököm fia.

– Mégis állandóan itt van – nevetett fel Lily Jane a szendvicsbár pultja felé pillantva, ahol az említett személy akkor is éppen a kasszánál foglalatoskodott.

– Mert segít a szüleinek. Gondolom, át akarja majd később venni a helyet.

– Persze, biztos azért van itt ennyit, nem azért, mert itt dolgozik a pláza leghelyesebb eladója.

– Hízelgő, de Peter tényleg olyan, mintha a főnököm lenne. Nem keverem a munkát a magánélettel – húzta ismét széles mosolyra a száját Will.

– Hát én határozottan keverném a helyedben – gondolkodott hangosan Natasha – Kár, hogy Steve ilyen kiállhatatlan.

– És undorító.

– Igen! Olyan, akár egy felfuvalkodott, arrogáns, beképzelt hólyag.

– Jól van, Nat elég lesz, mert megint tisztíthatod a karmádat – lökte nevetve oldalba Lily Jane.

– Az enyémnek már teljesen mindegy. Gondolom, ezért gürizünk fél napokat a kávégép mellett.

– Lehetne rosszabb is, én azt mondom. Ez csak a kezdet, Nat és az út még nagyon hosszú.

– Hú, de bölcs lett valaki hirtelen. De tudod mit? Legyen igazad, Lily Jane Monroe – húzta ki magát Natasha, majd akárcsak egy drága koktélt, a többiek felé emelte ingyen limonádéval töltött poharát – Igyunk a kezdetre és az útra, ami előttünk áll!

– Az útra, ami előttünk áll – ismételte Will és Lily Jane, majd mindhárman nevetni kezdtek a bugyuta kis koccintáson.

Aznap éjjel Lily Jane sokat forgolódott. A koccintás gondolata járt a fejében és a csipkeruha, amit aznap tervezett. Őszintén reménykedett abban, hogy valóban igaza lesz és egyelőre még csak az elején jártak annak a bizonyos útnak, amely izgalmakkal, sikerekkel és boldogsággal telve állt előttük. Álmatlanságának talán olyan oka volt, melyet akkor még nem is sejthetett, a lelke mélyén mégis érezte, hogy aznap valóban egy fontos, az egész életét meghatározó útra lépett.

2.

Az egyik dolog, amit Lily Jane imádott a kollégista életben, az a keleti fekvésű, aprócska hálószoba volt, aminek régimódi kialakítású ablakán játékos csíkokban áradt be a fény reggelente. Ebben persze sajnos csak ritkán gyönyörködhetett néhány pillanatnál tovább, hétköznap ugyanis már a korai órákban megkezdődött a tanítás, ősszel és télen akadtak napok, amikor még sötétben ébredt, majd az erkélyen szürcsölgetve kávéját csodálhatta a napfelkeltét. Hétvégente, vagy egy-egy szerencsés napon viszont, amikor addig aludhatott, ameddig csak kedve tartotta, imádott az arcán játszadozó fénycsíkok simogatására ébredni.

Ezúttal sem volt ez másképp. Lehunyt szemeit kellemes melegség ölelte körül az arcára vetülő fénycsíkok mentén. De várjunk csak… hiszen Lily Jane határozottan úgy emlékezett, hogy előző nap szerda volt. Vagyis képtelenség, hogy hétvége legyen.

– Ó, a fenébe! Ez nem lehet! – pattant ki az ágyból, amint magához tért. Az ágy melletti, aprócska éjjeliszekrényen álló ébresztőóra bűnbánó némasággal nézett vissza rá, akárcsak a szemközti falnál Natasha üres ágya. Persze nem volt meglepő, hogy a lány korábban távozott Lily Jane-nél, Natasha képes volt hajnalok hajnalán felkelni, hogy egy izzasztó futással kezdhesse a napot a közeli parkban. Lily Jane-nek nem volt gondja ezzel és, bár a lány sokszor hívta, hogy tartson vele, semmiért sem adta volna fel a reggeleit, amikor az egész lakrész csak az övé volt és kedvére táncolhatott egyik szobából a másikba kedvenc dalait hallgatva, miközben kávét főzött.

Ezúttal viszont kénytelen volt elhanyagolni a kedvenc reggeli rutint; kapkodva indult a fürdőszobába, hogy villámgyorsan elkészülhessen.

Nagyjából tíz perccel később már a lift gombját nyomogatta eszeveszetten a kollégiumi folyosón, mintha attól gyorsabban záródott volna be az ajtaja. Közben vetett egy pillantást a jegyzetfüzetében lefirkantott órarendjére is.

– Ó, ne már! Csak Mrs. Blair-t ne! – motyogta magában, amint rájött, hogy bizony legnagyobb szerencsétlenségére éppen Mrs. Blair órájáról volt húsz perces késésben, aki már ránézésre is képes lett volna bárkit megenni reggelire. Mély levegőt vett és imádkozott, hogy a tanárnő aznap jókedvében legyen legalább csak annyira, hogy észrevétlenül besurranhasson és mindenféle felhajtás nélkül leülhessen a helyére. A másodpercek eszeveszett sebességgel suhantak el, legalább ezerszer olyan gyorsan, mint a szerda délutáni dupla gyakorlati óra utolsó perceiben szoktak. Lily Jane úgy ugrott ki a liftből, mint akit kergetnek, majd rohanni kezdett az egyetem épülete felé. Nem érdekelte semmi, csak, hogy végre ott ülhessen az órán és magába szippanthassa Mrs. Blair szavait. Tudta, hogy a tanárnő óra végén aláíratja a jelenléti ívet és biztosan nem indult volna jó reményekkel a vizsgán, ha hiányzik a neve a listáról. Lily Jane egyetlen egyszer sem akarta megengedni magának azt a luxust, hogy nem megy be órára. Az egyetem volt az egyetlen lehetősége, hogy valóra válthassa álmait.

– Elnézést a késésért… – suttogta alig hallhatóan a terembe érve; oda sem mert pillantani a tanári pulpitus felé. Lehajtott fejjel kullogott el a legközelebbi székhez, majd villámgyorsan lehuppant és ölébe véve vázlatfüzetét végre csillapodni kezdett szívverése. Egészen addig, míg fel nem pillantott, hogy minden figyelmét Mrs. Blair-nek szentelje. Merthogy a tanári pulpituson nem Mrs. Blair állt.

– Uramisten! – kerekedett el Lily Jane szeme a teremben körbepillantva. Egyetlen ismerős arcot sem látott, a hatalmas asztalnál erősen gesztikuláló tanár úrról pedig úgy tudta, valamilyen gazdasági tantárgyat tanít. Rossz terem. Ó, a fenébe!

– Mindenki láthatja tehát az ábrának köszönhetően, hogy a statisztika vizuális ábrázolása nagyon sokat segíthet a fejlődés elérésében, semmiképpen sem elhanyagolandó, ha rám hallgatnak – mutatott az asztal mögötti kivetítőre a tanár úr, ahol különböző statisztikai görbék sorakoztak. Lily Jane továbbra is döbbenten ült a helyén, nem akarta elhinni, hogy tényleg ennyire szétszórt aznap. Éppen nem túl szép szavakkal illette magát gondolatban, amikor a tanár úr karba tett kézzel fordult a hallgatók felé.

– Mit gondolnak, melyik ábrán látható görbe a legideálisabb egy cég eredményeit tekintve?

A terem majdnem teljesen tele volt diákokkal, mégsem szólalt meg senki, ez a némaság pedig kellemetlenné, majd egyenesen fullasztóvá vált. A tanár úr sem tűrte sokáig, szigorú pillantással kémlelt körül, mígnem a tekintete megállapodott egy feszült arcú lányon, aki feltűnően kerülte a szemkontaktust és úgy meredt maga elé, mintha azt sem tudná pontosan, hol van éppen. Igen, Lily Jane-től várta a választ.

– Kisasszony?

Lily Jane szíve még a néhány perccel azelőtti rohanás közbeni állapotától is sokkal gyorsabb ütemre kapcsolt, a fülében úgy lüktetett a vér, hogy attól félt, a teremben jelenlévők is meghallják. Tekintete a székek között cikázott, bár fogalma sem volt, mit keres, vagy mit vár. A kivetítőn lévő görbék mind ugyanolyannak tűntek, halovány eltérések voltak csupán, így ötlete sem akadt, melyik lehet a jó megoldás. Már éppen felkészült, hogy bevallja, sajnos nem tudja a választ a kérdésre, amikor maga elé pillantott. Az előtte ülő fiú határozottan az ő irányába tartotta telefonjának kijelzőjét a keskeny pad alatt. Lily Jane hunyorított kissé, majd felismerte, hogy a kijelzőn egy óriási hármas szám néz rá vissza.

– A harmadik a legideálisabb – mondta ki azonnal bármiféle gondolkodás nélkül, mire a tanár úr szigorú vonásai kissé megenyhültek és elégedetten bólintott.

– Jól látja, valóban a harmadik az. Szerencséje van, ezúttal elnézem, hogy késett az óráról.

Lassan visszafordult a kivetítőhöz és folytatta az előadást, Lily Jane pedig hitetlen tekintettel, elképedve meredt maga elé. Sajnos egészen biztos volt abban, hogy a tekintélyt sugárzó tanár úr órájáról esélye sem lenne kiosonni és átmenni a sajátjára. Nem volt más választása hát, mint beletörődni, hogy bár talán a statisztikával kapcsolatos ismeretei a nulláról pozitív irányba mozdulnak, Mrs. Blair órájáról bizony lemarad.

Az óra végeztével aztán elővette telefonját és a folyosón baktatva Will aggódó üzeneteit olvasgatta, aki, mivel tisztában volt vele, a lány milyen komolyan veszi tanulmányait, halálra rémült, amiért nem jelent meg aznap az előadáson.

– Eddig is szaktársak voltunk és én voltam vak, vagy sosem voltál még jelen ezen az órán? – kérdezte egy hang váratlanul a háta mögül. Lily Jane meglepetten fordult meg, hogy megválaszolja a kérdést, amint azonban szembetalálta magát a kérdező tekintetével, kínos nevetés tört rá.

– Ó, nem dehogy, én divat- és textiltervezést tanulok – hebegte és maga sem tudta volna megmondani, miért, de minden kiejtett szó nehezen hagyta csak el ajkait.

A fiú Matt Edwards volt, az egyetem szociális életének egyik központi figurája, a legnagyobb szívtipró, aki valóságos celebként járkált az épületben, mintha az egész világ a lábai előtt hevert volna. A legfelháborítóbb az egészben pedig az volt, hogy talán valóban a lábai előtt hevert. Történetesen viszont Matt Edwards volt a fiú, aki cseles kis mutatványával megmentette Lily Jane-t a gazdasági kar egésze előtti megaláztatástól.

– Akkor mégis hogy sodort ide a szél?

– Borzasztóan szétszórt vagyok ma. Elaludtam, aztán a nagy sietségben eltévesztettem a termet.

– Az mindjárt más. Már ránézésre sem tűnsz olyannak, aki ne vágná rá egyből, melyik a helyes megoldás.

Lily Jane nem volt egészen biztos abban, hogy a fiú ezt bóknak szánta-e, de nem volt túl sok kedve ezen gondolkodni, ezért végül csak halványan elmosolyodott.

– Köszönöm, hogy segítettél! Valószínűleg nagyon kínos helyzetbe hoztam volna magam, ha elkezdem

megmagyarázni, miért nincs halvány fogalmam sem
az egészről.

– Tényleg sokkal jobban jártál így. Én már azon is
csodálkoztam, hogy nem szólt semmit, amiért késve
jöttél. Mr. Jones nem igazán kíméletes típus.

– Igen, ez feltűnt. Eleinte át akartam szökni a saját
órámra, de miután a szemembe nézett eszembe sem
jutott felállni a helyemről – nevetett Lily Jane, de
szíve szerint már sietett volna Will-hez, hogy
megnyugtassa és elmesélje neki, mi történt.

– Jobban tetted, hogy a helyeden maradtál, hidd el
nekem! Legközelebb azért nézd meg jobban a
teremszámot, vagy csak gyere időben, ha ennyire
érdekel a statisztika.

– Nem különösebben rajongok érte. Azt hiszem,
inkább maradnék a saját órámnál, de tényleg
köszönöm.

– Hát igen, gyakorlatilag megmentettem az életed –
vonta meg a vállát viccelődve a fiú, mire Lily Jane a
szemét forgatta.

– Egy hős vagy, Matt.

Alig hagyta el száját az utolsó szócska, Lily Jane
legszívesebben máris kiszaladt volna a világból.
Hiszen nem mutatkoztak be egymásnak, azelőtt
pedig sosem szóltak egymáshoz, ezért a lány hirtelen
zavarba jött és azonnal elöntötte a pír. Ezen a Matt
arcán megjelenő, önelégült vigyor sem segített. A fiú
meglepett mosolya nem fakult, miközben a másik
irányba indult a folyosón, majd, mielőtt még
távozott volna, félvállról, egy kacsintás kíséretében
felelt.

– Bármikor, Lily Jane.

A lány döbbenten nézett távolodó alakja után.
Részben megkönnyebbült, hiszen így kevésbé volt

kínos iménti megszólalása, másrészt fogalma sem
volt, a fiú honnan tudhatta a nevét. A kérdései
alapján úgy tűnt, nem ismeri a lányt, Lily Jane pedig
nem tudta hová tenni a furcsa helyzetet, de nem
tűnődhetett sokáig ezen, mert egy kéz váratlanul
átölelte a vállát.
– Újabban már lógunk is? Hol a fenében voltál és
miért bámulsz úgy magad elé, mintha szellemet
láttál volna?
Will hangjában nyoma sem volt rosszallásnak,
kíváncsi szemekkel meredt Lily Jane-re, miközben
magával húzta, hogy el ne késsenek a következő
óráról.
– Ne is mondd, Will! Egy valódi rémálom ez a nap.
– Gyakorlaton mindent elmesélhetsz, kicsi. Már alig
bírok magammal, hogy végre megtudjam, mi vihette
Lily Jane Monroe-t a lógás gondolatára.
– Hé! De hát nem is lógtam, egyszerűen csak
életemben nem voltam még ilyen szétszórt és az a
fiú…
– Álljunk csak meg egy szóra! Sejthettem volna,
hogy valami fiú is van a dologban.
– Félreérted.
– Persze, hogyne, biztosan semmi izgi nincs a
sztoriban. Ahogy a nagymamám szokta mondani…
– kezdte Will szokásos bölcsességeit, de ezúttal Lily
Jane vágott a szavába.
– A fiúkkal mindig csak a baj van.
Will elgondolkodva meredt a lány arcára.
– Én nem erre gondoltam, de végülis ez is pont
ideillik – nevetett fel – Ilyen gyakran szoktam ezt
mondani?
– Nem, dehogy. Ezt csak épp megjegyeztem.

Lily Jane játékosan Will vállára hajtotta a fejét, miközben a terem felé haladtak és a fiú szokásos, „ahogy a nagymamám szokta mondani" típusú megjegyzésein kezdett gondolkodni. Általában rengeteg igazság volt bennük, de Will olyan gyakran hajtogatta őket, hogy bölcs hozzászólások helyett már csipkelődésként tekintettek rájuk.

– Egyébként fogalmad sincs, mit hagytál ki. Mrs. Blair az óra elején közölte, hogy nagy bejelentést kell tennie, mert meghívta egy kedves, francia barátját, hogy tartsa meg a mai órát, bemutatva művészetét.

– És kit hívott meg? – kérdezte Lily Jane döbbenten. Borzasztóan sajnálta, hogy lemaradt az óráról, Will habozása pedig az őrületbe kergette – Mondd már el! Nem bírom tovább!

– Piérre Dubois-t.

– Ne! Will, ne csináld ezt velem!

A lány elképedve meredt a fiú arcára a világhírű divattervező nevének hallatán, még a karja is libabőrös lett, ha belegondolt, hogy akár csak egy épületben lehet vele.

– Komolyan beszélek. Érdekes előadást tartott egyébként. Imádtad volna. Ráadásul Dubois gyakran segít feltörekvő tervezőpalántáknak megtenni az első lépést. Azt rebesgetik, nem véletlenül látogatott el az egyetemre.

Lily Jane korábbi saját maga iránt érzett dühe semmi volt a mostanihoz képest. Bármit megadott volna egy találkozásért Piérre Dubois-val, az elszalasztott, óriásinak tűnő lehetőség pedig már-már sírásra késztette.

– Azt hiszem, jobb lett volna, ha ezt nem tudom – húzta el a száját, mire a fiú megértően ölelte át a folyosón lépdelve.

– Elmondod ki a fiú?

Lily Jane felnevetett Will gyermeki őszinteséggel feltett kérdésén, majd szélesen mosolyogva rázta meg a fejét.

– Tényleg semmi fontos. Csak kisegített egy kínos helyzetből, aztán beszéltünk pár szót.

– Mégis úgy néztél ki, mikor megláttalak, mint egy nyálas szerelmi történet főszereplője.

– Mert meglepődtem.

A terem már csak néhány lépésnyire volt, Lily Jane-nek pedig egyre kevésbé volt kedve a kellemetlen reggel történéseiről mesélni, sokkal inkább a közeledő gyakorlati óra kötötte le figyelmét.

– Min lepődtél meg? – kérdezte Will, miközben a terem ajtajához értek.

– Azon, hogy… – a lány nevetségesnek érezte a jelentéktelen szituáció felnagyítását, de Will kíváncsisága elől nem menekülhetett – Azon, hogy tudta a nevem.

A fiú megtorpant a teremajtó előtt és úgy nézett Lily Jane-re, mint egy kisgyerek, aki éppen megpillantotta a Mikulást.

– Na jó – nézett mélyen a lány szemébe – El kell mondanod, ki volt az. Ebben a nevetségesen óriási épületben ez felér egy burkolt szerelmi vallomással. Senki sem tudja a neved, ha nem néz utánad.

– Jézusom, Will! Semmi burkolt szerelmi vallomásról nincs szó. Miért számít ez egyáltalán?

– Mert úgy álltál ott, mint, akit megbabonáztak, kislány! Mondd el, kérlek! Tudod, hogy én is minden szaftos sztorit elmesélek neked.

– Bár néha jobb lenne, ha nem tudnék mindent – rázta a fejét a lány, de bármennyire jelentéktelennek gondolta is a történteket, kénytelen volt mindent megosztani Will-el – Matt Edwards volt az.

Két szó volt csupán, egyetlen, ártatlan név. Lily Jane ajkait az izgalom legkisebb jele nélkül hagyta el, Will arca egyszerre mégis megmerevedett, addigi vigyora pedig azonnal eltűnt. Komoran nyitotta ki a terem ajtaját, Lily Jane pedig értetlenül, döbbenettel teli tekintettel meredt rá.

– Akkor tényleg nem számít – vonta meg végül a vállát a fiú kissé megenyhülve – Ő édes kevés hozzád, kicsi.

– Hát, én nem igazán ismerem.

– Nem is akarod, hidd el nekem – nevetett kínosan a fiú és a beállt, furcsa hangulattól mindketten érezték, jobb lesz hanyagolni ezt a témát. Persze Lily Jane tisztában volt Matt szörnyű hírével, de azért nem gondolta, hogy ennyire vészes a helyzet. Meg akarta kérdezni Will-t, miért komorult el ennyire a fiú neve hallatán, de végül úgy döntött, talán jobb, ha néhány dolgot nem tud. Egyébként sem érdekelte őt annyira Matt, hogy különösebben beleássa magát a dologba. A Will-el kettejük közt kialakult atmoszféra viszont cseppet sem volt Lily Jane kedvére való, ezért, hogy oldja kicsit a hangulatot, a teremben elfoglalva helyüket gyengéden megsimította a fiú karját.

– Ne aggódj értem. Tudod, hogy tudok vigyázni magamra.

Will arcán már nyoma sem volt a néhány perccel azelőtti feszült aggodalomnak, szeretettel teli pillantással nézett a lány szemébe.

– Tudom. Csak féltelek.

– De nincs mitől – hajtotta ismét a fiú vállára a fejét. Nagyon szerette ezt csinálni, biztonság és nyugalom érzetét keltette benne – Elmondod, mit szokott mondani a nagymamád? Azon kívül, hogy a fiúkkal mindig csak a baj van.

Will hangosan nevetett fel a lány kérésére, mire a teremben többen szúrós pillantással fordultak feléjük. A fiú nem zavartatta magát, hiszen tanár még nem volt a teremben. Finom mozdulattal simította meg Lily Jane haját és mosolyát visszafojtva suttogott a fülébe.

– Nagy nyavalya a szerelem, mindent összekuszál – Will szavai túl komolyak voltak a fiú játékosságához, ezért gyorsan hozzátette – És sose lógj óráról, kisfiam!

Lily Jane hangos nevetésben tört ki, majd nem telt sok időben és a fiú is csatlakozott hozzá. Csak nevettek és nevettek, az iménti feszültség pedig nyom nélkül szertefoszlott, az óra alatt pedig Lily Jane talán a reggeli ügyetlenkedése miatt érzett bűntudatából fakadóan jobban koncentrált, mint azelőtt bármikor. Eszébe sem jutott Matt Edwardson gondolkodni és azon, vajon a fiú honnan tudhatta a nevét. Talán Will nagymamájának megint igaza volt. Nagy nyavalya a szerelem. Csak mindent jól összekuszál.

3.

Aznap a kávézóban óriási volt a forgalom. Natasha szoros kontyba tűzött haja egyre inkább meglazult a rohangálásban, mígnem az órák elteltével megjelenése kezdett egy őrült tudósára hasonlítani. Vagy egy pudliéra. Nézőpont kérdése.

– Volt már bent? – kérdezte futtában Lily Jane-től, miközben a kávégép és a kassza között cikázott. Lily Jane-t megmosolyogtatta Natasha csapzott külseje, ami eléggé ellensúlyozta a lány komoly, határozott jellemét.

– Nem, de mostanában kicsit később szokott jönni. Mindenesetre kihozok néhány szalvétát, hogy ne kelljen elvonulnom rajzolni, ha megjelenik. Már, ha lesz rá legalább egy másodpercnyi szabadidőm.

– Ne is mondd! Tudom, hogy a hajamon mosolyogsz, de remélem, legalább elijeszt néhány vendéget és annyival is kevesebbet kell rohangálnunk.

Lily Jane hangosan felnevetett, miközben nézte, amint Natasha kusza, göndör fürtjeit igazgatja. Nagyon fáradtak voltak már mindketten, de korántsem tűnt úgy, mintha a vendégek fogyni akartak volna, sőt egyre többen és többen érkeztek a kávézóba. Lily Jane és Natasha nem tudták eldönteni, hogy sírni lenne kedvük, vagy nevetve ledobni szendvicsszagú köpenyüket és nem törődve, szabadon sétálni ki a bejáraton. Azért persze mindketten magukra erőltették szokásos mosolyukat és monoton, ezerszer ismételt mozdulatokkal szolgálták ki az embertömeget. Lily Jane tekintete egészen elhomályosult a fáradtságtól, alig vette észre az emberek közt felé hadonászó alakot még hatalmas, lelkes vigyora ellenére is.

– Will? Mit csinálsz te itt?

A fiú a pulthoz furakodott és csillogó tekintettel meredt a lányra.

– Lily Jane Monroe, ezt el sem fogod hinni.

– Nem dolgozol ma? – kérdezte a lány, miközben próbált tudomást sem venni a Will háta mögött várakozó, bosszús tekintetű vásárlókról.

– Én voltam itt előbb! Várd ki a sorod, öcsém! – hallatszottak a nem tetsző megjegyzések Will mögül.

– Nyugi van, emberek! Egy másodperc és itt sem vagyok – kiabált hátra a fiú – Sosem találnád ki, hogy ki sétált ma be hozzánk egy pulykás szendvicsért.

Lily Jane csak fél füllel hallgatta a fiút, közben kapkodó mozdulatokkal készített lattét egy várakozó, idős férfi számára.

– Will, nem igazán érek most rá. Megbeszélhetnénk később?

A lány elképesztően kimerültnek érezte magát és Natashához hasonlóan az ő megjelenése is sokat elárult erről. Lazán összefogott copfjából néhány kusza tincs önálló életre kelt, szemei alatt óriási, sötét karikák éktelenkedtek.

– Nem tudok tovább várni – ugrándozott Will továbbra is izgatottan – Piérre Dubois volt az.

Lily Jane keze egy pillanatra megállt a tejeskávé kavargatása közben, majd értetlenül rázta meg a fejét.

– Nem értem, miért olyan meglepő ez. Hiszen eddig is tudtuk, hogy Londonba jött az előadás miatt.

– Ez még nem minden, kicsi lány – a fiú röpke szünetet tartott a hatás kedvéért, majd széles mosollyal az arcán folytatta – Meglátta a szalvétákat. A te szalvétáidat.

Lily Jane teljesen ledermedt a kijelentés hallatán, képtelen volt tovább bármennyi figyelmet is szentelni a türelmetlenkedő vásárlóknak. Mélyen Will szemébe nézett, elkerekedett tekintete részleteket követelt.

– Miről beszélsz?

– Tudod, eltettem a rajzaidat, hogy átgondoljam, hogyan tudnánk kivitelezni őket. Odatettem magam mellé a pultra, mert nagyon kevesen voltak. Úgy gondoltam, mivel úgyis szalvétákon vannak, nem igazán fognak szemet szúrni senkinek, így a szabad perceimben gondolkodhatok azon, mit kezdjünk majd velük. Aztán bejött Dubois.

A várakozók egyre türelmetlenebbek voltak, már Natasha is szúrós pillantásokkal jelezte nemtetszését.

– Will, mi a fenét csinálsz itt? Feltartod a sort.

– Folytasd! – szólt a fiúra Lily Jane, miközben remegő kézzel kezdte kiszolgálni a következő vendéget.

– Amint meglátta a rajzokat, összehúzta a szemöldökét, tudod olyan művészien elgondolkodva és megkérdezte, ki rajzolta őket és miért vannak nálam. Persze ódákat zengtem neki a borzasztóan tehetséges csodalányról, aki munka közben szalvétákra vetíti ki zsenialitását – Will újabb szünetet tartott, mintha még ő maga sem akarná elhinni, amit mondani készül – Odáig van a rajzaidért, Lily Jane. Találkozni akar velünk. Megbeszéltem vele egy ebédet jövő hétre.

A kávézó zsongása valahogy megszűnt létezni, semmi sem számított Lily Jane számára, mintha minden és mindenki eltűnt volna körülötte, csak Will-t látta és csillogó szemeit, melyekkel az arcára meredt.

– Ugye most csak viccelsz? Nem szép dolog ilyennel viccelődni, tudod, mennyire odáig vagyok érte – mondta a döbbenettől erőtlen, gyenge hangon.

– Sosem viccelnék ilyennel. Piérre Dubois-val ebédelünk jövő héten. El tudod ezt hinni, csajszi? – Will váratlanul megfordult, kitárta a karját a várakozó tömeg felé és lelkesen kiáltotta a levegőbe – A fenébe is! Látják itt ezt a lányt? Ezzel a zsenivel és Piérre Dubois-val fogok ebédelni!

– Will, ki fogsz rúgatni minket! Húzz már el innen! – nevetett fel Natasha, Lily Jane pedig továbbra is elképedve meredt maga elé. Képtelen volt elhinni, hogy ez tényleg a valóság. Annyi álmatlan éjszaka után, amikor azon tépelődött, vajon nem volt-e gyerekes dolog egy olyan bizonytalan jövőért dolgozni, ami tele van bukási lehetőségekkel és egy a millióhoz az esélye, hogy sikeres lehessen, végre úgy érezte, az a rengeteg munka és szenvedélyes törekvés meghozta a gyümölcsét. Ez volt az ő nagy lehetősége, valahogy minden porcikája ezt súgta.

– Már itt sem vagyok, hölgyeim – intett Natasha felé letörölhetetlen vigyorral az arcán Will, majd a kijárat felé indult. Lily Jane legalább ugyanakkora mosollyal kiáltott utána, miközben sűrű elnézést kért a várakozóktól.

– Hé, Will – a fiú már fél lábbal a kávézón kívülről nézett vissza rá – Imádlak!

Will játékosan puszit küldött az üvegajtón kívülről, majd gyors léptekkel elsétált a szendvicsbár irányába, ahol dolgozott.

Natashának valószínűleg nem volt ideje odafigyelni Will lelkes bejelentésére, mert továbbra is fel-alá rohangált a pult mögött, kávéscsészékkel és papírpoharakkal a kezében, miközben értetlen pillantásokkal figyelte Lily Jane széles mosolyát. Neki akkor már cseppet sem számított a várakozó embertömeg, sem a kávézót betöltő, fullasztó levegő, de még az addigra fekete kávéfoltokkal díszített, gyűrött és valószínűleg szendvicsszagú köpenye sem. Lily Jane szíve megtelt reménnyel. A jobb jövő, vágyai és céljai elérésének reményével. Ezen kívül pedig egyszerűen képtelen volt bármi másra gondolni.

A két lány szorgos munkájának eredményeként a várakozók egészen hamar elfogytak és mindenki elégedetten távozott a kávézóból. Néhány óra múlva már csak egy-egy vendég érkezett, legnagyobb örömükre végre kicsit lassíthattak a tempón. Lily Jane éppen gondolataiba merülve tétlenkedett, miközben Natasha kiszolgálta az érkező vendéget, majd nevetve csettintett egyet a lány előtt, felébresztve őt gondolataiból.

– Ébresztő, Csipkerózsika! Vár a vendég – kacsintott mosolyogva, mire Lily Jane megpördült és a pulthoz sietett. Csakhogy kissé meglepődve torpant meg egy pillanatra, amint a kasszához ért. Abban reménykedett, Natasha játékos kacsintása talán azért volt, mert végre megjelent már félig-meddig sikert hozó terveinek ihletője, de legnagyobb meglepetésére korántsem a divatos hölggyel találta szemben magát. Egy másik ismerős arc nézett vissza rá a pult mögül, akinek tekintete legalább akkora meglepettségről árulkodott, mint Lily Jané.

Matt Edwards volt az.

– Te itt dolgozol? – kérdezte és, mintha Lily Jane korábbi, széles vigyora most az ő arcára vándorolt volna át. A lány maga sem tudta volna megmagyarázni, miért, de hirtelen ismét zavarba jött a fiú társaságától és majdnem biztos volt abban, hogy elpirult. Az arca szörnyen égett, már-már attól félt, menten lángra kap; kínosan nevetve túrt a hajába, majd a fiú kíváncsi, mélybarna szemeibe nézve bólintott.

– Igen, az órák után általában itt töltjük a délutánokat Natashával.

Natasha a nevét hallva feléjük pillantott és megvonta a vállát.

– Tök jó buli.

– Gondolom – húzta el száját a fiú – Elég sok étterem van ebben a plázában, azért remélem, ezt a helyet legalább mindig megtalálod időben.

– Nagyon vicces – forgatta a szemét Lily Jane – A termeket is meg szoktam találni. Az csak egyszeri alkalom volt.

– Persze, ezt mindjárt sejtettem. Lily Jane nem téved csak úgy el és Isten ments, hogy lógjon óráról!

Megint kimondta a nevét és fogalma sem volt, miért, de valahogy a fiú szájából hallva valahogy érdekesebbnek és különlegesebbnek érezte, mint előtte bármikor. Nem tudta megállni mosolygás nélkül a megjegyzést, de érezte, hogy megint pirulni kezd, ezért igyekezett összeszedni magát és a kávégép mellé lépett.

– Mit adhatok?

– Egy szójatejes cappucinót szeretnék elvitelre, cukor nélkül.

A lány azonnal nekilátott az ital elkészítésének, közben pedig kényszerítette magát, hogy minél kevesebbszer pillantson Matt-re.

– Ritkán szokták ilyen konkrétan tudni az emberek, hogy mit szeretnének – nevetett fel a kávéfőző hangját hallgatva.

– Nem nekem lesz. Én is konkrét utasítást kaptam.

– Ó, értem!

Natasha néhány lépésnyire nagyon elfoglaltnak tűnt, Lily Jane-nek mégis olyan érzése támadt, mintha a lány fél füllel az ő beszélgetésüket figyelte volna.

– Tudnál ajánlani hozzá esetleg valami finomat? – fordult Matt a péksütemények irányába. Lily Jane a pultra helyezte az elkészült kávét, majd mosolyogva pillantott végig a finomságokon. Meglepte, hogy Matt az ő véleményét kérte, de tetszett neki a dolog még, ha ezt valószínűleg magának sem vallotta volna be abban a pillanatban.

– Nekem a málnás briós a kedvencem – vonta meg a vállát – Elég gyakran elfogy, ezért minden órában friss adagot készítenek.

– Akkor kérnék szépen még egy olyat is. A *statisztikák* azt mutatják, hogy érdemes adnom a véleményedre.

– Te nagyon élvezed ezt ugye?

– Én? Na, de mégis micsodát?

– Azt, hogy van mivel piszkálnod. Imádod, hogy piszkálhatsz.

– Elmondhatatlanul imádom – felelte a fiú halkan, Lily Jane keze pedig megdermedt egy pillanatra, miközben a málnás brióst egy papírzacskóba helyezte. Különös bizsergést érzett az egész testében és fogalma sem volt, miért, de nagyon nehezen tudta csak elszakítani tekintetét a fiúétól.

Matt sem vette le a lányról szemeit, Lily Jane-t pedig olyannyira megbabonázta a sötét színű szempár, hogy alig vette észre a pulton felejtett papírzacskót a péksüteménnyel.

– A briós! – kiáltott a fiú távolodó alakja után, Matt pedig már félig kilépve az ajtón, mosolyogva fordult hátra.

– A vendégem vagy, lógós. Jó étvágyat!

Lily Jane úgy meredt a pulton pihenő papírzacskóra, mintha legalább egy gyémántgyűrű lapult volna benne. Bármennyire erőlködött is, képtelen volt visszafojtani mosolyát és a szájába harapva próbálta kerülni Natasha tekintetét. Sajnos ez lehetetlen küldetésnek bizonyult, mert a lány karba tett kézzel állt a háta mögött és egyenesen őt bámulta. Lily Jane bármit megadott volna, hogy egy kósza vásárló betévedjen és elterelje vagy az ő, vagy barátnője figyelmét, de legnagyobb szerencsétlenségére egyetlen vendég sem akadt a láthatáron.

– Miért nézel így rám?

– Te teljesen bolond vagy?

Natasha reakciója hasonló volt Will rosszalló megjegyzéseihez, Lily Jane nem értette, miért akadtak ki ennyire mindketten. A lány kivette a brióst a papírzacskóból, tört belőle egy falatot, majd a puha süteményt rágcsálva megvonta a vállát.

– Nem értem, miért mondod ezt. Csak meghívott egy briósra, beszéltünk pár szót. Ennyi.

– Te csak azt hiszed. Matt Edwards-ról van szó. Az sosem csak ennyi.

– Miről beszélsz?

– Arról, Lily Jane, hogy fülig pirultál, miközben beszéltetek és imádnivaló voltál, ne érts félre, de túl törékeny vagy te ehhez a szemétládához.

– Jó, nyilván én is hallottam róla dolgokat, de tényleg semmiség az egész – legyintett Lily Jane bekapva a briós utolsó falatját.

– Legyen úgy. Csak vigyázz magadra! Látod, még alig beszéltél vele és máris elvesztetted önmagad. Meg sem kínáltál – mosolygott megenyhülve Natasha.

– Jézusom, kértél volna?

– Nem, de azért igazán megkérdezhettél volna.

A lányok jót nevettek a bugyuta kis párbeszéden, mindketten túlhajszoltak és kimerültek voltak a hosszú nap végére. Lily Jane Natasha mellé lépett és vállát átölelve a pult mögötti péksüteményekre mutatott.

– A vendégem vagy, válassz, amit csak szeretnél! Csak legyen már vége ennek a napnak.

– Pedig még most jön a legjobb rész – mutatott a kávézó üvegajtajára Natasha, ahol távolról már látszott Steve közeledő alakja.

– Azt hittem, legalább ma megússzuk.

Natasha egy kicsit közelebb húzta magához Lily Jane-t és, miközben mindketten próbálták valami természetfeletti módon a tekintetükkel hátratartani Steve-t, a fülébe suttogott.

– Tényleg légy óvatos, te dilis! Túlságosan szeretlek ahhoz, hogy nézzem, ahogy tönkretesznek.

Lily Jane beleborzongott Natasha kijelentésébe, de szerencsére nem volt túl sok ideje azon tűnődni, mit is jelenthetett valójában. Amint Steve belépett az ajtón, mindketten úgy tettek, mintha nagyon elfoglaltak lettek volna, Lily Jane pedig az izzadt és korántsem jókedvében lévő főnök csípős megjegyzéseit figyelmen kívül hagyva azon gondolkodott, ha Dubois valamilyen módon segítene neki és közelebb kerülne céljaihoz, soha többé nem kellene betennie a lábát erre a helyre. De még a közelébe sem menne többé, az egyszer biztos.

4.

Azt hiszem, a hétvégék gondolata az emberek többségének szívét melegséggel és pozitív gondolatokkal tölti el amióta világ a világ, Lily Jane viszont egyetemi évei alatt még a szokásosnál is jobban értékelte őket, mint azelőtt. Imádta Natashát és Willt és rendszerint majd' kiugrott a bőréből, amiért végre lehetősége volt azt tanulni, ami valóban érdekelte, a hazautazás gondolata mégis mindent felülmúlt.

A vonatút nem volt hosszú, néhány óra csupán, Lily Jane mégis nagyon szerette, mert az ablakon kibámulva az elsuhanó mindenség az összes gondolatot száműzte fejéből, ez pedig nagyon ritkán fordult csak elő. A vonaton ülve nem gondolt semmire, még Piérre Dubois is háttérbe szorult kissé, ez a kivételes, gondolatok nélküli létezés pedig mindig megnyugtatta a lány szívét.

A vonatállomástól hazáig tartó séta pedig talán még magánál a vonatútnál is jobb volt. Az érzés, amikor a házak és az utcák egyre ismerősebbé válnak, mígnem az ember hirtelen megérzi a levegőben az otthon megszokott illatát, egyszerűen leírhatatlan. Lily Jane bőröndje hangosan döcögött háta mögött a macskaköves utakon, miközben elhaladt a jól ismert téglaépítésű házak mellett. Éppen a távolba meredve kezdte számolni fejben, pontosan hány háztömb is választja még el otthonától, amikor egy ismerős alak körvonalai rajzolódtak ki néhány háznyira. A vékony kis alak eleinte lassan közeledett felé, majd a felismerés egyértelmű jeleként hirtelen rohanni kezdett Lily Jane irányába.

– Lassabban nem tudsz jönni, nagymami? – kiabált az ismerős hang már távolról, mire Lily Jane hangos nevetésben tört ki.

– Húzd egy kicsit te a bőröndöt és meglátjuk, milyen gyorsan tudsz haladni.

– Gondoltam, eléd jövök, nehogy ne találj haza ilyen hosszú idő után.

– Nagyon vicces vagy, Ava. Na, gyere már ide, te kis lökött! Mit csinálsz itt?

Ava szélesen mosolyogva ugrott nővére nyakába, Lily Jane pedig megérezve kishúgán az édesanyjuk által használt édeskés öblítő illatát, azonnal ráeszmélt, most már végre tényleg otthon van. Talán még néhány apró könnycsepp is megjelent a szemében, de igyekezett elfojtani őket, nehogy Ava meglássa és jót nevessen rajta.

– Anya küldött. Azt mondta, segítsek, mert biztosan sok a cuccod.

– Igazából csak ez a bőrönd van.

– Akkor én már mentem is – fordult el a kislány, mire Lily Jane nevetve megfogta a kezét és visszahúzta.

– Szerinted hogy fogom felcipelni a negyedik emeletre egyedül? Ha már itt vagy, igazán segíthetnél.

– Na, nem bánom. De szólni fogok Anyának, hogy a közvetkező lakógyűlésen határozottabban panaszkodjon a liftről. Már fél éve el van romolva, nem hiszem el, hogy nem képesek ennyi idő alatt megjavítani.

A lift-kérdés valóban elég nagy problémákat okozott. A bőrönd felszenvedése a negyedik emeleti, aprócska lakásba, vígjátékba illő jelenet volt. Lily Jane eleinte az ölébe véve, mint egy súlyosabb

gyereket, nagy léptekkel cipelte fel a lépcsőn
nagyjából másfél emeleten át. Onnantól viszont a
karjai felmondták a szolgálatot és Ava-val együtt
húzták, tolták, vonszolták, ahogy csak bírták. A
negyedikre érve aztán mindketten kifulladva,
gyöngyöző homlokkal fújtattak. Még csengetniük
sem kellett, mert a hangos lihegés a lakásba is
behallatszott, édesanyjuk meglepett mosollyal az
arcán nyitott ajtót.
– Futottatok idáig, lányok?
Lily Jane édesanyja nyakába ugorva fújta ki magát,
majd egy utolsó lökéssel beszenvedte a bőröndöt az
előszobába és diadalmasan ráült, mintha legalább
egy olimpiát nyert volna meg.
– Meg kell javíttatni a liftet – motyogta továbbra is
kissé levegő után kapkodva, miközben Ava szintén
félig fuldokolva trappolt be a konyhába. Édesanyjuk
szeretettel teli tekintettel nézett utána, miközben Lily
Jane-hez szólt.
– Alig várta, hogy hazaérj. Mondtam, hogy már
nemsokára megérkezel, de mindenáron eléd akart
menni.
– Nekem azt mondta, te küldted.
– Tizenhárom éves. Szerinted bevallaná valaha,
hogy hiányoztál neki?
Lily Jane nagyot mosolygott, miközben kishúga
visszaszökdécselt a konyhából az előszobába és
szúrós szemmel meredt az édesanyjukra jelezve,
hogy hallotta az iménti beszélgetést.
Közben az egyik szobából vidáman trappolt elő az
álmosan pislogó kis spániel, Lucy. Farkát lelkesen
csóválva szaladt Lily Jane-hez, aki azonnal az ölébe
kapta a kiskutyát.
– Csak nem most ébredt fel ez a kis álomszuszék?

– Velem szokott aludni, mióta te nem vagy itthon – hencegett Ava – Szóval ne sértődj meg, ha este az én ágyamra kéredzkedik fel a tiéd helyett.

– Lecseréltél, Lucy? – nézett mosolyogva a kiskutya szemeibe Lily Jane, majd visszatéve a földre engedte, hogy körbeszimatolja a felszenvedett bőröndöt.

– Ava, légy szíves segíts kipakolni Lily Jane-nek, aztán gyertek, mert mindjárt kész a vacsora!

– Bundás kenyér? – szimatolt a két lány a levegőbe lelkesen, mire édesanyjuk nevetve bólintott.

A bőrönd beszenvedése az apró szobába már semmiségnek tűnt a korábbi tortúrához képest. Lily Jane és Ava egy szobán osztoztak, ami Lily Jane egyetemi évei előtt elég sok konfliktus forrása volt, de miután a lány elköltözött otthonról, Ava meglepően üresnek érezte a szobát nővére nélkül, bár ezt sosem vallotta volna be. Ezzel Lily Jane sem volt másképp. Annak idején gyakran érezte, hogy saját szoba hiányában nincs elég privát szférája, a kollégiumba költözése utáni első pár estén azonban nagyon furcsa volt kishúga hangos szuszogása nélkül elaludni. Bár sosem osztották meg ezzel kapcsolatos érzéseiket egymással, Lily Jane hazaérkezésekor mindkettőjükön egyértelműen látszott az igazság.

– Maradt még egy kis saláta is ebédről. Nem kérsz, Lily Jane? – kérdezte édesanyja vacsora közben. A lány elmondhatatlan nyugalmat érzett, amiért végre ismét otthon volt, távol London belvárosának nyüzsgésétől és a kávézót betöltő, néhány óra elteltével már fullasztó atmoszférától. Az asztalnál ülve teljesen elfelejtette az egyetemi élet minden kuszaságát és őszintén élvezte, hogy végre újra együtt van édesanyjával és a szándékosan hangosan csámcsogó Ava-val.

– Nem kérek, köszönöm. Jó lesz a bundás kenyér, nem is tudom, mikor ettem utoljára.

– Miért, ott mit szoktál enni? – kérdezte Ava. A kislány gyakran emlegette az egyetemet úgy, mintha az legalább egy másik világ lenne, ami teljesen különbözik az otthonitól és számára elképzelhetetlen. Lily Jane megvonta a vállát és nagyot harapott egy bundás kenyérből, miközben édesanyjuk is helyet foglalt az aprócska, kerek étkezőasztalnál a konyhában.

– Általában a menzán eszem, ami épp aznap van, de bundás kenyér sosem volt eddig. Ha óra után egyből megyek dolgozni, akkor meg Will-el bekapunk valamit a szendvicsbárban, ahol dolgozik.

– Ó, tényleg! Hogy van Will? – kacsintott Ava sokatmondó tekintettel vigyorogva nővérére – Már rég beszéltél róla.

– Will nagyon jól van, köszöni szépen. De miért kacsintgatsz úgy, mint valami béna tini sorozatban? Már megint túl sok tv-t nézel?

– Hát, csak mert olyan sokat beszélsz róla. Meg olyan sokat vagytok együtt.

– Igen, mert ő az egyik legjobb barátom – forgatta a szemét Lily Jane, az édesanyjuk pedig mosolyogva hallgatta civódásukat – Miért vigyorogsz?

– Én az égvilágon semmiért!

– Fejezd már be!

– Mit?

– A vigyorgást!

Ava hangosan nevetett fel evés közben, Lily Jane pedig legyintve rázta meg a fejét húga komolytalanságán.

– Jól van, nem kérdezek többet Will-ről, ha ennyire zavarba jössz tőle.

– Miről beszélsz? Nem jövök zavarba, csak…

– Sok vizsgád lesz idén? – vágott a szavába édesanyja, aki mindig megérezte, mikor kell közbelépni mielőtt a játékos civakodás veszekedéssé növi ki magát. Ava csendben eszegetett magában mosolyogva, mint, aki valami óriási titoknak a tudója, miközben elcsent falatokat adogatott bundás kenyeréből az asztal alatt üldögélő Lucy-nek.

Persze Lily Jane sosem táplált Will iránt semmilyen lágy érzelmet, bár sokszor érezte úgy, a kapcsolatuk mélyebb bármiféle romantikus eredetű kötődésnél. Will mindig ott volt, amikor szüksége volt rá, meghallgatta és megértette a lányt. Jobb barátot nem is lehetett volna kívánni a fiúnál, de Ava kamaszkorához hűen, ha meghallotta egy fiú nevét, egyből beindult a fantáziája és mindenféle szerelmi szálat beleképzelt olyan helyzetekbe, amikben egyébként egyáltalán nem volt.

A vacsora végeztével Ava kissé fáradt tekintettel vonult el a fürdőszobába, Lily Jane pedig, bár imádta kishúgát, örült, hogy végre kicsit kettesben maradhatott édesanyjával. Különleges volt az ő kapcsolatuk, főleg miután hárman maradtak. A lány gyakran nem is anyaként tekintett rá, hanem, mint a legjobb barátnőjére, akivel szinte bármit megoszthatott. Az édesanyja sosem ítélte el és nem is volt különösebben szigorú, mert megbízott a lányban és úgy gondolta, felelősségteljes nő vált belőle. Vacsora után, amikor Ava már lefeküdt, gyakran kint maradtak még a konyhában ketten beszélgetni kicsit egy pohár bor, vagy egy nagy zacskó chips társaságában.

– Olyan jó, hogy végre itthon vagy – simította meg édesanyja Lily Jane hátát. A lánynak kissé furcsa érzése támadt, mintha édesanyja el akarna mondani valamit, a tekintete pedig semmi jóról nem árulkodott. Míg Ava velük ült az asztalnál, próbálta tartani magát, de Lily Jane már akkor is észrevette, hogy a szokásosnál csendesebb és túlságosan el van gondolkodva. A lány nem bírt tovább várni, gyengéden megfogta édesanyja kezét és mélyen a szemébe nézett.

– Elmondod, mi a baj?

Az édesanyja szomorú mosolyra húzta száját, miközben a fürdőszoba felé pillantott, ahonnan vízcsobogás hangja jelezte, hogy Ava még legalább egy bő fél órán át odabent lesz.

– Apa találkozni akar veletek.

Súlyos mondat volt ez. Lily Jane vállára tonnaként nehezedtek a szavak, amik egy másik helyen egy másik családban talán természetesnek tűntek volna. Apa. Kislányként sosem gondolta, hogy egy szó, amit az ember nap, mint nap kiejt a száján ennyire gyűlöltté és tabuvá tud válni.

– Tessék?

– Felhívta Avát múlt héten. Azt kérdezte, mikor jössz haza, mert szeretné, ha találkoznátok.

– Mégis minek? – kérdezte Lily Jane és érezte, hogy hangja egyre ingerültebbé válik.

– Nem tudom. Gondolom, hiányoztok neki. Ugye tudod, hogy el kell mennetek?

– De miért, Anya? Majdnem húsz éves vagyok. Miért nem dönthetem el, hogy mi a jó nekem?

– Azért, mert ő az apátok – szorította meg könyörgőn a lány kezét – És azért, mert tudod, hogy, ha nem mentek el, megint én leszek a hibás.

Ez volt az érv. Az érv, amivel Lily Jane már sosem tudott szembeszállni.

A lány szülei akkor már két éve váltak el. Pont Lily Jane végzős gimnáziumi évének kellős közepén, amikor az egyetemi felvételire készülve az akkor még a szokásosnál is apróbbnak tűnő lakást folytonos veszekedés és keserű zokogás zajai töltötték meg.

Elképesztően szörnyű volt. Lily Jane korábban sok embert ismert, akiknek köztudottan elváltak a szülei, ám ezek az esetek általában kisiskolás korukban történtek, amikor még alig tudták felfogni, mit is jelent ez valójában. Személyesen átélni viszont, szinte már felnőtt fejjel egészen más volt a helyzet.

Valójában sosem volt túl jó kapcsolata az édesapjával, csak egészen kiskorából voltak róla pozitív emlékei. Rémlett valami arról, hogy az édesapja szerette fésülni a haját és, ha késő estig dolgozott, mindig benézett a szobájukba mielőtt aludni ment. Lily Jane gyakran alvást színlelt és magában mosolygott, miközben az édesapja puszit nyomott a homlokára és lekapcsolta az ágy mellett álló éjjeli lámpát mielőtt távozott. De aztán, ahogy egyre nagyobbak lettek, a helyzet megváltozott, sokkal inkább vele, mint Ava-val. Az édesapja, mintha nem tudott volna mit kezdeni velük, a munkáján kívül semmi sem érdekelte és hazaérve gyakran szinte hozzá sem szólt a lányokhoz, csak fáradtan terült el a kanapén és elvárta, hogy mindenki hagyja békén. Ez már alapvetően nem volt túl jó felállás, a családi kép teljesen eltorzult, ők hárman pedig folyamatosan azon voltak, hogy eleget tegyenek az önző édesapa elvárásainak. Lily Jane édesanyja erején felül mindent megtett, hogy a férje jól érezze magát, ha pedig valami baj történt, esetleg valami elromlott, mindig mindent hárman oldottak meg titokban, nehogy a családfő ideges legyen. Mert mindig ideges volt, amióta Lily Jane csak az eszét tudta.

A lány szomorúan rázta meg fejét, amint megelevenedtek előtte a múlt fájó képei.

– Kérlek, hozz még egy vödröt! Ez nem elég. Gyorsan, siess! – kiabálta az édesanyja a fürdőszobából egy alkalommal, amikor az egyik csap alatti csőből szivárogni kezdett a víz. Az édesapja dolgozni volt, ők pedig eszeveszett sebességgel rohangáltak fel-alá a lakásban, miközben egyre több víz jött a csőből és azóta sem volt fogalmuk arról, hogyan, de végül millió internetes tutorial után, nagyjából tíz perccel édesapjuk hazaérkezése előtt sikerült megoldani a helyzetet. Persze mind aggódtak kicsit a következő pár napban akárhányszor csak valaki bement kezet mosni, de végül nem volt semmi gond és az édesapjuk sosem tudta meg, mi történt.

És ez csak egy eset volt a rengetegből. Egy idő után megtanultak mindent hárman megoldani és valahogy természetessé vált, hogy már nem csak a problémákat, de egyáltalán semmit nem osztottak meg vele. Őt pedig ez látszólag egyáltalán nem zavarta.

Aztán jött az a nő. Az addig elképzelhetetlen megtörtént és minden addigi szőnyeg alá sepert probléma a felszínre tört. Egyszerre és megállíthatatlanul.

– Jól van, elmegyünk. Úgysincs más választásunk – vonta meg a vállát Lily Jane nemtörődöm stílusban, de édesanyja pontosan tudta, hogy a lány heves indulatai hamarosan előtörnek. Talán ez volt az egyetlen, ami közös volt a lányban és az édesapjában, valójában pedig Lily Jane ezt gyűlölte magában a leginkább. Talán éppen azért, mert ez a hasonlóság arra késztette, hogy felismerje önmagában az édesapja hibáit. Alapvetően igyekezett minden körülmények között higgadt és kedves maradni, de ha egyszer valami kihozta a sodrából, akkor dühe megállíthatatlan és irányíthatatlan volt. Egyszer látott egy dokumentumfilmet, amiben azt mondták, a művészeknek általában mindig van valami dilijük, ő pedig határozottan meg volt győződve arról, hogy az övé a fékezhetetlen és semmiből jövő düh.

Persze ez is a válás után mutatkozott először, előtte sosem történt vele hasonló, de aztán egyre több olyan helyzet adódott, amikor úgy érezte, felrobbannak fejében a gondolatok, ha nem zúdítja rá őket valakire. Ilyenkor legszívesebben szerteszét zúzott volna mindent maga körül, belülről emésztette és őrölte fel a harag. Ezt az énjét valószínűleg csak a családja ismerte, a legnagyobb probléma pedig az volt, hogy gyakran nem azok itták meg dühkitöréseinek levét, akik valójában okozták őket.

– Pár órára átugrotok, nem lesz olyan vészes, meglátod.

– Te már csak tudod – vágott vissza édesanyjának azonnal Lily Jane – Te megúszod, neked nem kell vele lenned és úgy csinálnod, mintha minden rendben lenne, amikor igazából semmi sincs.

– Kicsim, ez még mindig jobb, mintha egyáltalán nem foglalkozna veletek.

– Nekem nincs szükségem arra, hogy foglalkozzon velem! Csak azért teszi, mert muszáj!

– Ne mondj ilyet!

– De ez így van – engedte el a lány édesanyja kezét és érezte, hogy szívverése egyre gyorsabb ütemre kapcsol már az édesapjával való találkozás puszta gondolatától is – Tudja, hogy ez a dolga, mert a gyerekei vagyunk. De igazából nem szeret minket. Engem legalábbis biztosan nem.

– Hogy ne szeretne?

– Anya, semmit sem tud rólam! Abszolút semmit és nem is érdekli. Ez csak egy kipipálnivaló feladat a teendői listáján, amit csak azért csinál, hogy ne panaszkodhassunk, amiért nem keres minket! Valójában óriási terhet jelentünk számára. Ha tehetné, már rég megszabadult volna tőlünk.

– Lily Jane…

– Te nem tudod, milyen ez. Én nem akarok találkozni vele – állt fel az asztaltól a lány, majd a nappaliba trappolva bekapcsolta a tv-t. Tudta, a lelke mélyén nagyon jól tudta, hogy igazságtalan az édesanyjával szemben. Hiszen hogyne tudta volna, min mennek keresztül a gyermekei. Ő tudta a legjobban.

A lányok édesanyja kétszer volt kénytelen átélni ugyanazt a fájdalmat, amit Lily Jane és Ava. A lányok nagymamájának szívét hasonlóan törték össze, mint az édesanyjukét. A nagyszülők mondhatni, túl hamar lettek túl szerelmesek aztán túl hamar házasodtak és túl hamar született gyermekük és mire a Papa, akit Lily Jane sosem ismerhetett, észbe kapott, hogy minden túl hamar történt, már túl késő volt. Az italt választotta a családja helyett,

Mama pedig egyedül maradt Lily Jane édesanyjával és összetört szívével.

Ha egyszer hátrahagyják az embert, az elképesztően mély sebeket tud ejteni. Ha viszont ezen kétszer kell átesnie valakinek, egyszer az édesapja, egyszer pedig a férje által, az bizony, na az a valódi definíciója a fájdalomnak.

Lily Jane mérhetetlenül tisztelte nagymamáját és az édesanyját is, amiért oly sok csalódás után még mindig képesek voltak hinni és nem adták fel. Elképesztően erősnek tartotta őket, viszont egyúttal félt is. Félt, mert, bár akadt néhány fiú az évek alatt, akik felkeltették az érdeklődését és persze ő is átélte a késő esti séták és édes első csókok varázslatos világát, szülei válása után valójában képtelen volt bízni többé a szerelemben. És talán ettől rettegett a legjobban a világon. Mi lesz, ha ő sosem fog tudni úgy szeretni, ahogyan az édesanyja és a nagymamája tette? Van-e egyáltalán bármi értelme ennyire szeretni valakit, ha az aztán úgyis elhagyja őt, és mire észbe kap, megfojtja a fájdalom? Nem volt biztos abban, érdemes-e szerelmesnek lenni és vállalni az összetörés kockázatát, miközben másrészről rettegett, hogy a maga köré épített, áthidalhatatlan falak eredményeként magányosan fog meghalni.

Lily Jane megbánta, hogy hirtelen így felkapta a vizet, de nem tudott mit tenni. Az agya szembeszegült a szívével és a gondolatai úgy tomboltak, hogy azt hitte, menten szétrobban a feje. Előrehajolt és a tenyerébe temette arcát, mígnem édesanyja gyengéd érintését érezte a vállán. Leült a lány mellé a kanapéra és átölelve magához húzta őt.

– Annyira sajnálom, hogy így alakult – törölt le
arcáról egy könnycseppet, mire Lily Jane úgy érezte,
menten megszakad a szíve. Egy dolgot utált jobban,
mint kiabálni az édesanyjával és az az volt, amikor
megsiratta őt.

– Ne, Anya, ne sírj, kérlek!

– De én tudom, hogy nagyon rossz ez neked. És
borzasztó érzés nézni, ahogy szenvedsz.

– Nem szenvedek. Tényleg. Minden rendben van.
Elmegyünk, találkozunk vele, kibírom és kész.
Utána úgyis békén hagy egy darabig. Tudod, hogy
nem szeretném, ha megint azt mondaná, hogy ellene
uszítasz minket, miközben te vagy az egyetlen ok,
amiért egyáltalán szóba állunk még vele.

– Köszönöm, kicsim… – csuklott el ismét édesanyja
hangja – Annyit gondolkodom, hogy hol rontottam
el, hogy miért alakult így, hogy hogy tudott így
elromlani minden, hogy…

– Anya, nincs a helyén a törölközőm! – kiabált Ava
a fürdőszobából, mire mindketten a fejüket rázva
mosolyodtak el. Ava mindig tudta, mikor tud a
legrosszabb pillanatban félbeszakítani egy
beszélgetést.

– Hagyd, majd én viszek neki! – nyomott egy puszit
édesanyja arcára Lily Jane, majd, miközben elindult
a törölközővel a fürdőszoba felé, bűnbánóan
pillantott vissza – Ne haragudj, hogy így kiakadtam.
Tudom, hogy nem rajtad kéne levezetnem.

– Én megértem, hogy dühös vagy, kicsim.

És valóban. Talán senki sem értette meg úgy Lily
Jane-t, mint az édesanyja és talán pontosan ezért
kezelte ő a legjobban a lány dühkitöréseit. De akkor
sem érdemelte meg azt a rengeteg fájdalmat, amit

Lily Jane akaratlanul, édesapja miatti szenvedéséből adódóan zúdított rá.

Ava résnyire nyitotta a fürdőszobaajtót és óvatosan dugta ki a fejét.

– Kösz – nyúlt a törölközőért, majd szemöldökét összevonva meredt nővérére – Miért vágsz ilyen képet?

– Milyen képet?

– Mint, aki mindjárt elbőgi magát.

– Nem vágok semmilyen képet. Igyekezz, te kis dili, mert én is mennék már fürdeni!

Ava beletörődve vonta meg a vállát, majd visszazárta az ajtót. Lily Jane a szobába lépdelt és az ágyára dőlve magába szívta az ágynemű édesanyja által használt, jól ismert, édeskés öblítő illatát. Lehunyta szemeit és végre ismét nem gondolt semmire, sem a problémákra, sem az elmúlt évek fájdalmaira, sem az édesapjára. Csak arra, hogy minden rendben lesz, mert végre újból otthon van. Ezen kívül semmi sem számított.

5.

A vonatút nyugalmas, gondolatok nélküli létezése visszafelé valamiért sehogy sem akart összejönni. Akárhogyan is próbálta csitítani elméjét, Lily Jane egyszerűen képtelen volt megálljt parancsolni gondolatainak. A fák körvonalai az ablak túloldalán pontosan olyan sebességgel suhantak tova, ahogyan fejében cikáztak az édesapjával töltött néhány óra képei.

– Ava! – hajolt a férfi kitárt karokkal a kislány felé, amint meglátta, Ava pedig kissé félszegen viszonozta ölelését. Lily Jane karba tett kézzel állt a kislány mögött, a mosoly leghalványabb jele nélkül üdvözölte édesapját. Közvetlenül a ház előtt parkolt; rájuk várva, az autónak támaszkodva olyan volt, akár egy vadidegen. Lily Jane azon gondolkodott, milyen rövid idő alatt tud szinte teljesen megsemmisülni bármiféle emberi kapcsolat. Mindig is utálta a gondolatot, mely szerint a legmélyebb barátság, szerelem és családi kötelék is semmisé lehet akár már néhány hónap alatt, sajnos a tapasztalatai mégis azt mutatták, hogy ez az igazság.

– Hogy vagy, Lily Jane?

A lány nem is tudta volna megmondani, pontosan mikor hallotta utoljára nevét édesapja szájából. Nagyon régen az biztos, mert hirtelen meglepően szokatlanul hangzott.

– Jól – vonta meg a vállát, Ava pedig azonnal csacsogni kezdett valami sorozatról, amit nemrég kezdett el nézni, megmentve a várhatóan beállt, kínos csendet.

Nagyjából két órát tölthettek együtt, Ava kedvenc éttermébe mentek ebédelni, Lily Jane számára azonban örökkévalóságnak tűnt az együtt töltött idő. Az édesapja elég mereven viselkedett a lány láthatóan elutasító hozzáállása következtében, meg sem kísérelte megtudakolni, mi folyik épp az életében, folyamatosan csak magáról és a munkájáról beszélt. A nőről, aki kulcsszerepet játszott a család széthullásának tragédiájában persze egy szó sem esett, Lily Jane-nek fogalma sem volt arról, vajon együtt maradt-e vele, miután megcsalta az édesanyját. Az édesapja szokás szerint egy szót sem ejtve a nőről igyekezett azt a látszatot kelteni, mintha megtört áldozatként, valójában nem ő lenne a hibás a kialakult helyzetért. Talán az ártatlan kis Ava képes volt megbocsátani mindent, de Lily Jane egyszerűen képtelen volt bármiféle gyengéd érzést táplálni iránta. Ez a gyűlölet pedig, úgy érezte, felemészti belülről minden pillanatban, amit a társaságában kellett töltenie.

Nem csoda hát, hogy nem tudott uralkodni gondolatain a London belvárosa felé vezető vonatúton, ennyiféle szívébe vegyülő érzéssel egyszerre. Nagyon nehéz volt, nehezebb, mint valaha is gondolta. Olykor szeretett volna mindent elfelejteni és végre megbocsátani, de, amikor esténként lehunyta szemeit, maga előtt látta zokogó, arcát remegő kezei közé temető édesanyját, aki gyermekei szeme láttára változott egy valóságos emberi ronccsá. Hallotta az ajtó alatt beszűrődő, dühös kiabálást, amint az édesapja magából kikelve mindent kimondott, ami csak az eszébe jutott. Érezte Ava könnyáztatta arcocskáját a vállán, amint hozzábújva azt kérdezi:

– Miért csinálja ezt Apa?

Nem, Lily Jane képtelen volt a megbocsátásra, még akkor is, ha ezzel saját magának okozta a legtöbb fájdalmat. Azelőtt, bár mindig is felelősségteljes és céltudatos kislány volt, valahogy sokkal több játékosság vegyült napjaiba, a történtek következtében azonban kénytelen volt egyik napról a másikra felnőni. Vigyáznia kellett, hogy kishúga minél kevesebbet tudjon és érzékeljen az egészből, miközben borzasztóan aggódott édesanyjáért, aki szinte semmit sem evett, vékonyabbra fogyott, mint valaha, szemei alatt pedig óriási, fekete karikák éktelenkedtek nap, mint nap az álmatlanságtól. A lány egyszerre igyekezett túljuttatni édesanyját a számára elképzelhetetlen mértékű fájdalmon és próbált úgy tenni kishúga kedvéért, mintha minden a legnagyobb rendben lenne. Nem volt egyszerű feladat, az egyszer biztos.

A kollégium felé haladva, súlyos bőröndje hangos döcögése kíséretében mégis valamiért bűntudatot érzett, amiért ismét ellenségesen viselkedett az édesapjával. Rendszerint ezt az érzést próbálta elkerülni azzal, hogy minimálisra csökkentette vele a kommunikációt, de ettől általában csak még rosszabbul érezte magát. Ezt a különös lelkiismeret-furdalást viszont lehetetlen volt összeegyeztetni a szívében rejlő, irányíthatatlan gyűlölettel, aminek eredményeként Lily Jane folytonos harcban állt önmagával.

– El sem hiszem, hogy néhány nap múlva tényleg Dubois-val fogunk ebédelni – ugrott a nyakába Will, amint a lány belépett az apró kollégiumi lakrészbe. Natasha éppen teát készített a konyhában, valószínűleg ő hívta át Will-t, amikor megérkezett, egy késő délutáni beszélgetésre. Lily Jane nagyon örült, hogy mindketten ott vannak, mert úgy érezte, belehalna, ha akár egyetlen perccel is tovább egyedül kellene lennie.

– Baj van?

Natasha és Will aggódva pillantottak egymásra a lány meggyötört arca láttán. Lily Jane behúzta bőröndjét a hálószobába, majd leült Will-el szemben a konyhában álló, nagyjából az összes szabadon maradt helyet elfoglaló étkezőasztalhoz.

– Nem, nincs semmi. Minden oké.

– Elég… fáradtnak tűnsz. Biztos, hogy nem történt semmi? – kérdezte Will és látszott rajta, egyértelműen tisztában van vele, hogy valami nagyon nem oké.

– Csak találkoztam Apával. Nagyjából két hónapja nem láttam, de valószínűleg ezután is legalább ennyi ideig nem kell, szóval, ha úgy vesszük, legalább egy kis időre nyugi lesz.

Natasha és Will úgy bámultak rá, mintha most jelentette volna be, hogy gyógyíthatatlan betegségben szenved. Lily Jane utálta, amikor így néztek rá, ezért végül csak megvonta a vállát, mintha ez egy kis semmiség lenne és kivett egy bögrét a konyhaszekrényből, hogy teát töltsön magának.

– Fejezzétek már be! – nevetett fel kínosan a teába kortyolva – Nem olyan gáz a helyzet. Meséljetek valami jót, ne nézzetek így rám, légy szíves!

– Piérre Dubois-val ebédelünk!

– És bulizni is elmegyünk. Ránk fér már, remélem, ti is így érzitek – jelentette ki Natasha, mire Lily Jane és Will értetlenül pillantottak egymásra – Miért néztek így? Lewis egyik szaktársa házibulit tart a hét vége felé. A szülei valami üzleti útra mennek, úgyhogy üres az egész ház. Október közepe van és ebben a tanévben még csak az év eleji nyitó bulin voltunk.

– Engem Dubois valahogy jobban lázba hoz.

– Még jó, hogy nem zárja ki egyik a másikat, Will. Igenis eljössz és magunkkal rángatjuk Lily Jane-t is, mert úgy fest, mint egy szellem. Megértem, hogy ti most odáig vagytok a menő divattervezős ebédetektől, de, ha valamire szüksége van ennek a lánynak itt, akkor az egy áttáncolt, vad éjszaka – ölelte át hátulról barátnőjét Natasha.

– Az egészből csak annyi ragadt meg, hogy úgy nézek ki, mint egy szellem. Nyugtass meg, Will, hogy ez nem így van!

– Nos, nálad imádnivalóbb szellemmel még sosem találkoztam, ha ez segít.

Lily Jane hangos nevetésben tört ki a megjegyzés hallatán, a hétvége alatt felgyülemlett érzelmek pedig egyszerre távoztak szívéből nevetése kíséretében. Will remélte, hogy eléri, amit szeretne, túl jól ismerte már a lányt és tudta, hogy amikor Lily Jane igazán maga alatt van, vagy éppen elképesztően kimerült, elég egyetlen vicces megjegyzés és a lány visszafojthatatlan nevetőrohammal vezeti le az addig felgyülemlett feszültséget. Ez valószínűleg akaratlan volt; amikor a lány tudatalattija elért egy bizonyos határt, úgy döntött, a nevetés mindent megold. Lily Jane ilyenkor képes volt a leglehetetlenebb helyzetekben is olyan hangosan és sokáig nevetni, hogy gyakran még a könnye is kicsordult.

– Annyira jó, hogy itt vagytok nekem! – törölte meg a szemét, amint egy kicsit sikerült uralkodnia magán.

– Biztos, hogy a te bögrédben is tea van? Will, adj már nekem is abból, amit neki adtál!

Lily Jane elmondhatatlanul hálás volt, amiért barátai nem kérdezősködtek többet. Tudták, hogy, ha az édesapjáról van szó, sokkal jobb elterelni a lány figyelmét, mintsem hagyni, hogy akár egy pillanattal is tovább gondoljon a történtekre.

Natasha és Will élete sem volt fenékig tejfel, talán pontosan emiatt értették olyan jól meg egymást ők hárman.

Will szülei elég konzervatív elveket vallottak, különösen az édesapja, egyke gyerekként pedig minden reményük benne rejlett, ami nem tette egyszerűvé Will ambícióinak elfogadását. Tipikusan olyan emberek voltak, akik szerint az anyagi stabilitás jelenti a boldogságot, ezt az elképzelésüket pedig a folytonosan bizonytalan lábakon álló divatipar nem egészen tudta kielégíteni.

Ez a probléma egyébként Lily Jane-t is gyakran foglalkoztatta, nagyon szeretett volna ugyanis minél előbb anyagi segítséget nyújtani édesanyjának és egy biztos szakma valószínűleg sokkal hamarabb gyümölcsöző karrierré tudott volna alakulni, mint a divattervezés, a lány édesanyja azonban Lily Jane tehetségét és elszántságát látva nem engedte, hogy feladja álmait az anyagi biztonság érdekében.

Nos, Will szülei ezt éppen ellenkezőleg gondolták. Még szerencse, hogy a mindig stílusos megjelenésű és bölcs mondásai miatt hármójuk közt már igazi legendává váló nagymama az utolsó pillanatban közbelépett és meggyőzte Will szüleit, hogy adjanak egy esélyt ennek a lehetőségnek is. Will mérhetetlen hálát érzett nagymamája iránt, akitől egyébként valószínűleg tehetségét és stílusérzékét is örökölte, ám a végleges pályaválasztás több nézeteltéréshez és konfliktushoz vezetett otthon, mint a fiú azt valaha is gondolta volna. Nem csoda hát, hogy szexuális beállítottságáról ezek után egy szót sem mert ejteni.

– Fiúként a divatiparban dolgozol és eszükbe sem jut, hogy meleg vagy? – kérdezte egyszer Natasha, amikor Will a szüleiről panaszkodott egy otthon töltött hétvége után. Lily Jane rosszallóan nézett rá előítéletes megjegyzését hallva, azonban valóban volt valami abban, amit mondott.

– Miért? Ennyire egyértelmű? – húzta fel a szemöldökét Will, mire a lányok heves ellenkezésbe kezdtek.

– Nem úgy gondoltam. Csak a fiúk többsége és a divattervezés általában ég és föld.

– Egyáltalán nem egyértelmű, Will. Na, nem mintha számítana ez bármit is. Sokan hiszik, hogy együtt vagyunk és, amikor rákérdeznek, nem értik, miért nem, ha ilyen jól kijövünk egymással.

– Látod, kicsi, ezt én sem értem – kacsintott Will játékosan Lily Jane-re, tekintete mégis valahogy kevésbé ragyogott a szokásosnál – Azt hiszem, a szüleim inkább csak számításba sem akarják venni, hogy esetleg nem vagyok az általuk elképzelt, tökéletes fiú mintapéldánya.

A lányok nem hazudtak. Will, annak ellenére, hogy a divat megszállottja volt, a legkevésbé sem kívánta külsején keresztül kifejezni irányultságát, talán pontosan a szülei iránti megfelelési kényszer miatt. Ő nem az a tipikus, filmbeli sztereotípia volt, aki csillámos zakókat és élénkszínű cipőket hordott. Will olyan volt, mint bármely másik fiú, csak sokkal, de sokkal érzékenyebb és érzelmileg elképesztően intelligens. Ez pedig a lányok szemében az összes addigi fiú ismerősüknél magasabbra emelte őt, irányultságát pedig, bár sosem emlegette senki titokként, az iránta érzett mély tiszteletükből adódóan sosem mondták el senkinek sőt, örültek, amiért a fiú megnyílt előttük és megbízott bennük.

Natasha helyzete sem volt egyszerű. Az édesanyja hosszú betegség után elhunyt, amikor ő még egészen kicsi volt, az édesapja pedig rengeteget dolgozott, hogy az anyai szeretet hiányát a lehető legjobb körülményekkel próbálja pótolni lánya számára, de sajnos a kettő értéke még csak meg sem közelítette egymást. Hármójuk tragédiái közül ez számított a leginkább tabu témának, sosem hozták szóba, némán lebegett köztük és mind tisztában voltak vele, hogy ez így a legkönnyebb.

Natasha viszont kissé másképp dolgozta fel élete tragédiáját, mint Will, vagy éppen Lily Jane. A lány folyamatosan randizni járt, egyik fiú a másikat követte, miközben újból és újból beszámolt kudarcba fulladt találkozásainak minden nevetséges jelenetéről. Lily Jane és Will persze mindig szívesen hallgatták a lány történeteit, közben viszont mindketten tisztában voltak vele, hogy ez sokkal több puszta pasizásnál. Natasha az évekig hiányolt szeretetmennyiség után sóvárgott, sosem volt neki elég, mindig többet és többet akart, ez a folytonos szeretethiány pedig gyógyíthatatlan kapcsolatfüggőséghez vezetett, ami miatt valahogy senki sem tudta volna hibáztatni őt.

Jelenlegi barátjával, Lewis-al már nagyjából fél éve voltak együtt. Lily Jane és Will remélték, hogy talán ezúttal tényleg talált valakit, aki értékeli és törődik vele, nem csak egy újabb érzelmi hiánypótlékról van szó. Lewis egyébként bíztatóan viselkedett, főleg, mert Natasha megismerése a fiú elmondása szerint megmentette őt előző barátnőjétől, aki a szakítást követően sem hagyta békén. Eleinte aggódtak, hogy Lewis talán csak Natasha-t használva próbál menekülni korábbi kapcsolatából, a hónapok múltával azonban legnagyobb örömükre a fiú meglepően hűségesnek, már-már tökéletes barátnak bizonyult.

– Lewis-al voltál hétvégén? – kérdezte Lily Jane ismét nagyot kortyolva bögréjéből.

– Nem, most ő volt nálunk végre. Már régen voltam otthon és közöltem, ha nem hajlandó ezúttal ő jönni hozzánk, akkor külön töltjük a hétvégét.

– Mert volna nemet mondani… – húzta széles mosolyra a száját Will.

– Az biztos. Az elmúlt két hétvégén náluk voltunk egyhuzamban, úgyhogy ez igazán így volt igazságos. Nekem is van családom, akiknek hiányzom, ezt meg kell értenie.

– Hétköznap is gyakrabban átjöhetne. Engem nem zavar, ha itt van – vonta meg a vállát Lily Jane.

– Ne is mondd! Állandóan dolga van, a fiúk úgy lestrapálják szerencsétlent, hogy néha már alig tudja lerázni őket. Kondizni mennek, sörözni mennek, idióta lövöldözős játék maratont tartanak aztán buli, egy kis buli és buli is természetesen. Én értem, hogy jól megvannak, de úgy viselkedik az a társaság, mintha legalább valami celebek lennének.

– Részben megkönnyebbültem. Már kezdtem azt hinni, azért jön ilyen ritkán, mert nem bír engem, vagy ilyesmi.

– Bár az lenne a baj – nevetett fel Natasha – Még azt is sokkal könnyebben tudnánk orvosolni.

Lily Jane nem igazán tudta, miféle baráti társasághoz tartozott Lewis, de Natasha láthatóan felbosszantotta magát már a puszta említésüktől is. Azt tudta, hogy a fiú valamilyen gazdasági szakon tanult, de hogy kik voltak a haverjai, arról fogalma sem volt.

– Ezért is kell ott lennünk azon a hülye bulin – folytatta a lány – Muszáj megjelennem már idén is Lewis-al mielőtt valaki még rástartol, mert azt hiszik, szakítottunk. Annyi buliba megy nélkülem, hogy borzasztó és a fiúk még így is cikizik, amiért egyet-egyet néhanapján kihagy a kedvemért.

– Akkor mindenképpen ott a helyünk – kacsintott Will Lily Jane-re – Nehogy már valami jöttment cafka azt higgye, ringbe szállhat a mi bombázó barátnőnkkel!

– Ez a beszéd! Ugye te is benne vagy, LJ?

A lány először a szemét forgatta, majd nevetve szájához emelte bögréjét és annak tartalmát fenékig lehúzva olyan fejet vágott, mint aki éppen valami erős alkoholt küzdött le a torkán.

– Rúgjunk ki a hámból!

Az egész kollégiumi folyosó visszhangzott az ajtón át kiszűrődő, hangos nevetésüktől. Lily Jane úgy érezte, a szívére nehezedő tonnasúly egyszeriben pihekönnyűvé vált, a barátai őszinte nevetését hallgatva pedig minden aggodalma szertefoszlott.

6.

Aznap valahogy kevésbé tűnt fullasztónak a kávégépből áramló forró gőz, kevésbé tűnt kimerítőnek ugyanazon kérdések feltétele újra és újra, sőt valahogy még Steve arrogáns beszólásai sem tűntek olyan bosszantónak. Lily Jane-t egész munkaidő alatt semmi sem érdekelte, csak és kizárólag a gondolat, hogy másnap Piérre Dubois társaságában ebédelhet.

Miután az utolsó munkaóra is elvánszorgott végre, ugrándozva áradozott Natashának a kollégium felé vezető úton, aki valószínűleg oda sem figyelve, kimerülten bámult maga elé, miközben monotonon bólogatott.

– Mit fogsz felvenni? – kérdezte aztán felébredve bambulásából, mire Lily Jane még izgatottabb lett és örült, hogy fáradt barátnője végre aktív partner a beszélgetésben.

– Van pár ötletem, de még nem vagyok teljesen biztos abban, mi lenne a legjobb választás.

– Szerintem ne ess túlzásba, végülis csak egy ebédről van szó.

– Ez nagyon fontos kérdés, Nat – rázta meg a fejét a lány – Egy divattervező megjelenése elképesztően lényeges. Már az óriási dolog, hogy felkeltették az érdeklődését a rajzaim, nem szúrhatom el azzal, hogy a szokásos, unalmas pulóverjeim egyikében megyek. Azt akarom, hogy, ha meglát, csak még inkább kíváncsi legyen, ki is vagyok valójában és mi van a fejemben. Érted?

– Te sosem vagy unalmas, LJ, teljesen mindegy, mit veszel fel. Ha kinyitod a szád és elmeséled neki a milliónyi ötleted, akár a kávézói egyenruhában is lehetnél. Egy zseni vagy és, ha ez nem tűnik fel neki, akkor felőlem lehet ő akármilyen menő divatcég tulajdonosa, egészen biztos, hogy egy idióta.

– Nagyon remélem, hogy igazad van.

– Tudod, hogy mindig az van – ölelte át barátnője vállát Natasha – Csak légy önmagad és minden úgy lesz, ahogy szeretnéd, majd meglátod.

A lánynak elmondhatatlanul jól estek barátnője szavai, pedig akkor még nem is sejtette, mennyire szüksége lehet rájuk másnap. Miközben Will-el a belvárosi, elegáns étterem felé közeledtek, Lily Jane úgy érezte, menten megfullad az aggodalomtól, torkát már-már a sírás fojtogatta. Piérre Dubois. Ez nem lehet igaz.

– Mi lesz, ha mégsem tetszenek neki, Will?

Lassan haladtak az étterem felé, Lily Jane úgy szorította kezei közt nagyméretű, fekete retiküljét, mintha valami leírhatatlan értékű kincs lenne benne. Valójában talán így is volt, hiszen millió ötletét tartalmazó, vastag vázlatfüzete pihent az alján, amibe néhány nappal korábban a szalvétára firkantott tervek összeszedettebb variációi is belekerültek.

– Akkor bolond. Tetszeni fognak neki, ne aggódj. Hiszen már látta a terveidet, csak meg akar ismerni. Ha pedig nem úgy sül el, ahogy terveztük, legalább nevetünk egy jót.

Lily Jane helyeslően bólintott Will kijelentésére, de mindketten tisztában voltak vele, hogy ez cseppet sem volt igaz. Túlságosan lelkesek voltak és túl fontosnak tartották ezt a lehetőséget ahhoz, hogy egy puszta kalandnak fogják fel. Bár Will a lány szorongását látva igyekezett úgy tenni, mintha nem lenne miért aggódni, azért látszott rajta, mennyire igyekszik a lehető legjobbat kihozni a helyzetből. Ő is magával hozta ruhaterveit, a megjelenése pedig szintén azt hirdette, nagyon komolyan veszi az egyszerű ebédnek tűnő, mégis talán óriási lehetőségeket tartogató találkozást. Elegáns, sötétkék, tökéletes szabású zakót viselt egyszerű, fehér inggel és egy kevésbé elegáns, sötét színű farmerral, ami ezáltal egyfajta lazán sikkes megjelenést kölcsönzött neki.

Lily Jane is hasonló irányban gondolkodott, miközben előző este Natashával átbogarászták kollégiumi szekrénye legmélyét. Nem szeretett volna túlságosan kiöltözni, inkább valami kényelmesben és mégis különlegesben gondolkodott. Végül az ő választása is egy ingre esett, aminek selyemanyaga lágyan simogatta bőrét minden lépésnél. Hozzá egy világos, a térdénél apró szakadással tarkított farmert vett fel, ami ellensúlyozta a fehér ing komolyságát. Sokáig tűnődött, viseljen-e ékszert, végül úgy döntött, tökéletesen elég lesz az a két ezüstgyűrű egy-egy középső ujján, amelyeket még édesanyjától kapott ajándékba a tizennyolcadik születésnapjára. Abban bízott, a gyűrűk talán még szerencsét is hozhatnak és ez a tudat valahogy megnyugtatta szívét. Nehéz helyzetekben mindig megérintette az ujjait díszítő gyűrűket, amelyek édesanyja bájos, szeretettel teli arcát jutatták eszébe. Ez az étterembe lépve sem volt másképp, miközben az ezüst ékszereket babonásan megsimítva a bejárattal szemközt álló pincérnőhöz léptek.

– Asztalfoglalásunk van Piérre Dubois névre. Három fő.

Will olyan lelkesen ejtette ki a francia nevet, hogy
még a pincérnő is elmosolyodott, majd a jobb oldali
ajtóra mutatott, mely a nem dohányzó asztalokhoz
vezetett.

– Már megérkezett. Odabent várja Önöket.

A fiú gondterhelten pillantott karórájára, majd
szemöldökét összevonva konstatálta, hogy valójában
tíz perccel hamarabb érkeztek a megbeszéltnél. Lily
Jane gyengéden belékarolt, a lány mosolyától pedig
Will arcáról azonnal eltűnt az aggodalom. Együtt
voltak és tudták, együtt bármire képesek. Bár nem
láthattak egymás fejébe, valójában mindketten ezzel
a gondolattal nyugtatták magukat, átlépve az ajtó
küszöbén pedig, megpillantva az éppen egy
divatlapban elmerülő Dubois tekintélyt sugárzó
alakját, egyikük sem félt, vagy aggódott többé.
Mindkettejüknek erőt adott a másik jelenléte, így
annyi önbizalommal és eltökéltséggel sétáltak oda az
asztalhoz, amit az elmúlt néhány órában elképzelni
sem tudtak volna.

– Elnézést, hogy megvárakoztattuk! Úgy
emlékeztem, délután egy órát beszéltünk meg.

Will hangja határozottan, de kedves melegséggel
csengett. Dubois felnézett a magazin mögül és
halvány mosollyal az arcán felállt, hogy kezet
nyújthasson.

– Egy percet sem késtetek. Mániám, hogy imádok
egyedül üldögélni és merítkezni kicsit mindenből. A
lapokból, az emberekből, egy-egy elkapott
beszélgetésből. Én mondom nektek, gyerekek, nincs
jobb ihletforrás egy étteremnél.

Lily Jane csak úgy itta a szavait, főleg, mert magára
ismert a férfi nevetségesnek gondolt szokásában. Bár

tulajdonképpen a semmiről is beszélhetett volna, a lány akkor is csillogó szemekkel hallgatta volna őt.

– Engedje meg, hogy bemutassam, Lily Jane Monroe-t – mosolygott Will a férfira, aki azonnal a kezét nyújtotta a lánynak.

– Ó, a tehetséges szalvétaművész!

Az érintése meglehetősen szokatlannak tetszett, határozott volt a kézfogása, mégis gyengéden fogta meg Lily Jane kezét. Nagyon vonzó férfi volt, pletykák szerint igazi szoknyapecér, újabb cáfolataként Natasha korábbi állításának, miszerint a divatipar csak bizonyos szexuális irányultságú férfiakat fogad magába.

– Sajnos a kávézó, ahol dolgozom, szintén túl jó ihletforrás és egyéb eszköz hiányában általában kénytelen vagyok szalvétákkal beérni.

– A lényeg, hogy add ki magadból, ami a fejedben van. Felőlem akár az eladópultba is karcolgathatsz, csak ne hagyd, hogy odabent ragadjanak a gondolataid. Az alapján, amit eddig láttam, végzetes hiba lenne.

– A főnök nem biztos, hogy díjazná a karcolgatást, úgyhogy azt hiszem, jobb, ha a szalvétáknál maradok – felelt a lány mosolyogva, mire Dubois kellemes hangon felnevetett.

– Elkérném a rajzaidat, ha szabad. És Will, tőled is, ha kérhetem.

Dubois társasága meglepően kellemes volt, viccelődő hangvétele egészen meglepte Lily Jane-t. A szóbeszédek alapján mindketten egy kissé arrogáns és magának való művészt képzeltek el, a férfi azonban látszólag nemhogy emberszámba vette őket, de őszintén érdeklődőnek tűnt az ötleteikkel kapcsolatban, ez pedig még inkább bizakodásra adott okot.

Miután leadták a rendelést, a férfi elmerült vázlatfüzeteik rengetegében. Közben valamilyen vöröses színű italt kortyolgatott, talán whisky, vagy konyak lehetett, Lily Jane nem tudta megállapítani, de azt biztosan állíthatta, hogy nagyon erős illata volt. Will hevesen szürcsölgette alkoholmentes koktélját, a lány viszont úgy érezte, egy korty vizet sem tudna lenyelni abban a pillanatban.

– Hmm… – mormolta az állát simogatva Dubois, miközben Lily Jane és Will vázlatfüzetét egymás mellé téve, a profik jól ismert, mélyen elgondolkodó arckifejezésével nézegette a terveket. Néha fel-felpillantott a rajzokból, majd továbbra is elmélkedő tekintettel végigjártatta szemeit Lily Jane arcán, haján, nyakán, karjain, majd egyenesen a szemébe nézett, a lány pedig úgy érezte, egészen a lelkébe hatol tekintetével. Szemmel láthatóan Will sem értette a jelenetet, összevont szemöldökkel, kissé értetlenül várta, vajon mit fog mondani a művész.

– Van pár rajz, amin még bőven lehetne dolgozni. A csipkerészeket sokkal szebben is ki lehetne… – szólt Lily Jane, amikor már kezdte kissé kínosan érezni magát, de Dubois csendre intette és tovább lapozgatta a füzeteket.

Hamarosan megérkezett a rendelésük és a lány úgy érezte, könnyed cézársalátájának minden apró falatja fojtogatja a torkát, mégis kitartóan ropogtatta a zsenge salátaleveleket, mert még ez is jobb volt, mint a már oly régóta beállt, elviselhetetlen csend.

Lily Jane már éppen újból a megszólalásra készült, amikor Dubois végre valahára bezárta maga előtt a füzeteket és az asztalra könyökölve, komoly tekintettel pillantott rájuk.

– Van egy ajánlatom – közölte hatásszünetet tartva, miközben a vele szemben ülők már tűkön ülve várták, hogy kimondja, miről is lenne szó – Will, borzasztóan tehetséges vagy és nagyon újszerű vonalon haladsz, ami azt jelenti, hogy rengeteg terved felhasználható. Pontosan erre van most szüksége az iparnak; valami frissre, színesre, eddig sosem látottra. A hölgy teljesen más vonalat képvisel – pillantott Will-ről Lily Jane-re – Kissé hagyományos, de elképesztően nőies és elegáns és mindezt olyan különleges technikákkal és kombinációkkal prezentálod, ami egyszerűen... kell nekem. Viszont van egy kis bökkenő – újabb hatásszünetet tartott – A kishölgy által képviselt vonallal lényegesen nehezebb kitűnni, sokkal könnyebben belevész a tömegbe, mint Will vad színei és textúrái. De van erre megoldás, természetesen.

Dubois evőeszközeit felkapva, elégedetten kezdett falatozni a még melegen gőzölgő steakből talán észre sem véve, hogy Will és Lily Jane mozdulatlanul várták a folytatást.

– És mi a megoldás? – szólalt meg aztán a fiú kínosan nevetve. Dubois alaposan megrágta a falatot, majd egy pohár vízzel öblítette le, miközben ismét ugyanazzal a fürkész tekintettel meredt Lily Jane-re, mint néhány perccel azelőtt. Ez már alapból elég sokatmondó volt, a nyomatékosság kedvéért pedig villájával még rá is mutatott a lányra, miközben felelt.

– Te, kedvesem, gyönyörű vagy. Meglepően gyönyörű, ha meg nem haragszol. És azt hiszem, ezt mindenképpen ki kellene használnunk.

– Mégis hogyan? Nem hinném, hogy Lily Jane ötletei összefüggésben vannak a kinézetével, na persze nem, mintha nem értenék egyet, csak…

– Nagyon is összefüggésben vannak. Ugyanis a te terveid, Will, eladhatóak és meghökkentők. Mondhatni, polgárpukkasztók. Elég néhány ruha egy divatbemutatón és a telefonod minden pillanatban csörögni fog. De a kisasszony sokkal kifinomultabb ennél, már ne vedd magadra! Nem szabad hagynunk, hogy belevesszen a tömegbe, neki sajnos előbb nevet kell szereznünk ahhoz, hogy odafigyeljenek rá. Az a helyzet, hogy ilyen világban élünk, bár erre senki sem büszke, de egy kishölgy dolga mindig nehezebb és azt hiszem…

– Mit ért pontosan azalatt, hogy nevet kell szerezni nekem? – vágott a szavába Lily Jane félszegen. Őszintén gyűlölte, hogy a férfi úgy beszélgetett Will-el róla, mintha ő nem lenne jelen és feltett szándéka volt felhívni a figyelmét arra, hogy bizony ő is részese a társalgásnak. Fogalma sem volt, mit néz annyira Dubois a haján, a szemén és egész testén, de valahogy furcsán érezte magát tőle, mintha nem is egy ember, hanem valamiféle értékes tárgy lett volna a férfi szemében.

– Azt értem, kedvesem, – intézte mostmár egyértelműen őhozzá a szavait – hogy mindenki szereti a nőket, a gyönyörű nőket pedig még annál is többen. Ez alól én sem vagyok kivétel. Imádom, bálványozom a nőket, mondhatni, rajongok értük. Pontosan ez az, ami ehhez a szakmához vonzott. Te pedig, drágám, különleges vagy és, ha valakinek, nekem hidd el, kérlek! A hajaddal lehetne kezdeni valamit, de a színe tökéletesen illik a bőrtónusodhoz, szép az arccsontod és a nyakad íve egyenesen igéző. A tekinteted pedig… van benne valami, szinte már agresszívan tudatos törekvés, akarás és mégis valami kislányszerű, gyermeki ártatlanság. Ennél nagyobb fegyver pedig nincs a világon, én mondom neked.

– Nagyon kedves, de fogalmam sincs, hogy jön ez most ide. Azt hiszem, mindig is túlságosan lekötöttek a gondolataim ahhoz, hogy azon tűnődjek, vajon szép vagyok-e, de nem hinném, hogy ez most fontos lenne.

– De igen, kislány, nagyon is fontos – kortyolt ismét az italába, majd mintegy monológot lezáró végkonklúzió, úgy ejtette ki a következő szavakat, mintha mindvégig magától értetődő lett volna, mire is akart kilyukadni valójában – Modellt fogunk csinálni belőled.

Lily Jane-t teljesen lesokkolta a kijelentés, talán még bele is sápadt kissé. Az étterem halk zaja teljes némasággá vált, ő pedig úgy érezte, menten elsüllyed a székével együtt.

Az a rengeteg munka és tanulás, az egész éjszakákon át tartó rajzolások és el-elcsent szalvétákra sebtében lefirkantott ötletek mind arra voltak elegendőek, hogy egy híres divatikon közölje vele, milyen szép a szeme? Nem, Lily Jane képtelen volt elfogadni ezt és a fejét rázva próbált magára erőltetni egy mosolyt. Több-kevesebb sikerrel.

– Sajnálom, de az nagyon nem az én világom. Túl sok munkám van már ebben és nem hiszem, hogy…

– Azt hiszem, félreértesz, drágám. Kérlek, hadd magyarázzam el részletesebben! – Dubois eltolta maga elől a steaket és poharát is letette a kezéből, hogy minden figyelmét terve pontos és érthető elmagyarázásának tudja szentelni – Arról van szó, hogy nemsokára lesz egy bemutatóm, egy téli kollekció lesz terítéken decemberben és igazán jól jönne néhány vérpezsdítő darab Will tervei közül. Persze a neve meg fog jelenni mindenütt, mint társtervező, ami, amint már említettem, egyenes utat biztosít a továbbiakban. Elvárom viszont, Will, hogy tervezz egy ruhát, amitől az emberek megfagynak ültükben és tátott szájjal, akár felháborodva, akár elképedve, akár csodálattal telve, de sokkold őket úgy, mint még senki ezelőtt. És itt jössz te a képbe, kedves – intett ismét Lily Jane felé – Merthogy ez lesz a bemutató utolsó darabja, az úgynevezett, végső attrakció. És ezt a csodát, kislány, nem más fogja viselni, mint te.

Will elkerekedett szemekkel bámult a lányra, aki továbbra is kissé rémült és elképedt tekintettel meredt az ártatlan cézársalátára maga előtt. Egészen addig eszébe sem jutott, hogy a beszélgetés ilyen fordulatot is vehet és továbbra sem volt biztos abban, vajon ez-e a helyes út céljai eléréséhez.

– És aztán? – kérdezte bizonytalanul, mire Dubois azonnal, gondolkodás nélkül felelt.

– Aztán a nevenincs kislányból valódi sztár lesz. A gyönyörű bűbáj, aki azt az elképesztően meghökkentő ruhát viselte. Mindenki téged akar majd, mert felfigyelnek rád. Olyan ez, mint fehér ruhában érkezni egy temetésre. Mindenki egy bunkó parasztnak fog gondolni és talán sokan utálni is fognak, de az egyszer biztos, hogy tutira megjegyeznek és még évek múlva is témája leszel egy-egy felháborodott beszélgetésnek. Aztán kitálalunk arról, hogy a kislánynak bizony nemcsak szép szeme és csodás ívű kis nyaka van, hanem valódi kincseket rejtenek a gondolatai. Na, ez az, amit úgy hívnak, hogy tuti siker.

– Tényleg van benne valami – csatlakozott Will bíztatóan pillantva a lányra – Egy próbát mindenesetre egészen biztosan megér.

– Csináltam már ilyet, tudom a dolgom és nem akarok túl lelkesnek tűnni, de őszintén megmondom, ennyire biztos még semmiben sem voltam.

– De miért pont mi? – pillantott fel hirtelen a lány, miközben magában vívódott az ajánlatot boncolgatva. Dubois elmosolyodott a gyermeki őszinteséggel feltett kérdésen.

– Sosem láttam még ruhaterveket szalvétákon. Ilyen gyönyörűeket pedig pláne nem. Egyszerűen nem hagyott nyugodni a gondolat, hogy valaki, akit ilyen tehetséggel áldott meg az Ég, egy kávézóban tölti az idejét ahelyett, hogy kitárná a gondolatait a világnak. Szüksége van rád a divatnak, ez tény, csak fel kell küzdenünk téged odáig, hogy az emberek észre is akarjanak venni.

Lily Jane nagyot sóhajtott a felelet hallatán.

– Nos, még átgondolnám, ha nem gond.

Will kissé meglepve meredt a lányra és nem értette, miért ódzkodik ennyire a felvázolt lehetőségtől. Végül aztán nem szólt semmit, tiszteletben tartotta bizonytalanságát még akkor is, ha ő legbelül majd' kiugrott bőréből az izgalomtól és legszívesebben azon nyomban munkához látott volna, hogy elkészítse azt a bizonyos ruhát.

Dubois ezzel szemben azonban nem tűnt meglepettnek, elégedetten bólintott, mint aki teljesen biztos abban, a lány végül igent fog mondani. Persze Will is ebben reménykedett, de Lily Jane aggodalmas arckifejezéséből nem tudta volna megállapítani, vajon mi járhat a fejében.

– Pénteken lesz egy rendezvény, amin elég neves kollégák lesznek jelen. Egy új divatbemutató terem megnyitója lesz a belvárosban. Nem bánnám, ha eljönnétek és megismernétek néhány fontos személyt. Talán addigra sikerül eldöntened, hogy megéri-e számodra ez a lehetőség. Ha megfogadsz egy tanácsot, jól gondold át, mielőtt cselekszel, nem kis dologról van szó, de én mindig betartom a szavam.

Lily Jane elől majdnem érintetlenül vette el a pincérnő a salátát. Valahogy képtelen lett volna akár egy további falatot is lenyelni és valami különös, nem egészen kellemes érzés kezdte szorongatni gyomrát.

– Ott leszünk pénteken és mindenképpen elmondjuk, hogyan is döntöttünk. Nagyon szépen köszönjük a lehetőséget! – vette elő Will a tárcáját, miközben újból megjelent mellettük a pincérnő, ezúttal a számlával. Dubois mosolyogva, továbbra is teljes magabiztossággal bólintott, miközben fél kézzel odanyújtotta bankkártyáját a pincérnőnek és hosszasan végigmérte őt.

– Hagyjátok csak, a vendégeim voltatok! Remélem, hamarosan együtt dolgozhatunk!

Will teljesen odáig volt a történtektől, úgy festett, mint aki menten felröppen a helyéről és lebegve táncot lejt az étteremben, majd London utcáin folytatja vidám repkedését. Lily Jane-el azonban egészen más volt a helyzet. Gondolataiba merülve, mozdulatlanul ült a helyén, mint aki fejben egyáltalán nincs már jelen. És talán valóban nem is volt. A gondolatok villámgyorsan cikáztak a fejében, az éttermet elhagyva pedig elöntötte az a jól ismert érzés, amit világ életében elmondhatatlanul utált és, amit jelen esetben talán nem is tudott mire vélni, mégis erősen, leküzdhetetlenül járta át egész testét. Az ismeretlentől való félelem.

7.

– Teremmegnyitó? De miért pont pénteken?

Natasha kíváncsian hallgatta végig Will élménybeszámolóját a pláza felé tartva, munkába menet, Lily Jane pedig szótlanul hallgatta párbeszédüket. Amíg őt továbbra is a modellkedés lehetősége aggasztotta, Natasha leginkább azon akadt fenn, hogy a rendezvény, amire Dubois meghívta barátait, történetesen ugyanazon az estén került megrendezésre, mint a nemrég emlegetett, kihagyhatatlan egyetemi házibuli.

– Ez életünk lehetősége, muszáj ott lennünk.

– Világos, Will. Én csak azt mondom, nem hinném, hogy egy ilyen flancos parti eltart olyan sokáig, mint egy házibuli.

– És?

– Mi és? Megismertek minden menő divatarcot és átjöttök a másik bulira. Ennyire egyszerű.

– Dehát veled lesz, Lewis. Miért olyan fontos, hogy mi is ott legyünk?

– Mert… csak szeretném – biggyesztette le a száját Natasha – Tudjátok, hogy Lewis haverjaival nem érzem olyan jól magam. Nem akarok egyedül álldogálni ott, miközben ezek részegre isszák magukat és az égvilágon mindenen ordítva nevetnek. Őszintén, most már nekem sincs semmi kedvem az egészhez, de azt mondtam, elmegyek és nem akarok visszakozni. Ne hagyjatok cserben, kérlek!

Will nagyot sóhajtott, szemmel láthatóan nagyon szerette volna kihagyni a bulit, de nem akart nemet mondani Natasha kérlelésére.

– Mit gondolsz, Lily Jane?

A lány összerezzent neve hallatán és abból, ahogy barátaira nézett egyértelműen látszott, fogalma sincs, miről volt szó az elmúlt pár percben. Végül nem is törődött azzal, hogy felvegye a beszélgetés fonalát, megvonta a vállát és sietősebbre vette lépteit.

– Azt, hogy ha nem sietünk, elkésünk a munkából és egész nap hallgathatjuk Steve monológját a felelősségteljes munkavállalásról.

– Én nem aggódom – felelte Will – Megbeszéltem Peter-el, hogy lehet, késekek néhány percet.

Natasha azonnal felkapta a fejét a név hallatán és sokatmondó mosollyal az arcán pillantott Will-re.

– Peter-el?

– Igen, Peter-el. Talán gondod van vele?

– Ó, az égvilágon semmi. Vele én is szívesen megbeszélnék bármit.

– Natasha, fejezd már be!

Mindhárman felnevettek, ez még Lily Jane-t is kiszakította végre egy kicsit gondolatai hálójából, miközben Will fülig pirult a fiú nevének többszöri említésére. Natasha aztán a plázához érve ismét komolyra fordította a szót.

– De most tényleg, én tudom, milyen fontos nektek ez az egész, de ha van bármi esély, hogy ott legyetek velem a bulin, kérlek, próbáljátok megoldani!

– Ott leszünk, ne aggódj! – vágta rá Lily Jane, Will pedig bizonytalanul bólintott, majd sietős léptekkel elindult a szendvicsbár felé.

A kávézó nyüzsgéséért talán életében először volt igazán hálás Lily Jane. A folytonos rohangálás és a vendégek kiszolgálása teljesen elterelte figyelmét mindenről, ami bántotta. Abban a pár órában végre nem volt Dubois és nem volt modellkedés és nem volt teremmegnyitó és nem volt házibuli, csak forrón gőzölgő kávé és péksütemény. Ezek a monoton, ezerszer ismételt kérdések és mozdulatok váltak ezúttal a meneküléssé, a kimerülésig végzett munka most megnyugvást és kellemes, gondolatok nélküli néhány órát jelentett. Talán éppen emiatt nem vette észre a pultnál álló, ismerős személyt sem, csak amint jellegzetes hangja hallatán megmagyarázhatatlan okokból végigfutott hátán a hideg.

– Remélem, most nem óra helyett lógsz errefelé.

Matt Edwards vigyorgott rá a pultnak támaszkodva, a lány gondterhelt arca láttán pedig úgy nézett szemeibe, mintha annak minden titkát meg akarná fejteni a puszta tekintetével. Lily Jane mosolya viszont újból előbukkant, amint megpillantotta a fiút, az aggodalom pedig a pillanat törtrésze alatt tűnt el arcáról.

– Látom, ma is nagyon vicces kedvedben vagy, de képzeld, én nem szoktam lógni.

– Tudom. Te csak szívesebben mész be más órájára, mint a sajátodra.

– Több lábon kell állni – vonta meg a vállát, mire Matt a fejét rázva felnevetett – Szójatejes cappuccino cukor nélkül, elvitelre?

– Eszméletlenül jó vagy. Úgy érzem, mély benyomást tettem rád.

– Azért ne szállj el magadtól!

A kávé elkészítése közben Lily Jane ezúttal is igyekezett, hogy háttal álljon a fiúnak, mert egy újabb megmagyarázhatatlan okból kifolyólag képtelen volt abbahagyni a mosolygást és arra sem mert volna mérget venni, hogy nem pirult el kissé, mert hirtelen elképesztően melege lett. Persze ezt végül csak a kávégépből áramló, forró gőznek tudta be.

– Meghívhatlak bármire?

Matt kérdése váratlanul érte a lányt és annyira jól esett neki aznap ez az egyszerű kedvesség, hogy egy pillanatig csak szótlanul meredt a fiú arcára, képtelen volt megszólalni. Aztán végül csak sikerült összeszednie magát és mosolyogva rázta meg a fejét.

– Nem kérek semmit, de köszönöm. Tényleg.

A fiú távolodó alakja és csillogó tekintete száműzött minden egyéb gondolatot Lily Jane fejéből. Valahogy Matt puszta jelenléte olyan erőt adott neki, ami összes addigi aggodalmát szertefoszlatta és úgy érezte, bármit képes véghezvinni, ami előtte áll.

Az utolsó, fárasztó munkaóra végeztével aztán hazaérve egyenesen a fürdőkádat célozta meg, majd elmerülve egy kád forró vízben, Will számát tárcsázta.

– Csináljuk – közölte mindenféle bevezető nélkül, kijelentését értetlen csend fogadta – Benne vagyok, tervezd meg a ruhát és leszek a modell. Nincs vesztegetnivaló időnk, nagyon nem így képzeltem el, de ha nincs más út, hát akkor vágjunk bele!

– Reméltem, hogy ezt fogod mondani. Tudom, hogy ez nem teljesen az, amit szeretnél, de…

– Nem számít, Will. Jelenleg sajnos nem tehetjük meg, hogy válogatunk. Nem mondom, hogy nem félek kicsit sem ettől az egésztől, de végülis… együtt csináljuk, szóval nem lehet baj, igaz?

Will hallgatott egy kis ideig a vonal másik felén, talán meghatódott kissé, vagy talán ő is éppen a lehetséges kimeneteleket mérlegelte fejben.

– Igaz. Ne félj, amíg engem látsz, kicsi! Ahogy a nagymamám szokta mondani, úgy még sosem volt, hogy valahogy ne lett volna – mondta végül, mire Lily Jane hirtelen kellemes megnyugvást érzett végre. Úgy gondolta, bármi lesz is, ha Will mellette van mindig pozitív kisugárzásával és hozzáállásával, egyszerűen nem történhet olyan, amit ne tudnának megoldani. Ez a gondolat minden addigi félelmet száműzött szívéből, a helyébe pedig végre a jól ismert eltökéltség és végtelen bizakodás lépett.

8.

A teremmegnyitóra tartva Lily Jane úgy érezte, a taxi, amelyben Will-el utaztak, lassabban vánszorgott még egy csigánál is. Nem igazán tudta, mivel oldhatná kicsit izgalmát, míg meg nem érkeznek, így végül arra jutott, azt csinálja, amit a legjobban szeret. Ihletet merít az élet apró részleteiből.

A késő őszi, hűvös levegő halvány jégvirágokat varázsolt a taxi ablakára, aminek szabálytalan mintája csodálatosan mutatott volna egy hófehér ruha akár enyhén áttetsző felsőrészén. Az utak még nedvesek voltak egy délutáni záportól, csillogóvá téve az aszfaltot az éjszaka sötétjében. Olyan volt, akárha a csillagok ezreinek tükörképe ragyogott volna vissza az utakról, miközben haladtak. Az utcai lámpák sárga fénye pedig vékony csíkokban szűrődött át az ablaküvegen, hogy aztán játékos formákban lejtsenek táncot Lily Jane lábain. Érdekes volt. Érdekes és elképesztő, mennyi gyönyörű részlet rejlik egy átlagos, őszi estén akár a semmiben is. A lány elgondolkodva nézegette a sötétzöld ruháján tükröződő fényeket és gondolatainak biztonságot rejtő menedékébe merülve valahogy újra ellepte a nyugalom. Az álmai felé vezető úton készült megtenni egy óriási lépést, mi baj lehetett volna?

– El sem hiszem, hogy tényleg itt vagyunk – tartotta karját Will az autóból kikászálódva a lány felé, hogy az belékarolhasson, majd miután a taxi elhaladt, hozzátette – Azt hittem, már sosem érünk ide.

– Modell leszek – sóhajtotta válaszul Lily Jane, Will pedig még közelebb húzta magához, miközben elindultak a Dubois által megadott cím irányába.

– A legszebb modell a világon.

Az épület felé közeledve már biztosan tudták, jó helyen járnak. Mindenfelé drága autók parkoltak, a leginkább színházteremre hasonlító épület elé pedig nagyjából kétpercenként egy újabb taxi érkezett. A bejárat előtt egy öltönyös biztonsági őr állt, aki minden érkező nevét lehúzta a kezében tartott vendéglistáról.

– Tisztára, mint a filmekben – suttogták egyszerre teljes extázisban a tudattól, hogy ők is részt vehetnek egy ilyen rendezvényen. Az őrhöz lépve Lily Jane kissé elbizonytalanodott, hogy ez valóban a valóság-e. Valamiért elképzelhetetlennek tűnt, hogy a nevét elárulva az őr majd beengedi, nem pedig elzavarja őket.

– Lily Jane Monroe és Will Spencer – szólalt meg Will, akit a lánnyal ellentétben látszólag nem sikerült elbizonytalanítania a szigorú biztonsági őr jelenlétének. A férfi végigjártatta szemét a listán, majd megtalálva nevüket bólintott egyet és félrehúzódva szabad utat engedett a belépésre. El sem akarták hinni, hogy ez tényleg megtörténik. És a legjobb rész még csak most következett.

Ha azt mondták volna, a terem gyönyörű volt, még a közelében sem jártak volna annak, amit valójában gondoltak. Az ajtón belépve mindketten megtorpantak egy pillanatra, de nem kaptak túl sok időt a csodálkozásra, mert egy fiatal hölgy eléjük lépett, hogy elvegye a kabátjukat, egy másik pedig azonnal pezsgővel kínálta őket.

Elképesztő volt. Az egész termet ízléses díszkivilágítás borította fénybe, visszatükröződve a világos színű márványcsempéről, amelyet olyan tisztára súroltak, hogy Lily Jane és Will önmaguk alakjaival találhatták szembe magukat, akárhányszor csak lefelé pillantottak. A terem közepén hosszú és viszonylag magasra emelt kifutó állt, amelyen próbababákat helyeztek el, rajtuk a leghíresebb tervezők néhány darabjaival. Lily Jane az egyiken felismerte Dubois nyári kollekciójának egy tüzes, piros színű ruháját és tekintetével azonnal a férfit kezdte keresni. A kifutó hátsó részénél óriási kivetítő állt, melyen korábbi bemutatók montázsvideója ment éppen, a kifutó mindkét oldalán pedig hosszúkás asztalok sorakoztak hófehér asztalterítővel letakarva, különféle ínyencségekkel, sőt az egyiken még egy gusztusos csokoládé szökőkút is hívogatta az érkezőket. Lily Jane hamarosan meg is pillantotta Dubois-t, aki az egyik ilyen asztalnál beszélgetett éppen, hasonló színű itallal a kezében, mint amit az étteremben is rendelt. Will is kiszúrta őt a tömegben, majd együtt elindultak felé továbbra is gyermeki csodálkozással arcukon.

Lily Jane nem volt teljesen biztos abban, mennyire is kellene kiöltöznie egy hasonló rendezvényre, de most nagyon örült, hogy Will-el mindketten elegánsan jelentek meg. Egyáltalán nem voltak túlöltözve, a nők többsége legalább annyira kitett magáért, mint Lily Jane, aki egy szűk szabású, méregzöld ruhát viselt szív alakú dekoltázzsal és a csípőjénél kissé kiszélesedő, mégis szorosan a testéhez simuló szoknyarésszel. A férfiak Will-hez hasonlóan szintén mind zakót viseltek, amelynek mellrészénél kifinomult színű és mintájú zsebkendőket rejtettek zsebeikbe.

Dubois szeme azonnal felcsillant, majd teljes testtel feléjük fordult, hogy üdvözölhesse őket, miközben a társaságában álldogáló férfiak kíváncsi szemekkel figyelték az érkezőket.

– Itt is vannak a kis sztárjaim. Ő itt Will Spencer, a hölgy pedig a csodálatos Lily Jane Monroe. Hát nem megmondtam, hogy gyönyörű?

A férfiak mind fürkész tekintettel bámulták a lányt, Will-re fele annyi időt sem pazaroltak, ez pedig határozottan zavarba ejtette Lily Jane-t. Feltűnt neki továbbá, hogy a művész most először ejtette ki a nevét, korábban mindig csak *kedvesemként*, vagy *kishölgyként* emlegette. Valamiért az az érzése támadt, hogy bizony ez egy jó darabig még így is lesz, úgyhogy jobb, ha hozzászokik. Talán ebben a csillogó luxusvilágban még azt is ki kellett érdemelnie az embernek, hogy a nevén szólítsák, esetleg egyáltalán megjegyezzék azt. Nőként legalábbis biztosan ez volt a helyzet.

– Az én drága barátomnak mindig is jó szeme volt ahhoz, hogy kiszúrja a különleges tehetségeket – szólt egy ismerős női hang a társaságból. Lily Jane Dubois mellett állva Mrs. Blair-t pillantotta meg, az egyetemi tanárnőt, aki hosszú estélyi ruhájában, pezsgőt kortyolgatva mosolygott rájuk. Lily Jane viszonozta mosolyát és őszintén remélte, hogy a tanárnő figyelmét elkerülte a nemrég történt incidens, amikor is a lány nem jelent meg az órán.

– És mikor is fognak pontosan debütálni ezek a fiatalok? – kérdezte a férfiak egyike italába kortyolva. Dubois egyesével bemutatta nekik addigi beszélgetőpartnereit, Lily Jane-nek viszont egyetlen

nevet sem sikerült megjegyeznie, így fogalma sem
volt, hogyan is hívják az éppen róluk beszélő
úriembert.

– A karácsonyi bemutatón szerepet kap néhány elem
Will terveiből és lesz egy ruha, amit teljes egészében
ő fog tervezni.

– Ez nagyon jó, de mi lesz a kisasszonnyal? Ő csak
díszvendég?

Dubois kérdő pillantást vetett a lány felé, a szeme
egyértelmű kérdést tett fel: áll az alku? Lily Jane a
művész szemeibe nézve nagyot nyelt, majd
határozottan bólintott, mire az folytatta a csevegést a
jelenlévő, kellemetlenül fürkész tekintetű férfiakkal.

– Cseppet sem. Neki különleges szerepet szántam,
ami után az ő tehetségét is megmutatjuk majd a
világnak. Irigykedni fogtok, higgyétek el nekem!

– Bátor vagy, Piérre, hogy két amatőrt is belevonsz
éppen a karácsonyi bemutatódba. Tudod, hogy
ennek nagy visszhangja szokott lenni a sajtóban.

Lily Jane-nek ezúttal sem tetszett, hogy úgy
beszélnek róluk, mintha ott sem lennének, de egy
szót sem szólt, csak kitartóan mosolygott a továbbra
is furcsa szemekkel őt méregető férfiakra.

– Tudom, mit csinálok és őszintén hiszem, hogy
valami zseniális fog kisülni ebből.

– Úgy legyen! Igyunk is rá!

A férfiak mind feltartották poharaikat, mire Lily
Jane és Will is koccintottak velük kissé erőltetett
mosollyal arcukon. A lány száját kellemesen
bizsergette a pezsgő, amely némiképp segített
elterelni figyelmét a számára kissé kellemetlen
társaságról. Dubois, talán éppen azért, mert
észrevette a lány feszengését a férfiak tekintetének

kereszttüzében, végre megkísérelte kimenteni őket a kínos szituációból.

– Ha nem haragszotok, körbevezetném kicsit a fiatalokat. Máris visszajövök!

Will és Lily Jane mindketten mélyet sóhajtottak a társaságtól végre távol kerülve, észre sem vették, de mintha egészen addig még a lélegzetüket is visszatartották volna nagy szorongásukban.

– Csodaszép ez a terem – fogadta el Dubois karját Lily Jane, majd a férfiba karolva lassú léptekkel elindultak a kifutó mellett.

– Örülök, hogy tetszik. A karácsonyi bemutató is itt lesz megrendezve.

– Ezen a kifutón kell végigmennem?

– Igen. Talán gondot jelent?

– Ó, nem, dehogy. Én csak… meglepődtem.

A lány elsápadt a gondolatra, hogy azon a végtelennek tűnő kifutón kell végiglejtenie, ráadásul mindezt úgy, hogy közben minél lehengerlőbb benyomást tegyen a jelenlévőkre. Persze korábban is tisztában volt a feladattal, de gondolatban addig valamiért egy kissé szerényebb körülmények között megrendezett divatbemutatót képzelt el, még legmerészebb álmaiban sem gondolta volna, hogy egy hasonló helyen tehetik meg pályafutásuk első jelentős lépését Will-el.

– Valójában emiatt is érkeztem Londonba. Szerettem volna ebben a csodaszép teremben debütáltatni a téli kollekciót, aztán majd meglátjuk, mit hoz a jövő. Kedvelem ezt a várost. Talán tovább maradok, mint gondoltam.

Lily Jane némán hallgatta a férfit. Rengeteg ember mellett haladtak el, gyönyörű, talán sminktől, talán botoxtól kisimult arcok néztek vissza rá, miközben kényelmetlenül erőltetett mosollyal ráztak kezet vele és Will-el. A lány nem tudta volna megfogalmazni, pontosan miért, de annyira idegennek és távolinak érezte magától ezeket az embereket, mint egyetlen ismeretlent sem azelőtt. Nem volt velük semmi szemmel látható probléma, mind tökéletesnek tűntek, de talán pont emiatt a látszólagos tökéletesség és fényűzés miatt valahogy az egész egyáltalán nem tűnt őszintének. Sem a mosolyok, sem a kézfogások, sem a dicséretek, sem a kedves szavak. Ez bizonyos szinten érthető volt, hiszen az egész ipar, amelyre karrierjüket építették valójában a látszatról szólt, a lány mégsem gondolta volna azelőtt, hogy az emberek ennyire el tudnak veszni a külsőségekben és, hogy a kizárólag külsőségekre való törekvés milyen hamissá és mesterkéltté tudja varázsolni a légkört.

– Még egyvalakit muszáj bemutatnom nektek. Nem tudom, hol lehet, néhány perce beszéltem vele. Suzanne King, saját sminkmárkája van és az ő sminkmester tanítványai szokták elvégezni a végső simításokat a modelljeimen. Nem mellesleg pedig – tette hozzá kicsit halkabban – a férje építőipari vállalata szponzorálja a bemutatót. Mondhatni, ő a legfőbb anyagi támpont, bár semmi köze a divathoz. Suzanne fiatalkori, kedves barátom és a kezdetektől fogva segítjük egymást, a férje pedig hál' Istennek egészen bőkezűen osztogatja a pénzét, ha a felesége is érdekelt az ügyben persze. Ó, meg is találtam, gyertek csak!

Lily Jane ügyetlenül lépkedett, miközben Dubois kezénél fogva, sebesen húzta őt maga után. Will is a nyomukban volt, ő is hasonlóan elveszettnek és idegennek érezte magát a gyönyörű, tökéletesen sminkelt arcok tömegében. A lány éppen hátrafelé bámult menet közben próbálva elkapni a fiú tekintetét, hogy egy mosollyal bíztassa őt, de akkor Dubois hirtelen megtorpant és maga mellé húzva a lányt, átölelte a vállát.

– Suzanne, szakítanál ránk egy percet, kérlek? Be szeretnék mutatni neked valakiket.

A Suzanne-ként emlegetett hölgy háttal állt nekik és egy öltönyös férfival beszélgetett éppen, pezsgőspohárral a kezében. Dubois hangjára aztán lassan, komótosan fordult meg, mint aki szívességet tesz már a puszta figyelmével is.

– Kit szeretnél bemutatni?

Lily Jane ereiben egyetlen másodperc töredéke alatt fagyott meg a vér. Az arca teljesen elsápadt, kezében a pohár remegni kezdett és úgy érezte, menten elájul. Olyasmi jelenet volt ez, mint amikor a filmekben a főhős megpillantja élete szerelmét, ami ebben az esetben kissé groteszk hasonlatként jutott eszébe tekintve, hogy egy negyvenes éveiben járó, gyönyörű, jeges tekintetű nő állt vele szemben. Az a nő, aki legtöbb tervének ihletője, legunalmasabb munkanapjainak egyetlen értelmet adó személye volt. A legnagyobb ihletforrás, a példakép, a titokzatos idegen, akihez most egyszerre nevet is tudott társítani. Suzanne King. Hát ő az.

– Ő itt Lily Jane Monroe, illetve Will Spencer. Velünk fognak dolgozni a karácsonyi kollekción. Will társtervezőként, Lily Jane pedig modellként. Egyelőre.

Bár az utolsó szó kicsit tompította a súlyát, a lánynak továbbra sem volt kifejezetten ínyére, hogy modellként beszélnek róla. Jelen helyzetben viszont még ez sem zavarta, csillogó tekintettel nézett a nő arcára, aki viszont csak egy röpke pillantást szánt rá, majd azonnal Will felé fordult.

– Szóval társtervező. Hallhattam már esetleg valahol a nevedet?

– Ó, nem hinném – felelte a fiú félszegen – Eddig csak egyetlen kollekcióm volt, amit saját finanszírozásból sikerült megvalósítanom, de többnyire csak az ismerőseim voltak jelen a bemutatón egy ettől jelentősen kisebb teremben.

– Értem. Azért ez is több a semminél. Kíváncsian várom, mit sikerül alkotnod karácsonyra. Ne okozz csalódást! A férjemmel mindig ezt a bemutatót várjuk a legjobban – mondta dallamos hangon, majd nevetve hozzátette – Illetve én ezt várom a legjobban, ő valószínűleg csak úgy tesz, mintha várná, a kedvemért.

– Nagyon igyekszem, hogy ne okozzak csalódást.

– Hogyhogy Scott nem jött el? – szólt közbe Dubois

– Kerestem, de sehol sem találtam.

– Valóban nincs itt, közbejött egy hirtelen üzleti ügy. Eredetileg úgy volt, hogy én is vele utazom, de semmi pénzért nem hagytam volna ki a megnyitót. Cserébe a szemközti hotelben éjszakázom ma, mert a fiam már leszervezett egy házibulit tekintve, hogy nem leszünk otthon. De talán nem is baj, igazán rám fér egy kis pihenés és tartunk egy csajos estét Emmával.

– Igazán megérdemlitek, kedvesem.

Will és Lily Jane mindketten ugyanarra gondoltak. Vajon ők ennek a nőnek a házában rendezett bulira voltak hivatalosak? Ezt csak egy módon tudhatták meg.

– Éppen a csokoládé szökőkút felé szerettem volna venni az irányt. Velem tartasz, Piérre? Hagyd most már békén ezeket a szegény gyerekeket, hogy végre jól érezhessék magukat egy kicsit!

– Már hogyne tartanék veled? Még váltanom kell velük néhány szót, addig nyugodtan menj előre, nemsokára csatlakozom – Dubois és Suzanne hangja az összes eddig bemutatott jelenlévőéhez hasonlóan borzasztóan mesterkéltnek tűnt, széles mosolyuk pedig még szavaiknál és hanglejtésüknél is erőltetettebbnek tetszett. A hölgy elindult az emlegetett szökőkút irányába, Dubois pedig visszafordult feléjük és elégedetten csapta össze kezeit – Nos, igazából a lényegen túl is vagyunk. Igazat szólt Suzanne, érezzétek jól magatokat, de persze mehettek is, ha úgy tartja kedvetek. Később jelentkezem és megbeszéljük a részleteket. Köszönöm, hogy eljöttetek!

– Mi köszönjük a meghívást! Rengeteget jelentett – felelt azonnal Will, Lily Jane pedig helyeslően bólintott. Dubois legyintett egyet, majd hátrálni kezdett, mígnem lassan beleveszett az ínyencségektől roskadozó asztalok köré gyűlt embertömegbe.

A csodálatos helyszín és a feltűnő luxuskörülmények ellenére, Lily Jane és Will ugyanarra gondoltak, amint végre egyedül maradtak. Nem volt szükség túl sok szóra, talán valóban óriási lépést tettek valami egészen nagy dolog felé, a tökéletes megjelenésű férfiak és nők hamis mosolyainak tengerében azonban egyszerre fordultak egymás felé.

– Lépjünk le innen!

9.

Amikor Natasha egyetemi házibulit emlegetett, valahogy egyikük gondolataiban sem úgy jelent meg a kép, mint amilyen a buli valójában volt. Will és Lily Jane döbbenete a kapott címhez érve talán még a bemutatóterembe lépéskor érzett ámulatot is túlszárnyalta. A buli, különösképpen pedig a helyszíne egyszerűen elképesztő volt, ami a feléjük közeledő Natasha kipirult arcán is tükröződött.

– Ugye milyen állat? – zihálta magát legyezve – Koccintottunk párszor Lewis haverjaival és úgy érzem, mindjárt lángra kapok. Ez normális?

– Azért lassíts egy kicsit! – rázta meg a fejét nevetve Lily Jane, Will azonban megvonta a vállát és intett a lányoknak, hogy kövessék őt.

– Épp most kezd beindulni a karrierünk. Én amondó vagyok, hogy ünnepeljük meg ezt rendesen.

A fiú az óriási kert közepén álló medence körül kialakított büféasztal felé indult. Valójában ez volt a buli szíve, de jobban megnézve szinte a ház kertjének minden szegletében nevetgéltek és ordibáltak néhányan összegyűlve. Lily Jane azon tanakodott, vajon a teremmegnyitón, vagy ezen a házibulin voltak-e többen. A hatalmas területen mindenhol fiatalok táncoltak, néhányan alig állva a lábaikon, néhányan pedig éppen rajtuk nevetve, vagy őket videózva. A hatalmas kert egy szintén elég nagy házat ölelt körül, amelynek legtöbb fala üvegből készült modern külsőt kölcsönözve az épületnek, az üvegben azonban csak a hangulatos, kerti díszlámpák fényének tükröződését lehetett látni, a sötétség a benti teret teljesen elrejtette a szemek elől. Odakint több hősugárzót is elhelyeztek, korábban Lily Jane el sem tudta képzelni, hogyan lehet késő ősszel házibulit tartani a kertben, de most eszébe sem jutott, hogy valójában hideg van. Egyikük sem fázott még kabátjukat levéve sem, a levegőt azonban teljesen átjárta az alkohol szaga és még valami más, Lily Jane számára addig ismeretlen, édeskés és egyben kesernyés illat.

– Gyere, Lily Jane, ott van Lewis!

Natasha a lány kezét fogva haladt az egyetemisták tömegében. Lassan kirajzolódott előttük egy pavilonszerű építmény, amely nem messze a medencétől volt felállítva. Fából készült, benne pedig kényelmesnek és meglehetősen drágának tűnő kanapékon ültek néhányan. A kanapék egy asztalt öleltek körül, amelyen vízipipa állt, az ott üldögélők pedig elégedetten szívták a csövét, majd furcsa megkönnyebbüléssel az arcukon fújták ki a füstöt.

Lily Jane nem ismerte legtöbbjüket, de hamar észrevette az egyik kanapén éppen hangosan nevető Lewis-t, aki néhány fiú társaságában üldögélt éppen, háttal nekik. Natasha odaszaladt hozzá és hátulról átölelve puszit nyomott az arcára, miközben Lily Jane kissé feszengve álldogált mellette.

– Hol voltál, Nat? Már azt hittem, elvesztél.

– Csak kimentem Lily Jane és Will elé, hogy bekísérjem őket.

Lewis széles mosollyal az arcán fordult meg, majd Lily Jane-t észrevéve meglepetten intett felé. Viszont nem ő volt az egyetlen. Nevének hallatán a mellette lévő fiú is azonnal odakapta fejét. Lily Jane maga sem tudta volna megmondani, miért, de hirtelen leverte a víz, pedig egy kortyot sem ivott. Korábban kissé feszengett elegáns sötétzöld ruhájában, amivel jócskán kitűnt a jelenlévő,

többségükben necc felsőt viselő lányok közül, abban
a pillanatban viszont egyáltalán nem bánta, hogy így
jelent meg. Merthogy a megforduló fiú tekintetében
rejlő, szinte gyönyörködő ámulat arra késztette Lily
Jane-t, hogy életében talán először igazán szépnek
érezze magát.

– Téged is erre fújt a szél, lógós?

Matt Edwards volt az.

– Ti ismeritek egymást? – kérdezte Lewis
meglepetten, mire mindketten széles mosolyra
húzták szájukat.

– Ez azért túlzás – motyogta Lily Jane, Matt pedig
hangos nevetésben tört ki.

– Véletlenül megmentettem az életét – a jelenlévők
mind fürkész tekintettel bámulták a lányt és úgy
figyelték az eseményeket, mintha legalább valami
érdekes történt volna. Matt felállt a kanapéról, Lily
Jane felé sétált, majd lazán átölelte a vállát és
hangosan, hogy minél többen odafigyeljenek,
folytatta – Ez a lány itt, kérem szépen, a statisztika
rajongója. Szerintetek akad egyetlen párja is ezen a
világon?

– Elég lesz már! – nevetett fel a lány, mire Matt
elhallgatott és közelebb hajolva, ezúttal már
halkabban, csak őhozzá beszélt.

– Ittál már valamit?

– Nem.

– Gondoltam. Ha nem haragszol meg, rossz rád
nézni, annyira be vagy feszülve. Gyere, lazulj el egy
kicsit!

Lily Jane képtelen lett volna nemet mondani, így
követte a fiú tömegbe vesző alakját hátra sem
pillantva Natashára, aki kissé aggódó tekintettel
nézett utánuk. Matt úgy suhant el az emberek

mellett, mint egy valódi sztár. Néha-néha kezet fogott, megveregette a hátát valakinek, pacsizott és öklözött Lily Jane számára teljesen ismeretlen emberekkel. Fogalma sem volt, miért, de egyértelműen látszott, hogy Matt meghatározó szerepet tölt be az egyetemi szociális élet tengerében.

– Tessék – nyomott egy műanyagpoharat a lány kezébe, amint megállt a különböző italok üvegeivel megpakolt büféasztal mellett – Fenékig!

Matt pohara az övének koccant, Lily Jane pedig óvatosan, kissé kétkedve kortyolt az italba, miközben nézte, ahogy Matt egy húzásra megissza sajátjának tartalmát. A lánynak erőlködnie kellett, hogy ne grimaszoljon, az ital úgy égette a torkát, hogy azt hitte, menten lángra kap. Most már világossá vált Natasha kipirult arca és biztos volt benne, hamarosan az övé is hasonló színt ölt majd.

– Fogalmam sincs, hogy bírjátok ezt egy húzásra meginni – kortyolt ismét az italba egy visszafojthatatlan grimasz kíséretében.

– Még egy-két buli és belejössz. Valahogy sejtettem, hogy ez nem a te műfajod.

– Mi az, hogy sejtetted?

Matt széles vigyora egy másik helyzetben valószínűleg bosszantotta volna Lily Jane-t, de a fiú le sem vette a szemét róla, rajongással teli tekintete pedig akarata ellenére elképesztő ütemre késztette a lány szívének dobogását.

– Nézz csak magadra! Ne érts félre, meg kell mondanom, gyönyörű vagy, de ez a stílus jobban illene egy puccos, üzleti vacsorára, mint ide.

– Ebben igazad van – bólintott helyeslően a lány – Viszont nem emiatt a buli miatt vettem ezt fel.

– Készülsz még valahová?

– Már túl vagyok rajta. Piérre Dubois meghívott engem és az egyik barátomat egy divatbemutató terem megnyitójára. Ahogy mondtad, elég puccos volt, szóval ki kellett öltöznünk.

– Piérre Dubois? Akkor azt hiszem, a kedves édesanyámmal voltatok egy rendezvényen. Én is voltam vele párszor, de általában halálra untam magam, szóval, ha lehet, most már inkább kihagyom őket.

Lily Jane összevonta szemöldökét döbbenetében. Eszébe sem jutott, hogy Matt Edwards és a divatipar között bármiféle összeköttetés lehetséges.

– Anyukád is tervező? – kérdezte a lány őszinte érdeklődéssel. Matt a fejét rázva újból kiürítette poharának tartalmát.

– Ó, nem, dehogy. Sminkmárkája van. Elég sok bemutatón dolgozik a modellekkel, mondhatni, gyakoribb résztvevő, mint néhány divatguru.

Lily Jane majdnem kiejtette a műanyagpoharat kezei közül Matt szavainak hallatán. Nagyon nehezére esett uralkodnia magán és nem eltátani a száját a felismerést követően.

– Azt akarod mondani... – dadogta teljesen elképedve – Azt akarod mondani, hogy Suzanne King az anyukád?

A fiú megvonta a vállát és értetlenül meredt a lány döbbent arcára.

– Igen. Miért, találkoztál vele?

A fiú teljesen elveszítette a lány tekintetét. Az már valahol nagyon távol járt, a gondolatok pedig szemmel láthatóan szélsebesen cikáztak a fejében. Szemei elkerekedtek és úgy bámult a semmibe, mintha szellemet látott volna. Matt néhány perc után kezdte kissé kínosan érezni magát, ezért magához véve az egyik üveget az asztalról újratöltötte Lily Jane és a saját poharát is.

– Én... – hebegte a lány, de a fiú közbevágott.

– Igyál inkább, mert még mindig nem lazultál el.

– Matt, ez azt jelenti, hogy ez... hogy ez... – nézett körbe Lily Jane a hatalmas kertben.

– Igen, ez az én házam és az én bulim, ha erre akarsz kilyukadni. Úgy volt, hogy a szüleim mindketten elutaznak a hétvégére, de végül csak az apám ment. Viszont édesanyám volt olyan jó fej, hogy kivett egy szállodai szobát a kishúgommal, Emmával együtt, szóval...

– Tudom.

– Tessék?

– Nem érdekes – nevetett fel Lily Jane végre visszatérve a jelenbe. A fejében most már teljesen összeállt a kép. Hiszen Matt a kávézóban ugyanazt kérte, mint az édesanyja. Szójatejes cappuccino elvitelre, cukor nélkül. És talán, jobban megnézve a fiút, az ő vonásaiban is volt valami hasonló Suzanne King különleges eleganciájához és megmagyarázhatatlan megközelíthetetlenségéhez. Persze ebben a pillanatban a fiú igenis közelinek tűnt, miközben Lily Jane szélesen mosolygott rá.

– Izgalmas egy lánynak tűnsz te – nevetett Matt.

– Az előbb azt mondtad, gyönyörű vagyok. Egy gyönyörű lány, aki a statisztika rajongója és még izgalmas is egyben, hát láttál te már ilyet?

– Soha életemben nem láttam még csak hasonlót se – felelte a fiú, mire mindketten hangos nevetésben törtek ki, majd Matt kissé elkomolyodva hozzátette

– De most komolyan, nagyon szívesen megismernélek, Lily Jane.

– Tudtam én, hogy nem véletlenül keveredsz újra és újra a kávézóba – csipkelődött a lány próbálva figyelmen kívül hagyni, mennyire különlegesnek hangzott a neve ismét a fiú szájából.

– Tényleg nem – ismerte be Matt – Mindent megtennék, hogy végre ne csak abban a két percben szólj hozzám, amíg elkészíted a…

– …szójatejes cappuccinót elvitelre, cukor nélkül.

– És tudja és tudja és tudja!

Lily Jane maga is alig akarta elhinni, mennyire felhőtlenül tudott beszélgetni a fiúval és milyen felszabadultan tudta adni önmagát. Egészen addig el sem tudta képzelni, hogy ez ennyire egyszerűen és természetesen is mehet.

– De hisz most is hozzád szólok, miért mondod ezt?

– Az én bulimban vagy, mernél nem hozzám szólni!

A lány az italába fojtotta mosolyát és ezúttal már eszébe sem jutott grimaszt vágni, hozzászokott az égető érzéshez, már-már kellemesen zsibbasztóan hatott.

Néhány, a közelükben csoportosuló fiú és lány Matt nevét kezdte kiabálni a tömegből, majd az egyikük elindult a fiú felé, hogy magukhoz hívja őt.

– Téged hívnak, Matt. Menj nyugodtan, én majd megkeresem Natashát.

– Komolyan mondtam, amit mondtam – fogta meg a kezét váratlanul a fiú, miközben az ordibáló csoport felé kiáltott arra kérve őket, várjanak egy kicsit – Csináljunk valamit, amit csak szeretnél…

– Gyere már, tesó, olyan sztorit mesélünk – ért oda hozzájuk a Lily Jane számára teljesen idegen srác és Matt vállát átölelve a csoportosulók közé kezdte terelni. A lánynak nem volt ideje felelni a kérésre, Matt alakja hamarosan beleveszett a tömegbe, ő

pedig ottmaradt időközben kiürült poharával és kissé
égő, kipirult arcával.

A zene korábban nem észlelt intenzitással kezdte
átjárni testét. Valami rap szám üvöltött a
hangszórókból, Lily Jane úgy érezte, mintha az
ereiben lüktetne a ritmus. Ha nem lettek volna jelen
ismerősei, talán még táncolni is lett volna kedve, de
ezúttal visszatartotta a semmiből támadó, enyhe
szédelgés és a torkában égő, émelyítő alkohol íze.

– Úgy látom, te is túl vagy már néhány koccintáson,
akárcsak Natasha – ölelte át hátulról hirtelen valaki.
Lily Jane azonnal elmosolyodott Will hangjának
hallatán, arcát pedig a fiú vállába fúrta, hogy
enyhítsen émelygésén.

– Egy kicsit talán túl sok koccintáson is. Te
hogyhogy nem ünnepled a karrierünk kezdetét?

– Ó, hidd el, ünneplem én, kislány! Ez az én
szupererőm. Nincs az az alkoholmennyiség, amitől
én részeg lennék.

– Én sem vagyok részeg – bújt még szorosabban a
fiúhoz, mire az gyengéden megsimogatta a fejét és
felnevetett.

– Nem, dehogy vagy – egy ideig hallgattak, majd
Will továbbra is tapintatos és megnyugtató
hangsúllyal feltette a kérdést, amiről Lily Jane
biztosan tudta, hogy fel fogja tenni – Elmondod, mi
a helyzet Edwards-al?

A fiú nem láthatta a Lily Jane arcán megjelenő,
széles mosolyt, de a lány továbbra is Will vállába
bújva, ezúttal, talán az italnak köszönhetően, meg
sem próbálta elrejteni előle hirtelen támadt jókedvét.

– Te tudtad, hogy Suzanne King az anyukája?

– Igen, tudtam.

A lány hirtelen kibontakozott Will öleléséből és elképedve meredt az arcára.

– Mi az, hogy tudtad? És miért nem mondtad el nekem?

– Lily Jane, ezt mindenki tudja – felelte Will védekezőn emelve fel kezeit maga előtt – Ma estig nem tudtam, hogy ő a nagy ötletforrásod és egyébként is azt mondtad, hogy nem érdekel a srác és jelentéktelen az egész. Akkor minek mondtam volna el?

Will érvei teljesen logikusnak tűntek, a lány meg sem próbált vitába szállni ellenük. Végül csak hitetlenkedve megrázta a fejét és csillogó tekintettel folytatta a válaszadást Will kérdésére.

– Azt mondta, gyönyörű és izgalmas vagyok. Meg azt is, hogy nagyon szeretne megismerni.

Will eleinte kifejezéstelenül meredt a lány arcára, majd tekintetét elborította az aggodalom, ami aztán enyhe nemtetszéssé, végül halvány félmosollyá szelídült.

– Nagyon féltelek, Lily Jane – vallotta be végül – Fogalma sincs, milyen óriási és mennyire törékeny kincs van benned és nagyon remélem, hogy nem fogja összetörni.

– Nyugodj meg, Will – vonta meg a lány a vállát fátyolos tekintettel – Ha úgy vesszük, egy próbát mindenképpen megér. Végülis, most vagyunk életünk legizgalmasabb időszakában, mikor adjak esélyt a lehetőségeimnek, ha nem most? Ha pedig megbánt… azt hiszem, van néhány jó barátom, akik majd összeszedik a darabkáimat.

A fiú beletörődve bólintott és ismét magához ölelte a lányt, miközben a hangfalakból üvöltő rap mindkettejük testét átjárta. Az idő már sokkal inkább korán volt, mint későre járt, egy nyári napon valószínűleg már a Nap is elkezdett volna feljönni. A tömeget pásztázó tekintetük Natashát kereste, akit elég könnyű volt megtalálni a táncoló fiatalok körének közepén, lángvörös arccal, Lewis-tól néhány lépésnyire, egy hangfal mellett riszálva fenekét. A lány, amint meglátta őket, ugrálva indult el feléjük nem törődve az előtte álló, körülbelül a derekáig érő, dübörgő hangfallal. Will és Lily Jane aggódó pillantást váltottak, mert mindketten pontosan tudták, mi fog történni. Natasha ködös tekintete úgy ragyogott, mint egy kisgyermeké, a hangfal viszont valahogy nem esett bele a látóterébe, illetve talán az alkohol okozta homályba veszett és a lány azzal a lendülettel, amellyel feléjük indult, szinte azonnal átesett a hangfalon, majd tompa puffanással, valamint egy artikulálatlan felkiáltással földet ért a túloldalán. Sokan felé fordultak, Lewis persze azonnal a segítségére sietett, Natashát viszont szinte lehetetlen küldetésnek tűnt felkaparni a földről. A lány a hátán fekve a csillagokat bámulta és olyan hangosan nevetett, hogy még az ominózus hangfalból üvöltő zenét is túlharsogta.

– Elestem! – kiabálta, miközben a nevetéstől már könnyek ültek a szemében – Láttad, Lily Jane? Csak úgy puff és elestem!

Lily Jane és Will ismét összenéztek, szavak nélkül is értették egymást. Hasonlóan a teremmegnyitón eltöltött utolsó néhány perchez, ezúttal is ugyanarra gondoltak mindketten.

– Ideje hazamenni.

10.

Néhány nappal az ominózus, túlságosan jól sikerült buli után Will és Lily Jane nekiláttak az alkotásnak. A decemberi bemutatóig már csak pár hét volt hátra, így Will-nek nagy szüksége volt a lány segítségére. Az idő nagy részében csak Will tartózkodhatott Dubois belvárosi, földszinti stúdiójának egy aprócska, különálló szobájában, mert a férfi csak tervezőtársait engedte be birodalmába, egy-egy titkon megszervezett alkalom adtán azonban Lily Jane mérhetetlen mennyiségű lelkesedéssel osont be a fiúhoz, hogy ötleteivel támogassa őt. Zavarta, hogy titkolózniuk kell és, hogy Dubois egyelőre egyszerű modellként tekintett rá, de bízott abban, hogy ez csupán a siker felé vezető út legelső lépcsőfoka volt. Emellett pedig tisztában volt azzal, mekkora szüksége volt Will-nek a támogatására, hiszen óriási feladat előtt állt és mindenképpen a tökéletességre törekedett most, hogy végre lehetősége nyílt megmutatni a világnak, mi is rejlik benne valójában.

– Mostanság színek köré építkezem. Barackvirág. Nagyon bejön a barackvirág – magyarázta az egyik titkos stúdiólátogatás alkalmával Will Lily Jane-nek – Mit gondolsz róla?

– Jó ötlet – felelte halkan a lány az óriási ablak mellett álló babzsákfotelben üldögélve.

– Talán lehetne fehérrel kombinálni. Milyen lenne fehérrel?

– Szép.

– Nem vagyok biztos benne. Talán más árnyalatban kellene gondolkodni – Will fel-alá kezdett járkálni, míg Lily Jane továbbra is kifejezéstelen arccal meredve maga elé, a szokásosnál csendesebben hallgatta barátját – Nem tudom. Az ekrü is eszembe jutott, de az olyan hagyományos. Ekrü, vagy barackvirág?

– Nem tudom, Will.

A fiút csak nevének szomorú hangzása ébresztette fel művészi ábrándjaiból és Lily Jane kissé csalódottnak tűnő arckifejezését észrevéve azonnal közelebb lépett hozzá.

– Hé, miért nem szólsz, hogy fogjam be? Mi a baj?

A lány nem nézett fel, továbbra is maga elé bámult, miközben megvonta a vállát.

– Nincs semmi baj.

Will-nek nem kellett sokáig törnie a fejét, szinte azonnal ráérzett a baj forrására és Lily Jane-hez sétálva gyengéden megsimította a lány arcát.

– Edwards, ugye?

– Mi? Nem, dehogy! Mi lenne vele?

– Nem keresett a buli óta.

– Tényleg nem.

– Ó! – nevetett fel a fiú, majd bűnbánóan huppant Lily Jane mellé a fotelbe – Sejtettem, hogy ez a baj.

– Nincs semmi baj, Will. Nem tudnál továbblépni ezen?

Will hosszasan elgondolkodott a válaszon, majd egy mély sóhaj kíséretében rázta meg a fejét.

– Nem, igazából nem tudnék.

– Tessék? – Lily Jane hitetlenül pillantott rá és azt kívánta, bár inkább választott volna az ekrü és a barackvirág között.

– Figyelj, kicsi – kezdte a fiú még magához képest is meglepően gyengéd hangot ütve meg – Tudom, mit érzel. Pontosan tudom, mi játszódik most le benned, még, ha ezt nehezen is hiszed el, vagy éppen nem is akarod elhinni. Matt Edwards az egyetem íratlan hierarchiájának legfelső helyei közül foglal el egyet, ami különösen izgalmassá és érdekessé teszi őt. Vicces, népszerű és persze elképesztően jóképű – magyarázta Will – Tudod, van egy jellegzetes típusa az Edwards-féle embereknek. A sztárok életét élik, menő bulikat tartanak, egzotikus helyeken nyaralnak és bármit megvehetnek, ami épp eszükbe ötlik. Senki sem tudná pontosan megmagyarázni, miért, de van egy különös varázsa ezeknek az embereknek a társaságában lenni. Valójában sosem lesznek őszinte barátaik, ez mégis egyfajta szimbionta kapcsolat. A sztár jól jár, hiszen folyamatosan nő az imidzse, a többiek pedig hálásak minden percért, amit a drága koktélok, néhány spangli és a pezsdítő hangulat okozta öröm ad nekik. Ez sajnos így működik.

– Te most azt próbálod mondani, hogy a népszerűsége és a pénze vonz engem is?

– Egyáltalán nem – vágta rá azonnal – Én csak azt próbálom elmagyarázni, hogy egy olyan ember, akit ilyen kisugárzás leng körbe, egész könnyedén ámulatba ejthet bárkit. Viszont pontosan emiatt sohasem fogja tudni értékelni… valójában sosem fog tudni értékelni semmit sem.

Lily Jane lassan emésztgette Will szavait és rá kellett döbbennie, hogy valóban sok igazság lehetett abban, amit mondott. Szokásához híven a fiú vállára hajtotta fejét, miközben halványan elmosolyodott.

– Mikor lettél te ekkora Edwards szakértő?

– Tudom, hogy ti ketten Natashával a begyepesedett öreg nénik életmódját folytattátok mielőtt barátok lettünk, de képzeld, én jártam bulizni és bár talán ez most fájhat, barátkoztam másokkal is előttetek.

– Hé! – nevetett fel Lily Jane.

– A lényeg, hogy rengeteg dolgot hallottam róla és beszéltem is vele néhányszor egy-egy múltkorihoz hasonló bulin. Tudod, hogy sosem szoktam alaptalanul ítélkezni.

– Jól van, belátom, hogy igazad lehet.

– Na, látod – ölelte át Lily Jane vállát a fiú – Ahogy a nagymamám szokta mondani, lényegében szívességet tett neked azzal, hogy békén hagy.

– Esetleg ne köszönjem meg neki?

Lily Jane-nek végre újra visszatért jókedve és ezúttal már őszintén nevetett a fiúval együtt. Egészen addig fel sem tűnt neki, mekkora szüksége volt arra, hogy kiadja magából Matt Edwards-al kapcsolatos kételyeit, Will-nek pedig sikerült minden addigi aggodalmát szertefoszlatnia, így végre ő is az ekrü és a barackvirág színek összehasonlítására koncentrálhatott. Éppen kezdtek volna mélyebben elmerülni a témában, amikor a stúdió bejárata felőli hangok arról árulkodtak, valaki megérkezett.

– Egyelőre nem tudom megmutatni az összes tervet, de azért van néhány, amelyik már elkészült – hallatszott Dubois hangja csupán néhány lépésnyire a szobától – Imádni fogod őket, ez lesz az év nagy dobása.

– Reméljük, a kis zsenipalántád sem szúrja el.

– Nem fogja, biztos vagyok benne. Aztán várj, míg meglátod, mit tud a lány!

Will és Lily Jane rémülten bámulták egymást arra várva, hátha egyiküknek támad egy frappáns ötlete, hogyan kellene kimenekülniük a stúdió apró szobájából anélkül, hogy a tervező észrevenné őket. A lánynak hamarosan rá kellett döbbennie, hogy itt valójában ő volt az egyetlen személy, akit nem látnak szívesen, ezért úgy vélte, jobban teszi, ha nagyon gyorsan kitalál valamit.

– Will terveit is megnézheted, ha szeretnéd. Ott dolgozik, abban a kis teremben – Dubois hangja egyre közelebbről hallatszott.

– Uramisten! – suttogta Lily Jane a félelemtől könnybe lábadt szemekkel, mire Will megérintette a karját és határozott hangon szólt.

– Guggolj a babzsákfotel mögé!

– Mi?

– Menj már! – a fiú az ablakpárkány alá terelte a lányt, aki még maga sem akarta elhinni, mi is történik valójában. Az odakintről hallatszó párbeszéd nem volt túl bíztató rájuk nézve. Dubois egy kissé rideg női hanggal társalgott és Lily Jane-nek volt egy olyan szörnyű érzése, hogy pontosan tudja, kihez tartozik az a bizonyos hang.

– Megnézném akkor a fiú terveit is, ha nem gond. Minél többet látok, annál több fogalmam lesz arról, hogyan is készüljünk pontosan a részletekkel.

– Menj be nyugodtan, addig előkészítem a többi tervet.

Suzanne King magas sarkú cipőjének kopogása gyöngyöző izzadságcseppeket csalogatott elő Will homlokán, miközben a fiú a babzsákfotel felé pillantva Lily Jane kikandikáló lábaival találta szemben magát.

– Ki kell másznod az ablakon, LJ – suttogta szinte már eszelősen és az ablakhoz rohanva remegő kezekkel kinyitotta azt – A földszinten vagyunk, nem fogsz nagyot esni, de Dubois eszméletlenül dühös lesz, ha megtudja, hogy beengedtem ide bárkit. Elúszik a lehetőségünk.

– Will, ezt ugye nem mondod komolyan? – nézett könyörgőn a fiúra Lily Jane.

– Kérlek!

A cipőkopogás hangja észvesztően közel járt már, Lily Jane fejben mérlegelte a lehetőségeket és rájött, semmiképp sem szeretné Suzanne King kérdőre vonó, megsemmisítő tekintetével, vagy éppen Piérre Dubois haragjával találni szemben magát, ezért végül talán nem is lévén teljes tudatában annak, mit is csinál valójában, egyik térdét az ablakpárkányra tette és elkezdett kimászni az ablakon. Ez persze kissé nehézkesen ment volna Will hirtelen segítő lökése nélkül abban a pillanatban, ahogy Suzanne King betette lábát az apró szobába. A fiú azonnal bezárta mögötte az ablakot, miközben megbizonyosodott róla, hogy a lány rémült sikolya ellenére sikeresen földet ért. Persze a talajt elérve azonnal elvesztette egyensúlyát és tompán a hátsó felére puffanva egy újabb kellemetlen meglepetéssel találta szemben magát.

– Ezt nem hiszem el – motyogta magában, amint megpillantotta az épület előtt parkoló, piros autónak támaszkodó Matt Edwards elképedt tekintetét. Fel sem tudott tápászkodni a földről, a fiú máris odasietett hozzá és elkerekedett szemekkel segítette fel a lányt.

– Lily Jane Monroe, te mindig tudsz meglepetéseket okozni – nevetett fel, amint meggyőződött arról, hogy a lánynak nem esett baja – Mégis mi a fenét művelsz itt?

– Lehetne, hogy… csak nem szólsz egy szót sem? – seperte le ruháját Lily Jane, aki még maga sem akarta elhinni, hogy ez valóban megtörtént. Remélte, hogy a fiú egyszer csak eltűnik szemei elől pont olyan váratlanul, mint ahogy megjelent, de sajnos hamarosan rá kellett döbbennie, hogy erre hiába vár

– Amúgy meg, ezt én is kérdezhetném tőled.

– Anya kocsija szervizben van. El kellett hoznom, hogy megnézze Dubois terveit.

– Értem – felelte morcosan Lily Jane és úgy érezte, menten elnyeli a föld. Rá sem akart pillantani a fiúra, magában azért imádkozott, hogy Will minél hamarabb végezzen és végre eltűnhessenek onnan. Megfogadta, hogy ezentúl csak és kizárólag a stúdión kívülről fogja segíteni Will-t egészen addig, amíg Dubois meg nem engedi, hogy ő is odabent lehessen.

– Szóval nem fogod elmondani, mi történt?

Lily Jane a szemét forgatta, de aztán kénytelen volt felismerni, hogy a fiú ezúttal őszintén érdeklődik, hangjából eltűnt a gúny és a cinizmus.

– Dubois csak a társtervezőket engedi be a stúdiójába. Én egyelőre még nem vagyok az, de szerettem volna Will-nek segíteni, ezért néhányszor bementem vele. Nem számítottunk rá, hogy megjelenik Suzanne-el. Le kellett lépnem, különben talán az egész lehetőség úszott volna.

– Milyen lehetőség? – vonta össze a szemöldökét Matt.

– Will tervezhet egy ruhát a decemberi bemutatóra, amit én fogok viselni.

– Azt hittem, te is tervezel.

– Ez így is van – sóhajtotta Lily Jane – Csak ez sajnos nem ilyen egyszerű. De mindegy, hosszú történet.

Matt közelebb lépett a lányhoz, a köztük vibráló, különös érzés pedig kezdte megszüntetni a körülöttük lévő világot. Ez mindkettejüknek feltűnt, de Lily Jane igyekezett, nehogy ismét hatalmába kerítse ez a megmagyarázhatatlan érzés.

– Engem érdekelne – szólt a fiú halkan, a korábbi gúnyostól eltérő, ezúttal őszintén kedvesnek és érdeklődőnek tűnő mosollyal az arcán.

– Miért? – vágta rá szinte azonnal Lily Jane, kissé több indulattal a hangjában, mint szerette volna. Nem volt túl jókedvében, kínosan érezte magát a történtek miatt és a lábai is sajogtak a kellemetlen földet éréstől.

– Hogy érted, hogy miért? Már mondtam, hogy szeretnélek jobban megismerni.

– Igen és azóta sem kerestél – szaladt ki a száján, mire a fiú vonásai kissé megkeményedtek – Mármint nem is beszéltünk és azt gondoltam, ez a dolog annyiban maradt.

– Egyáltalán nem maradt annyiban. Én nem akarom, hogy annyiban maradjon – felelt ezúttal a lányhoz hasonló indulattal a hangjában – Sajnálom, hogy nem kerestelek még, de én tényleg komolyan gondoltam, amit mondtam.

Lily Jane még a korábbinál is kezdte kínosabban érezni magát. Attól félt, most már nemcsak ügyetlennek, de akaratosnak és követelőzőnek is gondolja őt Matt. Viszont, ami a legkevésbé tetszett neki ebben az egészben az az volt, hogy mennyire érdekelte, vajon mit gondolhat róla a fiú. Will-nek igaza volt. Ez a varázslatos kisugárzás teljesen megbolondította őt és fogalma sem volt, mit tehetett volna ez ellen, vagy, hogy egyáltalán akart-e tenni bármit is ellene.

– Nem lehetne esetleg új lappal indulni? Elfelejteni a statisztikás bénázásomat és ezt az ablakon kimászós sztorit is?

– Szóval te el akarod felejteni, hogy kétszer is megmentettem az életedet? Hiszen, ha nem álldogálok éppen itt, talán még most is a földön ücsörögnél.

– Én azért szívesen elfelejteném – nevetett Lily Jane

– Nem biztos, hogy ezek a legszerencsésebb körülmények a megismerkedéshez.

– Mondasz valamit – vigyorgott most már a szokásos módon Matt – Ez esetben, engedd meg, hogy bemutatkozzam. Matt Edwards vagyok – nyújtotta a kezét, mire a lány szélesen mosolyogva elfogadta azt.

– Lily Jane Monroe.

– Lily lógós, ablakon kimászós Jane Monroe – javította ki Matt, ami kicsit elterelte Lily Jane figyelmét arról, milyen furcsán bizsereg a bőre a fiú érintésének nyomán.

– Nem tudom, miről beszélsz.

– Igaz, hiszen ilyen nem történt – kacsintott, majd elővette zsebéből a telefonját és mélyen a lány szemébe nézett – Nézd, ez most irtó bénán fog hangzani, de úgy érzem, te sokkal elfoglaltabb vagy nálam. Dolgozol, tanulsz ezerrel, segítesz a barátodnak, készültök a bemutatóra. Én viszont, hogy őszinte legyek, fele ennyi elfoglaltsággal sem büszkélkedhetek, úgyhogy, ha telefonszámot cserélünk, megtennéd, hogy felhívsz abban a pillanatban, amikor akad rám néhány szabad perced? Lily Jane mosolyogva vette elő saját mobilját és nevetve bólintott.

– Majd megnézem, mit tehetek az ügy érdekében.

– Komolyan mondom, Lily Jane – érintette meg újból a lány kezét, ami olyan érzés volt, mintha elektromos kisülések ezreit indította volna el az ujjaitól egészen a szívéig – Ha nem keresel, mondjuk úgy három napon belül, esküszöm, zaklatni foglak, amíg az idegeidre nem megyek és találkozol velem csak azért, hogy élőben mondhasd meg, hagyjalak békén.

– Keresni foglak, Matt. Megígérem.

Lily Jane-t egyfajta különös, megmagyarázhatatlan megnyugvás érzése járta át, miközben telefonszámot cseréltek a fiúval és abban a pillanatban megfeledkezett minden fenntartásáról és kételyéről, ami Matt-el kapcsolatban valaha is felmerült benne. A különös érzés úgy áradt szét testében, mint néhány nappal korábban az alkohol okozta kellemes zsibbadás, ez pedig valósággal a rabjává tette Lily Jane-t és pillanatok alatt elérte, hogy semmi másra ne legyen képes koncentrálni. Szívesen mondta volna, hogy próbált tiltakozni a józan eszét lassanként elborító, bódítóan csodálatos köd ellen, de a lelke mélyén ő is tudta, hogy ez nem lett volna igaz.

– LJ? – hangzott váratlanul az épület bejárata felől Will aggodalommal teli hangja.

– Itt vagyok, Will – felelt a lány, mire a fiú azonnal feléjük kapta tekintetét

– Ugye nem sérültél meg? Minden rendben? Jól érzed magad?

– Jól vagyok, ne aggódj. Matt pont itt volt, amikor földet értem.

– Ez így igaz. Eddig azt hittem, az angyalok az égből potyognak, de úgy tűnik, ablakokból is.

Will hozzájuk érve nem is törődött Matt-el, egy pillantást sem pazarolva rá azonnal Lily Jane arcát kezdte fürkészni.

– Biztos, hogy nem ütötted meg magad? Odabentről szörnyű volt hallani. Már azon gondolkodtam, hogy elmesélem Dubois-nak az egészet, csakhogy kijöhessek végre és megnézhessem, nem esett-e bajod.

– Nyugodj meg, Will. Tényleg semmi bajom. Viszont többet inkább nem megyek a stúdióba, amíg Dubois be nem enged engem is. Mégegyszer biztos, hogy nem mászok ki azon az ablakon.

– Majd megpróbálok beszélni vele, hátha kivételt tesz a te esetedben.

Matt látszólag észrevette, hogy Will levegőnek nézi és kezdett kissé feszengeni a társaságában.

– Megyek, megnézem, mit csinál Anya ilyen sokáig. Örültem, Will – nyújtotta a kezét, amit a fiú egy kissé hanyag mozdulattal fogadott – Hamarosan találkozunk, Lily Jane. Ne feledd, amit mondtam!

Matt egy kacsintás kíséretében, széles mosollyal az arcán távozott, Will pedig felvont szemöldökkel, kérdőn meredt a lányra. Lily Jane az ég felé emelte kezeit, majd nevetve rázta meg a fejét.

– Most ugrottam ki a kedvedért egy ablakon. Egyetlen egyszer lehetne, hogy nem emlékeztetsz rá, hogy valószínűleg hülyeséget csinálok?

Will kissé elgondolkodott a teátrálisan előadott kérésen, végül felismerve, mennyire viccesen és mégis eredményesen sikerült megoldaniuk a helyzetet, felengedett kissé és hangos, visszafojthatatlan nevetésben tört ki.

– Ahogy óhajtod, te földre szállt angyal – karolta át Lily Jane vállát, miközben elindultak a zsúfolt, belvárosi utcán.

– Ó, hallgass már! – felelte Lily Jane a fiúhoz hasonló, széles vigyorral, ami Will-től eltérően nemcsak a néhány perccel azelőtti, nevetséges helyzetnek, sokkal inkább egy személy gondolatának és a szíve dobogásának újbóli, váratlanul heves ütemének szólt.

11.

A november végi esték már kezdtek csontig hatolóan hidegek lenni, az utcákat lassanként megtöltötték a meleg teát és forró csokit kínáló árusok. Lily Jane is didergett, miközben az egyik belvárosi utca fényeinek ragyogásában kerülgette az embereket. Nem rajongott különösebben a tél közeledtével beálló nagyvárosi forgatagért, mert, bár viszonylag hangulatos volt, egy egyszerű, munka utáni bevásárlást is jelentősen megnehezített.

– Vennél popcornt is, kérlek? Lewis valamelyik nap átjönne filmezni és nem biztos, hogy lesz időm elugrani a boltba.

– Veszek, Nat, csak hadd tegyem le a telefont, mert megfagynak az ujjaim.

Natashával a bevásárlás feladatát mindig igazságosan osztották fel egymás között. Általában hetente egyszer elegendő volt megejteni, így egyikük sem szakadt bele az elvégzésébe. Ezúttal Lily Jane-en volt a sor, aki a kávézóban eltöltött nap után azonnal a belváros legközelebbi szupermarketje felé vette az irányt. Szeretett volna minél hamarabb hazaérni, nagyon fáradt volt a kimerítő nap után, ezért a szokásosnál sokkal gyorsabban szedte lábait, miközben az utcán sétáló embereket kerülgette.

– Jól van, letehetjük, de ha eszembe jut még valami, megint hívlak, úgyhogy ne tedd el túlságosan a telefonodat! Tudod, hogy mindig elfelejtem a legfontosabbakat.

– Ezért mondom állandóan, hogy írj bevásárló listát, de persze hiába beszélek.

A szupermarketbe érve végre újból érezni kezdte hidegben lezsibbadt ujjait, ami azért is jelentett jót, mert tisztában volt vele, Natashának esze ágában sincs letenni a telefont. Szerette egészen a pénztárnál való sorban állásig szóval tartani a lányt, akit közben folyamatosan arról kérdezgetett, milyen új termékek vannak éppen a polcokon. Natasha imádott enni, de amit talán még az evésnél is jobban imádott, az a bevásárlás volt, Lily Jane azonban nem érezte volna fairnek, ha nem venné ki ő is a részét a feladatból, így ilyenkor kénytelen volt hosszas és folyamatos beszámolót tartani a szupermarket mogyoróvaj, vagy éppen teasütemény kínálatáról. Emellett pedig, ha a bevásárlást mindig Natasha intézte volna, valószínűleg költségvetésük is jócskán meghaladta volna a maximumot, amit megengedhettek maguknak, ezért mindenképpen bölcs döntés volt néhanapján Lily Jane-nek vállalnia ezt a feladatot.

– Van krémes, ropogós, különleges ízesítésű... – hadarta éppen a mogyoróvajas polcok között haladva Lily Jane. Unottan csacsogott és nem is szentelt túlzottan nagy figyelmet a kínálat részletes ismertetésének. Fejben máshol járt, képtelen volt száműzni gondolataiból Matt-et, tekintete pedig el-elkalandozott egy halvány mosoly kíséretében. Szemeinek ártatlan vándorlása azonban súlyos következményekkel járt.

Lily Jane megtorpant a mogyoróvajas polcok forgatagában. Az egyik sarkon váratlanul egy ismerős alak körvonalait pillantotta meg. Gyors léptei mindenféle átmenet nélkül semmivé foszlottak, úgy érezte, lábai mozdíthatatlanul ragadnak a földhöz. Kezében a mobil remegni kezdett, szemei elkerekedtek, a szíve pedig, attól félt, menten kiugrik a helyéről.

Nem akart hinni a szemének. Nem, ez nem lehetett igaz, ez biztosan nem a valóság.

– Haló! Ott vagy még? Lily Jane? – Natasha kiabálása is alig jutott csak el a lány agyáig, a fülében lüktető vértől semmit sem hallott – Mi történt, LJ? Haló! Hé! Haló!

– Ne haragudj, Nat... – suttogta elszorult torokkal, miközben érezte, ahogy szemei megtelnek könnyekkel – Le kell tennem.

Meg sem várva a választ, megszakította a hívást és lassú léptekkel, mintha egy vízzel telt medencében haladt volna, elindult az ismerős alak irányába. Pufók kabátja, ezeréves, kinyúlt sapkája és feledhetetlen, jól ismert vonásai csak még inkább megerősítették Lily Jane-t abban, valóban nem tévedett.

Minden porcikája azt súgta neki, álljon meg, forduljon hátra és tűnjön el onnan, de egyszerűen képtelen lett volna erre. A szemébe akart nézni, látni akarta az arckifejezését és a felismerés döbbenetét tekintetében, amint meglátja őt.

Az édesapja volt az. Nagyméretű bevásárlókocsit tolt maga előtt, oldalán a nővel, aki a kulcsszerepet játszotta családjuk tönkretételében és, akit Lily Jane azonnal felismert hosszú, szürkés árnyalatú, szőke hajáról, valamint erősen sminkelt, rideg arcáról.

A lány minden lépés megtételével egyre erősebben remegett, már-már attól félt, a kezében tartott bevásárlókosár a földre esik és a boltban lévő összes vásárló figyelmét magára vonja. De nem állhatott meg. Az apja sohasem volt képes beismerni tettét, sosem volt képes elé állni és a szemébe mondani, mi is történt valójában. Itt volt hát az ideje, hogy végre az arcába vághassa, pontosan tisztában van a történtekkel.

Mégis szörnyű volt. Egészen addig, bár a szíve mélyén talán sejtette, fogalma sem volt róla, vajon ez a nő továbbra is az élete része maradt-e az édesapjának. Korábban azt hitte, felkészült erre az eshetőségre, de most rá kellett döbbennie, hogy ez egyáltalán nem így volt. Az édesapja látványa egy másik, idegen nővel hirtelen az egész világ elárulásával ért fel a szemében. Az édesanyjára gondolt és arra a rengeteg szeretetre, amit adott és arra a mérhetetlen mennyiségű fájdalomra, amit cserébe el kellett viselnie.

Most pedig itt volt ez a nő és hirtelen megint úgy érezte, mintha édesapja egy számára vadidegen emberként sétálna a szupermarket sorai között. Ami pedig a legjobban fájt, hogy talán valóban ez volt az igazság. Talán valóban vadidegen volt már.

Csak néhány méter választotta el tőlük, amikor a nő váratlanul odasúgott valamit Lily Jane édesapjának, majd nagyléptekkel elsuhant az ellenkező irányba, mígnem eltűnt egy polcsor mögött. Az édesapja egyedül maradt a bevásárlókocsinak támaszkodva, miközben leemelt egy üveg bort az egyik polcról és a palack hátulján lévő tájékoztatót kezdte olvasgatni. Fel sem tűnt neki az éppen előtte álldogáló Lily Jane, aki hirtelen elbizonytalanodott, vajon jó döntést hozott-e azzal, hogy odament. Úgy érezte magát, mint egy aprócska kislány, aki meglepetést akar okozni az édesapjának, amint viszont az felnézett a borosüveg tájékoztatójából, az arca egyértelműen arról árulkodott, hogy ez a meglepetés a legkevésbé sem kellemes.

A lány édesapja arckifejezését látva legszívesebben megfordult volna, hogy kirohanjon a boltból, de már túl késő volt bármit is tenni.

– Lily Jane? – kérdezte a férfi erőltetett, feszengő mosollyal arcán, majd azonnal hátrapillantott a válla felett abba az irányba, amerre néhány pillanattal azelőtt a rideg arcú szőkeség távozott.

– Apa – bólintott a lány és igyekezett lenyelni a torkában növekvő gombócot – Hogyhogy itt vagy?

A közösségi oldalakról tudta, hogy a nő egy belvárosi lakásban élt, még akkor nézett utána, amikor ez az egész szörnyűség megtörtént. Kíváncsi volt azonban, hogy az édesapja ennyi idő elteltével a szemébe meri-e mondani az igazságot. A férfi ismét hátrapillantott a válla felett és kínosan nevetgélve vonta meg a vállát.

– Munkaügyben jöttem. Tudod, errefelé lakik az egyik főnököm és meg kellett beszélnünk néhány dolgot. Csak sajnos most éppen kicsit sietnem kell, úgyhogy…

Ha Lily Jane egy hiszékeny kislány lett volna, valószínűleg még akkor is levágta volna, hogy az édesapja hazudik. Az arca jó pár árnyalattal sápadtabbá vált a szokásosnál és a kezében lévő borosüveg is remegett kissé. A lány hitetlenül rázta meg a fejét, majd mélyet sóhajtva hátrálni kezdett.

– Akkor jó munkát kívánok neked, nem tartalak fel.

– Jaj, dehogyis, nem tartasz fel – nevetgélt továbbra is hátra-hátra pillantgatva – Tegnap beszéltem telefonon a húgoddal. Mondta, hogy modellkedni kezdtél.

– Legalább őt felhívod – szűrte fogai közt a lány elengedve füle mellett a modelles megjegyzést. Fájt a szíve, amikor belegondolt, hogy az édesapja itt volt néhány percnyire tőle és még csak az sem jutott eszébe, hogy felhívja, vagy megkérdezze, hogy van.

– Te is kereshetnél néha. Ava fel szokott hívni.

– Gondolom azért, mert neki hiányzol – vágta rá Lily Jane most már halálsápadtra vált arccal a dühtől. Mióta legutóbb találkoztak egyetlen telefonhívás sem érkezett az édesapjától. Persze való igaz, hogy ő is kereshette volna, de sosem tudta rávenni magát, mert valójában már annyira eltávolodtak egymástól, mint két idegen, akik talán soha nem is ismerték egymást. Amikor pedig igazán belegondolt, mindig arra a következtetésre jutott, hogy, bár életkorát tekintve már felnőttnek számított, ebben a helyzetben azért mégiscsak ő volt a gyerek és elsősorban nem az ő felelőssége volt a kialakult helyzet.

A lány édesapja nem vette fel a megjegyzést, a mögötte lévő polcsor legvégén pedig feltűnt az ominózus szőkeség sietős léptekkel közeledő alakja. Lily Jane szemei valósággal szikrát szórtak a láttán, mire édesapja ismét félelemmel teli tekintettel pillantott hátra és a helyzetet felismerve mélyet sóhajtott.

– Lily Jane... – kezdte, de a lány azonnal közbevágott.

– Nem kell magyarázkodnod. Megjött a főnököd, akivel meg kell beszélned a dolgokat – mondta elcsukló hangon, miközben érezte, hogy szemeiből könnyek végtelenének tengere indult visszafojthatatlan áradatra. Vett egy nagy levegőt és mielőtt még a nőszemély hallótávolságon belülre érhetett volna, mélyen édesapja szemébe nézett és kimondta, amit már oly régóta szeretett volna kimondani – Befejeztem, Apa. Nyugodj meg, most már leveszem azt a terhet a válladról, hogy foglalkoznod kelljen velem. Soha többé nem akarlak látni.

Azzal sarkon fordult és kezét a szája elé szorítva a szupermarket kijárata felé vette az irányt. A kinti, dermesztő levegő ezúttal óriási ajándék volt. Fuldokló zokogásának közepette gyors léptekkel indult el a belváros utcáin nem nézve semerre, ebben a pillanatban már élvezve a csontjáig hatoló, jéghideg levegő érintését. Fogalma sem volt, mitévő legyen és úgy érezte, a szívébe maró, elviselhetetlen fájdalom sokkal több, mint amit el tudott viselni, vagy mint amit valaha is el tudott képzelni.

Néhány percnyi futáshoz hasonló tempójú gyaloglás után azonban, amikor már sikerült egyenletesen vennie a levegőt, hirtelen ötlete támadt. Biztos volt abban, nem lesz még egy alkalom, amikor ennyire össze tudná szedni bátorságát és mindent megadott volna, ha valaminek egy kicsit is sikerül elterelnie figyelmét a néhány perccel azelőtt történtekről, így végül egy utcai lámpák fényében fürdő, ismeretlen épület előtt megállva, remegő kezekkel vette elő mobilját a zsebéből, hogy egy addig sosem tárcsázott számot keressen elő a névjegyzékből.

– Már azt hittem, sosem hívsz fel, lógós – hallatszott a vonal túlsó végéről Matt Edwards hangja, ami Lily Jane szemébe újból könnyeket csalt és az égre emelve tekintetét, hevesen dobogó szívvel, szélesen elmosolyodott.

Valamiért úgy érezte, a fiú puszta gondolata egy olyan világba repíti őt, ahol megszűnik minden. Csak Matt van és ő. Neki pedig pontosan erre volt szüksége abban a pillanatban.

12.

Matt piros színű autója már néhány perc elteltével, szélsebesen fordult be az utcára, ahol Lily Jane várakozott. Bár a lány nem egészen így képzelte el megjelenését első, nem véletlen találkozásukkor, valahogy ezúttal még ez sem tudta izgatni. A ruhájával végülis semmi baj nem volt, egy téli találkozóra egyébként sem lett volna túl sok lehetősége a vastag kabáton és kedvenc, fűzős bakancsán kívül, az arca azonban továbbra is betegesen sápadt volt, szinte világított az est sötétjében, kisírt szemei alatt pedig óriási, kékesfekete karikák éktelenkedtek. Amint beült Matt autójába, mégis különös biztonságérzet árasztotta el lelkét.

– Jól nézel ki – fürkészte a fiú Lily Jane arcát, miközben elindultak a sötét utcák útvesztőjében. A lány szomorúan nevetett fel a kijelentés hallatán.

– Ne hazudj! Láttam magam az ablaküvegben mielőtt beültem.

– Szerintem így is szép vagy, Lily Jane. Te mindig jól nézel ki – próbált egy kis pozitivitást lehelni Matt a lányba – Hová szeretnél menni?

– Ha őszinte lennék, most azt mondanám, hogy világgá. Azt hiszem, jobb, ha a te ötleteidből merítkezünk.

– Ennyire nagy a baj?

– Nem tudom – vonta meg a vállát a lány – Én most semmit sem tudok. Csak… nem szeretnélek ezzel terhelni, csak menjünk el innen, jó?

Matt határozottan bólintott és a gázpedálra lépve felgyorsította az autót.

– Lily lógós, ablakon kimászós Jane Monroe, veled a világ végére is elmennék, ha azt szeretnéd.

Talán gyermetegen nagy szavak voltak ezek, a kijelentés mégis mosolyt csalt Lily Jane arcára és valahogy minden mást sikerült száműznie fejéből. Mérhetetlen fájdalmába most végre izgatottság vegyült a fiú jelenlétének köszönhetően, ezért pedig el sem tudta volna mondani, mennyire hálás volt.

– Tudok egy helyet, ami szerintem tetszene neked és nincs is annyira messze. Nem baj, ha kicsit későn érünk vissza?

– Komolyan mondtam, amit mondtam. Felőlem világgá is mehetünk.

– Jól van, kedves, ne aggódj, elviszlek innen – mondta Matt az útról a lányra emelve pillantását. Gyönyörű szemei voltak. Lily Jane majdnem teljesen biztos volt abban, ilyen sötét színű mélybarna szempárt még soha életében nem látott, a felfedezés hatására pedig különös melegséget érzett szétáradni mellkasában.

Nagyjából fél órán át utaztak, ami mindkettejük számára néhány percnek tűnt csupán. A kellemetlen előzmények ellenére Lily Jane jókedve pillanatok alatt visszatért és egész úton be sem állt a szájuk. Minden érdekelte őket a másikról, beszéltek zenéről, egyetemi történetekről, bulikról, filmekről és mindenről, amiről Matt úgy vélte, sikerül elterelnie a lány figyelmét problémáiról. Amint sikerült megnevettetnie, hevesen dobogó szíve felengedett kissé és mindketten döbbenten tapasztalták, milyen őszinte természetességgel tudtak beszélgetni és csipkelődni egymással. Olyan érzés volt, mintha ezer éve ismerték volna már a másikat, mégis ott égett bennük a vágy, hogy minél több részletet megtudhassanak egymásról. Különleges volt az autót megtöltő atmoszféra, ha valamiben, ebben mindketten teljesen biztosak voltak.

– Itt is vagyunk – állította le az autót Matt egy eldugott tisztásra érve, távol a belváros zajától. A sötétség miatt nem volt túl jól kivehető, hol is vannak valójában, Lily Jane viszont észrevette, hogy egy szinte teljesen forgalomtól mentes földút mellett parkoltak le, a távolba nézve pedig hosszan elterülő pusztasággal és a város távoli fényeivel találta szemben magát.

– Hol vagyunk? – kérdezte Matt-re pillantva.

– A semmi közepén, vagy a világ végén. Ahogy tetszik.

És valóban. A hely kiáltó némaságával, a városi fények tompa csillogásában csakugyan felért a világvége mámorítóan varázslatos érzésével, ez pedig valósággal ámulatba ejtette Lily Jane-t.

– Ez tényleg gyönyörű, Matt. Sosem voltam még errefelé.

– A legjobb részét még nem is láttad. Nézz csak oda! – hajolt előre a szélvédőn keresztül az ég felé mutatva. A lány követte pillantásával ujjának vonalát. A látvány leírhatatlan volt.

– Hű… – sóhajtott fel. Csillagok ezreinek kristálytisztán kivehető képe ragyogta be felettük az égboltot. Nem tudta eldönteni, vajon továbbra is az édesapja okozta fájdalom hozta vissza a gombócot a torkába, vagy a tény, hogy valaki őszintén törődött vele és elhozta a világ végére, mert erre kérte őt.

Matt elgondolkodva csodálta a lány arcát, miközben az a csillagokat bámulta, szemeiben pedig minden egyes ragyogó pontocska visszatükröződött. Hosszú időn át maradtak némák mindketten, egyikük sem érzett késztetést arra, hogy megszólaljon. Nem volt szükség szavakra, az autót, a tisztást és számukra az egész világot átjárták az érzések, legfőképpen pedig a nyugalom.

– Nem szeretném erőltetni, de tudod, szívesen meghallgatlak, ha szeretnéd kiadni magadból, ami történt – szólt egy idő után kissé félénken Matt. Lily Jane teljes testével felé fordult és a fejtámlának dőlve mélyen a fiú szemébe nézett. Hallgatott még néhány pillanatig, majd lehunyta szemeit és mély levegőt véve belekezdett élete talán legfájdalmasabb történetének elmesélésébe.

– Az apai nagymamám néhány évvel ezelőtt egyedül maradt és kénytelen volt beköltözni egy öregek otthonába, mert sajnos nem volt olyan állapotban, hogy tudjon magáról gondoskodni, mi pedig nem tudtunk a nap minden órájában ott lenni vele és vigyázni rá – elszorult a torka az emlék hatására, de erőt vett magán és folytatta. – Nekem már az elején nagyon furcsa megérzésem volt ezzel az egésszel kapcsolatban, aztán úgy alakult, hogy az egyik ápolónő kissé túlságosan kedves volt a hozzátartozókkal. Illetve… csak apukámmal.

Lily Jane még maga is meglepődött, milyen összeszedetten tudta elmesélni Matt-nek, mi is történt valójában, azon pedig még inkább, milyen egyszerűen meg tudott nyílni a fiú előtt. Mindent megosztott vele, ami csak az eszébe jutott. Mesélt neki az apjával való kapcsolatáról, ami valójában soha nem is létezett szinte semmilyen formában, mesélt a rengeteg csalódásról, amit az édesapja az egész családnak okozott és mesélt a bűntudatról is, ami azért emésztette őt, mert még a nő öregek otthonából való távozása után is csak ritkán tudta rávenni magát, hogy meglátogassa nagymamáját.

– Utálom azt a helyet, el sem tudom mondani, mennyire utálom. Ha bemegyek, folyamatosan újraélem az egészet és úgy érzem, minden dolgozó a mi családunkról pletykál. Ezt persze valószínűleg csak beképzelem, de akkor is szörnyű. Mindeközben pedig nagyon félek, hogy úgy veszítem el Nagyit, hogy azt kívánom, bár több időt töltöttem volna vele.

Lily Jane azon kapta magát, hogy a szíve minden egyes kiejtett szóval könnyebbé válik. Rájött, azelőtt soha senkinek nem számolt be ilyen részletességgel az érzéseiről és most hirtelen úgy tűnt, mintha az évek óta cipelt tonnasúly egy részét végre letehette volna.

Matt pedig egy szót sem szólt. Nem próbált tanácsot adni, nem okoskodott és nem csinált úgy, mintha tudná, min megy keresztül. A legjobbat tette, amit ilyenkor tenni lehet. Őszinte érdeklődéssel hallgatta meg a lányt.

– Sosem gondoltam, hogy megbocsátani ennyire nehéz. Pedig én nagyon próbálkozom – törölt le egy könnycseppet az arcáról Lily Jane – De amint ránézek… amint a szemébe nézek, megjelenik előttem Anya zokogó alakja, miközben remegő kezekkel olvassa az Apa telefonjában talált üzeneteket és a kishúgom, miközben a takaróba burkolózva sír és folyamatosan azt kérdezgeti, miért történik ez. Annyira, de annyira szeretnék megbocsátani neki, de úgy érzem, egyszerűen képtelen vagyok rá. És sajnos, azt kell mondanom, hogy még most sem könnyíti meg a dolgot…

Miközben a lány története elért a szupermarket eseményeihez, Matt addigi érdeklődő, egyben aggodalommal teli arckifejezése kissé ingerültté változott. Látszólag alig tudta elhinni, hogy Lily Jane valóban átment ezen a rengeteg szörnyűségen és az édesapja még ezek után is így tudott viselkedni vele.

– Tudtam, hogy a nő az öregek otthonából való távozását követően a belvárosba költözött, de eddig eszembe sem jutott, hogy esetleg összefuthatok velük…

– Ez eszméletlen! – szólalt meg végül Matt, amikor már képtelen volt tovább némán hallgatni a lányt – Én a te helyedben biztos, hogy nem tudtam volna ennyire uralkodni magamon és az egész bolt minket bámult volna. Nem is értem, hogy bírtad ki, hogy ne mondj semmit annak a nőnek.

– Nem lett volna értelme. A saját apám nem képes megérteni engem, akkor hogyan is várhatnám el egy vadidegentől, hogy átérezze a helyzetet?

– Engem nem érdekel, hogy átérzi-e. Akkor is megérdemelné, hogy…

– Én ezen a fázison már rég túljutottam, Matt. Tudod, az emberek gyakran nem azt kapják, amit érdemelnek.

A fiú mélyet sóhajtott Lily Jane szavainak hallatán, majd továbbra is hitetlen arckifejezéssel rázta meg a fejét.

– Erre te vagy a legjobb példa. Na, meg persze a családod. Nagyon nem ezt érdemlitek, Lily Jane. Tudom, hogy ilyenkor béna ezt mondani, meg mindenki ezzel jön, de én tényleg, őszintén, nagyon sajnálom, ami történt.

Lily Jane szomorúan mosolygott Matt szavai hallatán. A fiú dühös arca egészen meglepte őt, nem gondolta, hogy ennyire fel fogja zaklatni a történet. Viszont ettől fontosnak érezte magát, ami még inkább mosolygásra késztette.

– Na, szép – sóhajtotta végül – Csodásan sikerült elrontanom az első randinkat a nyomasztó sztorimmal. Ne haragudj, hogy ilyen állapotban kellett találkoznod velem.

– Te mégis miről beszélsz? – rázta a fejét közelebb hajolva a lány fejtámlán pihentetett arcához – Ettől jobban nem is érezhetném magam. Nagyon jó veled lenni, Lily Jane és óriási dolognak tartom, hogy ezt mind megosztottad velem.

– Nem akartam rád zúdítani, csak olyan hirtelen történt és…

– Kérlek, bármikor zúdíts rám, amit csak szeretnél! Elmondhatatlanul hálás lennék érte.

– Igenis – suttogta Lily Jane elcsukló hangon. Matt arca nagyon közel volt az övéhez, a fiú lehelete már Lily Jane ajkait csiklandozta. A szíve korábban soha nem tapasztalt ütemre kapcsolt és, mintha minden csillag csak őrájuk ragyogott volna odafentről.

– Minden hódításodat idehozod? – kérdezte váratlanul a lány széles vigyorral arcán. Tetszett neki, hogy végre ő hozta zavarba a fiút és nem fordítva. Matt elmosolyodott a kérdés hallatán, majd visszahúzódott kissé.

– Senkivel sem voltam itt eddig. Általában akkor szoktam idejönni, ha egyedül szeretnék lenni.

– Örülök, hogy nem én vagyok az egyetlen, aki olykor szeretne világgá menni.

– Látod, én nem csak szeretnék, de meg is szoktam tenni.

Lily Jane úgy fürkészte Matt vonásait, mintha ezúttal ő szeretné a fiú minden titkát megfejteni. A lánynak fogalma sem volt róla, de valójában érdeklődő szemeinek ragyogása még a csillagok fényét is felülmúlta. Lily Jane talán megérezte, hogy a fiú még az eddiginél is jobban elmerült vonásaiban, talán csak valami belső ösztön késztette, de hirtelen zavarba jött és arcát elfordítva ismét a csillagokra szegezte tekintetét. A fiút viszont még ez sem tántorította el attól, hogy tovább csodálja őt.

– Miért nézel így rám? – suttogta félszeg mosollyal arcán a lány. Matt gyermeki őszinteséggel felelt a kérdésre.

– Azért, mert gyönyörű vagy.

– Matt…

– Komolyan, Lily Jane. Gyönyörű vagy, amikor rossz órára mész be; gyönyörű, amikor kócos frizurával, fáradtan kávét készítesz; gyönyörű, amikor ablakokon mászol ki és gyönyörű, miközben a csillagokat bámulod. Fogalmad sincs róla, mennyire gyönyörű vagy.

A csipkelődésnek indult szavak egyszeriben leírhatatlan érzéssel töltötték meg Lily Jane egész testét és ismét a fiú felé fordulva úgy érezte, a szíve menten felrobban attól a rengeteg érzéstől, amely benne lüktetett. Nem tudta eldönteni, hogy sírni, vagy nevetni szeretne-e, de végül egyiket sem tette, egyszerűen csak még közelebb hajolt a fiúhoz és végre megengedte magának, hogy a mélybarna szempár teljesen magába olvassza őt.

Nem volt már visszaút. Matt Edwards visszavonhatatlanul a részévé vált. Bizonytalan volt, ez tény és fogalma sem volt, mi fog kisülni ebből az egészből, de azt biztosan tudta, hogy ez az este és ez a fiú örökre a szívébe véste magát. Korábban el sem tudta képzelni, hogy lehet ennyire intenzív érzés a világon. Szinte fájdalmasan szép volt, mintha a kín és a boldogság egymásba fonódott volna és úgy ölelte körbe őket, akárcsak a milliónyi csillag tündöklő fénye.

– Lily lógós, ablakon kimászós Jane Monroe…

– Matt Edwards, könyörgöm, fogd már be!

Épp csak, hogy Lily Jane száját elhagyta az utolsó szó, Matt puha ajkainak gyengéd érintése elérte az övét és a világ a milliónyi problémával és csillaggal együtt néhány másodpercre teljes egészében megszűnt létezni. Nem volt levegő, sem idő, sem tér, sem gravitáció. Csak ők voltak ketten, egy óriási semmiben lebegve, egymásba olvadva.

Lily Jane úgy érezte, minden korábbi apró mozzanat, minden hajnal és minden alkony ehhez a pillanathoz vezette őt és életében talán legelőször jutott eszébe, mennyire hálás is valójában azért, hogy életben lehet. Mert ezért a pillanatért a világ minden fájdalmát és kínját semmiségnek érezte fizetségként. Igen, ezért a pillanatért érdemes volt élni. Talán ez volt az első, ami számára valódi értelmet adott ennek az óriási, világnak nevezett kuszaságnak.

13.

Will és Natasha dőltek a nevetéstől, miközben Lily Jane részletezte a Matt-el töltött este mozzanatait. Az egész kollégiumi lakrész visszhangzott kacagásuktól, miközben az előtéri étkezőasztalnál üldögéltek. Az idilli, romantikus pillanatot ugyanis percekkel később néhány váratlan vendég zavarta meg, az autót megtöltő, csodálatos atmoszféra hirtelenjében egy másik érkező autó lámpájának fényébe borult.

– Hát ez óriási – fogta a hasát Natasha, akinek már a könnyei is kicsordultak a nevetéstől, Lily Jane pedig szintén alig jutva levegőhöz, folytatta a történetet.

– De most komolyan, ki gondolná, hogy egy ilyen elhagyatott pusztán járőröznek a rendőrök? – temette arcát kezei közé – A legjobb az egészben, hogy automatikusan kinyitottam a kocsiajtót, amikor odajöttek az ablakomhoz, mire bekapcsolt az autó riasztója.

A lány visszagondolt, hogyan változott életük talán legszebb pillanata néhány másodperc alatt kétségbeejtővé. Az autó riasztójának visítása az egész világvégének titulált pusztaságot betöltötte, a rendőrök pedig zseblámpájukkal világítva be az ablakon várták, hogy Matt kikapcsolja azt. Csakhogy Matt hirtelen zavarában nem találta a kocsikulcsot, így perceken át kétségbeesve keresgéltek, miközben a rendőrök arra vártak, hogy végre kikapcsolják a fülsiketítő vinnyogást.

– És hol volt végül a kulcs? – kérdezte Will, mire Lily Jane száját elhúzva ismét hangosan felvihogott.

– A kulcs be volt dugva, csak nem vettük észre.

– Jézusom! – kiáltott fel Natasha a könnyeit törölgetve – Ez miért nem jutott eszetekbe?

– Fogalmam sincs. Hirtelen nagyon megijedtem, pedig semmit sem csináltunk. Megkérdezték, hogy minden rendben van-e, hogy kié az autó, elkérték Matt jogsiját, aztán ott is hagytak minket. Bár, jobban visszagondolva... – tűnődött Lily Jane – Egy kicsit furán néztek Matt-re. Olyan gyanúsan, mintha azt hinnék, hogy el akart rabolni, vagy ilyesmi.

Will és Natasha korábbi, felhőtlen nevetése kissé alábbhagyott, a hangos viháncolás enyhe mosollyá szelídült, miközben sokatmondó, különös pillantást váltottak. Lily Jane-nek nem kifejezetten tetszett ez a jelenet, úgy tűnt, ők ketten tudnak valamit, amit ő nem, ez pedig egészen hamar beférkőzött agyának rejtett zugai közé.

– Miért néztek így?

Will és Natasha sejtelmes, néma eszmecseréje a másodperc törtrésze alatt rebbent szét, majd felállva az asztaltól mindketten erőltetett tevékenykedésbe kezdtek. A lány úgy döntött, ideje teát főzni, Will pedig elkezdett szedelőzködni mondván, indulnia kell.

– Ideje mennem, még dolgoznom kell a ruhádon, kicsi.

Lily Jane összevont szemöldökkel meredt rájuk, fogalma sem volt, mi történik.

– Furák vagytok. Nagyon furák.

– Ha azt akarod, hogy a közönség felfigyeljen rád, sajnos muszáj vagyok a terv tökéletesítésével tölteni az időt, nem üldögélhetek itt tétlenül.

– Engedd meg, hogy segítsek! Nem fogok lábatlankodni, ígérem!

Will azokban a napokban ideje nagy részét Dubois stúdiójában töltötte, azt viszont továbbra sem sikerült kicsikarnia, hogy Lily Jane is szívesen látott vendég legyen, így a lány egyelőre kénytelen volt beérni néhány kósza, elejtett megjegyzéssel, amit Will tett a ruhával kapcsolatban.

– Tudod, hogy sosem vagy láb alatt. Nem erről van szó.

– Sosem fogja megengedni, hogy én is ott legyek?

– De igen. Amint felfigyelnek rád és te is tervezhetsz – ölelte át a lány vállát Will – Két hetet kell várnod, Lily Jane. A bemutatón olyan sikert aratsz, hogy idegbajt kapunk majd a telefonod állandó csörgésétől.

– Én nem vagyok ebben annyira biztos – húzta el a száját.

– Én viszont igen. Egyébként is – nyitotta ki a kollégiumi lakrész bejárati ajtaját távozásra készülve a fiú – Dubois ma befolyásos cégvezetőkkel találkozott, akik lehetséges partnerek a következő bemutatókra. Úgy érzem, fáradt lesz és, ha fáradt, akkor ingerült, ha pedig ingerült, akkor hidd el nekem, jobb, ha nem zaklatom most a te ügyeddel.

Váratlanul a teát főző Natasha vágott közbe.

– Tuti, nem is a ruhád köti le, hanem a helyes kis főnöksrác. Hogy is hívják? Peter?

Will arcra mintha megrándult volna, ami nem kerülte el Lily Jane figyelmét, de szinte azonnal magára erőltetett egy széles vigyort, miközben a fejét rázva, bosszankodva nézett a konyha felé.

– Hagyj már békén azzal a szerencsétlennel, Nat! Olyan vallásosak a szülei, mint két szent. Hogy jöhetnék össze vele, amikor az egyetlen, amiben hiszek, az saját magam? – kérdezte a fiú viccelődve

– A legtöbb vallás az élvezetekről való lemondást
hirdeti, normálisak ezek? Ha már úgyis meghalunk,
legalább élvezkedjünk előtte egy kicsit bűntudat
nélkül, nincs igazam?
A lányok furcsállták Will hirtelen elkanyarodását a
témától, de végül nem szóltak semmit és nem
hagyva, hogy Natasha témaváltása teljesen elvigye a
beszélgetés fonalát, Lily Jane újból szomorúan vonta
meg a vállát.
– Remélem, igazad lesz, Will.
– Tudod, hogy mindig az van.
Lily Jane csak egy hosszú sóhajjal felelt a fiú
szavaira, mire az bűnbánóan elmosolyodott és
odahajolva gyors puszit nyomott a lány homlokára,
majd el is tűnt a kollégiumi folyosó végén.
Lily Jane szokatlanul nyugtalan volt a fiú távozása
után. Korábban sem igazán tetszett neki a kialakult
helyzet, de ezúttal a szokásosnál is jobban
bosszantotta. A feje tele volt ötletekkel, amik csak
arra vártak, hogy elárassza velük a világot és még
azt sem engedték neki, hogy betegye a lábát a
stúdióba. Eszébe sem jutott irigykedni Will-re, de
őszintén igazságtalannak érezte, amiért Dubois így
kizárta az egész projektből.
– Bárcsak fiú lennék – nyögte Lily Jane az
étkezőasztal egyik székére huppanva.
– Te miről beszélsz? – nevetett fel Nat, elé tolva egy
gőzölgő teásbögrét.
– Nem csak arról van szó, hogy hétköznapibbak a
terveim, mint Will rajzai. Én egy egyszerű lány
vagyok, egy fiú pedig mindig izgalmasabb karakter
a divatipar szakmai filmjében.
– Azt hiszem, igazad van – sóhajtott Natasha, mire
Lily Jane felkapta a fejét – Mármint nem abban,

hogy te csak egy egyszerű lány vagy. A másik részében. A fiúknak általában minden könnyebb. Sokkal kevesebb felmutatható eredménnyel, sokkal nagyobb elismerést kapnak. Az élet sajnos így működik, Lily Jane.

– De miért kell ennek így lennie?

– Erre a kérdésre soha ne keresd a választ, bármivel kapcsolatban teszed is fel – mosolyodott el Nat, majd váratlanul elkomorodva rátért a témára, amit bár Will jelenlétében nem hozott fel, Lily Jane pontosan tudta, amint ketten maradnak, megkérdezi– Mi történt a szupermarketben?

Lily Jane lehunyta szemeit és kezei közt forgatva a bögrét, mélyet sóhajtott. Nem akart erről beszélni, de tudta, hogy nem menekülhet tovább a kérdés elől.

– Nem lehetne hanyagolni ezt a dolgot? Én csak…

– Nem, LJ – vágott közbe a lány – Egész éjjel hívogattalak és egyszerűen felszívódtál. Arról nem is beszélve, hogy olyan volt a hangod a telefonban, mintha szellemet láttál volna. Soha többé ne csinálj ilyet, kérlek! A frászt hoztad rám.

– Ne haragudj, Nat.

A lány közelebb lépett az asztalhoz, majd kihúzva az egyik széket, szorosan Lily Jane mellé telepedett. Lassan kortyolgatta teáját, egyértelmű volt, hogy további kérdezősködés nélkül arra vár, hogy a lány megossza vele a történteket, amint készen áll rá.

– Találkoztam az apámmal.

Az egyetlen kiejtett mondat olyan súlyosan lebegett köztük az aprócska szobában, mintha hirtelen sűrűbbé vált volna a levegő és az egész a vállukra nehezedett volna. Natasha nagyot kortyolt teájából, miközben lehunyt szemű barátnője arcát tanulmányozta.

– Mi történt?

– A nővel volt – kezdte Lily Jane – Odamentem hozzá, amikor egyedül maradt. Azt mondta, munkaügy miatt van a környéken és a főnökével találkozik. A szemembe hazudott, Nat. Rám nézett és csak úgy dőlt belőle a hazugság. Annyira próbálom megérteni, de feladom. Ez már túl sok... egyszerűen túl sok ahhoz, hogy fel tudjam dolgozni.

Lily Jane hangja elcsuklott, mire a barátnője azonnal felpattant a helyéről és magához ölelve a lányt, a leggyengédebb hangon szólt hozzá.

– Sajnálom, LJ. Nem kell erről beszélned, ha nem szeretnél. El sem tudom képzelni, min mész keresztül.

– Tudom, azt mondjátok, hogy nem kéne Matt-el foglalkoznom, de Natasha, én... nem is tudom elmondani, mit érzek, amikor vele vagyok. Nem érdekel semmi, érted? Elfelejtek mindent, ami bánt és úgy érzem, semmi nem számít, csak az, hogy ő ott van velem.

Natasha még a korábbinál is szorosabban ölelte a lányt és bólogatva helyeselt, miközben őt hallgatta.

– Hallgass a szívedre, ne ránk, LJ! Ha te így érzed, akkor legyél vele. Nekünk csak az a lényeg, hogy végre már egyszer boldognak lássunk.

Lily Jane könnyeit törölgetve feltápászkodott a székből és ő is barátnője köré fonta karjait. Nem szóltak egy szót sem, csak álltak néhány percig egymást ölelve, gondolataikba merülve. Natasha erősen koncentrált, hogy aggódás helyett bizakodás tükröződjön arcán, Lily Jane pedig, bár pontosan tisztában volt ezzel, elmondhatatlanul hálás volt az erőfeszítésért.

– Talán ennek most így kell lennie – mondta Nat kissé elengedve a lányt, hogy a szemébe nézhessen – Tudom, bánt, hogy nem tudsz Will-nek segíteni, de talán ez pontosan azért történt most így, hogy egy kicsit rápihenhess az előtted álló időszakra. Amióta csak ismerlek, folyamatosan hajtod magad, Lily Jane. Most állj meg egy kicsit, könyörgöm! Hiszen a Sors konkrétan hozzád vágott egy fiút, akiért egyértelműen odáig vagy. Élvezd már ki és lazíts, mert most minden egyes része az életednek ezt sugallja, csak te nem veszed észre.

A lány döbbenten hallgatta barátnője szavait és be kellett látnia, hogy valóban volt valami abban, amit mondott. Az eszmefuttatás végeztével pedig, mint újabb égi jel, a telefonja rezegni kezdett a zsebében jelezve, hogy üzenete érkezett. Natasha felvont szemöldökkel mosolygott rá, amint felismerte Lily Jane arcán azt a bizonyos, összetéveszthetetlen kifejezést.

– Matt az – mondta – Azt kérdezi, csinálunk-e valamit.

Natasha sokatmondó pillantással, diadalmasan vonta meg a vállát.

– Pontosan erről beszéltem. Most ennek van itt az ideje, engedd el a ruhákat és a közelgő bemutatót. Egyszerűen csak érezd jól magad.

Lily Jane egyetértően bólogatott, miközben vigyorogva meredt maga elé.

– Jól nézek ki? – kérdezte, mire Natasha felnevetett.

– Tökéletesen. Gyerünk! – mutatott az ajtó felé. A lány már éppen kilépett volna a folyosóra, de még egyszer bizonytalanul visszafordult.

– Ne öltözzek át inkább?

– Nem kell, jó lesz így.

– És, ha…

– Menj már! – vágott közbe nevetve Natasha, majd szó szerint kitolta a lányt az ajtón és gyorsan bezárta mögötte, mielőtt még ismét visszafordulhatott volna. Ha őszinte akart lenni, továbbra sem rajongott túlzottan barátnője udvarlójának személyéért, de tudta, nem tehet mást, csak imádkozik, hogy Lily Jane végre azt kapja, amit megérdemel. Hosszú ideje nem érzett, feltétel nélküli, őszinte boldogságot.

14.

Néhány nap elteltével Lily Jane belátta, hogy barátnőjének valóban igaza volt. Mivel továbbra sem nyílt túl sok lehetősége a tervezésre és arra, hogy Will-nek segíthessen, minden szabadidejét annak szentelte, hogy Matt társaságában töltse az időt.

A hazafelé vezető vonatút talán még sosem volt ennyire csodálatos. Mint ahogy semmit nem lehetett mérni ahhoz, ahogy azokban a napokban érezte magát. Az elsuhanó fák újabb és újabb édes emlékképeket idéztek fel, mire a lány azon kapta magát, hogy képtelen letörölni a mosolyt arcáról.

Matt-el lenni varázslatos volt. Korábban el sem tudta képzelni, hogy egy bizonyos érzés ennyire ködbe tudja burkolni az agyát és valósággal azt a képzetet tudja kelteni, mintha egy rózsaszín mesebirodalomban élne. Nem érdekelte semmi, még Steve epés megjegyzései sem tudták kizökkenteni a csodálatos érzés keltette, különös nyugalom állapotából. A gondtalanság egy új, korábban sosem tapasztalt formája ölelte körül a lányt, ez pedig az elmúlt évek fájdalmai után egy valódi megváltással ért fel.

– Te ilyeneket rajzolsz, miközben kávét főzöl a plázában? – kérdezte Matt egy hosszú, városi sétájuk alkalmával, amikor többszöri kérlelés után Lily Jane rászánta magát, hogy megmutassa a fiúnak néhány tervét.

– Egyelőre nem kaptam még olyan lehetőséget, ami akár egy kicsit is több pénzt hozott volna, mint a kávéfőzés, szóval igen – nevetett a lány – Pontosítanék. Igazából egyelőre semmilyen lehetőséget nem kaptam, úgyhogy muszáj vagyok a kávézónál maradni.

– Gondolom, mindig is arra vágytál, hogy a plázában izzadj a türelmetlen vendégek és a szemét főnököd beszólásai közepette...

– Természetesen nem – nevetett fel Lily Jane kínosan – Viszont egyelőre nincs jobb. Egész életemben azért dolgoztam, hogy tervező lehessek, és nagyon bízom benne, nem lehet annyira igazságtalan az élet, hogy ennyi munka után ne adjon lehetőséget elérni az álmaimat. Ez a legnagyobb félelmem igazából.

– Micsoda?

Matt megfogta a lány kezét a szűk utcákon sétálva, miközben szavait hallgatta. Lily Jane elmosolyodott a gesztuson és tetszett neki a fiú őszinte érdeklődése.

– Az, hogy hiába töröm magam, a végén mégis nap, mint nap olyat kell csinálnom, amit valójában utálok.

– Ez egyszerű, Lily Jane, – felelte a fiú – ha nem akarod, nem csinálod.

A lány kissé meghökkent Matt szavai hallatán, majd nagyot sóhajtva rázta meg a fejét.

– Bár ilyen egyszerű lenne – motyogta, de aztán semmiképp sem szeretett volna vitába bonyolódni a fiúval, ezért gyorsan elterelte a témát. Tisztában volt vele, hogy Matt családi hátteréből kifolyólag valószínűleg nem igazán lehet tudatában annak, milyen, amikor az ember kénytelen elfogadni az egyetlen lehetőséget, amit az élet elé ejt, még ha az közelében sincs annak, amit valójában szeretne – És mi a helyzet veled? Neked mik a terveid?

Matt kissé kínosan nevetett fel a kérdés hallatán, majd laza mozdulattal megvonta a vállát a lányra mosolyogva.

– Én azt sem tudom, egy óra múlva mit fogok csinálni. Nem tervezek, mert fogalmam sincs, mit szeretnék.

Lily Jane fejben szinte hallotta barátai rosszalló megjegyzéseit és nagyon erőlködött, hogy kiűzze őket a fejéből. Ha Natasha jelen lett volna, valószínűleg azt mondta volna, hogy Matt-nek valójában nincs is szüksége tervekre, hiszen a szülei majd úgyis megoldják helyette az élet nagy dolgait. Ráveszik, hogy átcsússzon mindenből az egyetem alatt bármiféle erőlködés nélkül, aztán olyan elképzelhetetlenül jól fizető állást ejtenek az ölébe egy cég ranglétrájának legfelső fokainak egyikén, ami egy átlagember évekig tartó, gyötrelmes munkájába kerülne. A lány azon kapta magát, hogy valójában elgondolkodik, vajon Natashának igaza lenne-e.

– Viszont én is szoktam dolgozni – ébresztette fel Lily Jane-t merengéséből a fiú – Gyerekként minden nyarat egy tengerparti táborban töltöttem, aztán szabadidőmben elkezdtem videózni és, amikor kinőttem a táborozásból, megkértek, hogy továbbra is vegyek részt és készítsek egy összefoglaló filmet az egészről. Azt hiszem, tavaly volt a harmadik nyár, amikor ott dolgoztam.

A lány felkapta a fejét a hallottakra és ezúttal ő figyelte a fiú arcát kíváncsi érdeklődéssel.

– Nem is tudtam, hogy értesz a videózáshoz.

– Nem mondanám magam profinak, de nagyon szeretem csinálni. A nagybátyámék esküvői videóját is én készítettem el. Nagyon jó buli volt.

Az utcákat járva lassan elérte őket a sötétség, de ez valójában egyiküket sem zavarta. A karácsonyi hangulatban fürdő belváros csodálatos helyszínül szolgált sétájukhoz.

– Megmutatsz majd néhányat? – kérdezte a lány és mielőtt Matt még tiltakozhatott volna, gyorsan hozzátette – Hiszen én is megmutattam a terveimet.

– Szívesen megmutatom, Lily Jane. Főleg, mert úgy érzem, te igazán megérted, mi áll mögötte.

– Hogy érted ezt? – vonta össze szemöldökét a lány, mire Matt szélesen elmosolyodott és váratlanul megállt. Nem volt körülöttük egy lélek sem, egy szűk utcában álldogáltak az ünnepi fények varázslatos csillogásában.

– Úgy, hogy te is alkotsz és nagyon gyakran pontosan úgy érzem magam, mint ahogy te is mondtad már. Nem látom elég jónak azt, amit csinálok és hiába alakítgatom, valójában sosem lesz tökéletes. Egy laikus azt hihetné, csak sajnáltatni akarom magam, de valójában elég bosszantó tud lenni a dolog. Kevés olyan emberrel találkoztam eddig, aki ezt úgy megértené, ahogyan te.

Lily Jane szíve ismét gyors ütemre kapcsolt és újból érezte testében szétáradni azt a bizonyos leírhatatlan, megmagyarázhatatlan melegséget.

– Mi, művészlelkek már csak ilyenek vagyunk – mosolygott vissza elveszve a fiú szemében tükröződő, karácsonyi díszek fényében. Matt közelebb lépett hozzá és gyengéden megsimította az arcát, mire a lány önkéntelenül is lehunyta szemeit és próbált elvonatkoztatni a ténytől, hogy egész teste libabőrbe borult.

– Te vagy a kedvenc művészlelkem, Lily Jane – suttogta a fiú – Nagyon sokra fogod még vinni, hidd el nekem.

– Ha te mondod, elhiszem – felelte a lány, majd mosolya Matt gyengéd csókjába olvadt, a világ pedig ismét megszűnt létezni.

Ez csak egyike volt a többszáz olyan pillanatnak, amely Lily Jane hazafelé vezető útját bearanyozta és, ami végre elérte, hogy újra szépnek lássa az őt körülvevő világot. Már alig emlékezett az édesapja és a nő látványakor érzett fájdalomra, olyan volt, mintha Matt minden egyebet száműzött volna a szívéből és a fejéből. Úgy döntött, inkább nem is osztja meg édesanyjával a kellemetlen élményt, hiszen csak feleslegesen felzaklatná őt és egyébként sem szívesen idézte fel az emléket. Most, hogy végre őszintén boldog volt, úgy döntött, nem hagyja, hogy bármi is elrontsa a kedvét és még csak esélyt sem ad, hogy az édesapja gondolata újra visszarántsa az évek óta érzett szenvedésbe. Viszont akkor még nem tudta, hogy néhány perccel később még a jelenleginél is mélyebbre tudja ásni magát a szemében.

– Hé, nincs itthon senki? – lépett az előszobába, mire szinte egyből meghallotta Lucy aprócska lábainak kopogását a csempén – Szia, kicsi! Hát a többiek merre járnak?

Lily Jane-t váratlanul furcsa érzés töltötte el, nem tetszett neki a lakást megtöltő némaság. Hiszen náluk sohasem szokott csend lenni. Hogy lehetséges ez egyáltalán?

A lány ledobta súlyos sporttáskáját a földre, majd Lucy-t ölébe kapva, lassú léptekkel a konyha felé indult.

Sajnos már egészen kislány korában tapasztalnia kellett hasonlót, de ez volt az az érzés, amit még felnőttként sem tudott elviselni. Az édesanyja a konyhaasztalnál ült, arcát egyik kezébe temetve, a másikban egy levélnek látszó papírlapot tartva, egy nyitott borítékkal maga előtt. Lily Jane azonnal letette Lucy-t és ijedten sietett édesanyjához. Közelebbről már azt is észrevette, hogy papírt tartó keze úgy remeg, mint a nyárfalevél.

– Anya, mi a baj? Anya! – hajolt közel hozzá a lány a hátát simogatva, miközben arcát takaró kezét finoman elhúzta, felfedve könny áztatta szemeit. Az édesanyja szörnyű állapotban volt. Valószínűleg már órák óta ülhetett ott zokogva, szemei alatt óriási karikák éktelenkedtek, arca halálsápadt volt.

– Jaj, kicsikém! Ne haragudj, hogy nem mentem ki eléd az állomásra – borult a lány nyakába óriási megkönnyebbüléssel az arcán már Lily Jane puszta látványától. A lány hevesen rázta a fejét, miközben próbálta kibogarászni az édesanyja remegő kezében lévő papíron álló szavakat.

– Hol van Ava?

– Átment egy barátnőjéhez. Nem engedtem, hogy ott aludjon, de talán mégis jobb lenne most.

– Mondd el, mi történt. Kérlek!

Az édesanyja felállt az asztaltól, hogy vizet töltsön magának, mire a lány azonnal rávetette magát az asztalon hagyott papírra és olvasni kezdte. Már az első szó láttán görcsberándult a gyomra. Egy bírósági beidézés volt az.

– Apátok feljelentett engem – suttogta az édesanyja a csapnak támaszkodva, miközben Lily Jane kezét szájához emelve olvasta a levelet – A nő autóját valaki megrongálta. Valami savat öntöttek rá és elvileg még a ház oldalának falára is jutott.

A lány eldobta a levelet és felpattant az asztaltól.

– Komolyan azt hiszi, hogy te voltál? – kérdezte, miközben érezte, ahogy egész testét elönti a méreg. Egyre szaporábban vette a levegőt, szemei pedig valósággal szikrákat szórtak. Érezte, hogy nincs visszaút, hamarosan nagyon ki fog kelni magából és azt kívánta, bár jelen lenne az édesapja, hogy az asztalon heverő papírlapot apró darabokra tépje, megrágja, majd az arcába köpje.

– Hát látod – vonta meg a vállát az édesanyja – Felhívtam telefonon, hogy megkérdezzem, ezt mégis hogy gondolta, de szokás szerint csak összevissza beszélt. Úgy látszik, még mindig nem volt elég az a rengeteg fájdalom, amit okozott.

– Ne menj el – vágta rá Lily Jane – Nem csináltál semmit, mit veszíthetnél? Ez rágalom!

– Ez nem így működik, kicsim – sírta el magát újból az édesanyja, majd magához intette a lányt és apró, vékony karjait köré fonva, a vállába temette az arcát

– Ava-val fenyegetőzik, LJ – suttogta alig hallhatóan, mire Lily Jane azonnal ledermedt és hamarosan azon kapta magát, hogy az édesanyjához hasonlóan ő is remegni kezd.

– Tessék?

– Azt mondta, ha kiderül, hogy én voltam, kérni fogja a bíróságon Ava felügyeleti jogának átruházását. El tudod ezt hinni, Lily Jane? Hogy teheti ezt velünk? Én ezt már nem bírom tovább.

Édesanyjának zokogása az egész lakást betöltötte, Lily Jane pedig karjai közt tartva őt úgy érezte, ott helyben megszakad a szíve. Mindketten erős nők voltak, de az őket ért csapások már mindkettejük számára túl nagy terhet jelentettek és a konyhában állva úgy érezték, az egész világ rájuk szakadt hirtelenjében.

– Megoldjuk, Anya – sírta a lány könnyeit nyelve – Tudod, hogy eddig is mindent megoldottunk. Ezt is meg fogjuk.

Ezután egy szót sem szóltak, csak szorosan ölelték egymást az aprócska konyha kellős közepén állva.

Aznap Ava végül mégis a barátnőjénél aludhatott, Lily Jane pedig évek óta először kihúzta a nappaliban álló kanapét, amelyen édesanyja szokott aludni és akárcsak kislánykorában, szorosan befészkelte magát mellé. Édesanyja halk szipogása aztán egyszer csak békés szuszogássá csillapodott, mire Lily Jane szíve megnyugodott kissé és ő is álomra hajtotta fejét. Ha korábban úgy érezte, képtelen megbocsátani az édesapjának, aznap éjjel minden valaha érzett negatív érzést túlszárnyaló, a szíve mélyéből áradó gyűlölettel gondolt rá és ezúttal, életében talán legelőször egyáltalán nem érzett bűntudatot emiatt.

15.

Lily Jane számára mindig nehéz volt hátrahagyni otthonát és visszaindulni a nagyváros világába, de talán sosem volt még annyira nehéz, mint azon a hétvégén. Mindennél jobban szeretett volna édesanyja mellett maradni és támogatni őt ebben a nehéz időszakban, de muszáj volt visszamennie. Viszont ezúttal még Matt, vagy éppen a közelgő divatbemutató főpróbájának gondolata sem tudta jobb kedvre deríteni. Úgy érezte, a helyzet kilátástalan és talán soha nem lesz már vége ennek az évek óta tartó borzalomnak. Ezen kívül pedig képtelen volt bármi másra gondolni egész héten.

– Föld hívja, Lily Jane-t – csettintgetett Will a lány arca előtt, miközben a bemutatóterem felé tartottak az aznap esedékes főpróbára. Will majd' kiugrott bőréből izgalmában, Lily Jane viszont láthatóan teljesen máshol járt fejben – Mondd, te hogy a fenébe tudsz ilyen nyugodt maradni, amikor perceken belül meglátod a ruhát, ami világsztárt csinál belőled?

A lánytól csak egy halvány mosolyra futotta, miközben Will-be karolt, mert hirtelen óriási szükségét érezte, hogy fizikailag érezze közelségét.

– Ne haragudj, Will. Megmondom őszintén, egy kicsit ideges vagyok.

– Ez természetes, kicsi – húzta közelebb magához a fiú, miközben leintett maguknak egy taxit – Én is ideges vagyok, de lássuk be, tehetségesek és gyönyörűek vagyunk. Mi baj történhet?

Lily Jane felnevetett a kijelentés hallatán és sokadjára döbbent rá, Will mindig pontosan tudta, mit kell mondania ahhoz, hogy a lány jobban érezze magát.

– De más baj ugye nincs? Napok óta nem tetszel nekem – komolyodott el a fiú, miközben kinyitotta Lily Jane előtt a taxi ajtaját.

– Nincs semmi, Will, ne aggódj. Csak fáradt vagyok. A lány valójában nem hazudott, elképesztően fáradtnak érezte magát. A különbség csak annyi volt, hogy ezúttal nem a kávézó zsongása, a robotolás, vagy éppen a napokon át tartó, szorgos tanulás fárasztotta le, hanem az édesapja iránt érzett elviselhetetlen harag. Ez pedig sokkal kimerültebbé tette a lelkét, mint amennyire az agyát, vagy a testét valaha is le tudta volna terhelni. Bármit csinált, bármerre járt és bárkivel volt is éppen folyamatosan csak az járt a fejében, hogyan történhet ez éppen velük. Hiszen akárki látta őket évekkel azelőtt, azt gondolhatta, hogy filmbeillő családként élik az életüket. Most pedig hirtelen ismét olyan lett az egész, mint valami szörnyű szappanopera.

A bemutatóteremhez érve aztán örömmel tapasztalta, hogy azért mégiscsak van remény, a szíve felébredt kissé szomorú álmából és erőteljesebb ütemben kezdett verni az izgalomtól. Will szokatlanul csendes volt, látszott rajta, nagyon ideges a próba miatt. Lily Jane rádöbbent, hogy a fiúnak most különösen nagy szüksége van a támogatására, ezért megpróbálva a lehetetlent, elhessegette az otthoni káosszal kapcsolatos gondolatokat és végre teljes mértékben jelen volt lélekben is, hogy együtt szembenézhessenek életük első igazán nagy lehetőségével.

– Tehetségesek vagyunk és gyönyörűek. Mi baj történhet? – ismételte a lány Will kezét szorítva,

amint kiszálltak a taxiból és a belvárosi épület felé
vették az irányt. Lily Jane még sosem látta Will-t
ennyire idegesnek. A homloka verejtéktől
gyöngyözött, kezei remegtek és izzadtak a lány
szorítása alatt és olyan nagyokat nyelt, mintha az
alig egy órával azelőtt elfogyasztott ebéd egy falatja
akadt volna meg a torkán.

– Ha rosszul sül is el, ugye jól áll ez a zakó?

– Will, – nevetett fel a lány – miért sülne el rosszul?
Semmi baj nem lesz.

– De akkor is tudnom kell ezt. Minél rosszabbul
állnak a dolgaid, annál jobban kell kinézned.

– Ezt is a nagymamád mondta?

– Nem. Ezt Coco Chanel.

Lily Jane nevetve rázta a fejét Will váratlan
elbizonytalanodásán, bár be kellett látnia, hogy őt is
hasonló szorongás kerítette hatalmába. Attól pedig
nem sok nehezebb feladat van, mint megnyugtatni
valakit, amikor mi magunk is legalább annyira
félünk és kétségbe vagyunk esve az előttünk álló
megpróbáltatástól.

– Eszméletlenül jól nézel ki, Will Spencer. Ha nem
lenne számomra ennyire értékes a barátságunk, ezer
százalék, hogy rád vetném magam.

A fiú aggódó arca azonnal felderült és végre újra
visszatért megszokott, széles vigyora, miközben
mély levegőt véve megálltak a bemutatóterem ajtaja
előtt.

– Hát akkor… essünk túl rajta.

Ez a kijelentés akár drámai kezdetét is jelenthette
volna karrierjüknek, a jelenet színpadias feszültsége
azonban azonnal szertefoszlott, amint kivágódott a
terem ajtaja és Dubois alakja jelent meg előttük.

– Mi a fenét álldogáltok ott? Gyertek már, az Isten szerelmére, hogy tudjunk haladni!

– Na, pontosan erről beszéltem, amikor azt mondtam, ingerült munka közben – suttogta Will megragadva Lily Jane kezét, miközben befelé indultak – Már itt is vagyunk, elnézést a késésért!

A lány értetlenül kapkodta fejét a bemutatóterembe lépve. Amint Dubois hallótávolságon kívülre került, Will-hez hajolva suttogott.

– Dehát nem is késtünk.

Will nem tudott felelni a lánynak, Dubois azonnal karon ragadta és magával húzta a színpad mögött kialakított szobába, ahol a bemutatásra váró ruhák sorakoztak. Közben intett Lily Jane-nek, hogy induljon a színpad másik oldala mögötti helyiségbe, ahol a fodrászok és Suzanne King sminkesei már bőszen dolgoztak a modelleken. A lány szíve eszeveszett ütemben vert, mindenhol cérnavékony, különleges arcú modellek, gondterheltnek tűnő sminkesek és fodrászok rohangáltak. Borzasztóan kívülállónak érezte magát a helyiségbe lépve, sokkal szívesebben lett volna a másik szobában Will-el és a többi társtervezővel a lélegzetelállító ruhák forgatagában.

– Ez csak a kezdőlöket – motyogta magában, miközben jobb ötlet hiányában karba tett kézzel megállt a helyiség egyik kissé eldugott sarkában arra várva, hátha valaki megkérdezi, mit szeretne.

Erre azonban hiába várt. Mindenki el volt foglalva valamivel, bonyolult hajfonatok és monumentális sminkek voltak készülőben, Lily Jane pedig kezdte úgy érezni, jobb lenne, ha egyszerűen csak kisétálna az ajtón. Hiszen úgysem tűnne fel senkinek.

Szorongásának tetőpontját elérve azonban egy kedvesen mosolygó, fiatal hölgy lépett a szobába és izgatottan pillantott körbe a sürgő-forgó dolgozók tömegén. Talán ő volt az egyetlen, akinek megakadt a szeme a sarokban álldogáló lányon és amint észrevette aggódó tekintetét, határozott léptekkel indult el felé.

– Valami gond van? – kérdezte, arca pedig a jelenlévőktől eltérően bájos és közvetlen volt. Úgy mosolygott a lányra, mintha ismerné őt. Hosszú, barna haja laza copfba volt fogva, kissé gyűrött, látszólag egyértelműen munkájához használt flanelinget viselt, aminek felső zsebében szemceruzák és szempillaspirálok sorakoztak. Lily Jane egyből sejtette, hogy Suzanne King egyik sminkesével lehet dolga.

– Az a helyzet, hogy most veszek részt először bemutatón és fogalmam sincs, mi itt a dolgok menete.

A sminkes lány azonnal megértette a helyzetet és felcsillanó szemekkel kezdte fürkészni Lily Jane arcát.

– Ó, mindjárt gondoltam, hogy modell vagy. Nagyon szép arcod van. Egészen különleges – mondta, a bókja pedig olyan jólesett Lily Jane-nek, hogy meg sem próbálta megmagyarázni neki, ő valójában nem modell – Ijesztő lehet ez az egész hirtelen. Gyere, majd én megcsinálom a sminked, úgysincs még konkrétan beosztva, ki melyik ruhához tartozó modellen dolgozik.

Lily Jane elmondhatatlanul hálás volt a váratlan kedvességért, szinte már úgy érezte, mintha valami őrangyal küldte volna neki ezt a kedves lányt, amikor már éppen menekülőre akarta fogni.

– Nagyon köszönöm! Kezdtem kicsit elveszettnek érezni magam itt.

– Ez teljesen érthető. Általában mindenki hajlamos csak magával törődni – rázta a fejét megértően – Egyébként Jules vagyok. Örülök, hogy együtt dolgozhatunk! Gyere, ott az én asztalom! Te leszel a bemutatón a legszebb modell, ezt garantálom.

Lily Jane elmosolyodott a megjegyzésen. Egyrészt azért, mert pontosan tudta, hogy ez kétségkívül lehetetlen, másrészt pedig, mert Jules egész lényéből olyan erős pozitív energia sugárzott, hogy képtelen lett volna nem mosolyogni minden szavára.

A sminkasztalnál helyet foglalva ezúttal végre úgy érezte, ő is része ennek az egésznek, még ha csak annyira is, hogy néhány percig csodálhatják az általa bemutatott ruhát a kifutón. A székbe huppanva óriási tükörből pislogott vissza saját magára, amelynek szélein apró lámpák világítottak és meglepődve tapasztalta, mennyire más az arca a többi modelléhez képest. Sokkal hétköznapibbnak, sokkal jelentéktelenebbnek látta magát, mint a mellette lévő székekben ülő lányok.

Jules nem vesztegette az időt, kissé sápadt bőréhez illő, világos színű alapozót kezdett Lily Jane arcára simítani.

– Nagyon szép állapotban van a bőröd – csevegett közben – Látszik, hogy odafigyelsz rá. Ez az alapozó nagyon bőrbarát, akár még aludhatnál is benne. Egyébként próbálom kicsit természetesebbre venni a stílust, szerintem ez illene a leginkább hozzád.

– Ebben egyetértünk – bólintott Lily Jane, miközben lehunyta szemeit és hagyta, hogy Jules finom mozdulatai csodát tegyenek bőrével.

– És melyik ruhát mutatod majd be? Láttam néhányat én is, de nem az összeset.

– A legutolsó lesz az enyém – felelte, mire Jules kezei azonnal megálltak, Lily Jane pedig szemeit kinyitva a sminkes lány döbbent arcával és eltátott szájával találta szemben magát. Nem értette, miért lepődött meg ennyire Jules, de döbbenete hamarosan széles mosollyá, majd sokadjára felcsillanó tekintetté változott.

– Te vagy Lily Jane Monroe? – kérdezte őszinte elképedéssel hangjában, mire a lány összevonta szemöldökét és értetlenül meredt a tükörben Jules arcára.

– Igen, én vagyok. Miért?

– Te jó ég, milyen vicces a sors, hogy pont én mentem oda hozzád! – nevetgélt Jules folytatva az alapozó felkenését, Lily Jane-nek azonban fogalma sem volt, miről beszél a lány – Matt Edwards az unokaöcsém, mesélt már rólad. Mondta, hogy te fogod bemutatni az utolsó ruhát és, hogy ez mekkora lehetőség számodra. A férjem, Josh, Suzanne öccse, a múltkori családi összejövetelen elég sok szó volt a tehetséges és gyönyörű Lily Jane-ről. El sem tudom mondani, mennyire örülök, hogy végre megismerhetlek. Olyan hihetetlen, hogy éppen így találkozunk!

Jules döbbenete ezúttal már Lily Jane-re is átragadt. Meglepett mosollyal hallgatta a lány szavait és észre sem vette, hogy az már a szemöldökén dolgozott éppen. Fogalma sem volt róla, hogy Matt nagybátyjának a felesége is Suzanne sminkesei közé tartozik, a hirtelen információáradat hatására pedig teljesen elképedt. A szíve még az eddiginél is hevesebben vert a gondolatra, hogy Matt beszélt róla otthon, a családjának és hirtelen eltekintve attól, mennyire más volt, mint a jelenlévő többi lány, most végre valóban fontosnak és különlegesnek érezte magát.

– Ez tényleg hihetetlen – szólalt meg egy idő után – Nem is tudtam...

– Nagyon izgi – vágott a szavába Jules – Olyan jó lesz így dolgozni, gyakorlatilag rokonok vagyunk. Na, és tudod már milyen a ruha?

– Nem, még nem sajnos. A legjobb barátom, Will tervezte. Az elején megengedte, hogy segítsek neki, de aztán azt mondta, támadt egy óriási ötlete és szerette volna meglepetésnek szánni. Szerinte a színpadon még nagyobbat fog ütni a dolog, ha én is meglepődöm. Igazából fogalmam sincs, miről lehet szó.

– Dehát most úgyis látni fogod a ruhát, miért lepődnél meg élesben?

– Erre én is nagyon kíváncsi vagyok – nevetett fel a lány – Viszont tudom, hogy jó kezekben vagyok. Bízom Will-ben, eszméletlenül tehetséges. Nem csoda, hogy felfigyeltek rá.

– Sajnálom, hogy neked ilyen nehezen indul ez az egész. Egy lánynak mindig nehezebb. Viszont hátha valami jó sül ki ebből is – mosolygott Jules bíztatóan – Nem gondolkodtál azon, hogy a modellkedés felé indulj el inkább?

– Nem igazán – felelte Lily Jane – Őszintén, ez nagyon nem az én világom. Sokkal jobban szeretek a háttérből figyelni és egy halk sarokban megbújva lerajzolni mindent, ami a fejemben van. Ez az irány igazából nagyon nem az én műfajom, remélem, hogy tényleg csak egy kezdeti lépésről van szó.

– Ha a barátod valóban olyan tehetséges, mint mondtad, akkor biztos lehetsz benne. Amint odafigyelnek rád, Dubois pontosan tudni fogja, hogyan vezesse fel a tehetségedet a sajtó előtt. Nem lesz egyszerű út, de kemény csajszinak tűnsz. Meg fogod csinálni.

Jules szorgosan dolgozott a lány arcán, Lily Jane elégedetten mosolyogva vizslatta magát a tükörben. A lány nem esett túlzásba, kiemelte arcának természetes adottságait, így pedig, bár továbbra sem hasonlított a többi modellre, egészen szép és különleges hatást keltett az eredmény. Amellett, hogy profin elkészített sminkréteg fedte arcát, valahogy mégis sikerült önmagának maradnia, ez pedig némi megnyugvással töltötte el a lelkét. Nem sokáig.

– Szólok Dubois-nak, hogy elkészültünk aztán gyorsan csinálunk valamit a hajaddal és mehetsz is a ruhapróbára. Gyönyörű vagy, Lily Jane.

A lánynak még egy gyors köszönömre sem volt ideje, Jules elszáguldott a hozzá hasonló tempóban sürgő-forgó sminkesek irányába, Lily Jane pedig ottmaradt egyedül, saját arcát fürkészve a kivilágított tükörben, ujjaival kissé feszülten dobolva a sminkasztalon.

– Új vagy itt? – szólt váratlanul a mellette lévő székben üldögélő lány. A többi modellhez képest meglehetősen molett alkat volt, bájos arcát viszont, akárcsak minden jelenlévőét, vastag sminkréteg fedte.

– Igen, most vagyok itt először.

– Angela vagyok – köszöntötte a lány kedvesen – Plus size modell. Örülök, hogy megismerhetlek!

– Én is nagyon örülök, Angela. Lily Jane Monroe vagyok.

Angela tekintete meglepetten csillant fel, hasonlóan Jules korábbi lelkes döbbenetéhez.

– Nem te vagy Matt Edwards barátnője?

– De igen – mosolyodott el félénken Lily Jane, aki kezdte úgy érezni, mintha ez automatikusan valami helyi celebbé változtatta volna őt – Ezek szerint ismered őt?

– Persze, hogy ismerem. A barátom, James egyik legjobb haverja. Gyakran járunk együtt bulizni, csodálkozom, hogy eddig nem találkoztunk.

Lily Jane már éppen válaszolt volna, a párbeszédet azonban a gyors léptekkel visszatérő Jules érkezése szakította félbe, a háta mögött Dubois-val. Lily Jane korábban is sokat hallott már Will-től a tervező munka közbeni ingerültségéről, ám a forgószékben, gyönyörűen sminkelt szemeivel pislogva Dubois-ra meg sem fordult a fejében, hogy ezúttal saját bőrén is megtapasztalhatja azt. A férfi dermedten nézte őt, úgy fürkészte arcát, mintha ő maga is egy ruhadarab lenne. Néhány pillanatig csak állt előtte résnyire húzott szemekkel, majd váratlan mozdulattal megfogva a lány állát a fény felé emelte arcát, hogy még inkább megvizsgálja a sminket. Lily Jane meg sem mert szólalni, hagyta, hogy a férfi úgy forgassa, mint egy próbababát, de az érintésétől valamiért libabőr futott végig karjain és magában azért imádkozott, hogy minél hamarabb elengedje őt.

– Te komolyan gondoltad ezt, Jules? – szólalt meg aztán, mire Jules ismét előkapta sminkfelszerelését és kissé megszeppenve várta a kritikát, hogy min kell változtatnia.

– Úgy gondoltam, Lily Jane természetes szépség és azt hittem, jó ötlet meghagyni kicsit ezt a természet adta bájt.

– Azt hitted, jó ötlet? – nevetett fel gúnyosan Dubois, mire Lily Jane összerezzent ültében és bárhol máshol szívesebben lett volna, mint akkor ott éppen – Suzanne, gyere egy pillanatra, kérlek!

– Azonnal változtatok rajta, amit csak…

– Nem változtatsz, átcsinálod az egészet – vágott Jules szavába Dubois, miközben a helyiség ajtajában megjelent Suzanne King szokásosan tökéletes megjelenésű alakja és kecsesen odalibegett hozzájuk – Jules úgy gondolta, jó ötlet Lily Jane arcának természetességét hangsúlyozni. Megmondanád, kérlek a tanítványaidnak, hogy, amikor valakire fel kell hívni a figyelmet, a monumentalitás és a vad vonalak jöhetnek csak és kizárólag szóba? És egyébként is… ez egy divatbemutató, nem egy rohadt apácazárda, könyörgöm!

Dubois teátrálisan nagy léptekkel viharzott el az égre emelve tekintetét, Suzanne pedig egyetlen pillantást vetett Jules-ra, aki szavak nélkül is tudta, mi a véleménye.

– Ne haragudj, kérlek, igazatok van. Azonnal újrakezdem.

Suzanne helyeslően bólintott, egyetlen arcizma sem rezdült és a mosolygás leghalványabb formája sem volt fellelhető jéghideg, márványszoborra emlékeztető arcán. Lily Jane szeretett volna mondani neki valamit, de az a röpke, velejéig ható pillantás, amit a lányra vetett valamiért teljesen elvette a kedvét attól, hogy akárcsak kinyissa a száját.

Jules azonnal munkához látott, Suzanne pedig lassú, kecses, hattyúra emlékeztető mozdulatokkal kisétált a helyiségből. Ezúttal már nemcsak Lily Jane volt feszült. Jules kezei is remegtek a lány arca felett, a korábbi izgatott cseverészés helyébe pedig döbbent némaság lépett. Egyiküknek sem volt kedve megszólalni, Jules látszólag nagyon aggódott, hogy megfeleljen az elvárásoknak, Lily Jane pedig borzasztóan megsajnálva őt csak ült ott, miközben váratlanul nagyon rossz előérzete támadt és azon gondolkodott, vajon mi fog kisülni ebből.

16.

Lily Jane korábban is sejtette, hogy Dubois ízlése valószínűleg nem teljes mértékben egyezik az övével, viszont a végeredmény, ami megfelelt a divattervező elvárásainak, még így is meghökkentette kissé. Elkeseredve, megsemmisülve hagyta a hozzá hasonló lelkiállapotban lévő Jules-t dolgozni, miközben lehunyt szemmel, hátrahajtott fejjel várta, hogy elkészüljön a Dubois akaratát kielégítő smink. Amikor aztán eljött a várva várt pillanat, lassan kihúzta magát és a tükörhöz emelve arcát óvatosan kinyitotta szemeit.

– Uramisten – kapta kezét a szájához automatikusan hátralépve kicsit a tükörtől. Nem tudta eldönteni, hogy sírni, vagy nevetni szeretne-e, Jules pedig szomorú mosollyal az arcán álldogált háta mögött – Ne érts félre, nagyon tehetséges vagy, csak ez…

– Ez nem te vagy. Tudom – helyeselt a lány, Lily Jane pedig egyetértően sóhajtott. A tükörbe nézve egy modell pislogott vissza rá, egy tökéletesen megrajzolt arcú, gyönyörű, makulátlan porcelánbaba, akinek a leghalványabb köze sem volt hozzá, még csak nem is hasonlított Lily Jane Monroe-ra. Füstös szemsminkje, élénk színű ajkai és hibátlanra púderezett, hófehér bőre vadidegenné tették őt még saját maga számára is. Ez viszont, úgy tűnt, rajta kívül csak Jules-nak szúrt szemet.

– Erről van szó, kislány – bólogatott elégedetten Dubois, majd megragadva Lily Jane karját egyetlen további szót sem pazarolva a keményen dolgozó sminkes lányra, magával húzta őt a színpad másik oldalán lévő helyiségbe, hogy végre magára ölthesse Will ruháját – Most nem foglalkozunk a hajaddal, nincs rá elég idő. Viszont, ahogy elnézem, bőven kell majd rászánni néhány hosszú órát – Lily Jane már meg sem szeppent a tervező udvariatlan szavain és durva, rángató mozdulatain, akárcsak egy próbababa, hagyta magát vezetni az emberek tömegén át, mígnem a szobába lépve, hosszú idő után egy kis megnyugvást lelve megpillantotta Will arcát. A fiú, amint meglátta őt, eltátott szájjal, vegyes érzelmeket tükröző tekintettel indult el felé. Lily Jane legszívesebben sírva borult volna a nyakába, de sikerült uralkodnia érzelmein. Óriási gombóccal a torkában mosolygott a fiúra, aki látszólag máris nagy sikernek örvendett. Mielőtt megpillantotta Lily Jane-t egy csapat tervező társaságát élvezte éppen; lelkesen magyarázott valamiről, miközben azok elmélyülve hallgatták őt.

– Ki vagy te és hová vitted Lily Jane-t? – tárta ölelésre karjait a fiú, Lily Jane-től viszont csak egy halvány mosolyra futotta, miközben egy kicsit talán tovább és szorosabban húzta magához Will-t, mint akarta.

– Én is ezt kérdezem magamtól.

Will gyengéden simított hátra Lily Jane lazán felfogott hajából egy kósza tincset, miközben az arcát fürkészte.

– Gyönyörű vagy. Egy igazi szupersztár. Alig várom, hogy lássalak a ruhában.

– Mire várunk még? – tapsolt kettőt Dubois türelmetlenül, majd mindkettejüket a helyiség hátsó része felé kezdte tolni. Lily Jane meglepetten tapasztalta, hogy innen egy újabb apró terembe vezető ajtón mentek át, mielőtt beléphetett volna azonban, Will megfogta a kezét és izgatott mosollyal arcán húzta vissza kissé.

– Csukd be a szemed!

Lily Jane nem ellenkezett, a szíve vadul vert a terembe lépve, miközben a fiú csukott szemei elé emelte kezét, hogy még véletlenül se láthassa meg a ruhát idő előtt. Fogalma sem volt, mire számítson, főleg miután már a puszta smink új embert varázsolt belőle.

– Három, kettő... – hallotta Will hangját, mire elemelte kezeit és lassan, fejben pillanatok alatt nagyjából millióféle forgatókönyvet lejátszva, végre kinyithatta a szemét.

Eszméletlen volt. Lily Jane már egészen kislánykora óta megszállottan bámulta az összes televízióban leadott divatbemutatót és az internetet is gyakran böngészte inspiráció után kutatva, de ilyet még sohasem látott. Ez nem is egy ruha volt, hanem egy valódi műalkotás.

A lányt meglepte néhány részlet, illetve főelem, hiszen mindenekelőtt Will színes stílusától eltérően egy monumentális, mélyfekete ruhát viselő próbababával találta szemben magát. Viszont ez egyáltalán nem egy egyszerű fekete ruha volt. A szoknyarész az egész termet betöltötte lágy esésű anyagával, amelyen ezernyi apró ékkő csillogott megidézve az éjszaka tündöklő égboltját. Deréktájban a ruha kiszélesedett, amely erős kontrasztot alkotott a látszólag fullasztóan szűknek tűnő, további csillogó gyöngyberakással díszített felsőrésszel. Az egészet pedig megkoronázta a szív alakú dekoltázs fölött, egy brossal összekapcsolt, éjfekete palást, amely leheletvékony, kissé áttetsző anyagból készült és úgy omlott le a próbababa vállán, akár egy királynő fátyola.

A lényeg azonban mégiscsak a részletekben rejlett. Közelebbről megvizsgálva Lily Jane különleges, egyedi csipkeberakásra lett figyelmes a felsőrészen, a dekoltázs feletti ezüstbross pedig a fényben megcsillanva gravírozást villantott meg. A lány egészen közel lépett, hogy láthassa, mi áll rajta. Két betű volt csupán. LJ.

– Will, én… nem is tudom, mit mondjak – simította meg a ruha fátylát elcsukló hangon, mire Dubois megtörve a pillanat hatását gyorsan közbevágott.

– El ne kezdj sírni, ha már szerencsétlen Jules ennyit kínlódott a sminkeddel! Menj, vetkőzz le a próbafülkében és vegyük fel ezt a mesterművet!

Lily Jane korábban bele sem gondolt, hogy fehérneműben kell mutatkoznia a férfi előtt, most pedig teljes mértékben felébredve a varázslatos ruha keltette káprázatból, hirtelen egészen összeugrott a gyomra és valamiért a keze is izzadni kezdett. Nagyot nyelt, miközben a próbafülke felé tartott és magában azért könyörgött, hogy Will ne hagyja magára ebben a kellemetlen helyzetben.

– Addig menj, Will, tartsd a frontot odakint! Szólok, ha készen vagyunk.

Ó, a francba! Lily Jane talán még sosem szitkozódott magában olyan csúnyán, mint abban a pillanatban. Valamelyest nyugalommal töltötte el, hogy a próbafülke függönye mögött egy vállfára akasztott selyem köntöst talált, amit Will távozása után azonnal magára is öltött fehérneműje fölé. Magában tízig számolt mielőtt kilépett volna Dubois elé, de nullához érve aztán elölről kellett kezdenie a számolást, mert egyszerűen képtelen volt rávenni lábait arra, hogy megmozduljanak. Hirtelen aztán eszébe jutott, milyen hamar fel tudja kapni a vizet a férfi és semmi pénzért sem szerette volna ismét feldühíteni, így végül mégis sikerült erőt vennie magán és ajkait összeszorítva kilépett a függöny mögül.

Dubois már levette a próbababáról a ruhát, úgy csodálta kezei közt tartva, mint egy valóságos kincset. Felpillantva a lányra aztán meglepően kedves mosollyal az arcán rázta meg a fejét.

– A köntösre szeretnéd rávenni?

Lily Jane kínosan húzta el a száját, miközben kikötötte a köntös derekán lévő selyemszalagot, hagyva, hogy a lehulló, vékony anyag felfedje alatta rejlő, hófehér bőrét. Dubois lassan közeledett felé, vigyázva az anyag minden apró részletére, majd a lány háta mögé lépve hozzálátott, hogy ráöltse a csillagos égboltot idéző varázsruhát.

Lily Jane borzasztóan zavarban volt. Dubois közelsége különös, kellemetlen bizsergést ébresztett testében, a férfi kölnijének illata pedig teljesen átjárta a helyiséget. Miközben a ruha hátuljával bíbelődött, Lily Jane érezte bőrén leheletének érintését. Feszélyezte a helyzet, amint pedig szembekerültek egymással, a lány zavara a tetőfokára hágott.

– Zavarban vagy, kislány? – kérdezte a férfi, miközben a ruha dekoltázsát igazgatta, kezeit pedig néha-néha véletlenül a kelleténél hosszabb időn át felejtette Lily Jane kulcscsontján, íves nyakán, vagy éppen hevesen le-felemelkedő mellkasán.

– Nem – köhintette a lány kerülve Dubois pillantását. Csak néhány centi választotta el az arcukat egymástól, Lily Jane pedig most kezdte igazán megérteni, miről beszéltek, amikor Dubois-t a nők bálványozójaként emlegették. Képtelen volt tovább kitérni pillantása elől, minden erejét összeszedve egy bátor harcosként fúrta tekintetét a férfiéba, mire Dubois széles, eleinte meglepett, majd kissé talán gúnyos mosolyra húzta száját.

Csodálta a lányt. Rajongással, szenvedéllyel és bámulattal nézte őt, a vállának ívét, a nyakát, az ajkait, szinte már torzra sminkelt, csillogó szemeit, majd kissé távolabb lépve a ruhát, amely engedelmesen követte felsőtestének minden vonalát, hogy aztán a derekánál kiszélesedjen és a földre omolva betöltse a szobát.

– Nem semmi lány vagy te, Lily Jane Monroe – suttogta továbbra is ámulattal vizslatva a lány minden porcikáját – Jobb lesz, ha hozzászoksz az effajta tekintetekhez. Ha modell vagy, úgy néznek rád, mint egy darab húsra. Ez sajnos így működik.

– Én nem vagyok modell – felelte a lány rezzenéstelen arccal, továbbra is állva a férfi tekintetét, mire az hangosan felnevetett.

– Igazad van, helyesbítenék. Ha *nő* vagy, úgy néznek rád, mint egy darab húsra – ismét közel lépett hozzá, majd finom mozdulattal megfogta a lány állát és hüvelykujját a lány alsó ajka alá illesztve mosolyodott el újra – Jó dolog vonzónak lenni, Lily Jane. Vonzónak lenni halálos fegyver. Ha van egy kis eszed, okosan használod. Tudom, azt hiszed, Will-nek egyszerűbb dolga van, de valójában, ha meglátják benned azt, amit én, már a te kezedben lesz, mit kezdesz az utánad loholó csőcselékkel.

Határozott kopogás szakította félbe Dubois gondolatmenetét, mire a férfi kelletlenül lépett távolabb Lily Jane-től, akinek a szíve egyre hevesebben dobogott, kezei pedig úgy remegtek, akár a nyárfalevél.

– Mint egy valódi királynő – emelte szája elé a kezét Will, amint belépett az ajtón.

– A te érdemed – felelte Lily Jane magára erőltetve egy mosolyt és attól félt, arcszíne már a vastag púderréteg nélkül is halálsápadttá vált.

Dubois még elvégzett néhány utolsó simítást a ruhán, majd sietve indult az ajtó felé.

– Vegyétek le óvatosan, de ne öltözz teljesen vissza, kérlek, mert még igazítunk pár apróságot rajta! Fél óra múlva itt találkozunk, addig foglaljátok el magatokat, én intézem a többi modellt.

A férfi távozását követően azonnal nekiláttak a ruha levételének, mert, bár valóban mestermű volt, Lily Jane úgy érezte, ha még egy percig viselnie kell, menten elájul, vagy megfullad.

– Akkor tetszik, ugye?

– Most viccelsz, Will? Ez életed műve. Ilyen gyönyörűt még sohasem láttam.

– Alig várom, hogy lássalak a kifutón. Lesz még egy kis meglepetésem, de azt majd ott meglátod.

– Őszintén mondom, nem hiszem, hogy én még bármin meg tudnék lepődni.

A selyem köntös pihekönnyű anyaga valódi megváltást jelentett a monumentális ruha után, bár gyengéd érintése Dubois kezeit jutatta Lily Jane eszébe, amitől néhány percen belül már sokadjára rázta ki újból a hideg.

– Azt mondtam nekik, hogy nemsokára visszamegyek – mutatott az ajtó felé Will kissé feszengve, amint visszatették a ruhát a próbababára. Lily Jane igyekezett minél őszintébbnek tűnni, miközben mosolyogva intett a fiúnak, hogy menjen nyugodtan, majd követte őt, hogy minél hamarabb kijuthasson a Dubois kölnijének illatfelhőjében úszó helyiségből. Will hamar beleveszett az elfoglalt tervezők és háttérmunkások forgatagába, így Lily Jane végül úgy döntött, keres egy szimpatikusnak tűnő, üres széket és kissé szorosabbra húzva magán a selyem köntös szalagját, nagyot sóhajtva foglalt helyet.

A sürgő-forgó embereket bámulva ismét kívülállónak érezte magát és azon kezdett gondolkodni, mennyire nem így képzelte el élete nagy lehetőségét. Ő nem vágyott arra, hogy vonzónak tartsák és ezt kihasználva, az orruknál, vagy egyéb érzékenyebb szerveiknél fogva vezesse az embereket. Ő egyszerűen csak szerette volna megmutatni a világnak az ötleteit és hagyni maga után valamit, amire emlékezhetnek, de ez most valahogy hirtelenjében, látva a kegyetlen valóságot, egy gyerekes elképzelésnek, egy elcsépelt tündérmesének tűnt csupán.

– Te csak így lazán, köntösben nyomod?

Lily Jane-t az ismerős hang szinte már egy másik univerzumból hozta vissza a jelenbe, amitől hirtelen minden addigi gondolat kiröppent a fejéből. Matt széles mosollyal lépett oda hozzá és lehajolva hosszan, édesen csókolta meg a lányt. Valószínűleg el sem tudta képzelni, mekkora szüksége volt erre abban a pillanatban.

– Nem is mondtad, hogy benézel.

– Gondoltam, megleplek. Anya mondta, hogy a ruháknál lehetsz. Felpróbáltad már?

Lily Jane felállt a székből, hogy magához ölelhesse a fiút. Matt-et kellemes meglepetésként érte, amint a lány a vállába fúrta az arcát és szorosan magához húzta őt.

– Eszméletlenül szép. Egy műalkotás.

– Megnézhetem?

– Majd a bemutatón meglátod – mosolygott a lány elhúzódva kissé, hogy Matt szemeibe nézhessen – Ugye eljössz?

– Semmi pénzért nem hagynám ki – nyomott puszit Lily Jane homlokára, majd tekintete pulóverének vállrészére tévedt, ahol néhány színes foltot hagyott a korábban odabújó lány arcán lévő vastag sminkréteg – Mondta Anya, hogy Jules csinálta a sminked, de azért nem gondoltam, hogy konkrétan új arcod rajzol neked.

– Nem is ez volt terv – sóhajtotta Lily Jane, miközben a foltok helyén dörzsölni kezdte Matt pulóverét – Tudod, Dubois nem egészen a természetesség híve.

– Azért be kell látni, hogy elég dögös az új éned, de nyugtass meg, hogy ott van még valahol Lily Jane is a maszk alatt!

A lány felnevetett a kérdés hallatán, majd közel hajolt a fiúhoz és lassan megsimította ajkait, majd gyengéden megcsókolta őt.

– Ha Lily Jane az egyetlen barátnőd, akkor elvileg itt kellene lennie valahol a púder alatt, különben nem csinálna ilyet.

Egy újabb csók következett, majd egy újabb és, mikor Lily Jane már elhúzódott volna, mert a szíve kissé túlzottan őrült tempóra kapcsolt, Matt ismét magához húzta őt.

– Van kedved a próba után a szüleimmel ebédelni? – kérdezte váratlanul, mire Lily Jane döbbenten meredt a fiú arcára – Hiszen Anyát már úgyis ismered, Emma, a kishúgom egészen biztosan imádni fog, Apa pedig elég ritkán ér rá és szeretnélek bemutatni neki. Persze csak, ha nem baj.

– Nem, persze, hogy nem baj – vágta rá Lily Jane azonnal, viszont egyáltalán nem volt biztos abban, hogy felkészült erre a találkozásra. Hiszen Suzanne King puszta jelenléte is folyamatos feszültséggel és aggodalommal töltötte el a lányt, a Dubois társaságában elviselt kellemetlen percek után pedig úgy érezte, képtelen akár még egy pillanatig is úgy érezni magát, mint aznap, az egész főpróba ideje alatt. Nem akart tovább jelentéktelennek tűnni és cseppet sem akart Suzanne rideg pillantásának kereszttüzében újból megsemmisülni, de Matt csillogó tekintetében elveszve képtelen lett volna nemet mondani.

– Hívj fel, ha végeztél és visszajövök érted.

Lily Jane nagyot nyelt, de nem akarta, hogy a fiú észrevegye, mennyire feszült lett a szülőkkel elfogyasztott ebéd gondolatára.

– Nem maradsz inkább? Olyan magányosan üldögélek itt – pislogott ártatlanul a fiúra Lily Jane.

– El kell intéznem még pár dolgot és Anya is mondta, hogy keressem még meg miután megtaláltalak. Nemsokára úgyis találkozunk.

– Hát jó – huppant vissza a székbe szomorúan – Hagyj itt nyugodtan.

– Hamar eltelik, meglátod – nevetett Matt a lány kiskutya szemei láttán, majd a füléhez hajolt, mielőtt megcsókolta őt – Egyébként gyakrabban kéne ilyen köntösben flangálnod. Nagyon tetszik.

Lily Jane nevetve rázta a fejét, miközben a fiú kisétált a helyiségből és valamiért, bár semmi kedve sem volt az aznapi ebédhez és egyébként is elég nyomorultul érezte magát a történtek miatt, Matt Edwards társaságában valahogy minden akadály legyőzhetőnek tűnt és egészen különös módon talán az egész világ egy szebb hellyé változott.

17.

Hiába minden igyekezet, Lily Jane képtelen volt leplezni a Matt szüleivel való találkozás következtében rátörő aggodalmat a fiú előtt. A belvárosi étteremhez vezető úton az autót különös módon némaság lengte be, a lány pedig a rádióban szóló zene ütemére még csak nem is hasonlító, monoton mozdulatokkal dobolt az ülés alatt lábaival. Túl sok volt már neki lelkileg az a nap és bármit megadott volna, hogy kifújva magát végre elmerülhessen egy kád forró vízben néhány órára maga mögött hagyva mindent.

– Hidd el, nem ettek még embert. Legalábbis tudomásom szerint.

Matt próbálta oldani a korábban sosem tapasztalt, kettejük közt érezhető feszült légkört, valójában azonban az ő tekintete is némi aggodalmat rejtett. Talán a lány ragasztotta rá, talán túl váratlan és túl korai volt még ez mindkettejük számára.

Mint utólag kiderült, maga Suzanne King fejéből pattant ki a közös ebéd ötlete, aki Matt állítása szerint már szívesen megismerte volna a lányt. Lily Jane-nek valahogy nagyon nehezére esett elhinnie ezt a rideg, jégkék szempárt felidézve, amely mintha minden egyes alkalommal a lelkéig hatolt volna. Mégis reménykedett abban, hogy valami jó fog kisülni a dologból.

Az étterem valóban nem volt messze és meglehetősen takaros helynek tűnt, bár Lily Jane-nek az a benyomása támadt, talán kissé alulöltözött. Nem nevezte volna az éttermet puccosnak, de azért, ha előre tudta volna, hogy itt fog eltölteni néhány órát Suzanne King és a férje társaságában, valószínűleg nem egy egyszerű farmerre és egy sötétzöld garbóra esik a választása aznap reggel.

Miközben Matt befordult a parkolóba, Lily Jane már észrevette az óriási, fekete autó mellett várakozó Suzanne-t egy férfi oldalán, egy tizenéves, vastag keretű szemüveget viselő lány mellett, akiről Lily Jane mindjárt gondolta, hogy csakis Emma lehet. Csupán néhány pillanatra láthatta őket, amíg Matt piros autója elsuhant mellettük, de ez is elég volt ahhoz, hogy a gyomra egészen kicsire zsugorodjon és máris biztos volt abban, nagyon kell majd erőlködnie, hogy akár csak egyetlen falatot is leküzdjön a torkán.

Matt udvariasan kinyitotta Lily Jane előtt a kocsiajtót, majd egy bíztató puszit nyomott a homlokára. Közben a fiú családja ismét látótávolságon belülre került, ezúttal már feléjük közeledve. Suzanne King szokásához híven kissé kimérten mosolygott, a száján kívül valójában egyetlen arcizma sem rezdült. Hófehér, prémes szegélyű kabátot és elegáns szövetnadrágot, lábán pedig divatos, bőrhatású bokacsizmát viselt, amely már-már fájdalmasan ordított arról, milyen méregdrága is lehetett valójában.

A férje, Scott nem okozott túl nagy meglepetést, Lily Jane nagyjából pontosan ilyen férfit képzelt el Suzanne mellé, szemeibe nézve viszont valamiért mégis váratlan erővel árasztotta el valamiféle félelemhez hasonlatos érzés. Ha őszinte akart volna lenni, nem különösebben szimpatizált Matt édesapjának fürkésző tekintetével és a fiához hasonlatos, mégis sokkal inkább a gúnyosságra, mintsem az ártatlan pimaszságra hajazó, széles mosollyal az arcán. Sötét színű zakót és inget viselt, az elegáns megjelenésű házaspár társaságában pedig Lily Jane még a korábbinál is feszélyezettebben érezte magát egyszerű szerelésében.

– Ő pedig itt az én idegesítő hugicám, Emma – került sor végül a nagyjából Ava korú kislány bemutatására. Lily Jane számára talán ő volt az egyetlen kellemes meglepetés, Emma Jules-hoz hasonló, kedves, bájos és végre valahára őszintének tűnő mosolyt küldött felé, valamint szakadt farmernadrágja és laza pulcsija Lily Jane ruhaügyi feszélyezettségén is enyhített valamelyest.

Az étterem belülről is igazán szép volt, a mennyezetet színes lampionok díszítették, az asztalokon pedig gyönyörű, ízlésesen elrendezett virágok illatoztak. Matt az édesapjával csevegett valamiről, miközben egy hátsó saroknál lévő asztal felé vették az irányt, meglepően tudatosan.

– Csodaszép ez a hely – pillantott körül Lily Jane helyet foglalva és megkísérelt egy kedves mosolyt intézni Suzanne felé, aki cserébe változatlan arckifejezéssel szinte észrevehetetlenül aprót bólintott. A lány attól tartott, talán képtelen lesz Matt szüleivel bármiről is beszélgetni, hiszen annyira mások voltak, mint ő. Arra gondolt, korábban mennyi mindent megadott volna akár néhány percért is, amit ennek a magával ragadó, mégis kissé már félelmet keltően tekintélyt sugárzó hölgynek a társaságában tölthet. Ezúttal viszont már más volt a helyzet. Az elegáns megjelenésű ihletforrás mögötti tartalom valamiért egészen más benyomást és érzéseket keltett a lányban, mint azt valaha gondolta volna.

– Szóval egy valódi tervezővel van dolgunk – szólt a bemutatkozás óta először Lily Jane-hez Scott, Matt édesapja, miközben kényelmesen hátradőlt székében

– Otthon már lassan többet lehet hallani rólad, mint Matt csinos kis gazdasági matek tanárnőjéről, ami azért nagy szó.

– Apa! – vágott közbe a fiú nevetve – Ez nem is igaz, ne higgy neki! Mindig ezt csinálja a lányok előtt.

Lily Jane szívébe váratlanul valami furcsa, korábban soha nem tapasztalt érzés nyilallt. A gazdasági matektanárnő említése sokkal viccesebbnek tűnt, semmint az, ahogy Matt általánosságba hozta őt az előző barátnőivel. Valamiért ez az egyetlen kijelentés Lily Jane már addigi kevés kedvét is elvette az egész ebédtől, hamarosan azon kapta magát, hogy legszívesebben egyszerűen felállna az asztaltól és kisétálna az ajtón. Ezt viszont nem tehette, már csak azért sem, mert időközben megérkezett a pincér és a lány meglepetésére csak számára készült étlappal, Matt-el és Scott-al kezet fogva pedig vidám cseverészésbe kezdett a családdal.

– A szokásosat mindenkinek? Vagy ma kirúgtok a hámból? – nevetgélt, Lily Jane pedig kissé értetlenül figyelte a jelenetet.

– Én az újfajta steaket kóstolnám meg, ha már ilyen csodálatos ötlete támadt a kedves feleségemnek. Mindig az ő fejéből pattannak ki a legjobb ötletek, ez hogy lehetséges egyáltalán?

– Én is olyat kérek, ha már hetek óta ezt hallgatom otthon – vágott édesapja szavába Matt – Komolyan, Lily Jane, el sem tudod képzelni, mennyit tudnak ezek beszélni egy darab húsról.

– Na, de milyen csodálatos darab húsról! Ha rám hallgatsz, adsz neki egy esélyt, Lily Jane.

Scott javaslatára bizonytalanul bólintott a lány, mire a pincér kedvesen mosolyogva elvette tőle az étlapot. Lily Jane elképesztően kínosan érezte magát, egyrészt, mert fogalma sem volt, miről van szó, másrészt pedig, mert az egész helyzet olyan megszokottnak, szinte már begyakorlott rutinnak tűnt számára, hogy Matt lányokról tett megjegyzése után az egész olyan hatást keltett, mintha ő lenne a következő, éppen aktuális alany a barátnők folytonosan változó futószalagján. Most először merült fel benne a gondolat, hogy talán Will-nek és Natashának mégiscsak igaza lehetett.

– Gondolom akkor… ti gyakran jártok ide – törte meg a pincér távozása után beállt csendet a lány, mire Scott kissé furcsa pillantást vetett rá, majd Matt-hez fordult.

– Te most komolyan nem mondtad neki?

– Lehetséges, hogy elfeledkeztem róla. Viszont megdicsérte a helyet anélkül, hogy tudta volna, szóval…

– Jó fogás, az biztos! – kiáltott fel Scott, nevetése az egész éttermet bezengte.

– Mit nem mondtál el nekem? – kérdezte Lily Jane, aki legszívesebben már nem csupán az étteremből, de az egész világból kiszaladt volna.

– Ez a mi éttermünk – felelte a fiú – Igazából azt hittem, tudod.

– Honnan tudtam volna?

– Ha mégsem ízlene a steak, nyugodtan szólj majd és választasz helyette valami mást. Elég egzotikus fűszerezésű.

Ez volt az első alkalom, hogy Suzanne csak és kizárólag a lányhoz intézte szavait, hanglejtése pedig meglepően kedves volt. Talán megérezte, hogy feszengésének következtében hasonlóan kezd dobolni lábával az asztal alatt, mint néhány perccel azelőtt a kocsiban tette útközben. Lily Jane hirtelen elképesztően hálás volt ezért és az apró kedves gesztus máris segített neki felengedni kissé.

– Meséljetek nekem egy kicsit az idei bemutatóról, ha már emiatt alig látom otthon a kedves feleségemet! Ezúttal is ugyanolyan unalmas jéghercegnők fognak rohangálni azon a színpadon, vagy lesz végre valami érdekes is, amiért megéri elmenni?

– Sosem ugyanolyanok a ruhák – sóhajtotta unottan Suzanne – Nyilván a fehér a meghatározó szín egy téli kollekció során, de attól, mert nem értesz hozzá, még nem lesz valami unalmas.

– Igen, drágám, biztosan igazad van – Scott gúnyos vigyora visszatért, Lily Jane pedig ezúttal szíve szerint már megütötte volna – Azért szokott szegény Emma is ásítozni mellettem a végére, mert egy óriási élmény az egész.

– Hé! Ez nem is igaz!

– Tavaly is majd' bekaptad a fejem és megkérdezted, hogy mikor lesz már vége!

– Csak azért, mert… előző este egész éjjel sorozatot néztem – Emma vékony hangja és bájos arcocskája Ava-ra emlékeztette Lily Jane-t, amitől önkéntelenül is elmosolyodott – Én szeretem Anyu bemutatóit. Tényleg. Főleg a legutolsó ruhákat. Mindig a legutolsó a legszebb.

– Képzeld, ezúttal Lily Jane fogja viselni az utolsót – szólalt meg Matt az asztal alatt megfogva a lány kezét.

– Tényleg?

– Igen. Will Spencer tervezte, a legjobb barátom. Ha minden jól alakul, hamarosan az én terveim is felhasználásra kerülnek.

– Ez igazán figyelemre méltó. Kíváncsian várom, milyen ruhában láthatunk majd – ismét Scott vette át a szót, pedig Lily Jane már abban reménykedett, hátha folytathat a gúnyolódás helyett egy kedves csevejt Matt kishúgával – Egyébként igazatok van, a téli bemutató még egészen szórakoztató szokott lenni. Képzeld, Lily Jane, egyszer el kellett kísérnem Suzanne-t egy olyan rendezvényre, ahol farmerokat mutattak be. Farmerokat, édes istenem! Azóta is várom, hogy valaki megmagyarázza nekem, mi a különbség farmer és farmer között.

– Ami azt illeti, elég sok minden – kezdte volna Suzanne, de a férje ismét közbevágott.

– Mind ugyanolyan. Kék, vagy fekete és a térdén ki van szakadva – nevetett, majd Lily Jane-re mutatott kezével – Miért, rajtad például most nem pontosan ugyanilyen van?

– Végülis de – viszonozta kínosan a férfi mosolyát – Csak az enyém nincs kiszakadva.

– Akkor biztosan nem térdeltél még eleget.

Lily Jane úgy érezte, a szíve talán megállt dobogni egy pillanatra. A férfi ismét olyan hangosan kezdett nevetni saját viccén, hogy a hangja talán még az éttermen kívülre is elhallatszott, Lily Jane pedig nem tudta eldönteni, hogy a megjegyzésen háborodott-e fel jobban, vagy saját viselkedésén, ugyanis kínjában, egy pillanatnyi gondolkodás nélkül viszonozta Scott nevetését, majd kissé elkomorodva meredt maga elé, amikor leesett neki, mit is mondott a férfi valójában. Ha addig maradt akár egy cseppnyi akarás is benne, hogy jó benyomást keltsen és megkedveltesse magát Matt szüleivel, az ebben a pillanatban egyszerre szertefoszlott és csak ült ott, feladva a küzdelmet, végleg beletörődve a megaláztatásba.

Talán még csak néhány percet töltött Scott Edwards társaságában, de a szíve mélyén kezdte őszintén gyűlölni őt. Nem csak egy újabb példaként szolgált az erősebbiknek mondott nemből, amely őt, mint nőt teljes mértékben semmibe nézte, de egy újabb lépéssel előrébb juttatta Lily Jane-t ahhoz, hogy úgy gondolja, őszintén utálja az összes létező, lélegző férfit a világon. Gyűlölte az édesapját, amiért magára hagyta a családját, gyűlölte a kávézó tulaja, Steve csípős megjegyzéseit, gyűlölte Dubois tekintetének tükrében csupán egy vonzó testnek érezni magát és gyűlölte ezt a vadidegent, Scott Edwards-ot, aki teljesen ismeretlenül úgy beszélt hozzá, mint egy utcalányhoz.

Ismét arra ugyangondolt, mint a bemutatóterem apró helyiségében üldögélve. Ő csak szerette volna megmutatni a világnak a gondolatait és tessék, mi lett belőle.

Nem csoda hát, hogy akármilyen egzotikus ízesítésű steak kevés volt ahhoz, hogy összeszedje magát és akárcsak egyetlen falatot is leszenvedjen a torkán. Lily Jane Monroe korábban sosem tapasztalt ilyen nyilvánvaló megkülönböztetést abból kifolyólag, hogy a gyengébbik nem képviseletében született erre a világra és azon a napon elhatározta, hogy igenis megmutatja a világnak azt a rengeteg erőt, amelyet talán pontosan azért tudott magáénak, mert nőnek született. Már csak azt kellett kitalálnia, hogyan fogja véghezvinni ezt.

18.

Egy nappal a divatbemutató előtt Natasha és Lily Jane szokásos módon a kávéfőző forró gőzáradatában izzadtak fáradt szemekkel, percenként az idegőrlően hangosan ketyegő faliórára pillantva. Valószerűtlenül óriási változásnak tűnt a néhány nappal azelőtti, vadul sminkelt, elképesztően drága ruhák forgatagából most ismét visszacsöppenni a megszokott hétköznapokba, de a bemutató iránt érzett izgalom szerencsére sikeresen túljuttatta a kávézói forgalmas munkanapon. Nagyon várta már a divatbemutatót, főleg annak tudatában, hogy édesanyja és Ava is megígérték, jelen lesznek élete első igazán nagy pillanatakor. Persze a szíve még mindig fájt kissé a főpróba napján történtek miatt, de a benne rejlő apró remény mégis minden problémát túlragyogott.

Nagyon sokat gondolt Matt-re, még az előző heteknél is többet. Azon tanakodott, vajon összeillenek-e ők egyáltalán, vajon nincs-e túlságosan széles, már-már áthidalhatatlan gát kettejük közt, amit drasztikusan eltérő családi hátterük okoz. Nagy fejtörést okozott neki ez a kérdés.

– Hogy felejthetted el megemlíteni, hogy a ti saját éttermetekben fogunk ebédelni? Hogy felejthetted el megemlíteni egyáltalán, hogy van egy saját éttermetek? – kérdezte a lány miután a szülők és Emma elhajtottak, ők pedig ismét ketten maradtak az étterem parkolójában.

– Ne haragudj, LJ, sajnálom! Tényleg azt hittem valamiért, hogy tudod.

– Persze, tudnom kellett volna, hiszen te egy valódi celebnek számítasz errefelé.

A munka közben feltámadó emlékek nem töltötték el túl kellemes érzésekkel, ez volt az első alkalom, hogy Matt-el összeszólalkoztak valamin és máris megkérdőjeleződött benne, hogy talán összeférhetetlenek különbözőségük miatt.

– Nem így értettem. Te is tudod, hogy nem így értettem. Mi a baj, LJ?

Matt várt néhány percet mielőtt elindult volna az autóval, mindketten kissé zaklatottan ültek egymás mellett. Lily Jane tisztában volt saját jellemével és nagyon félt, hogy a fiú hamarosan megismeri azt az énjét, amit korábban csak a családja előtt fedett fel. Minden erejére szüksége volt, hogy uralkodni tudjon magán, mély levegőket véve teljesen elfordította arcát Matt-től és magában számolva mély levegőket vett.

– Kérlek, ne csináld ezt! – nyúlt át a fiú a kezéért, hogy gyengéden megszorítsa azt, mire Lily Jane visszafordult felé és mélyen a szemébe nézett.

– Mit ne csináljak?

– Ne tégy úgy, mintha itt sem lennék!

A lány talán a fáradtságtól, talán a csalódottságtól, talán a továbbra is mélyen megbújó, elnyomásra kényszerült haragjától, de legszívesebben sírva borult volna a fiú nyakába. Matt úgy nézett rá, mint egy esdeklő kisfiú az édesanyjára, Lily Jane pedig lehunyva szemeit közelebb hajolt hozzá és érezte, ahogy a düh lassanként elhagyja testét.

– Nem akartam úgy tenni, mintha itt sem lennél – suttogta ezúttal már ő is bocsánatkérő hangsúllyal – Egy kicsit hosszú volt ez a nap, de nem szeretném rajtad levezetni.

– Sajnálom, ha valami rosszat mondtam, vagy valamivel megbántottalak. Olyan furcsán néztél rám ebéd közben, azt gondoltam, talán…

– Nem mondtál semmi rosszat, Matt – Lily Jane gyengéden megcsókolta a fiút és abban a pillanatban már semmi nem érdekelte. El akart menekülni az őket körülvevő világból abba a másik univerzumba, ahol csak ők voltak ketten, senki más. Már nem érdekelte a korábbi barátnőkről tett megjegyzés, sem Dubois bármiféle elmélete a vonzó nőkről, sem Scott gusztustalan beszólása. Az égvilágon semmi sem érdekelte, csak Matt ajkai és a testét átjáró, vibráló energia.

– Hé, LJ – szűrte a fogai közt Matt két csók között.

– Hm?

– Mit szólnál hozzá, ha ma az egész napot együtt töltenénk? Persze csak, ha van kedved.

Lily Jane még közelebb húzódott a fiúhoz, áthajolva az ülésen egész arcát Matt vállába fúrta.

– Bármihez van kedvem, amíg a közeledben lehetek, Matt Edwards – sóhajtotta fáradtan, Matt pedig beindította az autót és kifelé vette az irányt az étterem parkolójából.

A kávézó fullasztó levegője sem tudta kiverni Lily Jane fejéből az együtt töltött délután emlékképeit. Mosolygott, miközben tejet forralt, vigyorgott a sütemények kipakolása és a kávéfőző kitisztítása közben is.

Talán égi jelnek is vehették volna, hogy az elindulást követő percben szinte azonnal esni kezdett, a gyanúsan borult égből hulló esőcseppek pedig hamarosan egész délután át tartó heves viharrá nőtték ki magukat. Egyéb lehetőségek hiányában végül úgy döntöttek, Matt lakása felé veszik az irányt.

– Tudom, hogy nem egy álom randi, de mégis jobb, mint idekint ázni.

– Mi az, hogy álom randi, Matt? – nevetett fel a lány

– A lényeg, hogy együtt legyünk, az már teljesen lényegtelen, hogy hol és hogyan.

– Igazad lehet. Bár nekem valójában van egy álom randi elképzelésem.

Lily Jane kíváncsian pillantott a fiúra, miközben az ablaktörlő eszeveszett sebességgel törölte el a folyamatosan zuhogó esőt.

– Ki fogsz nevetni.

– Mondd már!

– Hát jól van – vonta meg a vállát vonakodva – Egészen kiskoromban találtam ki a dolgot. Biztosan ott voltam, amikor Anyu valami hülye, romantikus filmet nézett. Mindig is szerettem volna egy platós kocsin piknikezni egy lánnyal, aztán megvárni, míg besötétedik, bámulni a csillagokat és végezetül a szabad ég alatt aludni el együtt – mondta, majd gyorsan hozzátette – Tudom, bénán hangzik, de…

– Egyáltalán nem hangzik bénán.

A lánynak őszintén nehezére esett elhinnie, hogy a népszerű szívtipró álarc mögött valóban egy ilyen érzékeny lelkű fiú rejlik, a szíve pedig a hallottak hatására még az eddiginél is intenzívebben kezdett dobogni és alig tudta elrejteni mosolyát.

– Ne nevess ki! – kérte Matt, miközben ő maga is hangos nevetésben tört ki.

– Nem nevetlek ki, Matt, esküszöm. Nagyon tetszik az ötleted és remélem, egyszer megvalósíthatod majd.

Matt egyik kezét levéve a kormányról a lány keze felé nyúlt, majd elérve azt finoman megsimította és a sebváltóra helyezve cirógatni kezdte.

– Én veled szeretném megvalósítani.

Lily Jane erre már képtelen volt egyetlen szót is szólni. Alsó ajkába harapva próbált elvonatkoztatni a ténytől, milyen erőteljesen bizsereg sebváltóra helyezett kezének bőre pontosan ott, ahol a fiú ujjai hozzásimulnak.

Akkor először járt Matt kicsi, ám egészen takaros belvárosi albérletében, amit a szülei fizettek neki, mert sokkal közelebb volt az egyetem épületéhez, mint óriási, palotára emlékeztető házuk. A lánynak belépve ismét barátai jutottak eszébe, akik valószínűleg teljesen elképedtek volna a modern berendezés látványától és újabb rosszalló megjegyzéseket tettek volna, miszerint Matt a sztárok luxuséletének könnyedségét birtokolta. Talán így is volt, de Lily Jane abban a percben nem látott ebben semmi rosszat.

– Szóval ez az a bizonyos Matt Edwards-rezidencia – nézett körbe a lány a lakásban, amely ahhoz képest, hogy egy egyetemista fiú lakott benne, meglehetősen tisztának tűnt – Nem rossz itt egyedül?

– Igazából elég gyakran alszanak itt a srácok. Lewis már törzsvendégnek számít, de a többiek is sokszor átjönnek.

- Képzeld, a divatbemutató próbáján megismertem egy lányt, Angela-t, akinek a barátja egy James nevű fiú és azt mondta, jóban vagytok.

- Ó, igen – mosolyodott el a fiú – James már régóta nagyon jó barátom, Angela pedig általában vele szokott jönni a házibulikra. Szerintem kedvelni fogod őket.

Lily Jane a konyhában nézelődött éppen, amikor észrevette, hogy a tízedik emeleti konyhaablakból csodálatos kilátás nyílik a belvárosra.

– Ez aztán a panoráma!

– Ugye? Várj, amíg meglátod, milyen érzés tavasszal és nyáron reggelente az erkélyen üldögélve kávézni. Az is errefelé néz. Olyankor mindig megállapítom, hogy imádom Londont.

Lily Jane elmosolyodott Matt szavainak hallatán. Talán ez volt az első alkalom, amikor a fiú terveket szőtt vele, a szíve pedig újból lelkes ritmusra tévedt, miközben hasában pillangók ezrei kezdtek vad verdesésbe. Az ablak előtt állva lassan megfordult, hogy a fiú szemébe nézhessen, aki szokás szerint úgy pillantott rá, mintha ő lenne az egyetlen lány a világon. Lily Jane, bár nehezére esett bevallani, azt hitte, menten elolvad és eggyé válik a levegővel.

Matt lassan közelebb hajolt, mígnem ajakaik összeértek, majd elidőzve kicsit elmerült a lány szemeiben, mintha annak minden titkát meg akarta volna fejteni éppen. Lily Jane sohasem érzett még hasonlót. Különösen szaporán kezdte venni a levegőt, miközben egyfajta édes zsibbadás lett úrrá rajta. Semmit nem akart jobban, mint elveszni a fiú karjaiban és hirtelen úgy tetszett, a leghalványabb levegőréteg is túlságosan nagy távolság kettejük között.

– Gyorsabban, kislány, mert nagy a sor! – ébresztette fel ábrándjaiból Steve hangja Lily Jane-t, ami talán még sosem jött ennyire rosszkor, mint most. Magában szitkozódva megszaporázta mozdulatait és igyekezett tudomást sem venni a mellette szorgoskodó Natasháról, aki kérdő tekintettel figyelte látszólag fejben teljesen máshol járó barátnőjét.

– Ennyire jól sikerült az ebéd? – motyogta két kávé elkészítése között az ajkába harapó Lily Jane-re mosolyogva.

– Nem, igazából szörnyű volt – felelte nevetve, mire Natasha összevonta szemöldökét – De Matt Edwards... egyszerűen csodálatos. Felőlem akár zombi apokalipszis is jöhetne, akkor is én lennék a legboldogabb az egész világon.

– Ennek őszintén örülök. Igazán itt volt már az ideje.

– Annyira szeretem, Nat, hogy az már ijesztő!

– Elhiszem. Valójában nem sok ijesztőbb dolog van ennél a világon – bólintott a lány minden erejét összeszedve, hogy ne látsszon arcán és ne hallatszódjon szavain barátnője iránt érzett, mérhetetlen aggodalma – Megnyílni valaki előtt és a kezébe adni a szíved, hogy azt tegyen vele, amit csak akar... nem mindenki képes rá.

– Mégis annyira jó! Nem is értem, hogy tudtam eddig enélkül az érzés nélkül létezni. Tudod, Nat, olyan, mintha eddig valójában csak lélegeztem és sodródtam volna az árral, de most egyszerre felébredt az egész testem és végre élek. Nem csak egyszerűen életben vagyok, hanem élek!

– Nagy a különbség – sóhajtotta Natasha továbbra is csak halvány mosollyal az arcán. Őszintén örült, hogy végre valóban sugárzóan boldognak látta barátnőjét, de tudta, ez a fajta boldogság a legtörékenyebb az összes közül és borzasztóan félt attól, hogy egy csalódás még a korábbinál is mélyebbre küldheti a lányt lelkileg. Úgy döntött, megpróbálja kicsit kirángatni a rózsaszín ködből, amely egész lényét körüllengte és váratlanul témát váltott – Holnap lesz a megnyitója egy új klubnak a belvárosban. Elugorhatnánk a bemutató után megünnepelni a sikereteket. Azt mondják, nagyon menő hely lesz, Lewis-ék is oda készülnek.

Lily Jane felkapta a fejét Lewis nevének említésére, majd továbbra is töretlen mosollyal az arcán vonta meg vállát.

– Furcsa, Matt nem említette, hogy mennek. Mindenestre, majd meglátjuk, hogy alakul a bemutató. Ha valóban kasszasikerek leszünk Will-el, akkor semmi akadálya.

– Akkor ezt igennek veszem, mert én tudom, hogy így lesz – kacsintott Natasha, mire barátnője már-már lehetetlenül bájosan villantotta felé ismételten hófehér mosolyát.

Boldog volt. Ezúttal már végre őszintén boldog. Ez a boldogság pedig valósággal szárnyakat adott neki minden egyes mozdulatánál munka közben és másnap a bemutatóterem előtt állva, miközben lélekben felkészült rá, hogy szembenézzen legnagyobb álma valóra válásának első igazán nagy lehetőségével.

19.

Lily Jane-t ezúttal már egyáltalán nem érdekelte a tény, mennyire nem illett a többi modell közé. Miközben Jules ügyes kezei szorgosan dolgoztak arca minden apró részletén, úgy érezte, a gyomra borsószemnyi nagyságúra zsugorodott és bármi másra képtelen volt gondolni, mint, hogy néhány órán belül ki kell lépnie a tömeg elé és a lehető legkecsesebben végiglejtenie ruhájában a kifutón. A lány nagyokat nyelt, mintha csak valami megakadt volna a torkán, kezei pedig a verejtéktől néha lelecsúsztak a sminkasztallal szemben álló széken üldögélve annak kartámlájáról.

– Minden rendben lesz. Minden a lehető legnagyobb rendben lesz – kántálta Jules, akinek szavait megcáfoló intenzitással remegtek a sminkecsetek ujjai közt – Csodaszép vagy és tehetséges, hidd el nekem, hogy imádni fognak!

– Köszönöm, Jules! El sem tudod képzelni, mekkora szükségem van most erre. Ez a bemutató… nagyon sokat jelent nekem – sóhajtotta Lily Jane, majd egy újabb gombócot leküzdve torkán, hozzátette – Mindenki itt lesz, akit szeretek. Anyukám, a kishúgom, a barátaim és Matt is. Nagyon szeretném, ha büszkék lehetnének rám.

– Hiszen már most is azok, szóval emiatt nem kell aggódnod.

Jules-nak talán valóban igaza volt, de ő még nem ismerte teljes egészében a lány hátterének történetét. Bár ezt még magának sem szívesen vallotta be, Lily Jane a szíve mélyén az édesapjának is szeretett volna bizonyítani. Szerette volna megmutatni neki, mit is dobott el magától; szerette volna megmutatni, hogy nélküle is boldogul az életben, még ha olykor a fájdalomnak sikerül is felülkerekednie szívén. Lehunyta szemeit és a szék karfáját megszorítva próbálta minden önbizalmát és magába vetett hitét összeszedni.

– Ilyen gyönyörűt még soha életemben nem láttam – közölte Will, amint meglátta selyem köntösben üldögélő barátnőjét. Ő is borzasztóan ideges és feszült volt az este miatt, Lily Jane arcát megpillantva valahogy mégis különös nyugalom lett úrrá rajta, talán még néhány könnycsepp is csillogott szemeiben. Őszinte ámulattal bámult a lányra, akinek sminkje még a főpróbai verziónál is vadabbra sikeredett, gyönyörű hullámokba és fonatokba rendezett hajával kiegészítve pedig egyenesen elképesztő látványt nyújtott. Az éjszaka királynőjeként üldögélt székében és Will tekintetébe mélyülve valamiért különös megérzése támadt. A fiú szokatlanul érzékenynek tűnt, a szemében tükröződő könnycseppek pedig, mintha nem csak Lily Jane látványának szóltak volna.

– Minden rendben? – pattant fel székéből magához ölelve a fiút – Ennyire ideges vagy?

Will látszólag nagyon erőlködött, hogy összeszedje magát, majd Lily Jane szemébe nézve szomorúan elmosolyodott. Eleinte nem tudott megszólalni, végül szétnézve a sminkesektől és fodrászoktól nyüzsgő teremben, feszülten túrt a hajába.

– Bonyolult, LJ. Majd egyszer elmagyarázom.

– De, Will, miért nem mondod most? Látom, hogy valami nagyon bánt.

– Most nem ez a fontos – rázta a fejét ismét magához ölelve a lányt – Most az a fontos, hogy eszméletlenül óriásit fogunk alakítani. Gyönyörűek és tehetségesek vagyunk, mi baj történhet?

– A nagymamád a kedvenc emberem a világon – nevetett Lily Jane – Mondd, hogy eljön és megnézi a terved.

– Igen, itt lesz. Ő az egyetlen a családból, aki itt lesz.

Lily Jane-nek nagyot dobbant a szíve a kijelentés hallatán.

– Ez a baj?

A fiú a fejét rázta már-már fájdalmas nevetése kíséretében.

– Dehogy, hiszen már hozzászoktam. Apukád eljön?

– Igazából nem is hívtam.

Ahogy álltak ott ketten, kéz a kézben, ki-ki keservesen nevetve saját sorsán, valójában mindketten rájöttek, hogy talán pontosan életük tragédiái tartják ilyen szorosan össze őket. Hiszen ezáltal úgy képesek megérteni egymást, mint senki más a világon és ez adta nekik a lehetőséget arra, hogy képesek legyenek átsegíteni egymást még legnagyobb fájdalmaikon is. Lily Jane senki mással nem járta volna végig szívesebben ezt az akadályokkal és küzdelmekkel teli utat és Will továbbra is könnyáztatta szemeibe nézve biztos volt abban, az érzés kölcsönös.

– Na, gyere, te lány, vegyük fel azt a ruhát és mutassuk meg nekik, ki is az a Lily Jane Monroe valójában!

A ruha súlyosabb volt, mint amire a lány emlékezett. Dubois a háta mögött állva erőteljesen, már-már durván húzta meg a fűzőt; Lily Jane úgy érezte, az összes levegő egyszerre távozott tüdejéből. Igyekezett kihúzni magát, de a szoknya súlya folyamatos görnyedésre késztette és fogadni mert volna, hogy a fűző fojtó szorossága legalább öt centit levágott belőle deréktájban.

– Ezt vedd fel alá, kérlek! – nyomott a kezébe Dubois a ruha felvételét követően egy leheletnyi, fehér csipkeanyagot. Lily Jane értetlenül meredt a kezében tartott ruhadarabra, melyben széthajtogatva egy combfixre emlékeztető fehérneműt ismert fel.

– Hiszen óriási ez a szoknya, semmi sem fog látszani ebből.

– Vedd fel, LJ! – szólalt meg váratlanul Will, majd a lány mögé lépett, hogy rásegítse a brossal összeillesztett palástot – Ez a bross nagyon fontos eleme a bemutatónak. A hátulján lévő biztos tűt ki kell kapcsolnod, amint a színpad legelejéhez értél.

– Tessék? Will, miről beszélsz?

– Csak csináld! Mondtam, hogy lesz még egy kis meglepetésem számodra.

– Én nem akarok több meglepetést. Mondd el, hogy miről van szó! Kérlek, Will!

A lánynak egyáltalán nem tetszett a hirtelen forgatókönyv változás és egyre inkább kezdett kétségbeesni. Fogalma sem volt, miért lehet szükség a harisnyakötőre, a bross kikapcsolásáról szóló utasítást pedig már meg sem próbálta megérteni.

– Csak bízz bennem, LJ!

Will őszinte tekintete valamelyest megnyugtatta a lányt, fejben azonban folyamatosan újabb és újabb vad ötletei támadtak arról, vajon mi is fog történni a színpadon.

– Nagyot fogunk ütni. Érzem – kiáltotta lelkesen Dubois, miközben kisétált az ajtón, Will és Lily Jane pedig ismét kettesben maradtak. Őszintén remélték, hogy a divattervező igazat szólt, egymás kezét szorongatva, magukban imádkoztak a sikerért.

– El sem hiszem, hogy ez tényleg megtörténik.

Will szemei újból könnyektől csillogtak és olyan őszinte, érzelmektől csorduló tekintettel meredt barátnőjére, melytől Lily Jane torka is elnehezült kissé. A fiú pillantása teljesen másfajta ámulatot rejtett, mint Dubois, vagy éppen Matt szemei. Will nem, mint a vonzó nő által keltett báj éhesen sóvárgó rabja nézte őt, az ő szemeiben valódi tisztelet és mérhetetlen szeretet tükröződött; a lány tehetsége, kisugárzása, a tragédiákat szilajon viselő szíve, törhetetlen lelke és elképesztő céltudata iránti mély rajongás. Olyan átható érzelem volt ez, melyet puszta szavak talán nem is tudnának leírni, valójában pedig nem is volt szükség erre, hiszen a némán összefonódó tekintetek mindent elárultak.

– Fél óra és show time – sóhajtotta Lily Jane erőtlen hangon – Kérlek, ne felejts el majd, ha nagyon híres leszel!

– Miket beszélsz, te lány? Együtt leszünk híresek és felejtünk el mindenkit önző celebek módjára!

Egy utolsó, bemutató előtti, hosszú ölelésre maradt már csupán idő, ami szorosabbra és jelentőségteljesebbre sikeredett, mint azelőtt valaha. Lily Jane Will karjai közt őszintén biztonságban érezte magát és újból megszállta az a megmagyarázhatatlan nyugalom, amely folytonosan áradt a fiúból, még a legfeszültebb helyzetekben is.

Will a helyiségből kilépve a társtervezőkhöz sétált, míg Lily Jane-nek a másik irányba kellett indulnia, hogy csatlakozzon a többi modellhez. Mégis, talán valami, az idők során kialakult különös intuíció hatására mindketten hátrapillantottak egymásra még egyszer, utoljára.

Will halvány mosollyal az arcán kacsintott egyet, Lily Jane pedig magában mélyen elraktározta tekintetét és a karjaiban érzett biztonságot. Ez az érzés segítette aztán őt egész este, mígnem a színpad mögött várakozva, mély levegőket véve már csak percek választották el a várva várt pillanattól.

20.

– Hölgyeim és Uraim! Kedves Megjelentek! Végre eljött a várva várt nap, mint minden évben, idén is volt szerencsénk és lehetőségünk megrendezni decemberi divatbemutatónkat, amely az utolsó bemutató az évben, ezért természetesen nagyon fontos számunkra. Ezúttal több kolléga tehetségét és ötleteit is segítségül vettem, köztük a debütáló, szemtelenül fiatal és talán még fiatalságánál is felháborítóbban tehetséges Will Spencer-t. A kollekció meghatározó ihletét a tél színei adták, Mr. Spencer azonban egy egészen különleges perspektívában közelítette meg a dolgot, amelyet az ő tervei alapján készített, utolsóként bemutatott ruha szemléltet majd – Dubois hangszórókból szóló nyitóbeszéde az egész termet betöltötte. Az emberek tűkön ülve várták a bemutató kezdetét, miközben a tervező felsorolta társtervezőit és a bemutatót támogató cégek neveit – A modellek sminkjét és frizuráit természetesen ezúttal is hálásan köszönjük Suzanne King-nek és csapatának, akik szokás szerint eszméletlenül profi munkát végeztek. Emellett köszönet illeti kedves férjét, Scott Edwards-ot és vállalatát, amely jelentős anyagi támogatást nyújtott bemutatónk kivitelezéséhez – a tömeg tapsvihart zengett a házaspárnak, így Dubois rövid hatásszünetre kényszerült – Nem is húznám tovább az időt, ezennel megnyitom az idei év utolsó bemutatóját! Íme a téli kollekció!

A színpad elsötétült Dubois távozása után, majd a pillanat törtrésze alatt váratlanul újból színes fényárba borult. A tömegben már a modellek feltűnése előtt is vakuk villantak, a fotósok igyekeztek minél közelebb férkőzni és a megjelent híresSégekről, tervezőkről, vagy éppen a bemutatót támogató Edwards-házaspárról készítettek képeket.

A közönség több csoportra oszlott. A VIP tagok a színpad körüli ülőhelyeken élvezhették a bemutatót, míg a civil vendégek és az újságírók többsége kissé távolabb kapott helyet.

A színpad előtt egy hatalmas ventilátort helyeztek el, amely az első modell megjelenésekor azonnal működésbe lépett. Hasonlóan az őt követőkhöz, lágy esésű, hófehér szoknyát viselt, amely a színpad elejéhez érve aztán fellibbent az enyhe szellőt keltő ventilátor hatására. A modellek mind gyönyörűek és makulátlanok voltak, amint porcelánbabák módjára lebegtek végig a kifutón, csak egyetlen lány akadt a színfalak mögött, akinek inába szállt kissé a bátorsága.

Lily Jane előtt már nem voltak hátra sokan, kezeit tördelve próbált mély levegőket venni, miközben halvány mosollyal fogadta a már színpadról visszatérő modellek biztatásait. A lány továbbra is idegennek érezte magát köztük, ez azonban már egy sokkal összetettebb érzés volt a korábbinál. A tükörbe nézve egy ismeretlen arc pillantott vissza rá, amely azt éreztette vele, nem ugyanaz már, mint aki volt, viszont a porcelánlányok tömegében sem érezte magát odavalónak. Őszintén tanakodni kezdett, vajon hová is tartozik ő valójában.

– Gyere, Lily Jane, nemsokára te következel – szólt neki egy háttérmunkás, mire a lány szíve azonnal a torkába ugrott. A hófehér és világoskék ruhában tündöklő lányok közt egy valódi démonnak tűnt éjfekete estélyiében és a színpad felé vezető ajtóhoz libegve, fejben gyorsan végigpörgette, mit is kell tennie pontosan. Valójában nem volt bonyolult a feladat, ezzel ő is tisztában volt, hiszen csak végig kellett vonulnia, majd a ventilátorhoz érve kikapcsolnia a palástját összefogó brosst, mégis különösen megugorhatatlannak tűnt hirtelen az előtte álló kihívás. A lábaira húzott, csipkés harisnya lágy anyaga kellemesen bizsergette alsó végtagjait, azonban továbbra is elképesztően bosszantotta, hogy fogalma sem volt róla, mi szükség lehet rájuk a terebélyes, szinte az egész színpadot megtöltő, monumentális szoknya alatt. Már csak néhány perc választotta el attól, hogy végre megtudja.

– Indulhatsz! – szóltak rá elhúzva előtte a színfalakat elrejtő függönyt, mire azonnal elvakította az odakintről áradó, színes fénytenger.

Lily Jane testét korábban sosem érzett bizsergés töltötte meg. Eljött hát az ő ideje. Az édesanyjára gondolt és Ava-ra, akik a közönség sorai közt valószínűleg csillogó szemekkel üldögéltek és Will-re gondolt, aki minden bizonnyal remegő kezekkel várta a bemutató végét és Matt-re gondolt. Arra, ahogyan a fiúval átéltek puszta emlékeinek hatására szaporábban ver a szíve és Natashára gondolt, aki úgy fogja ünnepelni őket a bemutató végeztével, mintha a világ legnagyobb sztárjaivá váltak volna hirtelenjében.

És az édesapjára gondolt. Mindarra a törődésre, amit sosem kapott meg tőle, arra a szeretetre, ami mindig is hiányzott az életéből és arra az érzésre, amely aljas módon férkőzte be magát a lány tudatába és minden pillanatban azt suttogta a fülébe, sosem lesz elég jó.

Talán pontosan ez volt az utolsó löket, amely Lily Jane lábait előre indította a színpadon, a lány fejét felemelve, nem csupán éjkirálynő látszatát keltve, de annak is érezve magát vonult végig a színpadon, miközben a közönség némán, lélegzet visszafojtva figyelte őt. Ha valamiben, abban, mindenki biztos lehetett, hogy rendesen feladta az újságírók számára a leckét, mert szavakkal nagyon nehezen lehetett volna leírni, mennyire gyönyörű is volt valójában. Ébenfekete ruhája szinte fekete füstként suhant háta mögött, a rajta ragyogó kövek pedig az éjszaka csillagos égboltjává varázsolták a színpad minden egyes pontját.

Ez a megmagyarázhatatlan csoda viszont nem pusztán a ruha érdeme volt. A lány arcán a többi modelltől eltérően érzelmek milliói tükröződtek vissza a rávetülő fények áradatában; Lily Jane egyszerre volt dühös és tekintélyt parancsoló harcos, valamint bájos, szerelmes tekintetű, már-már elérzékenyült, fiatal lány. Mindezt pedig egy hibátlan porcelánbaba makulátlan álarcába burkolva.

A színpad elejét elérve már egyáltalán nem aggódott, még az sem zavarta, hogy a tömegből valaki felállt a helyéről és néhány fokozattal erősebbre állította a ventillátort. Will utasításait követve, távolba révedő, megingathatatlan tekintettel nyúlt a brossért, majd egyetlen, határozott mozdulattal kikapcsolta azt.

A bross halk csattanás kíséretében hullt a földre, miközben apró darabokra tört, felfedve a belsejében rejlő, ezüstösen ragyogó csillámport, amely a ventilátor hatására az egész színpadot beterítette. Ez azonban még csak a kezdet volt. A bross által rögzített, súlyos palást ugyanis szintén a földre hullt, magával rántva Lily Jane ruhájának felső rétegét, világossá téve végre, miért is volt olyan fullasztóan nehéz valójában.

Merthogy az ébenfekete ruha alatt egy hófehér, ezüst strasszokkal borított újabb ruha rejtőzött, amelynek szoknyarésze hátul selymes fátyolként szállt a lány mögött, elöl pedig felfedte Lily Jane lábait a rajtuk simuló, csipkés fehérneművel együtt. A palást alól szintén fehér fátyolanyag bukkant elő, amely a ventilátor keltette szellőben úgy lebegett a lány mögött, mintha valóságos angyalszárnyai nőttek volna.

Lily Jane teljesen elámult, az őt körülvevő csillámpor felé emelte ujjait, mintha csak meg akarná érinteni őket, az arcán pedig a meglepetést követően őszinte, bámulattal teli mosoly terült szét. Abban a pillanatban értette meg Will titkolózását. Hiszen ez az őszinte, csillogó, meglepettséggel és káprázattal teli tekintet sokkal hatásosabbá tette az egészet, mintha rezdületlen porcelánbabaként vitte volna véghez a rábízott feladatot. A lány gyönyörű volt, démonból vált angyalként fordult meg, hogy elsétáljon, valójában viszont pontosan ártatlan döbbenete és érzelmekkel teli lelkét tükröző arca tette őt az összes márványszobor közül a legfelejthetetlenebbé.

A hófehér angyal távozását követően még sokáig döbbent csend honolt a közönség sorai között, majd a tömeg egy emberként állt fel óriási tapsviharban törve ki. Dubois azonnal felpattant a helyéről és Will-t a színpadra szólítva még nagyobb tapsot kért számára. A fiú leírhatatlanul boldog volt. Kezét a szívére tette, könnyei pedig patakként folytak az arcán.

Közben a színfalak mögött is óriási üdvrivalgás fogadta az érkező Lily Jane-t, a modellek elismerően bólogattak és úgy ölelték magukhoz, mintha régi barátnőjük lenne. Közöttük aztán váratlanul egy ismerős arc jelent meg, hogy a nyakába ugorhasson.

– Gyönyörű vagy! – ölelte át a plus size modell, Angela, aki mellett váratlanul Jules mosolygó arca tűnt fel.

– El sem hiszem, hogy ez tényleg megtörtént. Olyan voltál, mint egy földre szállt angyal.

Jules meglepő módon szintén kissé elérzékenyülve borult a lány nyakába, aki azonban már mindennél jobban szeretett volna kimenni a közönséghez, hogy üdvözölhesse szeretteit.

– Át kell öltöznöm, vagy kimehetek így? – pillantott körbe a lány, mire Jules legyintve törölgette szemeit.

– Menj csak! Hiszen te vagy az est sztárja, megérdemled, hogy mindenki körülugráljon!

Lily Jane-nek nem kellett több, a színfalak mögül kivezető folyosó felé vette az irányt, aminek végére érve a könnyektől áztatott arcú Will-be botlott.

– Egy zseni vagy, Will! Egy valódi zseni! – borult azonnal a fiú nyakába, Will pedig szorosan húzta őt magához, miközben arcát Lily Jane vállába fúrta. Kissé szipogva beszélt, látszólag nagyon nehezére esett összeszednie magát.

– Annyira csodálatos voltál, LJ! Sosem láttam még ilyen szépet. Amint megláttalak, úgy elkezdtem bőgni, mint egy csecsemő.

– A te érdemed, Will.

– Ez nem igaz – rázta a fejét határozottan a fiú – Nem a ruha volt gyönyörű, hanem te. A kisugárzásod, az egész lényed. Egy csoda vagy, LJ és egyáltalán nem vagy tudatában ennek.

Lily Jane érezte, az ő szemeit is kezdik elborítani a könnyek, kissé eltávolodott a fiútól és úgy fogta kezei közé arcát, mintha egy kisfiúhoz beszélne.

– Te vagy a legtehetségesebb és legszeretetreméltóbb ember az egész világon, Will Spencer és őszintén mondom, hogy a szüleid sosem érdemelték meg, hogy olyan csodás gyerekük legyen, mint amilyen te vagy – Lily Jane szavai hallatán Will ismét könnyekben tört ki, majd a lány szélesen mosolyogva hozzátette – Gyere, keressük meg a nagymamádat, mert alig várom, hogy megismerhessem!

Az óriási tömeg legnagyobb örömükre feloszlott kissé, mire kiértek a színfalak mögül. Az érdeklődők már távozóban voltak, az újságírók pedig odakint várakoztak a tervezőkre és a modellekre, hogy interjút készíthessenek velük. Lily Jane egészen hamar észrevette édesanyját és a kezét szorongató Ava-t.

– Hát itt vagytok! – szaladt feléjük, már amennyire magas sarkú cipője és a lábain feszülő, csipkés harisnyája engedte – Attól féltem, nem foglak megtalálni titeket.

Lily Jane édesanyja lányát megpillantva egy szót sem szólt, némán ölelte magához és úgy szorította, mint a legértékesebb kincset a világon. Karjaiban végre teljesen felengedve, a lány újra biztonságban és otthon érezte magát az agyonsminkelt arcok és finom selyemanyagok keserédes világa után. Nem volt szükség szavakra, édesanyja arca mély büszkeségről árulkodott.

– Amikor először megláttalak, – szólt, miután sikerült kissé összeszednie magát – egy kicsit megijedtem, mert annyira… más volt, mint amilyen te vagy. De aztán… még ebből a teljesen másból is végül ki tudtad hozni önmagadat. Elképesztően gyönyörű vagy, kicsim!

– Mint egy hercegnő – tette hozzá Ava átölelve nővére derekát – Ez a fehér ruha sokkal jobb, a másik túl fekete volt.

– Túl fekete? – nevetett fel Lily Jane összeborzolva kishúga haját. Miközben lehajolt, hogy puszit nyomjon a homlokára váratlanul egy kéz ragadta meg a vállát, majd ujjongó kiáltozás kíséretében Natasha ugrott a nyakába.

– Azonnal gyere ide, te démoni angyal! Elképesztő voltál, tudsz róla?

– Natasha, mindjárt megfulladok, ne szoríts ennyire!

– Az a lényeg, te dilis! Megöl az irigység a gyönyörű arcodat látva – Natasha barátnőjét elengedve továbbra is hitetlenül mosolygott – Mondd, hogyan lehetséges, hogy nem vagytok még világsztárok? A tv tele van baromságokkal, miközben ti Will-el maga vagytok a megtestesült művészet. És az a combfix… – hajolt közelebb cinkosan suttogva – nagyon szexi vagy, kisanyám!

Lily Jane hangosan nevetett fel Natasha szavai hallatán, majd ismét magához ölelte őt, miközben észrevette, hogy Will nagymamáját megtalálva ismét könnyekkel küszködve beszélget.

– Nagyon örülök, hogy eljöttél, Natasha! Ez rengeteget jelent nekünk – suttogta ezúttal ő, majd elengedve a lányt hozzátette – Itt maradnál Anyuékkal, légy szíves, amíg köszönök Will nagymamájának?

– Persze. De később én is szívesen bemutatkoznék. Jól jönne néhány nagymama-féle tanács az élet nagy dolgaival kapcsolatban.

Lily Jane nyugodt szívvel, széles mosollyal az arcán hagyta hátra néhány percre barátnőjét családjával és Will-hez, illetve a nagymamájához lépdelt.

– Engedd meg, hogy bemutassam az én drága múzsámat, Lily Jane Monroe-t!

– Nagyon örülök, Mrs. Spencer!

– Én is örülök, kedvesem! Szólíts csak nyugodtan Margaret-nek! Annyira csodálatos voltál, még annál is szebb vagy, mint ahogy elképzeltelek. Will már nagyon sokat mesélt rólad.

A fiú nagymamája bájos kisugárzású, idős hölgy volt, akiről valóban sütött, hogy a divat megszállottja. Mélypiros kosztümöt és színben tökéletesen hozzáillő rúzst, valamint fekete lakktáskát és körömcipőt viselt. Ősz haját elegáns kontyba tűzte; kellemes, édeskés parfümillatot árasztott. Lily Jane számára azt a látszatot keltette, mintha a történelmi idők egyik legnagyobb divatikonjával lenne dolga, vagy mintha éppen most lépett volna ki egy 70-es évekbeli divatlap főcímlapjáról.

– Én is sokat hallottam már a csodálatos nagymamáról, aki fiatalokat meghazudtoló módon ért a divathoz.

– A stílusosság nagy ajándék, drágaságaim. Hiszen még a legszörnyűbb napot is csodaszéppé varázsolhatja, ha meglátva magadat a tükörben megállapítod, mennyire jól nézel ki aznap. Illetve aznap is.

Mindhárman felnevettek a kijelentésre és Lily Jane őszintén örült, amiért végre alkalma nyílt személyesen is tapasztalni a nagymama bölcsességeit. Mosolyogva csevegett vele, az idős hölgy társaságában meglepően kellemesen érezte magát és valahogy elfogta a vágy, hogy minden tudását és divat iránti szenvedélyét magába szippanthassa. Viszont nem maradhatott túl sokáig, mert a szíve szaporább ütemre kapcsolva jelezte, hogy van még egy ember, akit meg kell keresnie a teremben.

– Lily Jane! Will! Tudnátok jönni egy pillanatra? Edwards-ék beszélni szeretnének veletek.

Dubois telibe találta a szöget, Lily Jane a név hallatán akaratlanul is elmosolyodott és a nagymamától elköszönve, dübörgő szívveréssel indult Edwards-ék felé. Suzanne és Scott továbbra is a helyeiken ültek a színpad előtti első sorban. Suzanne egy füzetbe irkált valamit, Scott pedig elmélyülten telefonált, miközben Emma mosolyogva intett a lány felé. Lily Jane meglepetten tapasztalta, hogy a közönség sorai közt számukra saját, névvel ellátott székeket helyeztek el, a szíve pedig talán ki is hagyott egy ütemet, amikor meglátta, hogy a négy szék közül valójában csak három foglalt. Matt széke üresen állt.

– Úgy néz ki, tovább maradok Londonban, mint azt gondoltam volna. Scott vállalata lesz az elsődleges támogató a tavaszi kollekció bemutatása során is és mind szeretnénk, ha több terved is megjelenne, Will. A későbbiekben, nyár elején akár a saját kollekciódat is bemutathatod. Odáig voltak a ruháért, ha itt végeztetek, odakint várnak titeket az újságírók.

– Pontosan – vette át a szót Dubois-tól Suzanne – Gratulálok a munkádhoz, Will! Valóban nagyon tehetséges vagy.

– Igazán köszönöm!

– Te pedig – fordult ezúttal Lily Jane-hez, aki viszont továbbra is kétségbeesetten pillantgatott Matt székének irányába – szeretném, ha a tavaszi bemutatón is erősítenéd a modellcsapatot. Akár több ruhát is bemutathatsz, elég nagy sikered volt, ahogy egy-két embertől hallottam.

Lily Jane legszívesebben ott helyben elsüllyedt volna csalódottságában. Hiszen arról volt szó, hogy ez csak egy kezdeti lépés, eszébe sem jutott, hogy több bemutatón is modellként vegyen részt. Suzanne King rideg szemeibe pillantva azonban képtelen lett volna nemet mondani.

Matt üres székének látványa ordított gondolatai közt, miközben kezdett egyre növekvő gombócot érezni a torkában.

– Matt merre van? – kérdezte, amikor már képtelen volt uralkodni magán. Suzanne kissé meglepetten pillantott fel jegyzetei közül, majd vállát megrántva folytatta az irkálást.

– Nem tudott eljönni. Valami közbejött neki. Azt hittem, szólt neked.

Lily Jane úgy érezte magát, mintha arcon ütötték volna. Ajkai lezsibbadtak, még pislogni is nehezére esett, az pedig eszébe sem jutott, hogy Will-re pillantson. Eltűnt az idő és eltűnt a tér, miközben mindent kezdett elborítani a csalódás okozta sötétség.

– Ezt nem hiszem el – suttogta Will elcsukló hangon. A lány eleinte azt gondolta, Matt okozta nemtetszésének ad hangot, abban a pillanatban azonban az elszórtan beszélgető emberek között egy ismerős arcra lett figyelmes. Lily Jane eleinte nem volt biztos abban, honnan is ismerős neki a fiú arca,

majd egyszeriben villámcsapásként érte a felismerés
– Hát eljött.

Peter volt az, Will szendvicsbáros főnökének a fia.
Lily Jane értetlenül figyelte a fiú szemében újból
megjelenő csillogást, miközben elnézést kérve
Dubois-tól hosszú léptekkel távozott és odaérve
magához ölelte Peter-t. A lány még ahhoz is
túlságosan csalódott volt, hogy ezen megdöbbenjen,
úgy álldogált ott, mint, aki szellemet látott. Már nem
tudott örülni a bemutató varázslatos kimenetelének
és abban a pillanatban valahogy a siker sem tűnt
olyan édesnek már. Az egész egyetlen pillanat alatt
semmivé lett, mert az ember, akivel a
legszívesebben szerette volna megosztani örömét,
nem volt jelen.

Lassan, vánszorgásra emlékeztető mozdulatokkal
visszasétált édesanyjához, ahol Natasha továbbra is
csillapíthatatlan lelkesedéssel fogadta őt.

– Menjünk ünnepelni! Szólj Will-nek és induljunk,
már vár minket az a menő klub!

– Ne haragudj, Nat, de azt hiszem, én ezt most
kihagyom.

Natasha barátnője arcán felismerve a csalódottságot,
aggódva kezdte fürkészni szemeit.

– Mi a baj, LJ?

Lily Jane-nek még kimondania is nehezére esett a
dolgot, de végül belátta, hogy nincs más választása
és vállát megvonva, mintha semmit sem jelentene a
dolog, közölte.

– Matt nem jött el.

Natasha teljesen ledöbbent.

– Micsoda? De hát azt ígérte, itt lesz, nem?

– De igen. Én is azt hittem.

Az édesanyja és Natasha szomorú pillantást váltottak, majd a lány szorosan magához húzva barátnőjét megkísérelte visszahozni a néhány perccel azelőtti hangulatot.

– Nem szabad hagynod, hogy ez elrontsa a kedved egy ilyen este után. Már csak azért is jól kell érezned magad, Lily Jane. Ez a te estéd. Ez ma rólad szól és nem róla.

– Sajnálom, Nat – rázta a fejét – Haza szeretnék menni Anyuékkal, de ti menjetek nyugodtan és érezzétek nagyon jól magatokat.

– Biztos ez? Szerintem sokkal jobb lenne, ha…

– Teljesen biztos, Nat. Nagyon szeretlek titeket! Majd meséljétek el, milyen volt. Én rendben leszek.

Lily Jane szerette volna komolyan gondolni szavait, de egyáltalán nem volt biztos abban, vajon rendben lesz-e. Eszébe jutott, hogy felhívja Matt-et, de valamiért képtelen volt rávenni magát, hogy akár csak egyetlen szót is szóljon a fiúhoz. Emellett pedig telefonjának óriási feketeséget jelző kijelzője, akárcsak egy égi jel, az akkumulátor teljes lemerülését jelezte. A szívében rejlő csalódottság rémisztően hasonlított ahhoz az érzéshez, amit az édesapja okozott számára túlságosan sokszor az idők során, ez pedig egyáltalán nem tetszett neki.

Hazafelé, a vonaton ülve, fejét édesanyja vállán pihentetve azonban a hetek óta tartó feszültség végre megajándékozta néhány órányi tudatlansággal. Az álma mégsem volt olyan békés, mint arról ellazult arca árulkodott. A világot maga mögött hagyva, továbbra is egyetlen dolog járt az eszében, ami szomorúvá és egészen nyomottá varázsolta szívének addigi lelkes, szapora ütemét. Lehunyt szemei alatt pedig, mintha valami belső hang folytonosan újra és újra emlékeztette volna őt, nyugtalanná téve békésnek látszó álmát. Matt nem jött el.

21.

Talán valami különös megérzés, talán valami belső sugallat lehetett a bűnös, ám Lily Jane kimerültsége ellenére egész éjjel csak forgolódott. Valamiért nem találta helyét az ágyban, borzasztóan nyugtalanul aludt, reggel pedig szokatlanul korán pattant ki a szeme.

Nem volt kellemes az ébredés. Amint kinyitotta szemeit, szíven ütötte a felismerés, mi is történt előző nap és egyetlen kívánsága volt, hogy még néhány órára öntudatlan állapotba kerülhessen. Erre azonban esélye sem nyílt, hiába feküdt lehunyt szemekkel várva a megváltást jelentő elalvást; az agya ezerrel pörgött lehetetlenné téve, hogy akár egyetlen további pillanatra is visszasüllyedhessen álmainak biztonságot jelentő menedékébe.

A konyhába vánszorgott, hogy kávét főzzön, majd a telefonjáért indult a nappaliba, hogy levegye a töltőről miután előző éjjel teljesen lemerült. A bekapcsolást követően a mobil elég lassan akart csak életre kelni, végül miután magához tért téli álmából, Lily Jane meglepetten tapasztalta, hogy öt darab nem fogadott hívása volt ugyanattól a személytől. Matt nevét olvasva a kijelzőn a gyomra egészen apróra zsugorodott és hirtelen még a kávétól is elment a kedve. A fiú nevének láttán valamiért nagyon kellemetlen előérzete támadt, elhatározta hát, hogy pamut köntösét felkapva, bakancsába lépve kimegy, és az erkélyről hívja vissza őt.

Az aprócska erkélyre érve azonban ismét hívást jelzett a telefon, a kijelzőn viszont ezúttal Natasha neve villogott.

– Ilyen korán keltél? Azt hittem, hajnalig buliztok a menő klub megnyitóján.

A lány meg sem várta, hogy Lily Jane befejezze mondatát, azonnal közbevágott, a hangja pedig egyszerre volt dühös és aggódó.

– Matt kórházban van – közölte mindenféle bevezető nélkül.

Csend. Némaság. Lily Jane lélegzetvétele megállt, talán még a szíve is kihagyott egy ütemet. Három szó, három olyan súlyos szó, melynek hallatán a világ megállt forogni, az idő lelassult, a levegő megfagyott, miközben a lány a folytatást várta.

– Tegnap a klubban verekedés tört ki közte és egy másik srác között. Nem tudom pontosan, mi történt, de azt mondták, eltört a keze. Én nem láttam az egészből semmit, már csak arra lettem figyelmes, hogy szirénázik a mentőautó és akkor mondták, hogy Matt-ért jött.

Lily Jane képtelen volt megszólalni. Kezei közt a telefon remegni kezdett, már-már attól félt, elejti a készüléket, az arca pedig halálsápadttá vált.

– Fel kell hívnom. Visszahívlak, miután beszéltem vele.

A lány alig ejtette ki az utolsó szót, már meg is szakította a hívást és remegő ujjaival kereste ki Matt nevét a névjegyzékből. A telefon sokáig csörgött ki, miközben Lily Jane fülében eszeveszett tempóban lüktetett a vér.

– Lily Jane – suttogta a vonal másik felén Matt erőtlen hangon, mire a lány minden addig érzett haragja szertefoszlott. Bár a fiú megszegte ígéretét a bemutatóval kapcsolatban és arról sem szólt, hogy este a klubba megy, Lily Jane a hangját meghallva képtelen volt egy perccel is tovább haragudni rá.

– Matt, mi történt? Jól vagy? Kérlek, mondd, hogy nincs nagy bajod!

– Ne aggódj, LJ – felelte köhögve – Nagyjából megvagyok. Eltört a kezem. Ma derül ki, hogy meg kell-e műteni. Az orvos tegnap azt mondta, valószínűleg igen, de én azért reménykedem.

– De mégis hogy történhetett ez?

– Nem tudom, LJ. Alig emlékszem.

– Nem emlékszel? De mégis… hogy lehetséges ez? Mi történhetett? Nem értem. Én nem értek semmit az egészből.

– Mondom, hogy nem emlékszem! – felelte a fiú kissé hevesen, Lily Jane hallgatására viszont felismerte hangjának indokolatlan ingerültségét, majd ellágyulva folytatta – Ne haragudj, amiért nem mentem el a bemutatóra! Apa vállalatának céges bulija volt a bemutató után nálunk és nekem kellett hazaszállítanom a kaját az étteremből. Lewis mondta, hogy Natashával és Will-el később a klubban lesztek, ezért reméltem, hogy ott majd találkozunk és meg tudom magyarázni. Aztán megjött Natasha és mondta, mennyire rosszul esett neked, hogy nem voltam ott. Azonnal próbáltalak hívni, de nem vetted fel, én pedig szörnyen éreztem magam, Lily Jane. Komolyan. Amikor mesélték, mennyire gyönyörű voltál, azt hittem, megőrülök, amiért nem lehettem ott. Aztán az egész este egy homály és csak arra emlékszem, hogy már fekszem a mentőautóban és azt sem tudom, mi történik.

Lily Jane szíve kissé megenyhült Matt szavai hallatán, már egyáltalán nem bántották a történtek, az egyetlen lényeg az volt számára, hogy a fiú jól legyen.

– Melyik kórházban vagy?

– Ne gyere be, LJ, kérlek! – vágta rá a fiú azonnal.

– De miért? Látni szeretnélek.

– És én is téged, de nem ilyen állapotban. El sem tudod képzelni, milyen szörnyen nézek ki. Be van dagadva az orrom, a szám pedig olyan száraz, mint a sivatag. Simán elmehetnék bármelyik világvége film statisztájának.

– Biztos, hogy nem szeretnéd, ha ott lennék veled?

– De igen, szeretném, viszont a büszkeségem erősebb – a lány hallotta Matt hangján, hogy mosolyog, ami megnyugtatta kissé – Egyébként is, még ha műteni kell, akkor is valószínűleg már holnap, vagy holnapután hazaengednek. Amint kijutok innen, az lesz az első dolgom, hogy magamhoz szorítalak és soha többé nem engedlek el.

– Jól hangzik – sóhajtotta a lány és ezúttal már végre ő is mosolygott – Nem is gondoltam volna, hogy egy ilyen balhés sráccal járok. Azért várhattál volna legalább karácsony utánig mielőtt belekezdesz ketrecharcos pályafutásodba.

– Tudom, ennél rosszabbul nem is időzíthettem volna, de kérlek, mondd, hogy nem haragszol rám! Nagyon sajnálom, hogy csalódást okoztam, Lily Jane.

– Nem haragszom. Egyáltalán nem haragszom. Csak aggódom. Nagyon – suttogta a lány, de Matt tovább folytatta, mintha meg sem hallotta volna. Hangja mögül eltűnt a mosolygás, a kétségbeesés váltotta fel helyét.

– Nem veszíthetlek el, LJ. Nagyon nagy szükségem van rád. El sem tudom már képzelni az életem nélküled és nem is akarom. Egész éjjel csak rád gondoltam.

– Matt, ne aggódj már! – felelte a lány nevetve, de valójában egészen elérzékenyült a fiú szavai hallatán

– Ha rajtam múlik, nem is kell elképzelned az életed nélkülem. Itt vagyok, melletted vagyok, és nem megyek sehová.

– Szeretlek, LJ!

Matt szavai halkan csengtek, mégis erősen és még nagyon sokáig visszhangoztak a lány szívében aznap. Abban a pillanatban végérvényesen elengedte minden addigi aggodalmát Matt Edwards-al kapcsolatban. A fiú esdeklő könyörgése olyan kétségbeesetten hangzott, hogy Lily Jane-nek egyetlen pillanatig sem jutott eszébe kételkedni őszinteségében. Miután megnyugtatva a fiút elköszöntek egymástól, rájött, bármennyire haragudna is Matt-re, képtelen lenne elengedni őt. Bár a fiú azt mondta, szüksége van rá, Lily Jane valójában úgy érezte, neki van óriási szüksége arra a csodákkal teli, rózsaszín ködben úszó, meseszerű világra, amely azon nyomban körülölelte őket, amint kettesben maradtak. Fogalma sem volt már, azelőtt hogyan nézett szembe a mindennapi élet megpróbáltatásaival, de egyszerre úgy tűnt, a fiú nélkül egyszerűen képtelen lenne rá.

Matt-nek még aznap délután megműtötték a karját. Lily Jane nem bírt a gondolataival, otthon ülve felváltva bámulta a telefonja kijelzőjét és a plafont, ezért végül felhívta Natashát, hogy túlélve az ezúttal napoknak tűnő vonat utat egy belvárosi sétával üssék el az időt. Lily Jane szokatlanul csendes volt a kivilágított utcák között sétálgatva, fejben látszólag teljesen máshol járt és Matt-en kívül képtelen volt bármi másról beszélni.

– Tényleg nem emlékszik semmire? – kérdezte Natasha már sokadjára.

– Azt mondja, nem. Őszintén, nekem az egész történet homályos kissé.

– Hát elég érdekes, az egyszer biztos. Azt hallottam, hogy a srác néhány éve Matt apjának a cégénél volt gyakorlaton. Nem tudom, hogy ennek köze lehet-e a dologhoz.

– Ki volt az?

– Nem nagyon emlékszem a nevére – gondolkodott Natasha – Mindenesetre könnyen megeshet, hogy ezzel kapcsolatban mondhatott valamit, amin Matt berágott. Azért nem kezd el csak úgy kedvtelésből verekedni az ember.

– Tessék? Én azt hittem, a srác kezdte a verekedést – pillantott Lily Jane barátnőjére, bár jobban belegondolva, erről nem volt szó a Matt-el folytatott beszélgetése során.

– Én nem így hallottam – felelte Natasha elhúzva száját – Mi Lewis-al és a többiekkel éppen táncoltunk, Matt pedig kiment a ruhatárhoz, mert a kabátjának a zsebében felejtette a cigijét. Ott álldogált ez a srác és akkor mondhatott neki valamit, mert Matt egyszerűen csak úgy fogta magát és nekirontott. Tény, hogy túl volt már néhány poháron, de én azért nem gondoltam volna róla, hogy ilyen könnyen bepöccen.

– Én… nem tudtam.

– Ez sem biztos, persze. Csak pletykák vannak arról, mi történhetett. Azt hiszem, ez a ruhatáros lány verziója, de rajta és a két verekedőn kívül senki más nem volt ott akkor éppen, szóval, mivel Matt állítása szerint nem emlékszik, a srác pedig szintén nem túl beszédes, nem valószínű, hogy valaha kiderül. Végül a biztonsági őr dobta ki mindkettejüket, aztán látva, Matt milyen állapotban van, hívták a mentőket.

Lily Jane fejében már nagyjából kezdett összeállni a kép, de továbbra is kissé furcsának és homályosnak tűnt a történet. Végül úgy döntött, nem firtatja tovább a dolgot, mert minél többet beszéltek róla, annál rosszabb érzés kerítette hatalmába.

– Will-ről nem tudsz valamit? – kérdezte váratlanul Natasha – Miután elmentél azt mondta, neki is közbejött valami és mindenféle magyarázkodás nélkül lelépett, pedig örültem volna, ha legalább ő eljön a bulira.

– Nem tudom, mi dolga volt – vonta meg a vállát Lily Jane. Will nevének hallatán azonnal eszébe jutott a szendvicsbáros Peter váratlan megjelenése, amiről időközben el is feledkezett, de nem érezte volna helyesnek megemlíteni a dolgot Will jelenléte nélkül – Túlságosan lefoglalt, hogy Matt nem jött el. Igazából ezen kívül semmi mással nem nagyon törődtem.

– Hogyan is törődtél volna? Hiszen óriásit csalódtál. Őszintén, én még most is úgy gondolom, hogy azért mégiscsak szólhatott volna a bemutató kezdete előtt, hogy ne várd.

– Már nem számít, Nat. A lényeg, hogy jól legyen.

– Persze, tudom. De hé! – állt meg egy pillanatra a lány szembefordulva barátnőjével,majd mélyen a szemébe nézve próbált erőt önteni belé – Ugye tudod, hogy minden rendben lesz, LJ?

Lily Jane már éppen válaszra nyitotta volna száját, amikor Natasha háta mögé pillantva, az egyik kirakatban megakadt a szeme valamin és képtelen volt bármi másra odafigyelni. Egy ékszerbolt előtt álltak éppen, a kirakatban pedig a díszkivilágítás fényében ragyogó ezüstmedálok sorakoztak. A lány teljesen megbabonázva lépett egyet a kirakat felé. Képtelen volt levenni a szemét az egyik medálról.

– Látod ezt? – mutatott az üvegen keresztül a medálra, mire Natasha szemei is elkerekedtek és széles mosollyal az arcán pillantott barátnőjére.

– Meg kellene venned neki, ha már nem láthatott élőben.

A medál nagyon különleges volt. Egy aprócska női alakot ábrázolt, amelyet két félből illesztettek egy egésszé. Az egyik felén egy csodálatos angyalalak képében tündökölt, míg a másik fele egy démoni szépséget ábrázolt. Pontosan olyan volt, mint Lily Jane a divatbemutató estéjén.

A medál aprócska mérete ellenére bárkinek könnyen szemet szúrhatott; olyan erősen csillogott a fényben, akárcsak egy drágakő. A lány az üvegre tette kezét és széles mosollyal az arcán bólintott barátnője szavára, majd határozott léptekkel az ékszerbolt bejárata felé vette az irányt. Hirtelen el is feledkezett néhány pillanatra aggodalmairól és ismét átjárta minden porcikáját az érzés, hogy igenis minden rendben lesz. Mert ő tenni fog róla, hogy minden rendben legyen.

22.

Matt-et a műtét után két nappal valóban kiengedték a kórházból, az azonnali találkozás ígéretét azonban eléggé nehezére esett megvalósítania. A hideg téli idő jelentősen megnehezítette a helyzetet, a fiú begipszelt karja miatt nem tudta összehúzni kabátjának cipzárját, így dideregve köszöntötte az óvatosan, ám mégiscsak izgatottan nyakába ugró Lily Jane-t.

Már csak egy nap választotta el őket a karácsonytól, az utcák telis-tele voltak a legutolsó pillanatban ajándékvásárló emberekkel, mindent elárasztott a forralt bor és a mézeskalács illata. Egészen különös volt, hogy ezúttal tömegközlekedéssel jutottak el a város egyik pontjából a másikba. Persze Lily Jane számára ez megszokott volt, de a törött kezével vezetésképtelenné váló Matt-et azelőtt sosem látta metrón, vagy éppen buszon ülve.

– Isten hozott szerény kis hajlékunkban! – mosolygott Lily Jane a kollégiumi lakrészbe lépve. Natasha már hazautazott az ünnepekre, így lehetőségük nyílt kettesben tölteni a karácsony előtti utolsó estét.

– Tényleg nem baj, hogy miattam csak holnap utazol haza a családodhoz?

– Miért lenne baj, Matt? Hiszen ezen a napon még úgysem csinálunk semmit és a kora reggeli vonattal megyek, szóval még az előkészületekről sem maradok le – ölelte át derekát a lány – Hiszen csak tegnap engedtek haza a kórházból. Mikor találkoztunk volna, ha ma hazamegyek?

– Igaz – sóhajtotta a fiú, majd kibújva kabátjából, nevetve rázta meg a fejét – Nem értem, hogy bírod te ezt a metrózást. Sokkal könnyebb az élet, ha az embernek nem kell a zsúfolt fülkében szorongania.

– Azért ennek is megvan a maga varázsa – felelte a lány, majd vállát megvonva hozzátette – Egyébként nekem is van jogosítványom. Csak Apa elvitte az autót, amikor elment, úgyhogy nem igazán tudok mit vezetni.

– És nem szeretnél egy sajátot?

Lily Jane nem felelt a kérdésre, csendesen nekiállt teát főzni. Az édesanyjával így is sokszor törték a fejüket, hogyan kellene megoldaniuk az anyagiakat, az autóvásárlás egyelőre szóba sem került a közeljövő terveit illetően. A lány viszont pontosan tudta, hogy Matt ezt nem értené, így jobbnak látta válasz nélkül hagyni a dolgot.

A teavíz felforrását jelző sípolás szakította meg a váratlanul beállt némaságot, Lily Jane pedig arra lett figyelmes, hogy kezeit különös bizsergés járja át. Eleinte a belvárosban néhány órával azelőtt elfogyasztott forralt bornak tudta be a dolgot, később aztán megérezte, hogy Matt mögé lépett és finoman végigsimítva karját, gyengéd csókot lehelt a nyakára. A lány zavarba jött kissé és megfordulva hagyta, hogy Matt ajkai nyakáról a szájára vándoroljanak.

– Éhes vagy? – suttogta Lily Jane két csók között – Viszonylag sok minden van a hűtőben, készíthetünk akármit. Vagy van félkész zacskós leves, ha arra vágynál.

Matt eltávolodott kissé, hogy a lány szemeibe nézhessen, majd széles vigyorral az arcán szólalt meg.

– Te most komolyan zacskós levest mondtál?

– Igen. Natashával mindig azt eszünk, amikor hullafáradtan hazaérünk a kávézóból és egyikünknek sincs már életereje normális kaját főzni. Tudom, valószínűleg tömény műanyag az egész, de ijesztően finom íze van.

– Mindenféleképpen a zacskós levest választom – felelte a fiú Lily Jane számára érthetetlen lelkesedéssel a hangjában – Sohasem ettem még zacskós levest, LJ.

– Ezt most komolyan mondod?

– A lehető legkomolyabban. Otthon sosem engedték, hogy akárcsak megkóstoljam, mert Anya szerint egy rakás szemét. Amikor elmegyek otthonról, akkor pedig mindig úgy felpakolnak kajával, hogy esélyem sem lenne bármi mást enni.

– Akkor itt a nagy lehetőség – nevetett a lány, néhány perc múlva pedig már gőzölgő levesestáljukból szürcsölve üldögéltek Lily Jane ágyán a falnak dőlve, miközben az íróasztalon tea és otthonról hozott mézeskalács illatozott.

Meghitt hangulat lengte be a szobát. Az ágy fölé függesztett, aprócska hóemberekből álló fényfüzér kellemes félhomályt adott, Lily Jane pedig laptopját az ágy végébe helyezve elindított egy, az értékelések alapján jónak vélt karácsonyi filmet, miközben szorosan Matt-hez bújt.

– El sem hiszem, hogy zacskós levessel etetek egy fiút, akinek saját étterme van. Micsoda szégyen! – motyogta, mire Matt hangosan felnevetett.

– Igazából nincs saját éttermem. Még.

– Hogy érted ezt?

Matt kiürítve levesestálját felállt és az asztalra helyezte azt, majd visszatérve még közelebb húzódott Lily Jane-hez az ágyon.

– A szüleim akarnak nyitni még egy éttermet, de még nem tudják pontosan, hol. Azt mondták, az teljesen az én felelősségem lenne és én leszek a tulajdonos is.

– Matt, hiszen ez óriási!

– Igen, végülis az – bólintott a fiú, majd elgondolkodva hozzátette – Csak az a gond, hogy rengeteg munka lenne vele és fogalmam sincs, mennyire lenne ez kivitelezhető az egyetem mellett.

– Hát azért gondolom, csak segítenének valamennyit a szüleid, nem?

– Nem tudom – vonta meg a vállát – De te úgyis itt leszel majd nekem, együtt pedig mindent megoldunk. Az lesz a mi közös, világhírű éttermünk.

– És milyen lesz ez az étterem?

– Csodaszép. Valami különleges neve lesz, ami nagyon sokat jelent, odabent pedig fényfüzérek lógnak majd a falakon és híres italok díszes üvegei sorakoznak minden polcon. A séf ajánlata pedig félig átsült steak lesz. Nincs jobb dolog a félig átsült steaknél, Lily Jane. Egyszer mindenképpen meg kell majd kóstolnod – ábrándozott Matt – És a piros lesz az uralkodó szín. Igen, piros, ez jól hangzik.

– Mint az autód.

– Mint az autóm.

Lily Jane elmosolyodott a fiúra pillantva, miközben gyengéden megsimította az arcát. A film inkább csak háttérzajként funkcionált, valójában egyikük sem tudott volna akár csak egyetlen szereplőt megnevezni.

– Kedvelem a terveidet, Matt Edwards – suttogta Lily Jane – Platós kocsis piknik, reggeli kávézgatás az albérlet erkélyén, most pedig egy világhírű étterem... Izgalmas veled az élet, azt kell, hogy mondjam.

– Látod, LJ? A kezemet is csak azért törtem el, hogy egy pillanatig se unatkozhass mellettem.

– Azért azt az egyet nem bántam volna, ha kihagyod – rázta a fejét a lány, majd félretéve levesestálját úgy helyezkedett, hogy a fiú ölében ülve a szemébe nézhessen – Még mindig nem emlékszel, mi történt? Matt elkapta a tekintetét, miközben látszólag gondolatok ezrei suhantak át az agyán a másodperc törtrésze alatt. Néhány percig nem nézett a lányra, majd lehunyva szemeit, mélyet sóhajtott és homlokát Lily Jane homlokához nyomva szólalt meg ismét.

– Nem túl sokra. Az apámmal kapcsolatban mondott valamit az a szemétláda. Tudod, régen a cégénél dolgozott, néhány évvel ezelőtt, pont amikor...

– Amikor? – kérdezte Lily Jane tűkön ülve, aggódó tekintettel kémlelve Matt arcát. Nem akarta túlzottan erőltetni a dolgot, viszont szörnyű érzés volt nem tudni, mi történt a fiúval. Muszáj volt kérdeznie, hogy valamelyest lecsillapíthassa aggodalmát.

– Az apám belekeveredett valamibe, amibe nem kellett volna. A lényeg, hogy a vállalat ügyei nem mentek valami simán és van, hogy hibát követ el az ember, ha nagyon kétségbeesik. Ezért nyitottuk később aztán az éttermet, mert az akkoriban sokkal jobban beindult, mint ahogy apám cégének a dolgai álltak. Aztán persze elővették, mert váratlanul ismeretlen helyről származó összegből sikerült helyrehoznia a céget – a fiú megállt egy pillanatra, de továbbra is kerülte Lily Jane tekintetét – Az étteremre vett fel valami támogatást, amit aztán a cégbe fektetett helyette, ezért hosszas pereskedés után végül másfél év házi őrizetbe került. Ennek még örültünk is, mert hónapokig börtönről volt szó. Néhány kollégája szintén benne volt a dologban, ők is kisebb-nagyobb büntetéssel úszták meg a dolgot, csak az egyikük került börtönbe. Engem még most is ledöbbent kissé a dolog. Ő csak helyre akarta hozni a vállalatát, Lily Jane és úgy viselkedtek vele, mint valami bűnözővel!

A lánynak döbbenetében fogalma sem volt, mit kellene mondania; némán hallgatta Matt-et, majd a történet végére érve kezei közé fogta arcát és halkan, suttogva szólt hozzá.

– Sajnálom, Matt. Fogalmam sem volt róla.

A fiú ismét lehunyta szemeit, mintha kissé zavarba jött volna édesapja történetének kiteregetése miatt.

– Ezért nem említettem az éttermet sem mielőtt ott ebédeltünk. Azt gondoltam, úgyis tudod, hiszen néhány éve tele volt apámmal a TV. Mindenki tudta. Mindenki tudta, mi történt.

– Hát úgy tűnik, mégsem mindenki.

– Soha ne tudd meg, LJ, hogy milyen érzés, amikor gyerekként arra ébredsz, hogy tele van rendőrökkel a ház, amiben felnőttél. Úgy éreztem, mintha néhány nap alatt az egész életem széthullana és mindenki úgy nézett rám, mintha bármi fogalmuk lett volna arról, mi történt valójában. Amikor az egész világ el akarja hitetni veled, hogy az apád egy bűnöző, akkor elég nehéz nem úgy érezni, mintha az egész világ ellened és a családod ellen fordult volna. Az a srác pedig már a puszta jelenlétével is felidegesített, aztán amikor belém kötött azt hittem... én azt hittem...

A fiú szemeiben könnyek csillogtak az emlékek hatására, mire Lily Jane még közelebb húzódott és arcát Matt vállába temetve próbált minden maradék köztük lévő teret leküzdeni.

– Nem akartalak felzaklatni, Matt – suttogta, a fiú pedig ismét megcsókolta a nyakát.

– Nem zaklattál fel, LJ. Ezt el kellett mondanom ahhoz, hogy tudd, miért jobb, ha azt mondom, nem emlékszem semmire. Így könnyebben elsimítódik majd a helyzet és egyáltalán nem hiányzik a családomnak még egy rendőrségi ügy.

– Megértem és örülök, hogy megosztottad ezt velem. Megbízhatsz bennem. Nálam biztonságban lesznek a titkaid.

– Tudom, te csoda – suttogta a fiú elérzékenyülve, majd könnyeivel küszködve veszett el a lány vállára omló hajzuhatagában, miközben szorosan ölelve őt magához, a nyakába temette arcát – Néha nagyon félek attól, hogy nem vagyok jó ember, Lily Jane. Ez az egész káosz, ami körülvesz néha annyira azt ébreszti bennem, hogy az embereknek igaza van. Attól félek, hogy az apám valóban rossz és én is azzá fogok válni, vagy akár már most is az vagyok.

– Te nem vagy rossz ember, Matt – vágta rá azonnal Lily Jane, de a fiú a szavába vágott.

– A bemutatód estéjén is ezt éreztem. Borzasztóan fájt, hogy csalódást okoztam neked, mégis úgy éreztem, képtelen vagyok bármit is tenni ellene. El sem tudom neked mondani, mennyire fontos vagy a számomra, Lily Jane. Valójában senkinek sincs fogalma arról a káoszról, ami nap, mint nap körülöttem van és te vagy az egyetlen, aki képes csillapítani a fejemben ordító hangokat. Amikor veled vagyok, minden olyan jó. Te vagy az egyetlen örömöm, Lily Jane, az egyetlen, ami miatt nem csak úgy létezek, miközben megjátszom, hogy minden mennyire király. Szeretlek, LJ, nagyon szeretlek, szinte már félelmetes, hogy mennyire.

Lily Jane könnyektől csillogó szemekkel hallgatta a fiút teljesen ledöbbenve a ténytől, hogy szinte saját gondolatait és érzéseit tükrözték vissza Matt szavai. A szíve eszeveszett tempóra kapcsolt, a testét mégis valami különös nyugalom járta át, miközben úgy ültek ott egymásba gabalyodva, mintha a két test eggyé olvadt volna.

– Szeretlek, Matt Edwards – felelte halkan, majd felemelte fejét a fiú válláról, hogy a szemébe nézhessen és megcsókolhassa őt. Matt tekintete millió érzelemről árulkodott, könnyáztatta szemeivel úgy fürkészte a lány arcát, mintha valóban az lenne az egyetlen dolog a világon, ami életben tartotta őt.

Matt és Lily Jane ajkai elérték egymást, miközben a lány keze a fiú nyakáról a hasára siklott. Mindkettejük bőre bizsergett, szinte már égett az érintés nyomán, Matt pedig két hosszúra nyúlt csók között fájdalmasan sóhajtott fel.

– Ez egy valódi kínzás – emelte meg begipszelt karját – Ha tudnád, most mennyire szeretném letépni magamról.

– Még szerencse, hogy az én kezem nincs begipszelve – felelte a lány huncut mosollyal, ezúttal pedig Matt tört ki nevetésben – Viszont előtte szeretnék adni neked valamit.

Lily Jane felpattant az ágyról és az íróasztalhoz lépve előszedte a fiókba rejtett, gondosan becsomagolt ezüstmedált. Matt kíváncsian mosolygott az apró doboz láttán, majd az előszobába indult, ahol a hátizsákja hevert a földön és ő is egy ajándékkal tért vissza.

Mindketten izgatottan álltak egymással szemben a szoba közepén, majd egyszerre adták át egymásnak a dobozkákat.

– Előbb te bontsd ki! – kérte Matt, mire a lány kíváncsian kezdte lefejteni az apró dobozt körülvevő csomagolópapírt. Hasonló ékszeres dobozkát rejtett, mint amiben a medál is volt, a lány szíve izgatottan vert, amint leemelte a tetejét.

– Uramisten, Matt – emelte kezét szája elé a lány. A doboz egy leheletvékony ezüst nyakláncot rejtett, rajta pedig két gyönyörűen formázott betűt ábrázoló medált. LJ.

– Hallottam, mennyire tetszett neked a gravírozott bross, amit össze kellett törnöd, ezért úgy gondoltam, ez talán helyettesítheti. Sokat gondolkodtam rajta, mit is kellene vennem, aztán úgy voltam vele, hogy a kezeden úgyis az anyukádtól kapott gyűrűket hordod, nyakláncot pedig még sosem láttam rajtad.

– Ez gyönyörű! Nagyon tetszik, köszönöm!

Matt lassan kiemelte a dobozból a láncot, majd a lány mögé lépve félretolta odalógó tincseit és egy gyengéd csók kíséretében összecsatolta a kapcsolót.

– Most te jössz – szólt a lány, miközben a nyakában lógó láncban gyönyörködött – Eléggé hasonlóan gondolkodtunk. Egy kirakatban láttam meg az ajándékod és arra gondoltam, ha már a bemutatón nem láthattál, így legalább mindig veled lehetek olyan formában, mint amilyen akkor voltam.

A fiú lassan csomagolta ki a dobozt, majd a medál láttán eltátotta száját és szélesen elmosolyodott.

– Csak egy szalagra fűztem rá, hogy oda tehesd, ahová szeretnéd – mondta Lily Jane, miközben Matt ámulattal teli szemeit figyelte.

– Majd felakasztom a visszapillantó tükörre a kocsiban és akkor egész nap téged nézhetlek – lépett közelebb, hogy újból megcsókolhassa a lányt – Azt hiszem, módosítanom kell az eddigi ablakon kimászó, lógós Lily Jane megszólítást.

– És mire? – nevetett fel a lány.

– Most már Lily Jane vagy, az angyali démon, minden örömöm forrása.

– Ez sokkal jobban tetszik – suttogta a lány orrával simítva végig a fiú arcán – Boldog karácsonyt, Matt Edwards!

– Boldog karácsonyt, Lily Jane Monroe!

A hóemberek fénye abban a pillanatban valahogy még varázslatosabbnak tűnt, mint azelőtt, Lily Jane pedig a fiú ajkaihoz hajolva biztos volt abban, nincs az a kényelmetlen gipsz, ami közéjük férkőzhetett volna. Matt a lány füle mögé simította kósza tincseit, majd elvesztek egymásban, a világ pedig minden káoszával együtt teljesen és visszavonhatatlanul megszűnt létezni számukra.

Másnap reggel Lily Jane alig bírta abbahagyni a mosolygást a hazafelé vezető úton. Az elmúlt néhány év karácsonyaitól eltérően a lánynak ezúttal sokkal könnyebb volt a lelke. Már egészen hozzászokott, hogy az édesapjuk nélkül díszítik fel a fenyőfát Ava-val, miközben a kis Lucy kíváncsian járkál lábaik körül. Ha pedig mégis elérte szívét a kétség és akárcsak egy pillanatra is elszomorodott, megérintette Matt ajándékát a nyakában és máris széles mosoly terült szét arcán. Persze azért valami mégiscsak nyomasztotta kissé.

– Van valami fejlemény a tárgyalással kapcsolatban? – kérdezte suttogva édesanyjától kora reggel, amint hazaért. Próbált nem gondolni a dologra, gyakran elhessegette, már-már el is felejtette a problémát, de a karácsony közeledte és az újabb lehetőség veszélye, hogy édesapjával időt tölteni kényszerüljön újból eszébe juttatta az ügyet. A tárgyalás időpontját eléggé elhúzták, a nőszemély autórongálásának ügyét január közepére ütemezték, ami elegendő idő volt arra, hogy Lily Jane édesanyját a teljes összeomlás határára kényszerítse az aggodalom.

– Most jöttél haza, LJ. Ne foglalkozzunk még ezzel, kérlek!

– De én szeretném tudni. Minél kevesebbet tudok, annál jobban fog aggasztani a dolog.

Lily Jane édesanyja hosszan, fájdalmasan sóhajtott.

– Nincs sok újdonság. Beszéltem egy ügyvéddel. Azt mondta, ha nem megyek el, azzal csak rontok a dolgon. Elvileg gyakoriak az ilyen ügyek, a bíró valószínűleg egyből érteni fogja, miről van szó.

– És mi nem jelenthetjük fel a nőt rágalmazás miatt?

– LJ…

– Nem, Anya, komolyan mondom. Soha nem lesz vége ennek az egésznek. Soha.

– De igen vége lesz. Egyszer biztosan. Nem hagyom, hogy ez elrontsa a karácsonyt.

Lily Jane távolba révedő tekintettel hallgatta édesanyját, majd beletörődve bólintott. Bármennyire kínozta is a düh, a lelke mélyén tudta, hogy valójában tehetetlen az üggyel kapcsolatban.

– És mi lesz… Apával?

– Tegnap átvitte magához Avát néhány órára. Kapott egy könyvet és egy kis pénzt. Neked is küldött.

A lány fájdalmas arckifejezéssel fordította el arcát, nem akarta, hogy édesanyja lássa, amint a szupermarket viszonylag friss élménye és a hosszú évek okozta szenvedés eltorzítja vonásait. Lily Jane édesanyja egy borítékot csúsztatott a lány felé az asztalon, majd gyengéden megsimította a karját.

– Legalább gondolt rád. Szóltam neki, hogy nem vagy itthon.

– Kérdezte? – szólt közbe a lány dühösen – Csak Avát hívta, vagy engem is látni akart?

Az édesanyja könnyekkel telt szemekkel nézett rá, majd halvány, szomorú mosollyal arcán felelt.

– Téged is hívott volna, ha itthon vagy. Hiszen ez mégiscsak karácsony.

A lány pontosan tudta, hogy az édesanyja hazudott, de ismét csak beletörődött a dologba és a borítékkal a kezében a hálószobába ballagott. Ava habfürdőt vett, ami szokás szerint eltartott egy darabig, így a lánynak lehetősége nyílt egyedül lenni egy kicsit az édesapja által küldött borítékkal.

Lily Jane az íróasztalához ült és elmosolyodott a szélén álldogáló virág láttán, amit Ava valószínűleg mindig elfelejtett meglocsolni, valahogy mégis évek óta szilajon viselte a megpróbáltatást; majd a mellette lévő malacperselyre vándorolt tekintete, amibe tizenkét éves kora óta gyűjtögette pénzét egy barbadosi nyaralás reményében. Ez persze elég gyermeteg elképzelésnek tűnt, de Lily Jane-nek valójában fogalma sem volt, mennyi pénz gyűlhetett össze benne az évek folyamán.

Kezei remegtek kissé, amint a boríték fölé hajolt, a szíve pedig óriásit dobbant, amint megpillantotta, hogy a pénz mellé egy üdvözlőkártyát is mellékelt az édesapja. Három hóember nevetett vissza rá az elejéről, majd kinyitva a kézzel írott betűk látványa leírhatatlan érzelemlavinát indított el a lányban. Egyszerre bűntudata támadt az édesapja iránt érzett, színtiszta gyűlölet miatt, másrészt mindent megadott volna azért, hogy szerethesse őt és elfelejthessen mindent, ami történt, miközben őszintén dühös is volt rá, amiért újra és újra elárulta őt. Egy idegen volt már a számára, ehhez az érzéshez pedig egyszerűen képtelenség, lehetetlenség volt hozzászokni.

A lány csak ült ott és hirtelen felindulásból az ablakhoz sétált, majd az égre emelve tekintetét lehajolt és imádkozni kezdett. Úgy érezte, nem maradt más választása. Imádkozott, hogy az édesapja újból a régi önmaga legyen és imádkozott azért is, hogy Ava soha ne érezze azt a fájdalmat, ami évek óta honolt már az ő szívében. Talán haszontalan próbálkozás volt, talán még ő is meglepődött magán, a lelke mégis megnyugodott kissé. Megnyugodott, mert abban biztos volt, ennél többet már valóban nem tehet az üggyel kapcsolatban.

23.

A divatbemutató utáni időszak olyan sűrűre és mozgalmasra sikeredett, hogy Lily Jane az újévbe lépve azon kapta magát, semmi másra nem vágyik, mint hogy végre egy kis időt tölthessen Will-el, akivel a bemutató estéje óta néhány futóbeszélgetést leszámítva nem is találkozott. A szilvesztert sem sikerült ezúttal együtt tölteniük. Lily Jane egy népszerű szórakozóhelyen ünnepelt Matt-el és a barátaival, Will pedig egy házibuliba ment, amit az egyik szaktársuk rendezett. Bár a lány nagyon jól érezte magát Matt-el és társaságával, köztük a bemutatón már korábban megismert plus size modellel, Angela-val és folyamatosan poénkodó barátjával, James-el, azért mégiscsak nagyon hiányzott már neki Will megnyugtató jelenléte.

Egy belvárosi gyorsétteremben üldögéltek, ami szerencséjükre aznap viszonylag csendesnek és nyugodtnak bizonyult. Natasha még otthon volt az édesapjával és Lewis-al, állítása szerint egész napokon át az apukája különleges csirkéjével és mézeskaláccsal tömve magukat. Bár ezt nem mondták ki hangosan, mindketten örültek, hogy végre kettesben lehetnek egy kicsit és jól tudták, bőven van mit megbeszélni.

– Azt írta, reméli, tudom, hogy mindig szeretni fog és, hogy mindig a lánya maradok, akármi történjen is. Aztán boldog karácsonyt kívánt – mesélte Lily Jane az édesapjától kapott üdvözlőkártya üzenetét, miközben egy sült krumplit forgatott ujjai közt – Nem tudom. Nagyon felzaklatott valamiért.

– Hogyne zaklatott volna fel, LJ! Tönkreteszi az életedet, miközben úgy csinál, mintha egy szent lenne. Ha nagyon szeret téged, akkor mégis miért hazudik és bánt meg folyamatosan?

– Fogalmam sincs, Will. Ez csak... nem tudom. Elbizonytalanodtam.

– De miben, kicsi?

Will hangja mély megértésről árulkodott, a szemében tükröződő indulatok pedig mindennél többet jelentettek a lány számára. A fiút annyira felzaklatták a Lily Jane és édesapja közt történtek, mintha a saját testvérét bántotta volna valaki, ez pedig könnyeket csalt a lány szemébe, amiket elég nehezére esett elrejtenie.

– Tudod... csak...

Nehéz volt megfogalmazni, amit mondani szeretett volna, talán azért, mert ő sem volt biztos abban, mit is akar mondani valójában.

– Igen?

– Attól félek, hogy... – nagyot nyelt mielőtt folytatta – hogy talán igaza van. Hogy túlságosan elutasító vagyok vele szemben. Nagyon szeretném szeretni, Will. El sem tudom mondani, mennyire, de képtelen vagyok rá és megijeszt, borzasztóan megrémiszt ez a gyűlölet, ami bennem van. Fogalmam sincs, mit kellene tennem, vagy gondolnom, vagy éreznem. Mi van, ha az én hibám az egész? Talán, ha az elején megbékéltem volna a helyzettel és nem harcoltam volna ellene, akkor most minden másképp lenne és...

– LJ...

– Nem, Will, tényleg. Én... nem tudom, én csak...

A lány hangja remegni kezdett, mígnem teljesen elcsuklott, Will pedig helyéről felpattanva Lily Jane mellé húzódott a széken és szorosan magához ölelte őt. A lány szokása szerint a vállába temette arcát, miközben a fiú gyengéd mozdulatokkal simogatta a fejét és hagyta, hogy a lány kisírja magát.

– Nagyon figyelj rám, Lily Jane – suttogta – Ha csak egyetlen dolgot hiszel el nekem a világon, akkor az legyen az, hogy te egyáltalán semmiért sem vagy hibás ezzel a dologgal kapcsolatban. Egy gyerek voltál, amikor ez az egész történt. Egy gyerek, érted? Egy kislány, akit elhagyott az apukája. Ha valaki hibáztatni merne valaha is téged, akkor azt az embert nemes egyszerűséggel kinyírnám. Történt, ami történt, az apád egy seggfej, ezt be kell látni, de ne okold magad, kicsi, mert megszakad a szívem. Egy gyönyörű, okos és fantasztikusan tehetséges lány vagy, az apád pedig összetehetné a kezét, amiért elmondhatja, hogy bármi köze van hozzád.

Lily Jane zokogása lassan halk szipogássá enyhült, mígnem a lány fejét felemelve, szomorú mosollyal az arcán pillantott Will-re.

– Ugye tudod, hogy ha te nem lennél, már én sem lennék?

A fiú nevetve rázta meg a fejét, miközben kisimította a lány szeméből könnyáztatta arcára tapadt tincseit.

– Ne butáskodj, LJ! Tudod, hogy mindig itt vagyok, ha kell és mindig itt is leszek.

Egy ideig némán üldögéltek egymás mellett, valahogy egyikük sem kívánta már az előttük illatozó, kalóriák ezreiről ordító sajtburgert.

– De legalább most volt egy kis időm meglátogatni Nagyit – sóhajtotta – Szóltam Avának, hogy ugorjunk el, mert nagyon régen voltunk már bent nála. Továbbra sem lett egyikünk kedvence sem az a hely.

Az öregek otthonában dolgozók valóban szokásos pillantásokkal illették az érkező két lányt, mintha a családjuk tragédiája valójában egy izgalmas szappanopera legújabb epizódja lenne. Bár már nem dolgozott ott a nő, aki tönkretette az életüket, az egész történet fantomként lebegett az épületben azonnal beférkőzve magát Lily Jane szívébe, amint átlépett a küszöbön. Viszont minden kellemetlenséget kárpótolt a nagymamája arcán felcsillanó boldogság a lányok érkezésekor.

– Jaj, drágaságaim! – kelt fel az ágyából azonnal, mire Lily Jane gyorsan odasietett, hogy felsegítse és magához ölelhesse őt – Nagyon hiányoztatok. Nagyon.

– Te is hiányoztál nekünk, Nagyi.

A nagymama jól ismert vonásai elhessegették az épületet körbelengő, múltbéli démonokat, öreg, ráncos keze úgy szorította Lily Jane kezét, mintha soha többé nem akarná elengedni.

– Többször fogok menni, Will. Utálom azt a helyet, de muszáj leküzdenem ezt valahogy.

– Gondolj arra, hogy csak a nagymamádért teszed. Azért, hogy őt láthasd és vele tölthess időt.

– Tudom, csak néha olyan nehéz – sóhajtotta, majd megvonta a vállát – Sajnálom, Will. Most már befejezem, mert saját magamat is borzasztóan idegesítem a sajnálkozásommal.

– Engem nem idegesítesz – nevetett fel a fiú, majd átkarolva közelebb húzta magához a lányt – Örülök, hogy mindezt elmondod nekem. Csak sajnálom, hogy legtöbbször nem tudok segíteni. Annyival szebb életet érdemelnél, mint ami jutott neked, LJ.

– Ez nem igaz – mosolyodott el – Hiszen sokan szeretnek és én is nagyon szeretek sok mindenkit. Ez nagyobb dolog, mint amit az emberek többsége megkaphat.

– Talán igazad van – sóhajtotta Will és, mintha sóhaja mögött több jelentés bújt volna meg egy egyszerű egyetértésnél. A lány fel is kapta fejét a fiú fájdalmasan hangzó feleletére, majd hirtelen észbe kapva felült és kíváncsian pillantott rá.

– Olyan önző vagyok. El is felejtettem megkérdezni, hogy mi történt a divatbemutató után.

– Hogy érted, hogy mi történt?

Lily Jane kíváncsian pillantott Will-re ismét a sült krumplit piszkálgatva.

– Ott volt Peter.

Nem volt szükség több szóra, Will arckifejezése pillanatok alatt megváltozott. A fiú addigi nyugodt tekintete elsötétült, bőre hófehér lett, szinte már aggasztóan felzaklatta a fiú nevének említése. Egyik könyökét az asztalon megtámasztva kínosan túrt a hajába, miközben feltűnően kerülte Lily Jane tekintetét.

– Csak eljött megnézni. Gondolom, érdekelte.

– Will...

– Mi az?

Lily Jane még sosem látta a fiút ennyire zaklatottnak. Will látszólag nehéz csatát vívott fejben, azon vacillálva, mit mondjon a lánynak. Lily Jane nem értette a hirtelen beállt feszültséget, igyekezett megfejteni a fiú zaklatott vonásait, de képtelen volt rá.

– Ugye tudod, hogy nekem bármit elmondhatsz? – kérdezte kezét Will kezére téve, mire a fiú körbepillantott az étteremben, mintha csak attól félne, valaki meghallja őket.

– Peterrel... mi...

– Együtt vagytok? – kérdezte a lány lelkesen, kezét szája elé emelve ámulatában, mire Will azonnal csendre intette.

– Shh! Ne ilyen hangosan!

– De hiszen ez óriási!

– Nem, egyáltalán nem az! – vágta rá a fiú kissé ingerültebben, mint szerette volna, majd látva Lily Jane csalódottságát, gyorsan folytatta – Nézd, ez nagyon bonyolult. Nem vicceltem, amikor azt mondtam, Peter szülei nagyon vallásosak. Tényleg azok és az egész gondolkodásuk nagyon konzervatív.

– Akkor nem is tudják, hogy Peter…

– Nem! – felelte azonnal – És nem is szabad megtudniuk. Ebből nagyon nagy baj lehet, LJ, érted? Ezt senkinek sem szabad elmondanod, még Natashának sem!

– Tudod, hogy bízhatsz bennem – erősítette meg a lány alig leplezve döbbenetét. Az nem volt meglepő, hogy Will szülei nem voltak tisztában Will irányultságával, hiszen a fiú alig volt otthon, már külön élete volt és saját, önálló világa, Peter viszont látszólag nagyon sok időt töltött a szüleivel, hiszen a szendvicsbárjukban dolgozott. Lily Jane el sem tudta képzelni, mennyire nehéz lehetett titokban tartani előttük a dolgot.

– Peter egész jövője a szülei kezében van. Később szeretné átvenni a szendvicsbárt és elképesztően odaadóan dolgozik. Nem tudnám elviselni, ha miattam bármivel kapcsolatban megnehezítenék a dolgát a szülei. Ők… egyszerűen képtelenek lennének elfogadni ezt.

– Nagyon sajnálom, Will.

– Nem nagy dolog – vonta meg a vállát, mire Lily Jane szinte már dühösen vágott közbe.

– De igen, az! Mindenki megérdemli, hogy szabadon szerethessen azt, akit csak akar és felháborít, hogy pont te nem teheted ezt meg. Te, aki tele vagy őszinte érzésekkel és annyi boldogságot adsz az embereknek magad körül, mint senki más.

Will ismét magához húzta a lányt és mélyet sóhajtott.

– Már az is nagy dolog, hogy szeretem őt, LJ. Eddig sosem voltam még szerelmes és még, ha titokban is kell tartanunk, ez egy olyan dolog, amit nem mindenkinek van lehetősége megtapasztalnia.

– Hogy vagy te képes mindent ilyen pozitívan megközelíteni? – nevetett fel a lány – Nekem olykor elég egy bunkó vendég a kávézóban és dől az egész napom, te pedig még a tiltott szerelemben is csak a boldogságot látod. Hogy lehetséges ez egyáltalán?

Will egy ideig nem felelt, de Lily Jane érezte, hogy elmosolyodott.

– Azért te is szebbnek látod kicsit a világot, mióta Edwards melletted van, nem?

A lány kénytelen volt helyeselni.

– Ez igaz. Olyan, mintha erősebb lennék. Mintha nem lenne olyan dolog, amire ne lennék képes.

– Mintha minden megoldódna már a puszta tudattól, hogy ő szeret téged.

– Pontosan – suttogta Lily Jane – Eddig fogalmam sem volt, hogy létezik ilyen érzés a világon, most pedig nem értem, hogy voltam képes enélkül létezni.

Will sült krumpliért nyúlt, miközben mosolyogva hallgatta a lányt. Látszólag sokkal könnyebb lett a lelke most, hogy megszabadult nagy titkától.

– Anyukád mit szólt hozzá? – kérdezte, ezúttal pedig Lily Jane merült a gondolataiba kissé, mielőtt felelt.

– Szilveszter előtt ugrott át bemutatkozni. Igazából sokkal kínosabbnak képzeltem el a helyzetet, mint amilyen valójában volt. Anya nagyon kedves volt. Tudod, ő igyekszik nem ítélni el az embereket...

– Ó – húzta el a száját Will – Nos, igen. Edwards-ot kissé könnyű a családja alapján megítélni.

– Szóval te is tudtál arról, amit az apukája csinált? Will kissé bűnbánóan bólintott.

– Azt hittem, te is tudtad. Mindenki tudta.

– Úgy látszik, tényleg mindenki. Rajtam kívül – rázta a fejét a lány hitetlenül – Gondolom, ezért beszéltetek folyamatosan ellene Natashával.

A fiú arcán ismét bűntudat tükröződött, miközben a sült krumplit majszolta.

– Részben igen. Tudod, attól, hogy csak ez a hír kapott szárnyra, elég sok kétes ügye volt még az apjának. Arról pedig inkább ne is beszéljünk, ahogy Matt néhány lánnyal bánt.

– De nem ismeritek őt, Will – sóhajtotta a lány – Tényleg nem. Megváltozott. Talán hülyeség, de érzem, egyszerűen érzem, hogy így van.

A kettejük közt beálló csend ezúttal nem volt sem kínos, sem feszült, mindketten gondolataikba merültek, miközben a gyorsétteremből kibeszállingóztak az emberek.

– Őszintén remélem, hogy igazad van, LJ és hidd el, én leszek a legboldogabb, ha ez tényleg így van. Megérdemled, hogy boldog legyél. Jobban, mint bárki más.

– Pontosan annyira érdemlem meg, mint te. És kérlek, szólj, ha bármikor tudok segíteni neked és Peter-nek!

Will mosolyogva bólintott, majd eltolva maga elől a sült krumplit felpattant a helyéről és tenyerét összecsapva intett a lánynak.

– Na, el a kalóriákkal és munkára fel, mert a tavaszi bemutató már vár ránk!

– És közben a vizsgáinkon sem kellene megbuknunk – tette hozzá Lily Jane, mire a fiú felismerve a vizsgaidőszak közeledtét, elhúzta a száját.

– Ó, te jó ég! Én el is felejtettem, hogy a január mit is jelent valójában. Egyébként gratulálok, a megállapításod már majdnem olyan bölcs volt, mintha a nagymamám mondta volna.

Lily Jane hangosan felnevetett, majd Will-be karolt és kifelé indulva a gyorsétteremből úgy érezte, a lelke tonnák súlyától szabadult meg hirtelenjében.

24.

Matt-nek néhány hét múlva leszedték a gipszet a kezéről, ami több szempontból is nagy megkönnyebbülést jelentett számára. Egyrészt, mert végre újból használhatta meggypiros, vadiúj autóját; másrészt pedig, mert így ismét képes volt szorosan Lily Jane köré fonva karjait magához szorítani őt. Erre sajnos viszont nem akadt túl sok lehetősége, mert a gipsz levételét követő néhány napon belül el kellett utaznia egy megbeszélésre a nyári táborral kapcsolatban, ahol dogozni szokott.

– Holnap délután már jövök is haza. Nem leszek sokáig távol – suttogta a lány fülébe a késő januári hidegben dideregve, miközben Lily Jane kollégiuma előtt állva búcsúzkodtak. Máskor töltöttek már hosszabb időt is távol egymástól, a lány szíve mégis elnehezült kissé a távollét gondolatától.

– Tudom. Csak… hiányzol.

– De hiszen itt állok előtted – nevetett fel a fiú, valójában mégis értette, mire gondol Lily Jane. A tavaszi divatbemutatóra való készülődés rengeteg időt elvett, amit együtt tölthettek volna, emellett pedig mindketten el voltak foglalva az időközben beköszöntött vizsgaidőszakkal. A lány már elég sok vizsgáját teljesítette és az átlagát is egészen jól sikerült megtartania, Matt helyzete viszont korántsem volt ennyire fényes. A fiú egyetlen vizsga kivételével az összesen megbukott és csak remélni tudták, hogy a hátramaradt néhány legalább egy kicsivel jobban sikerül majd neki.

– Mondd, hogyan tudnék segíteni? Kérdezzelek ki, vagy tanuljam meg én is és rágjuk át az egészet együtt? – kérdezgette a lány kétségbeesetten minden újabb sikertelen vizsga után, de Matt csak a vállát vonogatta.

– Nem tudom, LJ. Én tanulok, tényleg tanulok, de egyszerűen nem megy.

– Nincs ilyen, Matt. Kérlek, hagyd, hogy segítsek! Ez nagyon fontos – kérlelte, de a fiú hajthatatlan volt. Lily Jane-nek kezdett az a benyomása támadni, hogy őt valójában sokkal jobban bántja a dolog, mint Matt-et. Persze tisztában volt vele, hogy a fiúnak nincs szüksége ösztöndíjra és a szülei még a legmagasabb tandíjat is szó nélkül kifizették neki, mégis összeszorult a torka a gondolatra, hogy a fiúnak ott kelljen hagynia az egyetemet a sok bukás miatt.

– Ne aggódj már ezen annyit! Majd megoldódik valahogy.

– Igazságtalan vagy, Matt – felelte végül mérgében a lány és érezte, hogy ismét kezdenek eluralkodni rajta irányíthatatlan indulatai – Tudod, mások nagyon keményen küzdenek azért, hogy ide járhassanak, neked pedig csak úgy a kezedbe adták ezt az egészet és meg sem próbálod megérteni, mekkora dolog ez.

– Lily Jane…

– Rengetegen szeretnének a helyedben lenni, Matt Edwards, te pedig elpazarolod a lehetőségeidet. Ez olyan… ez olyan, mintha vennének neked egy új autót és hagynád, hogy a garázsban porosodjon, miközben egyáltalán nem is használod.

Lily Jane még saját magán is meglepődött, mennyire a fiú nyelvén beszélt és mennyire az ő agyával gondolkodott. Ha Natasháról, vagy Will-ről lett volna szó, valószínűleg sokkal hétköznapibb példával hozakodott volna elő, de Matt esetében ez volt az első, ami eszébe ötlött.

– Ha tudnád, hányszor hallgattam már végig ezt otthon! – sóhajtotta a fiú a fejét rázva – Hidd el, Lily Jane, hogy én igyekszem. Tényleg. Sajnálom, hogy nem látod.

Váratlanul bűntudat nyilallt a lány szívébe. Matt dereka köré fonva karjait egy mosollyal az arcán próbálta enyhíteni a beállt feszültséget.

– Tudom, hogy igyekszel. Csak egy egészen kicsit kellene még jobban – közel hajolt, ajkaival finoman simítva végig a fiú arcán – Meg tudod csinálni, Matt. A következő félévben behozzuk a lemaradásodat, jó? Csak engedd meg, hogy segítsek!

– Jól van – suttogta a fiú.

– Megígéred?

– Megígérem.

Bár Lily Jane nem volt teljesen biztos az ígéret betartásának valószínűségében, szemeit lehunyva megcsókolta a fiút pontosan olyan mély szerelemmel a szívében, ahogyan a tábori megbeszélés előtti búcsú utolsó pillanatiban is.

– Ha hazaértem, az lesz az első dolgom, hogy érted jövök és az egész napot együtt töltjük.

– Bárcsak ott járnánk már! – motyogta Lily Jane, miközben nagyot sóhajtott. Bár Matt-nek nem említette, valójában aznap délután készült hazamenni, hogy az édesanyjával lehessen a másnap esedékes bírósági ügy tárgyalásán. Nagyon feszült volt már a puszta gondolattól is, de valamiért nem talált megfelelő alkalmat arra, hogy megossza a fiúval a történteket és egyébként sem akart egyetlen értékes együtt töltött percet sem az otthoni borzalmakkal beszennyezni. Matt a menedéket jelentette számára a gondok elől, ezért semmiképp sem szerette volna jelenlegi talán legnagyobb gondját a fiú társaságában felemlegetni. Egyelőre legalábbis.

– Egyébként néhány hét múlva lesz egy jótékonysági parti, amit a szüleim minden évben megrendeznek. Olyasmi, mint egy bál. A kollégáik és az összes rokonunk el szokott jönni és szeretném, ha te is ott lennél – közölte a fiú már éppen távozóban, felébresztve Lily Jane-t gondolataiból – Jules-t már úgyis ismered és szeretném, ha a többiek is megismernének.

A lány elmosolyodott a gondolatra, hogy Matt az egész családjának be szeretné mutatni őt, ugyanakkor enyhe aggodalmat érzett a dolog kapcsán. Mégsem vacillált.

– Szívesen elmegyek.

– Tetszeni fog, majd meglátod – ült a fiú az autóba, majd egy utolsó csókot küldött a lány felé mielőtt bezárta az ajtót maga mögött – Felhívlak, ha odaértem.

Lily Jane egyik pillanatról a másikra találta magát egyedül a kollégium előtti szűk utcában. Különös érzés volt, Matt illata és kisugárzása továbbra is a levegőben lebegett, mégsem volt már látóhatáron belül.

Lily Jane-t váratlanul érte a különös gondolat. Matt-et nem csupán fizikailag érezte távol magától. Az édesanyjára és a közeledő bírósági tárgyalásra gondolva lélekben talán még sosem érezte magát ilyen távol tőle. Már bánta, hogy nem osztotta meg a fiúval a történteket, mert ez a hirtelen támadt magány nem várt intenzitással kezdte gyötörni lelkét.

Ez a gyötrelem pedig a tárgyalás idejének eljövetelével sem lett könnyebb. Másnap délben a bíróság előtti padon üldögélve úgy érezte, felrobban a szíve a benne rejlő indulatoktól, miközben lábaival ütemesen dobolt a földön. Szinte még levegőt venni is alig tudott, amikor megpillantotta az épületből kifelé tartó édesanyja törékeny kis alakját. Szemei sírásról, arca zaklatottságról árulkodott.

– Mi történt? – pattant fel a helyéről – Anya, mesélj már, mi volt! Mi a baj?

Lily Jane borzasztóan szeretett volna mellette lenni a tárgyalás alatt, de az édesanyja ismerve a lány érzékeny lelkét, ami már így is túl sok mindent viselt magán, nem engedte, hogy bemenjen.

– Semmi, kicsim – borult Lily Jane nyakába szemeit törölgetve – Semmi baj nincsen.

– Akkor miért sírsz?

Az édesanyja egyszerre nevetett és zokogott a buta kérdés hallatán, miközben úgy szorította magához a lányt, mintha saját lábain már képtelen lenne megállni.

– Most van a tárgyalás szünete, de a bíró azt mondta, nyugodtan távozhatok. Miután végighallgatta a történteket igazából tőlem alig kérdezett valamit. Elvileg a nő volt férje rongálta meg az autót, a bíró szinte felháborodott, hogy engem miért rángattak be egyáltalán. Nem is értette az egészet. Természetesen Ava felügyeleti jogának megváltoztatásáról szó sem esett ezek után – mondta hüppögve, amint egy kicsit sikerült összeszednie magát – Annyira megkönnyebbültem, Lily Jane!

– Gyere ide, Anya! – ölelte újra szorosan magához a lány édesanyját, miközben a szívéről egy tonnányi kő esett le hirtelenjében. Fogalma sem volt, pontosan miért is, de az ő szeméből is záporozni kezdtek a könnyek, miközben magába szívta édesanyja jól ismert, a világ bármely aromájánál megnyugtatóbb parfümjének illatát – Én mondtam, hogy minden rendben lesz. Látod, én már az elején megmondtam.

– Tudom, kicsim, tudom.

Csak álltak ott egymásba borulva, mintha soha többé nem akarnák elengedni egymást. Lily Jane ezúttal nem érezte már kislánynak magát az édesanyja ölelésének nyugalmában, hirtelenjében sokkal inkább tűnt úgy számára, mintha az édesanyjának nyújtanának az ő karjai menedéket, akinek törékeny alakja most őt változtatta kislánnyá néhány pillanatra. A lány szíve hirtelenjében mintha felrobbanni készült volna az egyszerre jelenlévő megkönnyebbüléstől és a dühtől, amelyet az éveken át viselt fájdalom okozott.

Ez a düh viszont még mindig semmi sem volt ahhoz az érzéshez képest, ami abban a pillanatban tört rá, amint felemelte fejét édesanyja válláról. A bíróság épületének főbejárata felé vándorolt a tekintete, ahonnan a tárgyalás szünetének közepette egy ismerős alak körvonalai rajzolódtak ki. Egy kissé megviselt inget és farmernadrágot viselt. Jól ismert, évek óta hordott, pufók kabátjának cipzárját nem húzta össze. Ez egy pillanatra ellágyította Lily Jane szívét, egyetlen pillanatra csupán újból felismerte édesapját a vele szemben álló vadidegen férfiban, de ez a pillanat szinte azonnal tovaszállt, helyét pedig ismét átvette a mérhetetlen megvetés és a gyűlölet.

A férfi megpillantva a lányt és édesanyját látszólag nagyon vacillált, azon tűnődhetett, odamenjen-e hozzájuk vagy sem. Végül az előbbi győzött, mert lassú, bizonytalan léptekkel közeledni kezdett feléjük, mígnem háta mögött megjelent a Lily Jane

szívében újabb gyűlölethullámot elindító, szőke
nőalak és kezét vállára téve látszólag arra bíztatta,
térjenek vissza az épületbe. A férfi helyeslően
bólintott, majd még egy utolsó pillantást vetett
egykori családjára a válla felett.
Lily Jane igyekezett minden érzelmét abba az
egyetlen pillantásba belesűríteni, miközben az
elmúlt évek alatt sokadjára szakadt meg a szíve.
Édesanyjával a karjai közt úgy érezte, az egész világ
értelmetlenné vált hirtelenjében. Ez a férfi, aki a
szemei előtt állt azzal az idegen nőszeméllyel a háta
mögött és arra sem volt képes, hogy akárcsak
egyetlen szót is szóljon hozzájuk, ez a férfi az
édesapja volt. Az édesapja, akinek vigyáznia kellett
volna a családra, akinek meg kellett volna védenie
kislányait az élet fájdalmaitól és mindent megtenni
azért, hogy biztonságban érezhessék magukat.
Példaképnek kellett volna lennie. Egy hősnek.
Ehelyett ott állt vele szemben, mint maga a
valóságos főgonosz.
A lány talán abban a pillanatban értette meg igazán,
hogy visszavonhatatlanul és végérvényesen
elveszítette az édesapját, ez a felismerés pedig erős
kézként markolta meg torkát, úgy fojtogatta őt, hogy
már-már azt hitte, belehal.
– Menjünk, Anya – suttogta erőtlenül, elkapva
tekintetét a vadidegenné vált férfiról – Együnk
valami finomat.
– Egyetértek. Igazán megérdemeljük – helyeselt az
édesanyja mosolyogva, ám a lány arcát megpillantva
követte pillantásának vonalát és üressé vált
tekintettel figyelte, amint a két alak visszasétált az
épületbe. Egy szót sem szólt, csak szomorú
mosollyal arcán puszit nyomott Lily Jane

homlokára, majd egymásba karolva céltalanul elindultak.

Bár lelkük sokkal könnyebbé vált aznap, Lily Jane szívében valami mégis megváltozott. Egy szót sem kellett szólnia, az édesanyja minden gondolatával tisztában volt, miközben a lány némán csipegette a bírósághoz legközelebb eső gyorsétteremben rendelt sült krumplit és érezte minden kimondatlan fájdalmát a hazafelé úton, az arcán legördülő, súlyos könnycseppeken keresztül. Lily Jane úgy érezte, a gyermekkora halt meg azon a napon, amikor az édesapja végérvényesen elárulta őket. Erre a váratlan gyászra pedig korántsem volt még felkészülve.

25.

– Biztos, hogy minden rendben? Sápadtnak tűnsz.

– Nincs semmi baj, Nat. Jól vagyok.

A lányok ismét a kávégőzben verejtékeztek, aznap pedig még a forgalom is elég nagynak bizonyult, ami cseppet sem volt Lily Jane kedvére való. A tárgyalás napjának délutánján azonnal vissza kellett utaznia a kávézó miatt, illetve tanulni a hátramaradt néhány vizsgájára, ám elképesztő fáradtsága mellett lelkiállapota sem volt éppen megfelelő a megpróbáltató munkanaphoz. A türelme pedig teljes mértékben tovaszállt.

– Csináljunk valamit meló után? Beülhetünk Will szendvicsbárjába egy limonádéra, vagy valami.

– Most nem tudok. Matt értem jön, és együtt töltjük a nap hátralévő részét. Ma jön haza a táboros megbeszélésből.

Natasha gyanakvóan vonta össze szemöldökét a fiú nevének hallatán.

– Összevesztetek?

– Miért vesztünk volna össze?

– Nem tudom. Fura vagy.

Lily Jane nem felelt barátnője aggódó megjegyzésére, csak a szemeit forgatta, majd az órára nézve nagyot sóhajtott.

– Steve nemsokára itt lesz.

– Alig várom – gúnyolódott Natasha – Napról napra egyre elviselhetetlenebb.

A lánynak igaza volt. Steve egyre gyakrabban illette őket udvariatlan megjegyzésekkel, akár a vendégek előtt is és akármilyen szorgosan is dolgozott a két lány, mindig talált valami kivetnivalót a munkájukban. Lily Jane a férfi érdekében őszintén remélte, hogy aznap mellőzi a kellemetlenkedést.

– Itt is vannak az én drága lánykáim – hallották hangját a bejárati ajtó nyílásával egy időben, mire mindkettejük karján végigfutott a hideg – Lily Jane, nem is mondod, hogy milyen új karriert indítottál!

A lány egy szót sem szólt, miközben a férfi mellélépdelt a pult mögött kíváncsi tekintettel várva a választ.

– Mire gondolsz, Steve? – vonta fel a szemöldökét.

– Hát arra, hogy eladtad a szép kis arcocskádat és modellnek álltál. Az egyik ismerősöm vett észre egy újság címlapján, aztán egyből felhívott, hogy nem az én Lily Jane-m kelleti-e ott magát a színpadon. Erre kiderül, hogy de igen!

– Lily Jane csak bemutatott egy ruhát, nem kell így túllihegni, Steve – szólt közbe Natasha észrevéve barátnője kifejezéstelenül maga elé meredő tekintetét.

– Na, mi az Natasha? Irigykedünk, hm? Jobb lenne, ha inkább a hátul elkészült pék sütiket pakolnád ki ahelyett, hogy a szádat jártatod.

– Már itt sem vagyok.

– Én is így gondoltam – vigyorgott gúnyosan a férfi, majd ismét Lily Jane felé fordult – Biztosan büszkék a szüleid, kislány. Végülis mégiscsak nagyobb karrier, mint a kávéfőzés.

– Hanyagolhatnánk a témát, Steve?

– Ó, hogyne! Hiszen neked is van dolgod bőven. Ez nem a kifutó, itt sajnos azért nem jár pénz, hogy mereszted azt a csinos kis fenekedet – nevetett fel a férfi, mire Lily Jane megdermedt egy pillanatra, majd hitetlen arckifejezéssel elfordította fejét. Semmi áron sem kockáztatta volna meg, hogy Steve szemébe nézzen, legszívesebben ott helyben elsüllyedt volna szégyenében. Steve a konyha felé indult, ami már-már megkönnyebbüléssel töltötte el Lily Jane szívét, a férfi azonban az utolsó pillanatban megtorpant és a válla felett nevetve visszaszólt – Azért nem irigylem az apádat belegondolva, hányan csorgatták a nyálukat a kis csipkés harisnyakötőd láttán.

És ennyi volt. Lily Jane legutolsó cseppnyi türelme is szertefoszlott. Testén különös zsibbadás lett úrrá, miközben érezte, ahogy elhatalmasodik rajta a düh és a méreg. Kezei ledermedtek, ujjai közül kicsúszott az éppen kezében tartott kávécsésze, majd hangos csörömpöléssel a földre hullt ezernyi apró darabra törve. Steve meglepetten húzta fel szemöldökét, Natasha pedig aggodalommal teli arccal, egy tálca péksüteménnyel az ölében sietett vissza.

– Tudod mit, Steve? – fordult lassan szembe a lány főnökével, vészjóslóan nyugodt mosollyal arcán – Egy kövér, gusztustalan, arrogáns, felfuvalkodott hólyag vagy és őszintén azt kívánom neked, hogy fordulj fel ott, ahol vagy.

Steve döbbenten meredt a lányra, akárcsak az elkerekedett szemű Natasha. A vendégek némán figyelték a jelenetet, a kávézóban vágni lehetett a feszültséget.

– Hogy mondtad?

– Jól hallottad, Steve – vágta rá a lány azonnal – Teljes szívemből gyűlöllek és mérhetetlenül sajnálom azt a nőt, akinek valaha is bármi köze volt hozzád. Helyesbítenék. Minden embert sajnálok, akinek egyáltalán a közeledben kellett lennie.

– Ez esetben... – húzta össze szemeit dühösen a férfi karba tett kézzel – Egészen nyugodtan távozhatsz.

– Ó, nem kell kirúgnod. Felmondok – közölte a lány, mire Natasha azonnal közbevágott.

– Steve, nem úgy gondolta...

– De igen, pontosan úgy gondoltam. Hányingerem van a gondolattól, hogy akár egyetlen pillanattal tovább ezen a helyen maradjak.

– Menj csak! Azt hiszed, találsz jobbat – rivallt rá, miközben Lily Jane levetette magáról kötényét és hanyag mozdulattal a pultra dobta – Ráadtak egy drága ruhát és máris valakinek hiszi magát. Menj csak, mutogasd magadat, hátha majd megdobálnak egy kis apróval!

A lány a fejét rázva nevetett fel, miközben a kijárat felé tartott.

– Minden kezdet nehéz, Steve. Téged viszont a legtöbb ember még apróval sem dobálna meg, akármilyen nehéz is elfogadnod ezt. Hosszú lesz az utam, de hidd el, megéri. Sose felejtsd el, hogy egyszer így beszéltél Lily Jane Monroe-val!

Azzal már kint is volt a kávézóból és eltekintve attól, hogy a szíve vadul vert a heves helyzettől, váratlanul megkönnyebbülés és boldogság járta át lelkét, miközben Matt számát tárcsázta. Amint meghallotta a fiú hangját a vonal túlsó végén, egyszerűen képtelen volt megszólalni, abbahagyhatatlan, felszabadult nevetés lett úrrá rajta; olyan, amilyet már nagyon régóta nem tapasztalt.

– Máris végeztél? – kérdezte a fiú, majd meghallva Lily Jane hangos vihogását ő is elmosolyodott – Hé, minden rendben? Min nevetsz ennyire?

Matt türelmesnek bizonyult, miközben a lány hosszú perceken át tartó nevetését hallgatta, aminek úgy tűnt, sosem lesz vége. Amint egy kicsit csillapodott és Lily Jane már épp megszólalt volna, megint belekezdett egyre hangosabban és erőteljesebben, mígnem már a könny is kicsordult szemeiből.

– Felmondtam, Matt. Felmondtam. Tényleg felmondtam – hadarta aztán két hullám között, amikor sikerült eléggé összeszednie magát ahhoz, hogy megszólaljon.

– Micsoda? – a fiú hangjából őszinte döbbenet hallatszott – Lily Jane, miről beszélsz?

– Annyira jó érzés! Annyira, de annyira jó! Már rég meg kellett volna tennem.

– Na, jó. Tudod, mit? Tíz perc és ott vagyok érted – közölte miután rájött, hogy Lily Jane egyelőre képtelen elmagyarázni, mi is történt valójában. A fiú egyszerre aggódott, miközben örült is egy kicsit, hogy Lily Jane végre kiszabadult a helyről, amit annyira utált.

Matt ígérete igaznak bizonyult, alig tíz perc elteltével meggypiros autója begördült a pláza parkolójába, a lány pedig beülve úgy vetette magát a nyakába, mintha legalább egy éve találkoztak volna utoljára.

– Elmeséled végre, mi történt? – nevetett Matt, de azért közben persze nagyon is élvezte, amint a lány apró csókokkal borította be arcát és nyakát. Lily Jane legszívesebben azonnal a fiúra vetette volna magát. Az elmúlt egy napban felgyülemlett feszültség, düh és aggodalom egyik pillanatról a másikra szertefoszlott Matt jelenlététől, ez a váratlan gond nélküli lebegés pedig valóságos eufóriaként érte el a lányt. Nem számított semmi és nem érdekelte semmi, csak és kizárólag az érzés, amit a fiú keltett benne.

Útközben azért mégiscsak rákényszerült, hogy nagyvonalakban elhadarja a kávézóban történteket, de feltűnően lényegre törő volt a történet, miközben Matt autója a fiú lakásának parkolójába gördült.

– De máskor is mondott már ilyeneket, nem? – kérdezte a fiú mély felháborodással a hangjában – Én azon is csodálkozom, hogy eddig nem borultál ki.

– Ilyen durva még sosem volt a helyzet. És egyébként is fáradt voltam.

– A tanulástól?

– Igen – hazudta a lány – Már csak néhány vizsgám van, ezeket már nem szúrhatom el.

– Bárcsak én is ezt mondhatnám!

Lily Jane nem felelt Matt viccesnek szánt felkiáltására, megvárta, míg a fiú leállítja az autót, majd kicsatolva magát közel hajolt hozzá.

– Hiányoztál.

– Te is hiányoztál, LJ.

A lány szemei úgy ragyogtak a sötétben, mintha szíve csak és kizárólag boldogsággal lenne tele, ami semmilyen más érzésnek nem hagyott helyet.

– Mi volt a megbeszélésen?

Matt unottan vonta meg a vállát.

– Semmi extra. Elmondták, hogy kinek mi lesz idén a feladata meg, hogy melyik hétnek mi lesz a témája. Én ugyanúgy videózni fogok, mint eddig, szóval engem nem ért túl nagy meglepetés, viszont a témák elég jók lesznek.

Lily Jane meglepetten húzódott vissza a helyére, miközben összevont szemöldökkel meredt a fiúra.

– Hogy érted azt, hogy melyik hétnek mi lesz a témája?

– Úgy, hogy a négy héten át mindig másféle programok vannak. Tavaly például volt kalóz témájú hét, ami nagyon jó volt és…

– Négy héten át? – vágott közbe a lány és még ő maga is meglepődött, milyen kétségbeesetten csengett a kérdés – Ezt úgy érted, hogy négy héten át ott kell lenned?

Matt száját elhúzva kapta el tekintetét, látszólag nem nagyon akart Lily Jane szemébe nézni.

– Azt hittem, említettem már. Ne haragudj…

– Négy hét – suttogta maga elé a lány hitetlenül rázva fejét. Az addigi gondtalanság egyszeriben semmivé lett és akkora gombócot érzett a torkában, hogy azt hitte, menten megfullad. Nagyokat nyelt és most már ő is képtelen volt a fiúra nézni.

– LJ, ne aggódj emiatt, kérlek! Majd megoldjuk valahogy, hiszen négy hét azért nem a világvége.

Lily Jane szeretett volna egyetérteni a kijelentéssel, de testének és lelkének minden apró porcikája visszatartotta ebben őt. Abban a pillanatban négy hét neki igenis a világvégét jelentette. Arcát a tenyerébe temette, majd nagyot sóhajtva Matt tekintetébe fúrta az övét. Gondolatban megpróbálta elképzelni az életét a fiú nélkül, anélkül a repüléshez emlékeztető érzés nélkül, amely élete addigi összes fájdalmát és kínját elfeledtette vele. Levegőt sem kapott hirtelen a kép látomására.

– Legyen igazad – suttogta ismét közel hajolva, ajkát a fiúéra tapasztva, miközben az gyengéden fűzte ujjait hajtincsei közé. Matt-nek egy szót sem kellett szólnia, az, ahogyan a lányra nézett némán késztette

Lily Jane-t arra, hogy bármiféle kételkedés nélkül elhiggyen bármit.

Nem volt szükség több szóra. Kiszállva az autóból Matt azonnal a lány felé lépdelt és magához húzva őt úgy csókolta meg, mintha ez lenne az egyetlen értelmes ok, amiért ők a világra születtek. Lily Jane játékosan hátrálni kezdett, mígnem hátával egy fának támaszkodva mosolygott a fiúra a parkoló sötétjében. Matt viszonozta mosolyát és Lily Jane csuklóját megfogva a saját nyakára helyezte a lány kezét, miközben a fához préselte őt és szemeiben elveszve egyesült minden lélegzetvételük. Lily Jane lábai beleremegtek a fiú ajkának érintésébe, miközben igyekezett minél közelebb húzni őt magához.

– Sosem akarlak elveszíteni, LJ – suttogta a fiú a sötétben – Mindennél többet jelentesz nekem. Soha… én soha nem éreztem még ilyet. Kérlek, bízz bennünk úgy, ahogyan én!

– Bízom bennünk – felelte a lány, bár szavai a mámortól már-már érthetetlenül hangzottak.

– Te vagy az egyetlen, ami életben tart. Lily Jane Monroe, te vagy az én egyetlen örömforrásom. Engem semmi más nem érdekel, csak te. Csak te.

Lily Jane szíve ismét felrobbanni készült, az egész teste vibrált és bizsergett a fiú minden érintésének nyomán. Semmit nem akart, csak minél közelebb tudni őt magához most és mindörökké. Nem tehetett mást, szemeit lehunyva átadta magát az érzésnek és, bár Matt jól ismert illatával átitatott ágyában fekve hajnalban újból különös fájdalom nyilallt szívébe, mégis reménykedett. Bízott abban, hogy a fiú ígéretéhez híven mellette marad és bízott abban, hogy ő is támogathatja őt a legnehezebb időkben is.

Matt felé fordult az ágyban és mosolyogva figyelte a fiú nyugodt, tudattalan vonásait, miközben a szobát már megtöltötték a redőny résein át beszűrődő, kora reggeli fénycsóvák. Abban a pillanatban megfogadta, hogy a végsőkig ki fog tartani mellette, mert, bár a fiúval ellentétben Lily Jane sosem említette, valójában már ő is képtelen lett volna elképzelni az életét nélküle. Apró csókot nyomott az alvó fiú homlokára, majd mintha csak így akarná elhessegetni kételyeit még közelebb húzódott hozzá és arcát mellkasán pihentetve hagyta, hogy újból elérje a megnyugtató tudattalanság.

26.

A Matt szülei által rendezett jótékonysági rendezvény jócskán felülmúlta Lily Jane elképzeléseit. Bár valójában kissé aggódott az esemény miatt, mert félt, hogy újból kínos helyzetbe kerül a tőle meglehetősen eltérő körülmények közt nevelkedett emberek világában, azért mégis bizakodó kíváncsisággal vetette magát a dologba.

A felmondását követően bőven megnövekedett a szabadideje, így még egy kis ruhavásárlásra is maradt idő Natashával. Bár Lily Jane a hetek múlásával egyre jobban aggódott, mert nem talált új munkahelyet, azért mégiscsak élvezte azt a plusz időt, amit így Matt-re és a barátaira tudott fordítani. Már az idejét sem tudta annak, amikor Natashával mindketten ráértek egy kis csajos programra, a jótékonysági rendezvényre való ruhavásárlás pedig mindkettejüket izgalommal töltötte el.

– Nem túl elegáns? – nézegette magát Lily Jane a tükörben egy csodaszép, szűk szabású, ezüst ruhában.

– Szerinted Edwards-ék szótárában létezik olyan, hogy túl elegáns? A parti valószínűleg még egy királyi esküvőnél is puccosabb lesz.

Lily Jane felnevetett barátnője szavai hallatán, de be kellett látnia, hogy valóban volt valami abban, amit mondott.

– Akkor biztos, hogy megvegyem?

– Ezer százalék. Gyönyörű vagy, LJ.

És valóban. A ruha könnyű anyaga úgy simult a lány alakjára, mintha csak rá öntötték volna, a nyakrészénél pedig hálós anyagba váltott át, amelyen apró, ezüst virágok díszelegtek. Nem volt kétség, igazi hercegnőt varázsolt a lányból.

Natasha jövendölése a partival kapcsolatban nem is lehetett volna találóbb. Lily Jane a monumentális Edwards-házba lépve már egyáltalán nem érezte túlzásnak ruháját. A házat belülről csodaszép virágok díszítették mindenütt, az óriási ebédlőasztalon különleges fogások illatoztak, a szobák sarkaiban pedig kiöltözött, szmokingot viselő férfiak és estélyiben pompázó hölgyek társalogtak. A lánynak az ajtón belépve azonnal inába szállt a bátorsága, de amint Suzanne meglátva őket elindult feléjük, rá kellett jönnie, hogy innen bizony már nincs visszaút.

– Egy kicsit jöhettetek volna hamarabb is, Matt – mondta szemrehányóan rá sem pillantva Lily Jane-re – Köszönjetek a vendégeknek, aztán egyetek valamit! Scott nemsokára beszédet mond.

A két fiatal valójában szóhoz sem jutott, Suzanne már el is viharzott, szigorú arckifejezésének helyébe pedig azonnal erőltetett mosoly lépett, amint odasietett a csoportokban beszélgető vendégekhez.

Matt bíztató mosollyal nyújtotta karját Lily Jane felé, aki elfogadta azt és együtt belevetették magukat a vendégek forgatagának üdvözlésébe.

Valójában többen voltak, mint Lily Jane gondolta. Egy idő után már annyi emberrel fogott kezet és annyi nevet hallott, hogy képtelen lett volna akár csak egyet is felidézni. Illetve talán volt egy pár, akik szokatlan megjelenésükkel mégis beleégették magukat a lány emlékezetébe.

Egy fiatal, harmincas éveiben járó hölgy álldogált vele szemben lezser, már-már bohém hatású, virágos ruhában egy viszonylag idősnek tűnő, szemüveges férfi oldalán.

– Celeste vagyok, ő pedig a férjem, Phil – mosolygott Lily Jane-re, a lány pedig nagyon erőlködött, hogy leplezze döbbenetét – Hé, Matt, hát téged is látni még? Ezer éve nem találkoztunk.

– Sosem hagytam volna ki ezt a partit – felelte a fiú, mire Celeste mosolyogva ölelte át. Bár látszólag egyértelműen idősebb lehetett tőlük, mégis volt a mozdulatában és a fiúra vetülő tekintetében valami, ami váratlanul nyugtalanítani kezdte Lily Jane-t. A lány azonban igyekezett elhessegetni a gondolatot és miután végre hallótávolságon kívülre értek, félszeg mosollyal az arcán fordult Matt felé.

– Szóval ők… férj és feleség.

– Ne is mondd, eszméletlenül gáz – felelte a fiú azonnal, szélesen vigyorogva – Celeste néhány éve végzett az egyetemen, már a doktoriját csinálja, Phil pedig a fizikatanára volt. Oké, hogy vannak esetek, amikor az egyetemi hallgató és a tanár közt kicsi a korkülönbség, de ez nem az az eset.

– Tényleg furcsa egy kicsit.

– Furcsa? Az enyhe kifejezés – nevetett Matt – Celeste huszonnyolc, ez a csávó pedig majdnem hatvan. Az apja lehetne. Ha nem a nagyapja.

Lily Jane nem akart rosszindulatúnak tűnni, így végül egy szót sem szólt, csak elhúzta a száját. Tisztában volt vele, hogy vannak férfiak, akiknek jót tesznek az évek és öregedésükkel egy ütemben sármosabbá is válnak, de Phil határozottan nem tartozott közéjük. Őszülő, sötét színű hajával és nagypapára emlékeztető stílusával az üde kisugárzású Celeste mellett csak még öregebbnek tűnt.

Matt tovább vezette a lányt az elegáns öltözékű emberek tömegében, mígnem váratlanul egy hiányos fogsorú, cserfes kisfiúval találták szemben magukat.

– Gondolj egy számra! – mutatott azonnal Lily Jane-re, Matt pedig hangosan felnevetett.

– Ő az unokaöcsém, Rory. Mániája, hogy kitalálja a számot, amire gondolsz. Ezeréves trükk, már mindenki ismeri.

– Ez nem is igaz! – sértődött meg a kisfiú – Ez most egy újabb féle dolog. Gondolj egy számra!

Lily Jane elmosolyodott a másodszorra is elhangzó, határozott utasításra.

– Ez el fog tartani egy darabig… – sóhajtotta Matt – Nem baj, ha addig megkeresem apát? Két perc és visszajövök, addig…

– Gondolj egy számra! – vágott közbe a kisfiú ezúttal már harmadjára mutatva Lily Jane-re. Matt gyors puszit nyomott a lány homlokára, majd elindult, hogy megkeresse a szüleit.

– Jól van. Gondoltam.

Matt-nek igaza volt. Lily Jane talán még sosem érzett egyetlen percet olyan hosszúnak, mint annak az aranyos, ám annál inkább túlbuzgó kisfiúnak a társaságában. Valóban kitalált minden számot, amire a lány gondolt, ez azonban végeláthatatlan lavinát indított el. Akárhogy próbált szabadulni, mindig újabb és újabb számra kellett gondolnia, mígnem egy ismerős kéz karolta át hátulról kiszabadítva őt Rory követelő kérdéseinek özönéből.

– Reméltem, hogy eljössz. Annyira szép vagy!

Jules volt az szokásos, bájos mosolyával; egy hozzá hasonlóan kedves arcú, barna hajú férfival az oldalán.

– Köszönöm, de te se panaszkodhatsz!

Jules valóban gyönyörű volt. Hosszú, sötét színű haját rendezett loknikba göndörítette, mustársárga koktélruhát viselt.

– Engedd meg, hogy bemutassam a férjemet, Josh-t!

– Ó, szóval te vagy az a bizonyos Lily Jane – mosolygott a férfi, miközben kezet ráztak – Nos, én meg Matt Edwards elképesztően jóképű nagybátyja.

– Mindjárt gondoltam – felelte Lily Jane, mire mindhárman nevetni kezdtek – Örülök, hogy megismerhetlek.

A lány legszívesebben hozzá tette volna, hogy valójában ők a kedvenc tagjai az egész Edwards családból, de nem érezte helyénvalónak, így végül csak őszinte mosolyával próbálta érzékeltetni, mennyire hálás végre a barátságos társaságért.

– Úgy hallom, Rory megtalált a gondolatolvasó játékaival – simította meg a kisfiú haját Jules – Sosem unja meg.

– Azt hiszem, képtelen lennék még egy számra gondolni. Lassan már az összeset kilőttük egytől százig.

– Velem is eljátszotta az előbb – szólt Lily Jane háta mögül egy ismeretlen férfihang. A lány kíváncsian fordult meg, majd kissé meglepetten tapasztalta, hogy Phil, a fizikatanár állt mögötte.

– Valóban?

– Igen, de azért egy fizikussal kicsit nehezebb dolga akadt – vigyorgott elégedetten, mire Lily Jane kérdőn vonta fel a szemöldökét – Az én számomat nem sikerült kitalálnia.

– Melyik szám volt az?

– Nos, Rory nem tette hozzá a játékhoz, hogy egész számokra kellene gondolni. Én a pít választottam.

Lily Jane egy pillanatig nem tudta eldönteni, hogy elborzadjon, vagy hangosan felnevessen a nevetséges kijelentés hallatán. A fizikatanár látszólag nagyon büszke volt magára, a lány szemében mégis kissé szánalmas látszatot keltett. Végül egy szót sem szólt, csak mosolyogva bólintott egyet és, bár Jules és Josh társasága valódi megváltás volt számára, úgy érezte, ideje továbbállni.

– Megyek, megkeresem Matt-et.

Lily Jane eltökélten, mégis kissé megszeppenve járkált az idegen arcok között, Matt-et pedig sehol sem találta. Bár járt már néhányszor a házban, az ünnepi díszítés és a tömeg teljesen összezavarta és már azt sem tudta volna megmondani, melyik szobában kereste a fiút és melyikben nem járt még. Végül a nappaliban összeakadtak szemei Scott elégedett tekintetével, aki azonnal a lány felé indult a tömegben.

– Lily Jane! Örülök, hogy itt vagy – tárta ölelésre karját, amit Lily Jane kissé bizonytalanul és meglepetten fogadott.

– Sehol sem találom Matt-et. Azt mondta, téged keres.

– Igen, beszéltem vele, de azóta nem láttam. Nemsokára mondok egy kis köszöntőt, arra biztosan megjelenik majd.

Lily Jane csalódottan húzta el a száját.

– Azért köszönöm!

– Ne menj még, gyere, igyunk valamit! – tartotta a karját a lány felé, amit az jobb lehetőség hiányában kénytelen volt elfogadni. Hamarosan egy drágának tűnő pezsgővel töltött pohárral a kezében álldogált Scott társaságában, aki meglepően nyitott és barátságos volt vele. Viszonylag sokat beszélgettek, Matt édesapja valószínűleg az alkohol hatására nagyon közvetlenné vált és mindenről beszámolt a lánynak, ami csak eszébe jutott. Megtudta például, hogy az étkezőben találhat egyfajta bizonyos T-bone steaket, amit csak rendkívüli rendezvényekre szoktak hozatni az éttermükből.

– Sosem hallottam róla ezelőtt.

– Elég időigényes az elkészítése, de eszméletlenül finom. Érdekes, hogy azért hívják így, mert mindig T alakú benne a csont.

A lány már kezdett kissé feszengeni a húsokról és különböző, völgyekről elnevezett viszki és egyéb kiváló minőségű alkoholokról szóló történeteket hallgatva, végül csak egyetlen gondolat ötlött eszébe, amivel kimenthette magát.

– Bocsánat, muszáj kimennem a mosdóba.

Scott megértően bólintott, majd ismét magához ölelte a lányt.

– Menj csak nyugodtan. Egyébként hallottam, hogy munkát keresel.

Lily Jane megtorpant egy pillanatra, kíváncsian pillantott a férfira.

– Igen. Felmondtam a kávézóban.

Scott látszólag kissé bizonytalanul felelt, mintha fejben többször átgondolta volna, hogyan is fejezze ki magát.

– Szerintem fel kellene hívnod Dubois-t. Tudom, hogy tervezni szeretnél, de Suzanne-el mindketten folyamatosan kapják fotóügynökségek kéréseit, akik modelleket keresnek. Hidd el, nem bánnád meg.

– Majd átgondolom – felelte leplezett csalódottsággal hangjában Lily Jane. Egyáltalán nem akart modellkedni, már a tavaszi divatbemutató gondolata is kétségbe ejtette kissé. Kezdte úgy érezni viszont, hogy ez az egész egy óriási fekete lyukká nőtte ki magát, ami egyszer beszippantotta és immár nincs belőle kiút.

A mosdó felé közeledve Lily Jane mélyen a gondolataiba merült. Azon tanakodott, vajon valóban élnie kellene-e Dubois lehetőségeivel így, hogy más opciót egyelőre egyáltalán nem látott. Fogalma sem volt arról, mit kellene tennie, hiszen nem szerette volna elárulni önmagát, de azért mégiscsak fontos lett volna már valami jövedelemforrás.

A következő gondolata viszont még ennél is jobban bántotta. Fogalma sem volt, hol lehet Matt és hirtelen rég nem érzett magány lett úrrá rajta.

Már csak néhány lépés választotta el a mosdó folyosójától, amikor váratlanul meghallotta a fiú hangját. Valamiért különös nyugtalanságot érzett és gondolatban átpörgette az eseményeket megérkezésüktől kezdve. A fiú azt mondta, csak néhány percig lesz távol, valójában pedig teljesen magára hagyta a lányt, most pedig hallhatóan vidáman nevetgélt éppen valakivel a mosdó folyosóján. Rory-ra gondolt és a számokra, majd hirtelen bevillant Phil, aki egyedül, kissé magányosan álldogálva csatlakozott a párbeszédükhöz. Celeste nem volt vele.

A lány nagy levegőt véve fordult a mosdóhoz vezető folyosóra, a szíve pedig óriási dobbant, amikor rájött, igaza volt. Matt és Celeste a folyosón állva beszélgettek észre sem véve őt. Rajtuk kívül senki sem volt jelen, a lány pedig Matt szájához emelte poharát, miközben a haját igazgatta.

– Ilyen íz még sosem volt a szádban – mondta kacér mosollyal az arcán – Ez a világ legjobb viszkije.

Matt hagyta, hogy a lány az ajkához emelje poharát, majd nagyot kortyolt az italból. Nagyon közel álltak egymáshoz, térdeik talán össze is értek, de valójában Celeste tekintete volt az, ami a leginkább kétségbe ejtette Lily Jane-t. Ajkát beharapva, kacéran figyelte a fiú reakcióját a viszki ízére, Lily Jane pedig majdnem biztos volt abban, ha nem lép közbe, hamarosan olyasmi történik, amit elképzelni sem szeretett volna.

Végül nagy léptekkel indult el feléjük, de egyéb ötlet hiányában úgy döntött, rájuk sem nézve egyszerűen csak elsétál mellettük és bemegy a mosdóba. Ez így is történt, az érkezését felismerve azonban Celeste és Matt feltűnően távolabb léptek egymástól, a levegőben pedig valósággal vágni lehetett a feszültséget. Lily Jane-nek még egy mosolyt is sikerült magára erőltetnie, miközben céltudatosan haladt előre, majd a mosdóba érve a csapnak támaszkodva pillantott magára a tükörben. Fájt. Fizikai fájdalmat érzett a mellkasában, miközben óvatosan kitörölt a szeméből néhány könnycseppet. Hamarosan nyílt a mosdó ajtaja és Matt kissé sápadt ábrázata jelent meg a háta mögött.

– Tudom, hogy azt mondtam, csak néhány perc…

– Nem számít – vágott közbe a lány továbbra is szilárdan tartva mosolyát, a fiú azonban kristálytisztán látta fájdalmát a mosoly mögött – Apukád nemsokára beszédet mond, jobb lesz, ha visszamegyünk.

– LJ…

Matt hangja semmivé foszlott, miközben a lány meg sem várva mondandóját távozott a mosdóból és nagy léptekkel visszafelé indult. Fél füllel még hallotta, amint Matt kijött a háta mögött a mosdóból, de hátra sem pillantva megkereste a tömegben Jules-t, aki Josh-al és Emmával álldogálva várta a köszöntőt.

Lily Jane kedvesen magához ölelte a bájos kis Emmát, aki továbbra is Ava-ra emlékeztette őt és igyekezett a tekintetét csakis rá szegezni, nehogy véletlenül megtalálja Matt szemeit így, hogy ezúttal már nem kereste.

– Nagyon szép vagy, Emma – simított hátra néhány tincset a kislány arcából – Tudod, mindig a kishúgom jut rólad eszembe.

– Nem is tudtam, hogy van egy kishúgod.

– Pedig van. Nagyon jól kijönnétek.

Emma elmosolyodott és egyik kezével Jules, a másikkal Lily Jane derekát ölelte át. A lány végre megnyugodott egy kissé. Végre olyan emberek társaságában volt, akikről valóban el tudta képzelni, hogy őszintén szeretik őt és nem csak elviselik, mert ő Matt éppen aktuális barátnője. A torkában gombóc növekedett, miközben Scott óvatosan a poharához ütögetett egy kiskanalat.

A vendégek elcsendesedtek, Lily Jane szemei pedig, mint két mágnes, elkerülhetetlenül fonódtak össze a tömegben Matt tekintetével. A fiú továbbra is sápadt volt, a szemeiben pedig mintha könnyek csillogtak volna. Lily Jane addig talán el sem tudta képzelni, mennyi különböző érzelem tükröződhet egyszerre egyetlen ember arcán. Matt egyszerre pillantott rá szeretetteljesen, amint észrevette, hogyan öleli őt át Emma és hogyan mosolyog rá Jules; bűnbánóan a lány fájdalommal teli arcát látva és szégyenteljesen az elmúlt néhány perc történéseinek következtében. Lily Jane borzasztóan haragudott rá, de ez teljesen másfajta harag volt, mint amit valaha érzett. A lány csalódott volt és olyan zsibbadt volt a teste, mintha valaki megütötte volna. Azonban egyáltalán nem akart haragudni. A szíve, a lelke és minden porcikája azért könyörgött, bárcsak elfeledhetné az elmúlt néhány percet és odamehetne a fiúhoz, hogy magához ölelje őt. Mégsem tette ezt.

Matt kitartóan nézte őt, egyetlen percre sem kapta el tekintetét, Lily Jane azonban már ismét maga elé meredt gondolataiba merülve. A fiú sosem látta őt így azelőtt. Szemei kifejezéstelenül, szilárdan tekintettek előre, arcvonásai pedig jéghideggé, számára már-már elviselhetetlenül rideggé keményedtek. Lily Jane, bár fogalma sem volt róla, valójában talán Suzanne King jéghideg álarcát öltötte magára, amely ezúttal nem csak a külsőségeket befolyásolta, de pillanatok alatt jégbe burkolta a lelkét is.

27.

Külső szemlélőként bárki azt mondhatta volna, hogy az elegáns jótékonysági rendezvény nagy sikernek örvendett és kifejezetten jól sikerült, a kulisszák mögé pillantva azonban volt két ember, akik ezt egészen biztosan nem így gondolták. Lily Jane egész idő alatt feltűnően kerülte Matt-et. Ha odahívta magukhoz néhány üzletember, vagy éppen Suzanne munkatársai, bájos mosollyal az arcán mutatkozott be, sőt az időközben megjelenő Dubois-val is váltott néhány szót a Scott által említett modellkedési lehetőségekről, arra viszont egész végig törekedett, hogy semmiképpen se maradjon kettesben a fiúval. Udvariasan megkóstolt minden különleges fogást és jó párszor koccintott Scott-al az ezeréves viszkikről társalogva. Emmával és Jules-al még táncolt is egy keveset, valamint az est végeztével segített Suzanne-nek és a bejárónőnek elpakolni a vendégek után. Összességében tehát bárkinek úgy tűnhetett, őszintén jól érezte magát a rendezvényen, gondolatban azonban folyamatosan azon vacillált, vajon nem lenne-e helyesebb döntés, ha a megbeszéltek helyett nem az Edwards-házban, hanem a tömegközlekedéssel néhány percnyire lévő kollégiumában töltené az éjszakát. Azonban az idő már elég későre járt és egyébként sem jutott eszébe egyetlen kézzel fogható kifogás sem, amit Matt szüleinek mondhatott volna.

Így végül a hosszúra nyúlt elpakolást követően némán magára öltötte selyempizsamáját és a fiú hálószobájába érve egyetlen szó nélkül helyet foglalt az ágyon. Matt sem volt túl szószátyár kedvében, az ággyal szemközt álló íróasztal előtt ült egy forgószékben, amivel érkezésére a lány felé fordult, majd lassan felállt és Lily Jane-hez lépdelve megsimította az arcát.

– Ne nézz így, kérlek! – suttogta alig hallhatóan, mire a lány ráemelte tekintetét.

– Hogy?

– Úgy, mintha itt sem lennék – felelte a fiú. Ez volt a második alkalom, hogy ezt mondta és Lily Jane továbbra sem értette, miért zavarja ez őt ennyire – Anya szokott így nézni rám, amikor csalódik bennem. Azt hiszem, nincs ennél rosszabb érzés a világon.

– De igen, van. Az, amikor a barátod magadra hagy egy puccos rendezvényen, hogy egy random másik nővel cseveghessen.

– Lily Jane, tudod, hogy…

– Nem tudom – emelte fel hangját a lány – Ott álltam és vártam rád, Matt. Ezer számra kellett gondolnom, mire végre Jules és Josh kimentettek, aztán apukáddal beszélgettem a világ összes húsfajtájáról, mert te nem voltál sehol.

– Én igyekeztem vissza, csak közben odajött hozzám Celeste.

– Annyit kellett volna mondanod neki, hogy ne haragudj, de mennem kell, mert vár a barátnőm! Olyan nehéz lett volna ez? – tárta szét karjait Lily Jane – Nem, helyette neked kóstolgatni kellett a poharában lévő tudom is én, mit.

– Csak beszélgettünk! – védte magát Matt, mire a lány nevetve rázta meg a fejét.

– Magamra hagytál, Matt. Őszintén megmondom, nem is értem, hogy minek hívtál egyáltalán, ha ekkora teher voltam.

– Hogy lennél már teher?

– Megaláztál! – kiáltotta a lány ezúttal már utat engedve könnyeinek – Tudod te, milyen érzés volt? Tudod, te...

– LJ – hajolt az ágyon ülő lányhoz a fiú letörölve könnyeit arcáról – Kérlek, ne sírj! Könyörgöm, hogy ne sírj emiatt!

A lány elfordította az arcát, de Matt a kezei közé fogta és visszafordította maga felé, hogy homlokát a lány homlokához nyomhassa.

– Mit kellene tennem akkor szerinted? – kérdezte Lily Jane, miközben a fiú ajkával végigsimította arcát. Néhány percig némán, lehunyt szemmel várták, hátha a másik mond valamit, ami javít a helyzeten, végül Matt törte meg a feszült némaságot.

– Sajnálom, Lily Jane. Nem akartalak megbántani. Tényleg.

Lily Jane szerette volna egyszerűen csak elfogadni a bocsánatkérést, de a szíve továbbra is olyan volt, mintha valaki szorította volna és sehogy sem akarta elengedni.

– Azt mondod, ki fogjuk bírni a négy hetes táborodat, miközben egy szimpla családi rendezvényen is ez történik.

– Az más...

– Nem az – vágta rá a lány – Biztosan ott is lesznek ilyen izgalmas fizikuslányok. Találsz majd valami menő, idősebb csajt, aki körbeutazza a világot és aktmodellkedik az Eiffel-torony tetején, miközben bohém kis ruhában puccos jótékonysági rendezvényekre jár.

– Ez nem igaz.

– De igen. Négy hét rengeteg idő, Matt és el fogunk távolodni egymástól. Ezek után pedig képtelen vagyok bízni bennünk.

Matt arca a pillanat törtrésze alatt változott meg. Olyan mély fájdalom jelent meg rajta a lány szavai hallatán, hogy még Lily Jane szíve is majdnem megszakadt a láttára.

– Nekem csak te vagy, LJ – suttogta könnyektől csillogó szemekkel – Te vagy az egyetlen, ami elfeledteti ezt az egész engem körülvevő káoszt. Tudom, hogy talán tökéletesnek tűnik az életem, de hidd el, hogy nem az. Egy óriási nagy szarság az egész és én... nem bírom ezt ki nélküled.

– A te életed szarság? – nevetett fel a lány, miközben érezte, ahogy a düh egy új formája árasztja el. Megrázta a fejét és ismét elfordult a fiútól.

– Bármilyen meglepően hangzik is, képzeld el, hogy az! – vágta rá Matt kissé gúnyosan, ami még inkább felbosszantotta Lily Jane-t. Mély levegőt vett és a fiú szemeibe nézve tekintetével egészen a lelkéig hatolt.

– A saját apám beidéztette az anyukámat, mert a nőjének valaki megrongálta a kocsiját – közölte hidegen, Matt pedig döbbenten hallgatta őt – Anyának az egészhez semmi köze sem volt, de el kellett mennie és a saját szememmel néztem végig újból, ahogy kikészül, mert az apám már Ava felügyeleti jogát követelte. Persze egyből kiderült, hogy ez teljesen alaptalan, mert Anya semmi rosszat sem csinált, de azért jó volt újból átélni ezt az egészet. Tudod, Matt, lehet, hogy a családod olyan, amilyen, de téged legalább nem hagytak magadra. Nagyon remélem, hogy soha az életben nem kell megtudnod, milyen érzés. Lehet, hogy egy káosz az életed, de fogalmad sincs, milyen érzés karba tett kézzel nézni, ahogy az apád egy másik családot választ a sajátja helyett. Nézni, ahogy folyamatosan lemondanak rólad. Nézni, ahogy hátrahagynak, mint egy értéktelen rongydarabot. Nézni, ahogy minden, amit gyerekkorodban biztosnak hittél darabokra hullik és megkeseríti az egész életedet. Az egész rohadt életedet, Matt, érted?

Lily Jane szemeiből záporként ömlöttek a könnyek, a fiú pedig némán mellé ült és szorosan magához húzva őt hagyta, hogy a lány vállába temetve arcát kisírja magát. Gyengéden simogatta a fejét, majd ajkait a homlokához érintve suttogott.

– Miért nem mondtad el?

A lány erőtlenül felelt, miközben a fiú ölébe helyezkedve a vállára hajtotta fejét.

– Azért, mert amikor veled vagyok, legalább arra az időre sikerül elfelejtenem mindezt. Ha felemlegettem volna, csak újból eszembe jut és nem akartam egyetlen veled töltött percet sem elrontani azzal, hogy erről beszélünk.

Matt a lányt felemelve az ágyra fektette őt, majd lassan melléfeküdt és az arcát simogatva suttogott a fülébe.

– Fogalmam sem volt róla. Ne haragudj, LJ. Én tényleg, el sem tudom mondani, mennyire sajnálom – hosszú, gyengéd csókokat nyomott a lány arcára, majd ajkával végigsimította nyakának ívét – Az apukád... LJ, fogalma sincs róla, mekkora kincset dobott el magától és én nem fogom ugyanezt a hibát elkövetni. Nagyon szeretlek és nagyon igyekezni fogok, hogy úgy viselkedjek végre veled, ahogy megérdemled.

Lily Jane némán hallgatta a fiú szavait, hosszú percekig egy szót sem szólt, folyamatosan önmagával küzdött. Próbálta legyőzni a szívét markoló bizonytalanságot és azt a szörnyű, baljós megérzést, ami egész testét átjárta.

– Nem tudom, Matt – suttogta a sötétségbe – Azt hiszem, most semmit sem tudok.

A fiú néma maradt, egy darabig csak feküdtek így, miközben Lily Jane fejben mérlegelt. Matt valóban nagyon megbántotta őt és a lelke talán valóban nem bírt volna el akárcsak még egy fájdalommal teli pillanatot, de a fiú esdeklő, kínnal teli tekintete és már-már kisfiúra emlékeztető alakja végül teljes homályba burkolta kételyeit. Váratlan mozdulattal Matt felé fordult az ágyon és arcát kezei közé fogva hevesen csókolta meg.

– Gyere közelebb, Matt – suttogta, a fiú ajkai pedig úgy reagáltak az érintésre, mintha egész életükben egymásra hangolódva élték volna minden pillanatukat. Matt érintései gyengédek voltak, a lány pedig olyan szenvedéllyel húzta magához, mintha egyetlen vágya lenne, hogy végre néhány pillanatra mindent elfeledhessen.

A fiú mellkasára vándorolt keze, Matt pedig apró csókokba burkolta a nyakát, majd a fejét rázva suttogott a lány fülébe.

– Egyetlen Eiffel-torony tetején aktmodellkedő lány sem érne a nyomodba, LJ.

Lily Jane felnevetett a kijelentés hallatán, majd halkan felelt.

– A nagypapi Phil-el váltott néhány szó után egyébként nem csodálom, hogy rád vetette magát az a lány.

– Miért? – mosolygott Matt két csók között. A párbeszédük csókokba olvadt szavak váltakozásából tevődött össze.

– Azt mondta, ő fizikatanárként túljárt Rory eszén. Szegény fiú nem tette hozzá, hogy csak egész számokra lehet gondolni, ő pedig a píre gondolt.

– Na, ne! – nevetett fel Matt, majd Lily Jane is csatlakozott és az iménti éles szóváltást végre felhőtlen, abbahagyhatatlan nevetés váltotta fel – Talán így szedte fel Celeste-t is. A fülébe suttogta, hogy gondoljon a píre.

– A píre? – suttogta kacér hangsúllyal Matt fülébe a lány, mire mindketten nevetni kezdtek.

– Ez nagyon bizarr.

– Szóval nem szereted, ha azt mondom, pí? – suttogta ismét teljesen a fiú füléhez hajolva, ajkaival érintve azt. Matt karja libabőrös lett az érintéstől és szélesen mosolyogva hevesen csókolni kezdte a lányt. Igazából bármilyen szócskát mondhatott volna, a hangsúly és a lány egész lényéből áradó érzelem és szenvedély hatására a fiú is úgy érezte, menten kiugrik a szíve a helyéről.

– Annyira szeretlek, LJ. Soha többé ne gondold, hogy bárki közénk állhat. Csak te vagy nekem, senki más. Te vagy az egyetlen, ami örömöt ad nekem. Az egyetlen.

– Szeretlek, Matt. Ha hülyeséget csinálsz és, ha megbántasz, akkor is.

– Soha többé nem foglak megbántani. Ígérem, LJ. Megígérem.

A fiú ígérete talán gyermetegen hangzott, Lily Jane Matt szemeiben elveszve mégis elhitte. Nem számított semmi, ami aznap történt, a sötét szobát betöltötte szíveik dobogásának heves üteme és az a mérhetetlen szerelem, amely minden akadályt leküzdve, megállíthatatlanul, vibrálva sugárzott mindkettejükből.

28.

Talán nem is gondolná az ember, milyen nehéz olyan rugalmas munkaidejű állást találni egyetemistaként, amihez nincs szükség különösebb képzettségre és nem is veszi el a hallgató minden maradék szabad percét. Lily Jane-nek emellett sajnos még egy dologra rá kellett döbbennie. Arra, hogy Steve jól fizetett. A többi lehetőséghez képest kiemelkedően jól. Ez a kilátástalan helyzet pedig olyan elhatározásra juttatta a lányt, amit sosem gondolt volna, hogy meg fog lépni. Modellkedni kezdett.

Eleinte különböző divattervezők kollekcióinak ruhafotózásán vett csak részt, de amint elterjedt a hír, hogy a „démonból lett angyal" elérhetővé vált, egyre csak jöttek a lehetőségek. Dubois szinte mindenhová elkísérte, már-már a menedzserévé nőtte ki magát, mert nem akarta, hogy egy esetlegesen rosszul elsült fotózás, vagy egy rosszindulatú megbízó tönkretegye felfedezettjének még éppen csak bimbózásnak indult karrierjét.

– Már pedzegettem néhány újságírónak, hogy nem csak gyönyörű vagy, hanem tehetséges is, de egyelőre nem igazán kaptak rá a horogra – mondta a divattervező egy katalógusfotózás alkalmával, miközben Lily Jane a fodrászszékben üldögélt selyem köntösében – Várd csak ki, amíg mindenki ismerni fog! Akkor aztán az egykerekű biciklizésben is lehetnél ügyes, arra is felkapnák a fejüket. Csak légy türelmes, kislány!

Lily Jane a világ leggazdagabb embere lett volna már, ha annyi pénzt birtokolt volna, ahányszor ezt az ígéretet hallotta. Fogalma sem volt, vajon valóban igaza lesz-e Dubois-nak, de egyéb lehetőség hiányában nem tehetett mást, mint reménykedett.

Nagyon aggasztotta viszont, hogy a modellkedést továbbra sem volt képes a magáévá tenni. A fotózásokon elképesztően kényelmetlenül érezte magát, a villogó vakuk pedig még éjjel, elalvás előtt is fejében kattogva kísértették. Utálta, hogy még azt is megmondták, hogyan tartsa ajkait, vagy éppen hogyan pillantson a kamerába a fotózások alkalmával. Semmi teret nem hagytak egyéniségének, a természetes mozdulatok pedig szóba sem jöhettek. Minden póz precízen beállított és általában meglehetősen kényelmetlen volt. A jelenlévő férfiak tekintete azonban még ennél is jobban zavarta.

– Látod, mindenki úgy néz rád, mint egy drágakőre – motyogta Dubois, miközben egy tavaszi, üde árnyalatú ruhába segítette Lily Jane-t – Az erő folyamatosan növekszik a kezeidben. Ha a jelenlévők gondolatai a falra vetülnének, valószínűleg még én is elszégyellném magam.

– Én továbbra sem érzem ezt erőnek – felelte a lány mélyet sóhajtva – Sokkal jobban örülnék, ha a ruhaterveim járnának a fejükben.

– Ó, ne legyünk álszentek, kislány! Hiszen mindenki erről az életről álmodik. Mindenki.

Lily Jane nem válaszolt, Dubois hangja olyan meggyőzően hatott, hogy még ő maga is elgondolkodott az igazságalapján. Tény, hogy volt valami különösen vonzó és varázslatos a drága cipők, ízléses anyagok, impozáns kiegészítők és híres emberek világában, a lány mégsem volt biztos abban, vajon megéri-e az ár, ami fizetnie kellett ezért. Dubois, a fotósok és a többi jelenlévő férfi tekintete úgy cikázott porcikáról porcikára, mintha valóban egy drága ékszer lenne. Vagy, ahogy Dubois korábban említette, egy darab hús. Eleinte feszengett az éhes tekintetek kereszttüzében, de hamarosan szinte már hozzászokott ahhoz, hogy valóságos tárggyá válva, minden egyebet figyelmen kívül hagyva tegye a dolgát.

Nem ő volt az egyetlen azonban, aki aggódott a hirtelen jött és tőle oly távol álló lehetőség miatt. Sem az édesanyja, sem a barátai nem rajongtak különösebben a dologért, de hagyták a lányt saját útján járni, miközben kissé feszülten figyelték, merre is halad a dolog valójában.

– A tegnapi terved egyszerűen elképesztő. Mindenképpen fel kell használnunk.

Will minden tőle telhetőt megtett, hogy bevonja a lányt a tavaszi bemutató tervezésébe. Talán így akarta megtartani a lehetőségek hiánya ellenére Lily Jane lelkesedését, vagy talán csak azt akarta, hogy kevesebb ideje jusson az őt szemlátomást cseppet sem boldoggá tévő modellkedésre. Akárhogy is, Lily Jane elmondhatatlanul hálás volt, amiért Will már egész ruhaterveket átemelt a bemutató darabjai közé az ő ötletei közül, a vele töltött idő pedig minden mást elfeledtetett a lánnyal kissé. Örült, hogy végre újból azzal foglalkozhat, ami a legnagyobb szenvedélye, olyan kreativitással és lelkesedéssel rajzolta az újabbnál újabb terveket, mint soha azelőtt.

– Hihetetlen, mennyi gyönyörű árnyalata van a rózsaszínnek, amiket a többség talán nem is ismer – áradozott egy tervezéssel töltött délutánon Will-nek – Rengeteg különböző árnyalat jár a fejemben és azt hiszem, nagyon jól lehetne kombinálni őket.

– A te nevedet is fel kellene tüntetni a társtervezők között. Ez így nem fair.

– Tudod, hogy nekem nem ez a lényeg. Én csak… szeretném végre kézzel fogható állapotban látni, amit eddig csak a fejemben és a vázlatfüzeteimben láthattam.

– Akkor is el fogom mondani Dubois-nak, mennyit segítettél. Talán megengedi, hogy te is társtervezőként szerepelj.

– Azt kétlem – csóválta a fejét Lily Jane. A kollégiumi szobájában üldögéltek, miközben Natasha a kávézóban dolgozott. Sajnálta a lányt, amiért immár egyedül kellett elviselnie az elviselhetetlent, de semmi pénzért sem ment volna vissza Steve-hez dolgozni. Késő délutánra járt az idő, a lemenni készülő Nap pedig vöröses fénybe burkolta a szobát, miközben Lily Jane ágyán ülve egymás rajzait elemezték Will-el.

– Nem értem, mire várunk még. A divatbemutatón akkora sikered volt, mint senki másnak.

– Mint modell – tette hozzá Lily Jane – Dubois szerint még nem kavartunk akkora port, hogy az embereket érdekeljék a terveim. Tudod… túl hagyományosak.

– Zseniálisak – rázta a fejét a fiú – Fogalmam sincs, mikor jön már el a te időd, de igazán siethetne, mert kezdek türelmetlen lenni.

– Én már talán nem is vagyok az. Talán már…

Will összevont szemöldökkel fordult a lány felé és bizonytalan szavait hallva azonnal közbevágott.

– Ugye nem akarod feladni? – kérdezte, mire Lily Jane szomorúan elmosolyodott – Lily Jane Monroe, ezt most azonnal verd ki a fejedből. Te divattervező vagy, nem modell. Méghozzá a legtehetségesebb divattervező, akinek a terveit valaha láttam. Eszedbe se jusson beletörődni és egyszerűen beérni annyival, hogy gyönyörű vagy. Ez nem te vagy, LJ. Hiszen te sosem adod fel. Soha.

– Tudom – sóhajtotta a lány fáradtan – Csak tudod, én már azzal is beérném, ha a háttérből segíthetnék neked. Talán nekem ez az utam. Talán...

– Nem! – szakította félbe Will ismét – Kérlek, bízz magadban eléggé ahhoz, hogy kitartasz, LJ. Ígérem neked, hogy jönni fog egy lehetőség, ami csak rád vár és akkor aztán úgy odacsapsz nekik, hogy olyat még nem láttak!

Lily Jane elmosolyodott a kijelentés hallatán, majd Will vállára hajtotta fejét és az ablakon beszűrődő, vöröses fénycsóvákat figyelve elgondolkodott. A fiú mellett üldögélve különös nyugalom szállta meg. Hosszú ideje talán akkor először kezdett újból bízni abban, hogy igenis van kiút abból a végeláthatatlan labirintusból, amelyben hirtelen találta magát.

– És mi a helyzet Peter-el? – kérdezte a lány halkan, mire Will addigi jókedve mintha egyszeriben elpárolgott volna. Gyengéden simította meg Lily Jane fejét, miközben válaszolt.

– Nehezebb ez, mint gondoltam.

– A titkolózás?

– Főként az, igen – sóhajtotta Will fájdalmasan – Borzalmas érzés, hogy nap, mint nap egymás mellett dolgozunk, de nem mehetek oda és ölelhetem át, amikor csak akarom. Olyan, mintha eléd tennék a kedvenc süteményedet, éreznéd az illatát az orrodban és szinte már-már éreznéd az ízét a szádban, de egy ujjal sem érhetnél hozzá.

Lily Jane szomorúan hallgatta a fiút, továbbra is maga elé meredve.

– De tudtok azért néha kettesben lenni?

– Nagyon ritkán – nyelte le a torkában növekvő gombócot Will – Ha igen, akkor is csak néhány órát. A szendvicsbár kisszállítós platós autójában szoktunk üldögélni, mert Peter szerint csak így biztonságos. Ez pedig már olyan érzés, mintha megrághatnád azt a sütit, de le nem nyelhetnéd. Talán még rosszabb, mint a másik eset.

A fiú felnevetett a különös hasonlaton, de Lily Jane hallva a hangja mögött rejlő szenvedést, képtelen volt vele nevetni.

– Semmi esély rá, hogy a szülei valaha is elfogadják?

Will lassan csóválta a fejét, miközben az arcához nyúlt. Lily Jane sejtette, hogy egy legördülni készülő könnycseppet előzött meg éppen, de nem tudta rávenni magát, hogy felemelve fejét a fiú válláról ránézzen, így ez örök rejtély maradt.

Borzasztóan fájt így látni Will-t. Hiszen neki mindig jókedve volt, ő volt az, aki a legnehezebb időkön is túljuttatta a lányokat és minden helyzetre volt egy nagymamája általi bölcs tanácsa. A legrosszabb pedig talán maga a fájdalom forrása volt. Lily Jane szívét mérhetetlen dühbe burkolta a tudat, hogy Peter szülei, két vadidegen, egyszerűen képtelenek voltak elfogadni Will-t, miközben fogalmuk sem volt róla, milyen nagyszerű ember is valójában.

– És hogy áll a dolog Edwards-al? Rég nem beszéltél már róla.

A lány lehunyta szemeit a név hallatán, miközben mélyet sóhajtott. Bár már eltelt néhány hét az ominózus jótékonysági bál óta, valamiért egyszer sem említette az esetet sem Will, sem pedig Natasha előtt. Valójában ő sem tudta, hogyan is kellene viszonyulnia a dologhoz és ahelyett, hogy beszélt volna róla, könnyebbnek látta csak úgy egyszerűen elhessegetni a dolgot. Ezúttal viszont úgy érezte, sokat könnyítene a lelkén, ha megosztaná Will-el a történteket, így hát elnyomva belső késztetését végül szóra nyitotta száját.

– Nemrég voltunk egy jótékonysági rendezvényen, amit a szülei rendeztek – kezdte, majd meg sem állt egészen a nap utolsó mozzanatáig. Will némán hallgatta, miközben a lány lelke szóról szóra, mondatról mondatra egyre könnyebb és könnyebb lett.

– Hmm… – gondolkodott el a fiú, Lily Jane pedig tovább folytatta.

– Nagyon furcsa érzéseim vannak a dologgal kapcsolatban. Ha arra gondolok, ahogy ott nevetgéltek a folyosón, elönt a düh és hányingerem támad. Viszont, amint a tekintete jut eszembe azzal a rengeteg fájdalommal és megbánással, ami benne volt, szinte bűntudatom támad, amiért ennyire kiakadtam. Talán túlreagáltam a dolgot.

– Egyáltalán nincs, miért bűntudatod legyen. Bárki így viselkedett volna.

– Tényleg így gondolod?

– Hát persze, hogy így gondolom. Sőt valószínűleg én még nagyobb balhét csaptam volna – nevetett Will – Edwards-nak pedig a hátteredet ismerve sokkal figyelmesebbnek és óvatosabbnak kellene lennie az ilyen dolgokkal kapcsolatban. Valószínűleg alapból kissé bizalmatlan vagy és azért lássuk be, ő sem könnyít a helyzeten!

– De én nem akarok bizalmatlan lenni, Will – felelte a lány – Amikor ketten vagyunk, minden annyira jó.

Olyankor teljesen más. De, ha mások is ott vannak, egyszerűen… nem tudom.

– Felveszi a tipikus, tökéletes Edwards-álarcot.

– Valami olyasmi – helyeselt Lily Jane elgondolkodva a dolgon – Pedig hidd el, hogy nagyon nem az. Törékeny és sebezhető, mint bárki más. Annyi fájdalom van benne a múltja és a családja miatt, hogy az néha már egyenesen rémisztő. Bár vicces, hogy ezt épp én mondom – nevetett fel a lány, de ezúttal Will volt az, aki képtelen volt vele együtt nevetni – Tudod, nagyon sokszor mondja, hogy én vagyok az egyetlen, ami örömet okoz neki. Az egyetlen örömforrása.

Lily Jane belelátott a fiú gondolataiba és pontosan tudta, hogy legszívesebben azt felelné, valóban nehéz lehet örömet okozó dolgot találni olyasvalakinek, akinek mindene megvan. Azonban mégsem ezt mondta.

– Akkor ezt egy pillanatra sem szabadna elfelejtenie érzékeltetni veled. Hiszen nem csak a rossz napokon van szükség az örömforrásra, ugye? Hanem akár a puccos családi bulikon is.

A lány értette, miről beszél Will, aki szokásához híven nagyon tapintatosan fogalmazott.

– Will…

– Tudod, mit mondana most neked a nagymamám? – húzta közel magához a lányt, mert érezte, hogy szavai hallatán újból elfogta a kétely – Azt mondaná, hogy ne legyél esőkabát.

Lily Jane felnevetett a kijelentésre, majd összevont szemöldökkel pillantott a fiúra.

– Hogy érted ezt?

– Egy esőkabátot csak akkor vesz fel az ember, ha esik. Te nem esőkabát vagy, LJ. Te a leggyönyörűbb, fenséges kelme vagy, amivel az ember szívesen elhenceg és minden percben hordani akarja, miközben nagyobb becsben tartja, mint a saját életét. A világ bolondja, aki valaha is megkísérelne esőkabátnak használni.

A lány értette a célzást, beletörődő mosollyal az arcán bólintott a fiú szavaira, majd újból vállára hajtotta fejét.

– Ez egy igazi divattervező bölcselete volt – suttogta, mire Will a fejét simogatva elmosolyodott. Sokáig üldögéltek ruhaterveikkel körülvéve a vöröses fényben fürdő szobában, majd, mikor már kezdett későre járni az idő, Will szedelőzködni kezdett.

– Holnap folytatjuk – nyomott puszit a lány homlokára – Bár elméletileg holnap eltölthetek néhány percet Peter-el a kiszállítós autóban. Legalább tízet. Valódi luxus, nem igaz?

– Sajnálom, Will – felelte a lány az ajtóban állva, majd, miközben Will már távolodni kezdett a folyosón, váratlanul érte a felismerés és azonnal utána kiabált – Hé, Will?

– Mi az?

– Azt mondtad, a szendvicsbárnak platós a kiszállítós autója?

– Igen, azt. Miért?

Lily Jane szélesen mosolyogva meredt a fiúra, mint aki megütötte a főnyereményt.

– Támadt egy nagyon jó ötletem.

29.

A tavasz váratlan hirtelenséggel köszöntött be. Az emberek eleinte fel sem figyeltek a csupasz fákon megjelenő apró virágbimbókra, mígnem a tél végi hűvös levegőt valódi erejű napsütés és madárcsicsergés váltotta fel. Lily Jane-nek sem tűnt fel eleinte a dolog, majd azon kapta magát, hogy egy egyszerű pulóverben is kényelmesen eljut egyik helyről a másikra, sőt a kora délutáni órákban olykor még így is melege támadt.

Szükség volt már a tavaszra. Az áprilisi lágy szellő nem csak a természetet ébresztette fel téli álmából, de mindenkit jobb kedvre derített a szokásosnál. Kivéve egy valakit.

Lily Jane szíve a platós kocsi volánja mögött ülve úgy vert, mintha ki akarna ugrani a helyéről. Mióta az édesapja elköltözött otthonról magával véve addigi családi autójukat, egyáltalán nem vezetett, ez a többévnyi kihagyás pedig elég feltűnően megmutatkozott izzadó tenyerén és heves szívverésén. A tervétől azonban még ez sem tudta eltántorítani.

– Azt hittem, már sosem száll le az a hülye repülő – borult Matt nyakába néhány nappal azelőtt a tavaszi napsütésben. A fiú egy üzleti konferenciára kísérte el édesapját, a hazaérkezést követően azonban szokatlanul csendes és elgondolkodó volt, ami nagyon nyugtalanította Lily Jane-t. Eleinte azt hitte, talán ő csinált valamit, de aztán végiggondolta az elmúlt néhány nap történéseit és pár csipkelődő megjegyzésen kívül semmi sem jutott eszébe, amivel megbánthatta volna a fiút. Egy darabig rá-rákérdezett a dologra, de Matt általában egy vállrándítással felelt, majd vicces megjegyzésbe burkolta nyomott hangulatát és témát váltott.

– Nincs semmi baj, LJ. Csak túl sok volt az üzleti dumából az elmúlt pár napban és már kicsit az agyamra ment.

– Mesélj valamit, hogy együtt osztozzanak rajta az agyaink!

– Hidd, el, jobb, ha ez csak az én agyamat terheli – húzta magához a lányt, hogy megcsókolja, Lily Jane-nek viszont továbbra sem tetszett a fiú szokatlan szótlansága. Szinte semmit nem osztott meg vele az édesapjával tett utazásával kapcsolatban és határozottan olyan megérzése támadt, mintha a fiú nem mondana el neki valami fontosat. Egy ideig azt tűzte ki célul, hogy bármi áron megtudja, mi áll a dolog hátterében, végül viszont csak beletörődött, hogy Matt majd elmondja magától, amikor úgy érzi, itt az ideje. Azt viszont megingathatatlanul elhatározta, hogy jobb kedvre deríti a fiút, mert ezt a különös magába zárkózást látva kezdett megszakadni érte a szíve.

A platós, fehér autó elég öreg és rozoga volt már, mégis tökéletesen működött. Bár a gáz kissé érzékeny volt és Lily Jane akarata ellenére egy türelmetlen taxisofőr intenzitásával gyorsult az úton, mégis viszonylag könnyű volt kezelni. Matt-nek csak annyit mondott, hogy találkozzanak a kollégium előtt, a szíve mélyén azonban jobban örült volna, ha egy kissé kevésbé forgalmas helyet választ a zsúfolt belvárosi utca helyett.

Megérkezve hamar kiszúrta az épület előtt várakozó fiút, mire szélesen elmosolyodott, szemére helyezte napszemüvegét és lehúzva az ablakot az út széléhez húzódott.

– Hé, idegen! Amíg nem ér ide a barátnőd, nem jössz el velem egy körre?

Matt a telefonját nyomkodta éppen, a lány hangjának hallatán viszont azonnal felkapta a fejét és eleinte értetlenül, majd eltátott szájjal, döbbenten meredt az autóra. Úgy állt ott, mint akinek földbe gyökereztek a lábai, majd, miközben Lily Jane lazán a fejére tolta napszemüvegét, hangosan felnevetett.

– Nem mondod komolyan! – indult a jármű felé, a lány pedig kiszállva az autóból hagyta, hogy a fiú valósággal a nyakába ugorjon – Ez hihetetlen! Ez egyszerűen elképesztő!

– Tudod te, milyen nehéz olyan cuki kis filmbeli piknikkosarat találni? Ezer boltot jártam körbe, mire találtam egy normálisat. Viszont hoztam mini tonhalas szendvicseket és sütöttem muffint és…

– Te vagy a legjobb, LJ – húzta magához a fiú, miközben megcsókolta. Lily Jane, bár valóban elég sok előkészületet igényelt az aznapi program, úgy érezte, bármit megért a Matt arcán felderülő, őszinte öröm és ámulat.

– Viszont könyörgöm, vezess te, mert már így is szakad rólam a víz! – nevetett fel Lily Jane, a fiú pedig megértően bólintott és miután beülve az autóba elindultak, egy pillanatra sem engedte el a lány kezét. Úgy szorította, miközben hüvelykujjával a lány tenyerét simogatta, mintha soha többé nem akarná elengedni.

Az úti cél a legelső randijuk helyszínéül szolgáló világvége pusztaság volt. Talán nem is kellett megbeszélniük, mindketten tudták, hogy az a tökéletes hely.

Megérkezve Lily Jane kivette a hátsó ülésen gondosan összeállított piknikkosarat, Matt pedig felpattant a kocsi platójára.

– Azt hiszem, jobb lesz, ha leterítjük egy pléddel. Elég poros és sáros – szólt a lány kikecmeregve az öreg autó hátsó üléséről kezében a fonott kosárral, párnákkal, pokrócokkal és pulóverekkel a hóna alatt.

– Minek az sok takaró? – kérdezte Matt, miközben felsegítette a lányt a platóra, az pedig azonnal leterítette az egyik pokrócot, hogy ráülhessenek.

– Még csak április van. Persze, elég meleg az idő, de hajnalban hideg lehet.

Matt széles vigyor kíséretében tátotta el a száját, miközben mindketten leültek a platón.

– Szóval mi most tényleg itt fogunk aludni?

– Hiszen ez is része az álomrandidnak, nem?

Matt hitetlenül rázta a fejét, amint a lány különféle, ízletesnek ígérkező szendvicseket és süteményeket pakolt ki a kosárból, majd minél közelebb helyezkedve Matt-hez széles mosollyal az arcán pillantott a fiúra. Lily Jane tekintete talán még sosem árulkodott ennyire őszintén, leplezetlenül és ártatlanul arról a mély szerelemről, ami a szívében lakozott. Szemei úgy csillogtak a lemenni készülő Nap rózsaszín fényében, mint két drágakő, úgy nézett Matt-re, mint aki ott helyben képes lenne meghalni azért, hogy a fiút akár egyetlen további percre is őszintén boldognak láthassa.

Matt elérzékenyült a lány pillantása láttán, a torkában különös, szorító fájdalmat érzett, ennek enyhítésére pedig közel hajolt Lily Jane-hez, hogy ajkaival végigsimíthassa arcának minden apró részletét.

– Meg sem érdemellek, tudod? – suttogta a füle mögé simítva néhány kósza hajtincset – Annyira szeretlek, LJ. Annyira, de annyira...

– Nem hagyhattam, hogy egy másik lánnyal valósítsd meg álmaid randiját. Ezt mindenképpen ki akartam sajátítani – viccelődött a lány, de Matt arca változatlanul érzelemteli maradt, miközben homlokát Lily Jane homlokához nyomta.

– Ne mondj ilyeneket, LJ. Nem lesz másik lány. Én rajtad kívül már senki mást nem tudnék szeretni.

– Várj, amíg megkóstolod a tonhalas szendvicseimet! – mosolyodott el Lily Jane és egy szendvicset kivéve a kosárból Matt szájához emelte. A fiú kíváncsian harapott bele, majd megérezve ízét elégedetten sóhajtott.

– Ó, te jóságos ég! Mondd már el, hogy hogy lehetsz ennyire tökéletes? – csókolta meg újból a lányt, néhány perc múlva pedig párbeszédük hangos csámcsogássá és elégedett nyammogássá változott.

Lily Jane valóban kitett magáért. A platón üldögélve az apróra vágott szendvicsek és sütemények között, a lemenő Nap fényében fürdőzve az egész már-már túlságosan szép volt ahhoz, hogy igaz lehessen. Bár a rozoga autó néha-néha nyikorgott egyet, amint valamelyikük megmozdult, egy idő után már fel sem tűnt nekik és ez is csak még tökéletesebbé varázsolta az egészet. Lily Jane-nek fogalma sem volt arról, hogy létezik még a korábbinál is mélyebb kötelék, ami kettejüket összekötheti, a pokrócon üldögélve, szendviccsel teli szájjal nevetgélve mégis úgy érezte, még a korábbinál is mélyebb érzelemmel szereti a vele szemben ülő fiút. Abban a pillanatban Matt boldogságának fontossága egyszeriben a sajátja fölé kerekedett és az egész világát az ő világával egybefonódva volt képes csak elképzelni.

Alig volt szükség néhány órára, a rózsaszín fényáradatot nyugalmas sötétség váltotta fel, a távolból látszó város fénye azonban mégis elengedőnek bizonyult ahhoz, hogy láthassák egymás arcát a sötétben. Az égboltot csillagok ezrei borították, csakúgy, mint első odalátogatásuk alkalmával, mintha Lily Jane mellett állva a Sors is tett volna arról, hogy tervének semmi ne állja útját.

Matt a plató szélének dőlt, Lily Jane pedig az ölébe húzódott és hátradőlve a mellkasának támasztotta fejét, úgy bámulták az égen ragyogó csodákat.

– Igazad volt – suttogta néhány némán elmúló percet követően Matt.

Lily Jane felült, hogy egy pokróccal betakarja magukat, majd újból a fiú karjaiba dőlve helyezkedett kényelembe.

– Miben?

– Nincs mostanság minden rendben velem. Nagyon… feszült vagyok.

A lány türelmesen hallgatta a fiút, miközben a kezéért nyúlt a pokróc alatt és gyengéden simogatni kezdte.

– Van ennek valami különösebb oka?

Matt sokáig várt a válasszal, Lily Jane szíve pedig egyre szaporább ütemre kapcsolt. Súlyossá vált a csend, vállaikra nehezedve férkőzte be magát az éjszaka addigi nyugodt, békés légkörébe.

– Azt hiszem, Apa megcsalja Anyát.

A szavak élesen hasítottak a levegőbe, megdermesztve az elnehezült némaságot. Lily Jane néhány pillanatig még levegőt venni is képtelen volt.

– Miből gondolod ezt? – nyögte ki, majd folytatta a fiú kezének simogatását. Próbált nyugodt hangnemet megütni, de a hír elképesztően felzaklatta.

– Az üzleti konferencián... folyamatosan telefonált útközben, meg hazafelé is. Egyértelműen női hang hallatszott a vonal túlsó feléről és úgy beszélt vele, mintha Anyával beszélne, miközben tudtam, hogy nem ő az. És folyamatosan képeket csinált magáról. Folyamatosan.

– Lehet, hogy csak félreértetted a helyzetet.

– Ezt nem lehetett félreérteni, LJ. Főleg, hogy...

Matt megállt a mondat közepén, Lily Jane türelmesen várta a folytatást, míg hosszú percek után rájött, hogy hiába.

– Főleg, hogy micsoda?

A fiú bizonytalankodott, végül mégis kimondta, ami a szívét gyötörte.

– Főleg, hogy történt már ilyen.

– Tessék?

– Apa már egyszer megcsalta Anyát, néhány évvel ezelőtt. Valami applikáción keresztül ismerkedett más nőkkel. Óriási balhé volt belőle, Anya nagyon kiborult. Nekihajtott egy fának és totálkárosra törte az autóját. Azóta van neki a mostani.

Matt úgy hadarta el a történetet, mintha minél hamarabb szabadulni akarna a szavaktól, amik látszólag elképesztő terhet helyeztek a lelkére. Lily Jane döbbenten hallgatta őt és hálás volt, amiért a fiú mellkasának dőlve rejtve maradt az arca, mert fogalma sem volt, Matt mit olvasna le róla. Ezúttal azonban felülve szembefordult vele, hogy a szemébe nézhessen és gyengéden megsimította az arcát.

– Miért nem mondtad eddig?

Matt a vállát megvonva felelt.

– Nem akartalak feleslegesen felzaklatni. Tudom, hogy téged érzékenyen érint ez a téma és egyébként sem lett belőle semmi. Szép lassan elfelejtődött és mindenki úgy csinál, mintha semmi sem történt volna. Csak én… tudod…

Lily Jane szemeiben könnyek ültek a fiú fájdalommal teli arca láttán. Még közelebb húzódott hozzá és kezeit megszorítva arcon csókolta őt.

– Itt vagyok, Matt. Itt vagyok és hallgatlak.

– Nem tudnám elviselni, ha Anyát megint olyan állapotban kellene látnom, mint akkor – nyögte ki a fiú elcsukló hangon, szemeiből pedig két óriási könnycsepp gördült le, amit azonnal letörölt. Ezúttal Lily Jane volt az, aki homlokát a fiúéhoz nyomta és azt kívánta, bár szűnne meg az egész világ és maradnának ott ketten az idők végezetéig minden bajtól és problémától távol.

– Gyere ide! – suttogta a lány, miközben még közelebb húzva magához megcsókolta Matt-et és igyekezett a lehető legkisebbre csökkenteni a köztük lévő teret. Matt úgy helyezkedett, hogy a lány az ölébe ülhessen és néhány további könnycseppet kitörölve szemeiből, szomorú mosollyal az arcán pillantott Lily Jane-re.

– Most már érted? – kérdezte a legfájdalmasabb, halk nevetéssel, amit a lány életében hallott – Erre gondolok, amikor azt mondom, te vagy az egyetlen örömöm. Engem semmi és senki más nem tesz boldoggá, LJ, csak te. Minden olyan kusza volt körülöttem, egy óriási felfordulás és aztán jöttél te. Amióta az életem része vagy, Lily Jane, végre látom a szépséget a világon. Végre úgy érzem, van valami értelme ennek a hatalmas kuszaságnak. Melletted olyan… nyugodt vagyok. Őszintén úgy érzem, hogy jobb emberré teszel, LJ. És végre, Uramisten, végre életemben először nem érzem magam egyedül.

Matt vallomása váratlanul érte a lányt és ezúttal már ő sem tehetett mást, utat engedett könnyeinek. Hirtelen, határozott mozdulattal húzta magához a fiút és anélkül, hogy hagyta volna akár csak egyetlen további szót is kiejteni, közel hajolt és hosszú csókokkal árasztotta el őt. Az éjszaka sötétjének vibráló levegőjét könnyekben fürdő, szenvedélyes csókok töltötték meg és abban a pillanatban mindketten elfeledkeztek a puszta levegővételről is.

Lily Jane szíve ordított és zokogott az est némaságában, a fiúé pedig vele könnyezett és ez a két fájdalommal teli szív úgy olvadt egymásba, mintha csak ezért teremtették volna őket. A szenvedés és a szerelem áttetsző fátyolként ölelte körül őket, miközben a csókok és érintések millióinak tengerében mindketten zihálva küzdöttek levegőért.

Matt mindig is harcot vívott a lelkében lakozó démonokkal, míg Lily Jane a szívében rejlő, kitörölhetetlen emlékekkel küzdött. Abban a pillanatban viszont a helyzet a feje tetejére állt. A szenvedélyes csókok közepette váratlanul Matt kezdte leküzdeni a lány szívében rejlő emlékek lidérceit, míg Lily Jane a fiú lelkében kísértő árnyakkal vívott csatát. Ezúttal már nem önmagukért harcoltak. Egymást akarták megmenteni.

– Minden rendbe fog jönni – lehelte Lily Jane, miközben minden porcikája bizsergett a fiú ajkának érintése nyomán. Matt alig hallhatóan suttogott, amint a lány nyakához ért ajkával.

– Te vagy a mindenem, LJ. A mindenem vagy.

Lily Jane teste és lelke már-már felrobbanni készült és a csillagokra pillantva az a gondolat suhant át a fején, hogy aki kitalálta a Mennyország fogalmát, valószínűleg sosem volt még szerelmes. Hiszen minek is lenne szükség táncoló, vidám angyalokkal teli tündérországra, amikor a puszta földi lét is el tudja hozni számunkra a csodát.

Amikor aztán a hajnalhoz közeledve, álmosan pislogva feküdtek, szorosan egymáshoz bújva a platón, a lány Matt-re pillantott. A fiú már lehunyta szemeit, lélegzetvételei viszont még nem voltak az alvó emberek nyugodtságát jelzően egyenletesek.

– Tudod, Matt – suttogta Lily Jane, bár abban sem volt biztos, hogy a fiú még hallja a szavait – Ha életem végéig itt kellene feküdnöm veled, ha minden egyes további percem annyiból állna, hogy itt fekszek melletted, én már boldogan halnék meg.

Matt ébren volt még, mert elmosolyodott a kijelentés hallatán és még közelebb húzta magához a lányt.

Bár a levegő kissé hűvös volt már, az álom pihekönnyedén érte el őket. A két tudattalan békésen hajtotta álomra fejét mérhetetlen biztonságban érezve magukat egymás karjainak menedékében, távol a világ minden zajától, ketten, a világvégén. Ez volt minden, amit kívánhattak azon a csodaszép tavaszi hajnalon.

30.

A tavaszi divatbemutató napja váratlan sebességgel érkezett el. Lily Jane és Will sokat készültek rá és büszkék voltak munkájukra, mégis bántotta a szívüket valami. Lily Jane aggódott, amiért Will egyre látványosabban szenvedett a Peter-ügy miatt, a fiút pedig elképesztően zavarta, hogy lelkiállapota miatt kevésbé volt ihletett időszakában és Lily Jane tervei közül kellett beválogatnia néhányat. A tervek persze elképesztően gyönyörűek voltak és a lány is odáig volt, amiért az ő tervei is felhasználásra kerültek, Will viszont nagyon nehezen törődött csak bele, hogy Lily Jane neve nem lehet feltűntetve a társtervezők között.

Talán pontosan a lányt ért folyamatos sérelmek miatt döntött úgy, hogy ezen a bemutatón is a legszebb ruhát választja számára. Will halványlila estélyit öltött a lányra, amely felsőrészén átlátszó anyagból készült láthatóvá téve Lily Jane kulcscsontját és vékony karjait, virágszirmokkal takarva el csupán az elrejteni kívánt részeket. A ruha a szirmok alatt lágy, selyemhez hasonlatos anyagban folytatódott, amely a lány derekánál kissé kiszélesedett, majd pihekönnyedén omlott le lábaira. A szoknyát arany és lila virágok tengere díszítette, az egész pedig lágy és üde összhatást keltve, friss bájt kölcsönzött a lánynak.

Lily Jane-t azonban nem csupán a ruha varázslatossága bűvölte el, hanem a felismerés, hogy a gyönyörű mestermű az ő vázlatfüzetéből kelt életre. Csillogó szemekkel meredt a fiúra és, ha nem féltette volna a drága, könnyű anyagot, azon nyomban a nyakába vetette volna magát.

– Will, én… – csuklott el a hangja úgy nézegetve magán a ruhát, mintha a világ legféltettebb kincsét viselné éppen.

– Senki más nem méltó arra, hogy ezt a ruhát viselje. A te terved és, mivel az élet éppen az igazságtalan lapjait osztja számodra, az a minimum, hogy te vehesd fel a bemutató legszebb darabját. Csodálatos vagy, LJ.

A lány képtelen volt felelni, teljesen elérzékenyült, a tekintete viszont minden valaha kiejtett szónál többről árulkodott.

A sminket ezúttal is Jules készítette, aki Lily Jane-t meglátva azonnal jókedvre derült.

– Alig vártam, hogy téged sminkeljelek! – ugrott a lány nyakába, szemében pedig különös, még a szokásosnál is élénkebb lelkesedés csillogott – Csodálatosan szép vagy ezúttal is!

– Köszönöm, Jules! Úgy szeretem, hogy minden különösebb ok nélkül mindig jókedved van. Bárcsak több ilyen ember lenne a világon!

Lily Jane helyet foglalt a sminkasztallal szemben, Jules pedig a tükörben pillantva rá még inkább elmosolyodott.

– Nos, ami azt illeti, most van egy különleges ok a boldogságra.

Lily Jane kíváncsian pillantott rá, mire Jules lassan a hasához emelte kezét, látszólag majdnem elsírta magát a boldogságtól.

– Jules…

– Josh-al kisbabánk lesz.

A lány azonnal felugrott a székből, hogy magához ölelhesse Jules-t, aki vállába temetve az arcát szorította őt magához.

– Istenem, ez annyira csodálatos! Nagyon örülök nektek. Tökéletes szülők lesztek!

– Ez a legjobb dolog, ami valaha történt velem – suttogta könnyeivel küszködve, majd kissé eltolva magától a lányt továbbra is őszinte boldogsággal az arcán intett, hogy üljön vissza – Jézusom, utálok mások előtt sírni. Ülj vissza gyorsan a székbe és kitárgyaljuk a részleteket, amíg megcsinálom a szép kis arcodat!

Lily Jane-nek nem kellett kétszer mondani. Azonnal visszahuppant és izgatottan várta Jules beszámolóját arról, hogyan éli meg a várandósságot, hanyadik hétben is jár pontosan és milyen kezdetleges ötleteik vannak a kicsi nevét illetően.

– Gondoltunk a Josh-ra, én nagyon szeretném Josh-nak hívni, de, ha lány lesz, eszünkbe jutott a Julia is.

– Mindkettő gyönyörű név – mosolygott Lily Jane, majd tovább hallgatta Jules lelkes beszámolóját életük legizgalmasabb időszakával kapcsolatban. A lány őszintén örült Jules és Josh boldogságának és már-már kezdett elfeledkezni arról, hogy ők valójában Matt rokonai. Szinte a saját családjának érezte őket és rájött, valójában Will-en kívül Jules volt az egyetlen, aki segített oldani a divatbemutatókon rátörő érzést; az egyetlen, aki miatt nem érezte magát kívülállónak.

– Hallottam, hogy a kis barátod megint kitett magáért. Nagy sikert jósoltak ennek a bemutatónak is, bőven lesz mit ünnepelni. Mentek majd valahová, ha vége?

– Matt házibulit rendez. Azt hiszem, mind odamegyünk majd.

Lily Jane kissé szkeptikus volt a dologgal kapcsolatban. Bár örült, hogy a rendezvény után együtt ünnepelhetnek, aggódott, nehogy a buli miatt megint közbejöjjön valami a fiúnak, amit fontosabbnak tart a bemutatónál.

– Jaj, de jó! Matt nem is említette, pedig tegnap beszéltünk vele telefonon. Kicsit szétszórt mostanság, nem?

Jules nevetgélve tette fel a kérdést, ami mögött viszont valódi aggodalom rejlett. Matt továbbra is feszült volt kissé magához képest, ez pedig látszólag a családja figyelmét sem kerülte el.

– Nekem nem tűnt fel – hazudta Lily Jane, miközben a tükörben magára meredve mélyen a gondolataiba merült.

A sminkje ezúttal is meglehetősen vadra sikerült. Szemhéját rózsaszín, csillámló festék borította, a bőrét fedő púderréteg szokás szerint porcelánbabává változtatta, az ajkain pedig szintén rózsás árnyalatú szájfény ragyogott. A haját ezúttal laza fonatban feltűzték láttatni engedve egész hátát a ruha felsőrészének átlátszó anyaga alatt.

– Megérkezett a tavasztündér – tárta felé karjait Dubois néhány perccel kezdés előtt, a színfalak mögött állva – Gyönyörű vagy, kedvesem. Will ezúttal is csodaszép ruhát tervezett számodra. Egyszerűen elképesztő.

– Ez nem az én tervem – szakította félbe a fiú ismerős hangja Lily Jane háta mögül, majd a lány mellé lépve elmosolyodott – Ezt a ruhát Lily Jane tervezte.

Dubois eleinte kifejezéstelen arccal meredt rájuk, majd szemeit ismét végigjártatva a lány minden porcikáján, beletörődve bólintott.

– Minden elismerésem, kislány.

Tekintete valódi tiszteletről árulkodott, amit a lány korábban sohasem tapasztalt, ez pedig bőven kárpótolta, amiért nem szerepelhetett a neve a társtervezők listáján. Dubois életében először valóban elismerte őt, abban a pillanatban pedig ennél többet nem is kívánhatott volna.

A bemutató ismét Dubois beszédével vette kezdetét, amelyet követően a modellek üde, tavaszt idéző fényárban vonultak végig a színpadon. A kollekció meglehetősen változatos volt. Akadtak monumentális, virágok ezreivel díszített darabok, míg néhány alkotás a tavasz színeit idéző, egyszerű, lenge ruha volt.

Lily Jane-t, bár nem is sejtette, már lélegzetvisszafojtva várta a közönség. A fotósok és újságírók tűkön ülve várták az „angyallá vált démont", aki a színpadon megjelenve úgy libbent végig halványlila ruhájában, mintha egész életében erre készült volna. Lábai játszi természetességgel vitték előre, a szoknya lágy anyaga pedig a szerelmet idéző, halvány ködként suhant utána, miközben a rajta pompázó, aranyló virágok fénye meg-megcsillant a tavaszi színeket idéző reflektorban.

A lány a színpad elejéhez érve megállt egy pillanatra, halvány mosollyal az arcán pillantott végig a közönségen. Tudta, hogy az édesanyja és Ava ezúttal nem tudtak eljönni, a szíve mégis hevesen vert egy ismerős arc után kutatva.

És akkor megpillantotta. Matt a legelső sorban ült a kishúga, Emma mellett, Suzanne-al és Scott-al a másik oldalán. Úgy meredt a lányra, mintha nem is egy ember, hanem valamiféle istennőhöz hasonlatos, mágikus teremtmény lenne, az arcán szétterülő mosoly pedig őszinte büszkeségről árulkodott. Lily Jane viszonozta mosolyát, majd megfordult, hogy visszalejtsen a színfalak mögé.

Elmondhatatlanul boldog volt. Már alig figyelt lépteinek egyenletes ütemére és néhány percig a bőréhez simuló, csodálatos ruha varázsa is kiment a fejéből.

Matt eljött. Tényleg eljött, hogy megnézze őt és mellette legyen. Semmi másra nem tudott gondolni.

Dubois régi jó barátként ölelte magához a lányt és Will-t a bemutató végeztével. Az arca elégedettségről és büszkeségről árulkodott, majd elengedve a két fiatalt ismét, már többszázadjára nézett végig Lily Jane-n.

– Rengeteg újságíró vár rátok odakint. Nem halogatom tovább, be fogom jelenteni, hogy a ruha a te terveid alapján készült. Szeretném, ha te is társtervező lennél, Will lehetőségeiről majd később tárgyalunk. Elképesztőek vagytok.

Lily Jane nem akart hinni a fülének. Will tátott szájjal meredt rá, ő pedig hirtelen azt sem tudta, mit mondjon.

– Én… annyira… én…

– Tudom, kislány – simította meg a karját Dubois – Most már a te álmaid is sorra kerülnek, ne aggódj!

Lily Jane már éppen magához ölelte volna a divattervezőt, amikor váratlanul egy kéz simult a derekára hátulról, a következő pillanatban pedig Matt jelent meg mellette.

– Képzeljétek, a legszebb modell mosolygott rám a színpadról! – nyomott egy puszit a lány arcára, mire az továbbra is kissé döbbenten, Dubois szavainak hatása alatt nevetett fel.

– Szerencsés srác vagy, Matt Edwards. Egy kincsesbánya van ennek a lánynak a fejében. Milyen szemtelenség már olyan gyönyörű ruhát tervezi, ami még csodálatosabbá varázsolja az egyébként is csodálatos tervezőjét! Ez már felháborító!

Matt kérdőn fordult a lány felé.

– Te tervezted ezt a ruhát?

Lily Jane elpirult a kérdés hallatán.

– Igen. Will beemelte a tervemet a kollekcióba. El sem tudom mondani, mennyire hálás vagyok neki ezért.

A lány mellett álldogáló Will úgy nézett rá, mintha menten sírva fakadna a boldogságtól és a büszkeségtől.

– És milyen jól tettem. A bemutató legszebb darabja.

A párbeszédet a tömegből újra előbukkanó Dubois szakította félbe, aki egyik kezében a telefonját tartva fordult a fiatalokhoz. Kezét a készülék mikrofonjára helyezte, miközben beszélt.

– Szeretném, ha velem tartanátok a jövő hétvégén Párizsba. Egy régi jó barátom mutatja be a kollekcióját, általában rengeteg ihletet lehet meríteni az ötleteiből. Ha beleegyeztek, fel is hívom a szállodát és foglalok még egy szobát kettőtöknek – szólt váratlanul, mire Lily Jane és Will széles mosollyal az arcukon pillantottak egymásra, majd egyszerre bólintottak anélkül, hogy akár egyetlen szót is váltottak volna. Nem volt szükség beszédre, mindketten majd’ kicsattantak az örömtől.

Dubois néhány pillanat alatt ismét felszívódott a színfalak mögötti tömegben, egyszerre telefonált és váltott szót a gratulálókkal. Lily Jane az események hatására képtelen volt abbahagyni a mosolygást és, amint a divattervező magukra hagyta őket, lelkesen ugrott Will nyakába.

– Párizsba megyünk! – kiáltotta, a fiú pedig a vállába temette arcát és hitetlenül rázta a fejét.

– El sem hiszem, hogy ez tényleg velünk történik. Egy csoda ez az egész.

– Egy valóra vált álom – helyeselt Lily Jane, majd halk köhintést hallva a háta mögül elengedte Will-t és megfordult. Időközben kissé megfeledkezett a továbbra is jelenlévő Matt-ről, aki kínos mosollyal az arcán figyelte őket.

Lily Jane minden gondolkodás nélkül magához szorította őt is, majd mélyen a szemébe nézve várta, hogy a fiú megcsókolja őt. Erre azonban hiába várt.

– Nagyon örülök neked, LJ. Megérdemled végre a sikert – suttogta, a hangjába mintha mégis valami keserű vegyült volna. A lány kíváncsian fürkészte tekintetét, majd tehetetlenül figyelte, ahogy a fiú ölelése elernyed és lassan ellépve a lánytól a kijárat felé indul.

– Matt... – szólt utána azonnal, mire a fiú a válla fölött hátrafordulva felelt.

– A kocsiban várlak.

Lily Jane hirtelen boldogsága egyszeriben tompulni kezdett, a szíve kiüresedett, majd a lelkesedés helyét a kétségbeesés váltotta fel.

– Valami rosszat mondtam? – kérdezte Will-től, aki hozzá hasonlóan meredt a kijáraton távozó fiú után.

– Nem mondtál semmit, kicsi – tette a lány vállára a kezét vigasztalóan – Hagyd, hadd menjen. Majd rájön, hogy igazságtalan volt.

– De nem értem, mi történt.

– Az, hogy sikeres vagy. Az, hogy valóra váltod az álmaid – felelte Will, Lily Jane értetlen kifejezését látva azonban folytatta – Az emberek önzőek, LJ. Matt megbukott a vizsgáin és úgy alapjáraton nem igazán mondhat el semmit, amit magától ért volna el az életben. Ő nem azt látja, hogy mennyit dolgoztál a sikereidért, csupán azt, hogy egyik pillanatról a másikra eléred a céljaidat. Gondolom, ettől csődtömegnek érzi magát, amiről egyáltalán nem te tehetsz. Ez van. Az emberek igazságtalanok.

Lily Jane egy szót sem szólt, különös fájdalom és megbánás férkőzte magát a szívébe. A fiúnak részben igaza lehetett. Matt valóban megbukott a vizsgáin, a családja dolgai pedig szintén nem álltak túl fényesen, bár ezt Will nem tudhatta. Már megbánta, amiért ennyire a fiú orra alá dörgölte boldogságát és elképesztő bűntudat lett úrrá rajta. Abban bízott, hogy a bemutató utáni buli alatt majd sikerül kiengesztelnie valahogy.

– Peter eljött? – váltott témát, mert szabadulni akart ettől a rettenetes érzéstől. Will a fejét rázva, hosszú sóhaj kíséretében felelt.

– Nem. Dolgoznia kellett. A szülei egyébként is kezdenek sejteni valamit, ezért sokkal óvatosabbnak kell lennünk. Szigorúbbak vele mostanság, mint ezelőtt.

– Sajnálom, Will. Biztosan büszke lett volna, ha látja a terveidet.

– A te ruhádat imádta volna – mosolyodott el a fiú – Szereti hallgatni, amikor rólad mesélek. Azt mondja, tetszik neki, hogy ilyen céltudatosan haladsz az álmaid felé, még akkor is, ha cserébe olyan dolgokat kell bevállalnod, amiket utálsz. Igaza van, nagyon erős vagy, LJ.

– Azt hiszem, vannak élethelyzetek, amikor nincs más választása az embernek, mint erősnek lenni.

- Igazad lehet - helyeselt a fiú, majd felnevetett -
Egyébként borzasztó, milyen sokat beszélek rólad.
Eddig fel sem tűnt aztán egyszer csak azon kaptam
magam, hogy minden második szavam az, hogy Lily
Jane.
A lány mélyen a gondolataiba merülve mosolygott a
fiúra. Matt-re gondolt és arra, milyen bonyolult
dolog is ez a szerelem valójában. Azon tanakodott,
vajon mások számára is az-e, vagy csupán ő valami
érzelmileg elhibázott egyede az emberiségnek.
- Szerinted haragszik rám? - suttogta maga elé, mire
Will magához ölelve rázta a fejét.
- Nem. De hé! Egy percig se hibáztasd magad ezért.
Nálad jobban senki sem érdemli meg, hogy elérje az
álmait, Lily Jane. Ezt sose felejtsd el!
- Baj, ha néha úgy érzem, hogy lehetetlen küldetésre
vállalkoztunk, amikor egymásra találtunk?
- Nem - vágta rá Will - Amíg mindketten beleadtok
mindent, addig ez rendben van. Nincs olyan, hogy
lehetetlen küldetés, LJ, csak két kitartó emberre van
szükség. Ahogy a nagymamám szokta mondani,
szerelemben és háborúban mindent szabad.
A fiúnak talán igaza volt, Lily Jane szíve ezúttal
mégsem lett könnyebb. Szerette volna, ha végre,
legalább rövid ideig gondtalanul és
megpróbáltatások nélkül szerethetnék egymást Matt-
el. Abban a pillanatban semmi sem számított, csak
az, hogy bármi áron, de végre újból minden rendben
legyen köztük és ismét együttes erővel, egymásra
támaszkodva nézzenek szembe ezzel az óriási,
életnek nevezett káosszal.

31.

– Jöhet még egy kör?

Matt házibulija óriásira sikeredett. A meghívott néhány ember további jó pár embert hívott meg, akik szintén szóltak a barátaiknak, mígnem az egész kert megtelt egyetemistákkal. Lily Jane-t alapvetően nem zavarta volna a dolog, viszont az újabb és újabb körökben ivott felesek kezdtek meglátszani Matt-en, a lány pedig egy addig teljesen ismeretlen énjét fedezte fel hirtelenjében.

– Ezt is meg kell kóstolnod, LJ – nyomott már sokadjára műanyagpoharat Matt a lány kezébe és valójában szinte ez volt az egyetlen mondat, amit aznap este ismételgetett. Ezen kívül alig szóltak egymáshoz.

Lily Jane feje már kótyagos volt az alkoholtól és a műanyagpoharakra nézve kezdte elfogni a hányinger. A kertben lévő pavilonban üldögéltek a drága kanapén, körülvéve a középen álló asztalon elhelyezett vízipipát.

– Sosem értettem, mi olyan jó ebben – suttogta a mellette üldögélő Natasha – Nekem mindig megfájdul a fejem tőle.

Lily Jane azelőtt sosem próbálta, ezúttal viszont nem menekülhetett Matt unszolása elől és többször is kénytelen volt beleszívni. Édeskés íze volt, valamilyen ízesített követ tettek bele, a lánynak mégis égette a torkát kissé.

– Különös érzés. Eddig sosem próbáltam.

– És milyen jól tetted – felelte Natasha, majd a távolba révedve hozzátette – Kár, hogy Will nem jött. Szerintem tetszene neki ez a buli. Régebben sokkal többet járt bulizni velünk, nem tudom, mi lehet vele.

– Talán csak elfáradt.

– Talán. Vagy zavarja, hogy mi párban vagyunk itt, ami egyébként hülyeség, mert úgyis velünk lenne egész este.

Lily Jane nem felelt Natasha kijelentésére. Ő valójában tisztában volt vele, hogy Peter szülei a hét vége felé sokáig bent szoktak maradni, elintézni a papírmunkát, így a két fiúnak késő este alkalma nyílt néhány órát kettesben tölteni. Lily Jane örült ennek és remélte, hogy legalább ez kárpótolja Will-t, ha már Peter nem lehetett ott a divatbemutatón.

– Töltsek valamit? – kérdezte barátnője kiürült poharára pillantva, az azonban a fejét rázta.

– Nemsokára megyünk Lewis-al.

– Tessék? Hiszen még csak nemrég jöttetek.

– Tudom, de most ünnepeljük az első évfordulónkat és szeretnénk egy kis időt kettesben lenni. A koliban aludnánk, gondoltam, te úgyis itt alszol ma Matt-nél.

Lily Jane megértően pillantott Natashára, majd megsimította a karját.

– Hihetetlen, hogy már eltelt egy év. Menjetek nyugodtan a koliba, én úgyis csak késő délelőtt terveztem hazamenni holnap.

Natasha nem felelt, átkarolta barátnőjét, majd szorosan magához húzta mielőtt felállt a helyéről és az éppen Matt-el koccintó Lewis-hoz sétált. A fiú Natasha szavaira azonnal felpattant és Matt-hez fordulva mondott neki valamit, mire az kérdőn húzta fel szemöldökét. Szemei már fátyolosak voltak az italtól, de végül csak megvonta a vállát és elbúcsúzott barátjától. Lily Jane váratlanul magányosan kezdte érezni magát Natasha és Lewis távozását követően, ezért úgy döntött, elfoglalja Lewis addigi helyét és lehuppant a néhány számára teljesen idegennel nevetgélő Matt mellé a kanapéra.

– Ilyet ittál már? – tartott felé egy üveget a fiú, mire a lány a fejét rázta.

– Nem, de nem kérek. Már így is többet ittam, mint kellett volna.

Matt, mintha meg sem hallotta volna a szavait teletöltötte a lány poharát, majd visszatért a társalgáshoz. Lily Jane a szemét forgatva az asztalra helyezte a poharat, miközben egy ismerős alak huppant le mellé.

– Végre egy ismerős arc. A jelenlévők felét soha életemben nem láttam.

Angela volt az. A lány ezúttal is kedves mosollyal nézett rá, majd Lily Jane asztalon pihenő poharára vándorolt a tekintete.

– Egy korty sem megy már le a torkomon – közölte a lány, hosszú pislogása és artikulálatlan szavai pedig alátámasztották kijelentését.

– Az Edwards-féle bulik már csak ilyenek. Szörnyű belegondolni, mennyi piát pazaroltam el a gyepre öntve, mert rám erőltették, de képtelen voltam meginni.

– Nem értem, hogy bírják.

– Az évek és a sok gyakorlás – nevetett fel Angela, majd témát váltott – Egyébként örülök, hogy összefutottunk, mert el akartam mondani, mennyire gyönyörű ruhát terveztél a mai bemutatóra. Egyszerűen bolondok, amiért eddig csak modellkedési lehetőségeket ajánlottak neked. Elképesztően tehetséges tervező vagy.

– Nagyon köszönöm, Angela. Will ötlete volt, hogy használjuk fel a ruhát. Tulajdonképpen neki köszönhetem, hogy egyáltalán felfigyeltek rám. Tudod...

– Ez nagyon durva! – szakította félbe váratlanul a lányt a mellette ülő Matt hangos kiabálása. A fiú nyelve összeakadt beszéd közben, az egész arca szinte már eltorzult a mérhetetlen mennyiségű alkohol hatására – Lewis megint képes volt lelépni fél óra után!

– Miért mentek el? – kérdezte a szemközti kanapén ülő James, Angela barátja. Ő sem volt már józan, de még korántsem volt olyan vállalhatatlan állapotban, mint Matt.

– Figyelj! Nagyon nagy poén – vihogott a fiú a pavilon körül álldogáló összes egyetemista figyelmét magukra vonva – Az első évfordulójukat ünneplik meg! Az első évfordulójukat, vágod?

– Matt... – suttogta mellette Lily Jane, de a fiú meg sem hallotta.

– Emlékszel, hogyan jöttek össze, James? – ordibálta a poharába kortyolva – Lewis egy másik csajjal kavart mielőtt megismerte Natashát. Konkrétan azt ünneplik, hogy Lewis egy évvel ezelőtt csalta meg az előző nőjét vele!

James és további néhány társa hangosan nevetett fel a kijelentés hallatán, Matt pedig az italát lehúzva szintén csatlakozott hozzájuk, mintha éppen az évszázad poénját sütötte volna el.

– Ez kész! – csapott a térdére James, Matt pedig tovább folytatta.

– Minden egyes rohadt buliról lelép! Mindig ezt csinálja. A nők a haverok előtt minden egyes rohadt alkalommal. Ez nem fordítva kéne, hogy legyen?

Lily Jane halálsápadttá válva ült mellette. Egyetlen szót sem tudott kiejteni a száján, csak ült és hallgatta

ezt az idegent, akivé az alkohol hatására Matt
változott. Szerette volna kiengesztelni a bemutató
után történtek miatt, szerette volna a társaságában
kifújni magát a megpróbáltatást követően, most
viszont, ahogy ott ült mellette, hirtelen azt sem tudta,
mit érez pontosan. Szégyent? Csalódást? Undort?
Talán e három keveréke vette rá, hogy helyéről
felpattanva a kert másik vége felé vegye az irányt.

– Nem sétálunk egyet, Angela?

Nem kellett kétszer mondania. Matt-ék cigarettára
gyújtottak, a pavilon környékét ellepte a füst, Angela
pedig szívesen tartott vele az ordibáló közegből
kikerülve.

A pavilontól távolodva Lily Jane még magát a
levegőt is kezdte kevésbé fullasztónak, már-már
frissebbnek érezni. Képtelen volt hátrapillantani,
főleg, mert sejtette, hogy Matt-nek valószínűleg fel
sem tűnt a távozása. Hangos nevetését még a kert
másik felében is hallották, Lily Jane azonban
igyekezett kizárni őt és Angela előtt próbált úgy
tenni, mintha nem zavarná a dolog.

– Ez nem volt szép tőlük – szólt mégis Angela,
akinek a figyelmét szemmel láthatóan mégsem
kerülte el a dolog – Meg fogom mondani James-nek,
hogy ezt igazán nem kellett volna.

– Matt kezdte el a dolgot. James csak nevetett rajta,
nem az ő hibája volt.

– Nevetni sem lett volna szabad ezen – mosolygott
szomorúan a lány, majd Lily Jane vállára tette a
kezét – Ugye tudod, hogy csak a pia beszél belőle?
Nem kell komolyan venni, amit ilyenkor mond.
Edwards köztudottan nem ismeri a határait, ha az
ivásról van szó.

– Igen. Biztosan igazad van – vonta meg a vállát Lily Jane, de valójában egyáltalán nem értett egyet a lánnyal. Nem gondolta az alkoholt megfelelő kifogásnak a fiú viselkedésére. Egészen addig képtelen volt elképzelni Matt-et, miközben a szórakozóhelyen részegen beleköt valakibe, de ezúttal már számára sem volt kizárt, hogy valójában a fiú kezdte a verekedést a néhány hónappal azelőtti incidenskor, ami végül eltört kezét eredményezte. A lány sokáig meredt maga elé, a feje lüktetett, a végtagjait pedig kissé tompának érezte.

Végül úgy döntöttek Angelával, hogy tesznek néhány kört a kertben, amiből aztán az lett, hogy hosszú órákon át beszélgettek a bemutatóról, a tavaszi kollekció darabjairól és a terveikről. Lily Jane-nek őszintén jól esett, hogy a lánynak sikerült elterelnie gondolatait Matt-ről, de aztán, amikor az idő már a koránhoz, mintsem a későhöz volt közel, nem menekülhetett tovább.

– LJ, merre vagy? Lily Jane Monroe! – hallatszott Matt artikulálatlan ordibálása a pavilon irányából.

Lily Jane szemeit forgatva nézett Angelára.

– Azt hiszem, jobb lesz, ha odamegyek.

Angela bólintott, majd a lány után szólt.

– Összefuthatnánk valamikor egy kávéra, ha van kedved.

– Az nagyon jó lenne – helyeselt Lily Jane, a távolból azonban újra felhangzott Matt hangja, ezért sietve elsétált, hátrahagyva Angelát.

A pavilonban ülők akkorra már szinte mind elég látványosan be voltak rúgva. Lily Jane enyhén szédelegve sétált Matt-hez, miközben a vízipipa irányából megcsapta az orrát az a jellegzetes illat, amit már akkor is érzett, amikor először járt Matt által szervezett házibulin.

Kíváncsian pillantva várta, hogy a fiú mit akarhat. Matt, amint a lány odaért hozzá, intett, hogy üljön le mellé a kanapéra, majd vállát átölelve a kezébe nyomta a vízipipa csövét.

– Nem kérem, Matt. Már így is szédülök egy kicsit – felelte a lány és a fiú felé tartotta a csövet, de az nem vette el.

– Csak ezt az egy ízt próbáld még ki! Esküszöm az életemre, hogy nem fogod megbánni – simította meg az arcát széles vigyorral, Lily Jane pedig bizonytalanul kezdte nézegetni a kezében tartott csövet.

– Miért, mi ez?

– Csak olyan ízesített követ tettünk bele, mint eddig. De ez a legfinomabb. Csokis, azt hiszem.

A szemben lévő kanapén többen kíváncsian figyelték a lány arcát, aki aztán továbbra is kissé szkeptikusan a szájához emelte a csövet.

– Akkor tuti, hogy az van benne?

– Higgy nekem, LJ! Jó erősen szívd meg, mert csak úgy fogod érezni az ízét.

Lily Jane hallgatott a fiúra. A vízipipa csövét szájába véve mélyen, hosszan szippantott egyet.

A világ megállt egy pillanatra, majd eszeveszett sebességgel kezdett újból forogni, majd újra megállt és ezernyi érzést indított el a lány szívében. Egy pillanatra boldog volt és teljesen gondtalan, miközben a testét megtöltő füst minden gondolatot száműzött fejéből. Lily Jane egészen addig el sem tudta képzelni, hogy a feje valóban lehet ennyire feneketlenül üres és, hogy létezik effajta könnyed lebegés. Szinte, mintha megszűnt volna létezni néhány pillanatra. Egy üres test volt csupán, különös nyugalommal lebegve a pihekönnyűnek tűnő térben.

Nem volt kétség. A vízipipában egyértelműen nem ártalmatlan, csokoládé ízesítésű kő volt.

– Matt... – suttogta maga elé a lány már-már érthetetlenül, mire a szemben ülők egy emberként nevettek fel és Matt is csatlakozott hozzájuk. Továbbra is szélesen vigyorogva ölelte magához a lányt és alig bírta abbahagyni a nevetést.

- Mondd el, mit érzel, Lily Jane!

A lány szóra nyitotta száját, de kissé nehezére esett beszélni, mert ajkai teljesen lezsibbadtak. Az idő, mintha lelassult volna, majd, miután kezdett szertefoszlani a tompa lebegés okozta kábulat, szorító, égető fájdalom kezdte marni torkát és mellkasát.

– Mi volt ez? – kérdezte a fiú szemeibe nézve, mire Matt az ajkaihoz hajolt és egyetlen szót suttogott, mielőtt megcsókolta a lányt.

– Fű.

Lily Jane-nek talán ez volt az utolsó emléke a buliról. Ezután már csak értelmetlen mondatfoszlányokra emlékezett, a torkát maró fájdalomra és arra a különös, tudattalansághoz közeli állapotra, amit, bár abban a pillanatban egészen kellemesnek tűnt, valójában sosem akart őszinte szívéből megtapasztalni.

32.

A buli maradványait összepakolni nem kétemberes munka volt; erre Lily Jane és Matt hamar rájöttek. Főleg, miután mindketten továbbra is kissé mámoros állapotban voltak az alkohol és a vízipipa hatására.

A lány, bár nem szólt egy szót sem, amikor Matt a háta mögül váratlanul átölelte őt, akárhányszor elment mögötte, érezhetően távolságtartóan viselkedett. Ez egy idő után végül a fiú figyelmét sem kerülte el.

– Elmondod végre, mi a baj? – kérdezte, amint elhatározták, hogy a takarítást másnapra halasztják és fáradtan a fiú szobájába vánszorogtak. Lily Jane nem felelt, továbbra is különösen nyugodtnak érezte magát, talán túl nyugodtnak ahhoz, hogy szóra nyissa száját – Mit csináltam ezúttal? Most éppen mi történt, ami nem tetszett?

– Ezt most úgy mondod, mintha nekem állandóan lenne valami bajom – vonta össze szemöldökét a lány. Nem tetszett neki Matt hangneme, aki bűzlőtt az alkohol szagától és továbbra is nehezen tudott csak összefüggő mondatokban beszélni.

Feszült volt a levegő köztük, Lily Jane talán még sosem érezte lélekben ennyire távol magát a fiútól.

– Az a baj, hogy keveset foglalkoztam veled? – kérdezte Matt, mire a lány a tenyerébe temette arcát

– Tudom, hogy megint elhanyagoltalak egy kicsit, de elég régen voltunk már így mind együtt a fiúkkal és nagyon jól éreztem magam.

– Igen, azt észrevettem – vágta rá Lily Jane – Hiszen az egész kert tőled zengett.

– És ez miért is baj?

– Nem baj, Matt. Egyáltalán nem baj – sóhajtotta a lány a fejét rázva, mire a fiú idegesen kezdett fel-alá járkálni a szobában.

– Nem értelek, LJ. Már az is baj, ha jól érzem magam? Legyek inkább olyan, mint Lewis és hagyjam az egészet a francba fél óra után?

– Lewis? Most Lewis-al jössz nekem? – fakadt ki Lily Jane felpattanva az ágyról, hevesen gesztikulálva – A barátoddal, akit többtíz ember előtt aláztál meg, csak mert éppen olyan kedved volt?

– Csak poénkodtunk, LJ.

– Felőlem aztán olyan megalázó poénokat sütsz el a haverjaidról, amilyeneket csak akarsz, de a legjobb barátnőmet is megaláztad, tudod?

– Túlreagálod – rázta a fejét dühösen Matt.

– Ó, tényleg?

– Igen, tényleg!

A fiú felemelte hangját, ami cseppet sem tetszett Lily Jane-nek. Érezte, ahogy testét elönti a düh, a jól ismert érzés pedig nem várt intenzitással lett úrrá rajta. Tudta, hogy mi következik. Tudta, hogy hamarosan elveszti a fejét és bekapcsol az a védekező mechanizmus, amely az édesapja távozásakor alakult ki benne és, amely arra készteti őt, hogy gondolkodás nélkül kimondjon mindent, ami az eszébe jut. Fogalma sem volt, ezt mennyire tetézheti a szervezetében lévő alkohol mennyisége. Vagy éppen a fű.

– Elviselhetetlen vagy részegen – közölte, mire a fiú hangos, gúnyos nevetésben tört ki.

– Elviselhetetlen vagyok? Hát pedig én nem fogok olyan begyepesedett nagyszülőkként élni, mint Lewis meg a barátnőd. Ez nem én vagyok.

– Én pedig nem fogok így élni! – kiáltott rá a lány nem várt indulattal – Nem fogom nézni, ahogy hullarészegre iszod magad és betépve alázod a barátaidat! Én meg nem ez vagyok!

– Igazán? Mert én ezt csináltam? – gúnyolódott továbbra is a fiú.

– Igen, ezt csináltad és én még egyszer nem fogom ezt kibírni!

Matt újból felnevetett, majd közel lépett a lányhoz, alkoholszagú lehelete csiklandozta a bőrét.

– Nem fogod ezt kibírni? Akkor menj csak a csodálatos, tervező barátocskádhoz, akinek már így is olyan sokat köszönhetsz!

– Te mégis miről beszélsz?

Lily Jane dühe még a korábbinál is jobban felfokozódott. Will volt talán a leggyengébb pontja és szinte már fizikai fájdalmat érzett, amiért Matt az ő említésével támadott.

– Arról beszélek, hogy ti romantikus kis párizsi hétvégre mentek együtt, miközben az is baj, ha én egy kicsivel többet iszok a kelleténél!

– Egy divatbemutatóra megyünk! – védekezett a lány, látszólag hiába.

– Közös hotelszobátok lesz! Folyamatosan róla beszélsz, LJ és észre sem veszed. Will ilyen tehetséges, Will olyan segítőkész, Will annyira ügyes...

– Elég! – vágott a szavába, de Matt folytatta.

– Úgy szeretem Will-t, Will a legjobb barátom, el se tudom mondani, mennyire hálás vagyok...

– Elég! – szólt ismét a lány, ezúttal már kiabálva, mire a fiú végül elhallgatott – Will nagyon sokat jelent a számomra. Ha ezt nem tudod elfogadni, akkor sajnálom.

Lily Jane sarkon fordult és kifelé indult a szobából, de Matt utána lépett és a vállára téve a kezét maga felé fordította őt.

– LJ, ne menj el, kérlek! – kérte kezei közé fogva a lány arcát – Sajnálom, amit mondtam. Sajnálom ezt az egészet.

Lily Jane szemeiben könnyek ültek, amint a fiú kétségbeesett arcára meredt. Nem tudta, mitévő legyen. Matt részeg volt és talán ő maga is és úgy dobálták egymásra a szavakat, mintha az lenne a céljuk, hogy minél jobban megbántsák a másikat. Fogalma sem volt, mi lett velük, de kezdte úgy érezni, hogy az a varázslatos világ, amit sikerült maguk köré építeniük váratlanul mérgezővé, mármár félelmetessé kezd válni.

– Nagyon sokat küzdöttem azért, hogy végre emberszámba vegyenek, mint tervező – suttogta a lány – Ez a párizsi út óriási lehetőség és nem szeretnék lemondani róla azért, mert féltékeny vagy Will-re.

– Nem is kértem, hogy mondj le róla – csókolta meg Matt – Én csak szeretném, ha megértenéd, hogy ez nekem egy kicsit… nehéz.

Lily Jane felvonta a szemöldökét.

– Egyetlen hétvégéről van szó, Matt. Te négy hétre utazol el nyáron.

Matt tekintete ismét kezdett megváltozni, amitől Lily Jane-nek szörnyű előérzete támadt. A fiú elengedte az arcát és a fejét rázta.

– Egyáltalán nem ugyanaz a kettő. Én dolgozni megyek. Ti meg… egy divatbemutatóra és egy hotelben fogtok aludni. Gyakorlatilag olyan, mint egy wellness hétvége.

– És nekem nem fog ugyanúgy fájni az, hogy hiányzol azon a négy héten keresztül, mint neked azon a két napon át?

– De neked nem kell aggódnod – vágta rá Matt – Ismétlem, én dolgozni fogok.

– Mert szerinted én mit fogok csinálni? – kérdezte a lány, mire a fiú a vállát vonogatta.

– Akármit. Ott lesztek Will-el. Párizsban.

Lily Jane-t újból kezdte elönteni a düh. Nagy levegőt vett és mélyen a fiú szemébe nézett.

– Te nem bízol bennem? Adtam én neked valaha is bármi okot, hogy ne bízz bennem?

– Bízom benned, csak…

Matt megakadt, Lily Jane pedig a fejét rázta hitetlenül. Borzasztóan igazságtalannak érezte a fiú szavait. Óriási lehetőségek álltak előtte, végre úgy érezte, hogy az a rengeteg munka, amit az évek alatt beleölt álmainak elérésébe kezd kifizetődni, Matt pedig egyáltalán nem örült vele együtt. Szörnyű érzés volt, hogy pont az az ember nem áll mellette, akinek a támogatására a leginkább szüksége lett volna.

– Csak mi? – kérdezte, Matt pedig azonnal rávágta.

– Csak sosem lehet tudni.

Lily Jane szívébe nyílként fúródtak a szavak. Szemeit összehúzta, a düh hatására szaporábban kezdte venni a levegőt és érezte, hogy a torkát már sírás fojtogatja. Közelebb lépett Matt-hez és mélyen a szemébe nézve, elképesztően megbántott arckifejezéssel szólt hozzá.

– Köszönöm, hogy mindazok után, amit érted tettem, ennyi bizalmat szavazol nekem. Egyetlen hétvégéről van szó – elcsuklott a hangja, de összeszedte magát és folytatta – Az továbbra is jelentősen kevesebb, mint az a négy hét, amit te fogsz távol tölteni.

– Állj már le ezzel a négy héttel! Mi a francért hozod fel egyfolytában? – vágta rá hevesen a fiú.

– Azért, mert zavar – kiabálta vissza a lány – Azért, mert annyi idő pontosan elegendő arra, hogy eltávolodjunk egymástól.

– Fejezd ezt be! – kérte Matt, de ezúttal már a lány szóáradatának nem lehetett parancsolni.

– Annyi idő elég arra, hogy más utakra térjünk. Az bőven elég ahhoz, hogy úgy érezzem, magamra hagytál.

– Fejezd be!

– És, ha már itt tartunk. Ott is biztosan lesznek mások. Más lányok, ha már szóba hoztad Will-t.

– Fejezd be! – Matt már egyértelműen kiabált, a párbeszéd teljesen eltorzult, egymás szavát túlkiabálva próbáltak felülkerekedni a másikon.

– Ott is lesznek neked való, gazdag, elkényeztetett, számodra teremtett, gondtalan…

– Elég!

– …hosszú lábú, világjáró és lehetőleg idősebb lányok!

– Azt mondtam, hogy fejezd be! – üvöltött rá Matt, mire Lily Jane azonnal elhallgatott. A fiú a másodperc törtrésze alatt ragadta meg a karját és az ágyra lökve a lány torkára tette a kezét. Valójában nem szorította annyira, hogy kárt tehessen benne, de Lily Jane szíve úgy vert, hogy azt hitte, menten kiugrik a helyéről. A fiú arca a felismerhetetlenségig megváltozott, miközben dühvel teli szemekkel meredt a lányra, majd gondolkodás nélkül vágta az arcába szavait.

– Ha fiú lennél, most szétküldeném a fejedet.

Lily Jane egy szót sem szólt. Mozdulatlanul feküdt, miközben a fiú teljes testével az ágyhoz préselte őt, nem mozdítva kezét a lány torkáról.

Lily Jane talán sosem érzett még akkora fájdalmat szívében. Matt szemeibe nézve az édesapját látta. Jól ismert vonásait, amint kislányként minden apróságért a fejét vette, a folytonos idegeskedését, ami aztán arra késztette őket az édesanyjával, hogy minden problémát egyedül oldjanak meg, elkerülve azt is, hogy az édesapja egyáltalán tudomást szerezzen róla.

Szerelmes volt Matt-be. Ha szükség lett volna rá, az életét is könnyedén odadobta volna a fiúért. Szerette őt és mindennél jobban ragaszkodott hozzá. Abban a pillanatban azonban egy másik, a fiú közelében addig sosem tapasztalt érzelem férkőzte magát szívébe. A félelem.

Lily Jane reszketett a fiú teste alatt, a tekintetéből áradó rémület pedig azonnal ráébresztette Matt-et, mit is művelt valójában. Szemében a lányéhoz hasonló ijedelemmel jelent meg a felismerés szikrája, mire Lily Jane torkán pihenő kezét a lány arcára csúsztatta, miközben rémülten meredt rá. Szólni próbált, szemeiből pedig óriási könnycsepp gördült le és elképedve pillantott saját kezére.

– LJ… – suttogta, de képtelen volt folytatni.

Lily Jane semmit sem akart, csak újra biztonságban érezni magát a fiú közelében. Matt szemei láthatóan kitisztultak, miközben Lily Jane tekintete éppen ellenkezőleg, fátyolossá és homályossá vált.

A lány képtelen volt megszólalni. Az alkohol, a fű, a félelem és minden szívében rejlő érzelem egyszerre tört elő belőle és képtelen volt uralkodni a hirtelen, megmagyarázhatatlan, pánikszerű érzésen. Nem akart az édesapjára gondolni, ki akarta űzni őt a fejéből és szabadulni akart az este minden pillanatától.

Betegesnek és undorítónak érezte magát, de Matthez hajolt és figyelmen kívül hagyva a szeméből záporként hulló könnyeket hagyta, hogy a fiú megcsókolja őt. Hosszan és szenvedélyesen, újból és újból.

– Soha többé nem teszem ezt veled, Lily Jane. Én vagyok a legnagyobb idióta a világon. Könyörgöm, ne haragudj rám! – suttogta a fiú szintén sírva, két csók között – Nem ezt érdemled. Nagyon nem ezt érdemled. Annyira, de annyira sajnálom. Soha többé nem hagyom, hogy ez történjen.

– Csak maradj csendben – felelte a lány szinte már beleőrülve az agyában üvöltő emlékképek áradatába. Ordítani és sikoltani akart, miközben egyre közelebb húzta magához a fiút és hagyta, hogy a szívében lakozó szerelem minden mást némaságra intsen néhány pillanatra.

Tudta, hogy mit kellett volna tennie. Azon nyomban fel kellett volna pattannia az ágyról és ott kellett volna hagynia a fiút.

És mégis. Mintha az évek kínjai arra késztették volna, hogy önmagát hibáztassa. Magát okolta, amiért kihozta a vadállatot a fiúból és magát okolta, amiért a szörnyű körülmények ellenére nem támogatta Matt-et, hanem ellene fordult.

Aztán mélyebbre merült. Magát okolta, amiért az édesapja nem foglalkozott vele. Magát okolta és a makacsságát, amivel kizárta őt az életéből, mígnem elérte, hogy a férfi vadidegenné válva végérvényesen lemondjon róla. Magát okolta élete minden apró hibájáért és önmagát akarta megbüntetni mindenért, ami fájdalmat keltett a szívében.

Matt érintése a testén minden egyebet száműzött a fejéből, de képtelen volt szabadulni a lelkét gyötrő kíntól.

– Gyere ide! – húzta még közelebb magához a fiút, aki úgy csókolta őt, mintha soha életében nem akarná abbahagyni. Ujjait Lily Jane hajába fűzte, majd finoman meghúzta, mire a lány nagyot sóhajtott.

Tudta, hogy helytelenül cselekszik, mégsem tehetett mást. Szemeit lehunyva a csillagos égre gondolt és arra, hogyan lehetséges ugyanazon időben a Mennyben és a Pokolban is jelen lenni. Maga sem tudta pontosan, hová is tartozik ő valójában. Talán mindkettőbe. Talán egyikbe sem. Talán ő azon szerencsétlenek egyike, akik félúton megakadva, az örök célba nem érésre lettek kárhozatva.

Akárhogy is, Lily Jane abban a pillanatban rájött, hogy számára a Matt iránt érzett mérhetetlen szerelem egyet jelent a szenvedéssel, amely már-már lelke haldoklását okozza valójában.

33.

Lily Jane fiatalkora ellenére számos alkalommal szenvedett már élete során, ilyen mély gyötrelmet azonban korábban még elképzelni sem volt képes. Az ominózus estét követő kora reggelen egyetlen szó nélkül szedelőzködött össze, majd gyors puszit nyomva a mélyen alvó Matt homlokára, elindult és a leghamarabbi vonatra szállva hazautazott.

Két óránál többet egészen biztosan nem aludhatott az éjszaka folyamán, mégis képtelen lett volna akár csak egyetlen percre is elbóbiskolni útközben. Egész testét egyfajta különös, tompa fájdalom járta át attól a pillanattól kezdve, hogy szemeit kinyitva Matt ágyában tudatára ébredt annak, mi is történt valójában. Semmi sem jutott eszébe a hazautazáson kívül. Szeretett volna a családjával lenni, mindentől távol, végre biztonságban.

A vonaton ülve gyorsan pötyögött néhány sort Natashának, miszerint betegnek érzi magát, ezért a kollégium helyett egyenesen hazament. Úgy döntött, nemcsak a hétvégét tölti otthon, de az elkövetkezendő héten betegségre hivatkozva kihagyja az óráit is. Időre volt szüksége. Nagyon sok időre.

– Máris megérkeztél? Nem azt mondtad, hogy csak késő délután jössz? – ölelte magához édesanyja meglepetten, a lány azonban képtelen volt akárcsak egyetlen szót is kinyögni. Édesanyja vállába temette az arcát és hálát adott, amiért az ölelése még abban a pillanatban is elég volt ahhoz, hogy megnyugodjon kissé.

– LJ már itthon is van? – szaladt elő a szobából Ava, majd megtorpant kissé, amint meglátta nővére sápadt, szomorúan mosolygó arcát. Az édesanyjával mindketten aggódva bámultak rá, úgy nézett ki, akár egy valóságos kísértet.

– Rosszul vagy, kicsim? – tette a lány homlokára a kezét édesanyja.

– Igazából nem érzem túl fényesen magam.

– Talán valami vírus. Főzök neked egy meleg teát, menj, feküdj le! – indult azonnal a konyhába – Ava, megtennéd, hogy behúzod Lily Jane bőröndjét a szobába, kérlek?

A kislány határozottan bólintott, Lily Jane pedig meghatódva figyelte, milyen mély aggodalommal kezdtek sürögni-forogni körülötte mindketten.

A lány valóban rosszul érezte magát, de pontosan tudta, hogy a dolognak semmiféle vírushoz sincs köze. Sokkal inkább ahhoz az elviselhetetlen fájdalomhoz, amely belülről emésztve őt szörnyűbbnek bizonyult bármely általa addig tapasztalt betegségnél.

Az elkövetkezendő napok elég lassan vánszorogtak csak el. Lily Jane sokat pihent, bár néhány nap elteltével már kezdte úgy érezni, megbolondul a bezártságtól. Natasha és Will többször is felhívták, nem igazán értették, mi történhetett a lánnyal egyik pillanatról a másikra, de aztán Lily Jane hangjából érezték, jobb, ha nem kérdezősködnek túl sokat.

– Azért a párizsi hétvégét nem hagyod ki, igaz? – kérdezte Will aggodalmasan az egyik telefonhívás alkalmával. Lily Jane akkor is éppen nyakig betakarózva feküdt ágyában, miközben a szorosan hozzábújó, puha Lucy hangos szuszogását hallgatta.

– Semmi pénzért sem hagynám ki, ne aggódj, Will – felelte halkan – Csak nagyon fáradtnak érzem magam; azt hiszem, túlságosan kimerültem az elmúlt időszakban. Néhány nap és rendben leszek.

– De ugye tudod, hogy itt vagyok, ha kellenék?

– Tudom, Will. Hát persze, hogy tudom – suttogta maga elé. Valójában nem hazudott a fiúnak. Elképesztően kimerültnek érezte magát, erre a fajta kimerültségre azonban a pihenés aligha volt gyógyír. Lily Jane-nek a lelke volt fáradt.

Egyik reggel aztán, amikor az ablakon beszűrődő tavaszi fénycsóvákra ébredt, váratlanul egy régi emlék jutott az eszébe. Amikor Natashával közös kollégiumszobába költöztek, Lily Jane képtelen volt megérteni, hogyan képes a lány minden egyes reggel futással kezdeni a napot. Bár gyakran unszolta, hogy tartson vele, Lily Jane sosem tudta rávenni magát, hogy akár csak kikeljen az ágyból.

– Egyszer próbáld ki azért! Csodákra képes a futás, én mondom neked. Olyan, mintha néhány órára elfuthatnál az egész világ elől, tudod? Nincsenek problémák és beadandó dolgozatok és nincsen senki, csak te. Varázslatos érzés.

Lily Jane akkoriban csak beletörődve legyintett, majd a másik oldalára fordult az ágyban, miközben fél füllel hallgatta, ahogy a lány bezárja maga mögött a bejárati ajtót. Ezúttal viszont jobban belegondolt a dologba. Ha Natashának igaza volt, akkor neki most pontosan erre volt szüksége. Hogy elmenekülhessen a gondolatai és az egész világ elől.

– Hová indulsz? – kérdezte a konyhában egy kávésbögrével a kezében üldögélő édesanyja, majd sportos ruházatát megpillantva meglepetten húzta fel szemöldökét.

– Úgy döntöttem, futok egyet. Valószínűleg nem jutok messzire, de muszáj egy kicsit kiszellőztetnem a fejemet.

– Jól van. Menj csak – bólintott megértően, szavait azonban a Lily Jane pulóverének zsebében pihenő mobil csörgése szakította félbe. A lány mélyet sóhajtva vette elő a készüléket. Matt neve villogott a kijelzőn. Az elmúlt napok alatt már sokadjára. Lily Jane nem fogadta a hívást és, bár enyhe bűntudatot érzett emiatt, egyáltalán nem volt még felkészülve erre a beszélgetésre. Az édesanyja kérdő szemeibe pillantva megvonta a vállát és az ajtó felé indult.

– Majd később visszahívom.

– Vigyázz magadra! – szólt utána, de Lily Jane már alig hallotta szavait az ajtón kívülről.

Natashának valóban igaza volt. Miután maximum hangerőre állította a fülhallgatójából szóló zenét, Lily Jane egyik pillanatról a másikra megállíthatatlannak érezte magát. Eleinte csak kocogott, majd az ordító zene hatására egyre és egyre gyorsabb tempóra kapcsolt, mígnem azon kapta magát, hogy izzadtan levegőért kapkod és már több mint fél órája fut a kora reggeli, hűvös időben.

Imádta ezt az érzést. Nem gondolkodott, a tüdejét égető tompa fájdalom minden egyebet elnyomott, a fülében üvöltő zene pedig minden gondolatmorzsát száműzött fejéből. Erősnek érezte magát. Szabadnak.

– Holnap veled tarthatok? – kérdezte egyik este Ava a fürdőszobából, miközben a fogát mosta. Lily Jane egy arcmaszkot tett fel éppen és mosolyogva pillantott kishúgára.

– Te futni akarsz jönni?

– Igen. Amióta hazajöttél olyan szomorúnak látszol és kíváncsi vagyok, mitől lesz mégis olyan hirtelen jókedved reggelente, miközben úgy tűnik, mindjárt megfulladsz.

A lány felnevetett kishúga szavain, de egyáltalán nem volt kifogása afelől, hogy vele tartson.

– Gyere velem és megtudod. Mehetnénk inkább délután és akkor akár elfuthatnánk az idősek otthonáig is. Meglátogathatnánk Nagyit.

– Úgyis régen voltunk már nála.

– Pontosan. És legalább nem kell olyan korán kelned, álomszuszék! – borzolta össze kishúga haját, mire Ava hangosan felnevetett.

A délutáni idősek otthona látogatással egybekötött futás nagyon jó ötletnek bizonyult. A mindig mosolygós, jókedvű Ava társasága csak még üdítőbbé tette az egészet, még ha elég gyakran kellett is megállni a kislány miatt, mert állítása szerint már haldokolt Lily Jane tempójától.

– Lényegében már sétálunk, Ava, nem is futunk. Nem értem, milyen halálos tempóról beszélsz – ölelte át a vállát az idősek otthonának épületéhez érve. Lily Jane szívét ezúttal is összeszorította az a jól ismert érzés, de a futás okozta kellemes zsibbadás tompította valamelyest a kellemetlenséget.

– Úgy rohantál, LJ, mintha az életed múlna rajta. Ne vágj fel itt nekem, látom, hogy te is mindjárt kiköpöd a tüdőd! – védekezett Ava lihegve, mire a nővére szélesen elmosolyodott, majd védelmezőn a kishúga vállára tette a kezét, miközben beléptek az épületbe. Tudta, hogy Ava hozzá hasonlóan szörnyen érzi magát azon a helyen, még ha egyikük sem szólt egy szót sem erről.

Nagyi békésen nézte a televíziót szobájában. Az arca nyugodt volt, keze pedig a távirányítón pihent. Amint meglátta a lányokat felült az ágyon és szeretettel teli tekintettel tárta feléjük karjait.

– Jaj, kicsikéim, úgy hiányoztatok!

Lily Jane torka elszorult a kijelentésre, miközben magához ölelte törékeny kis nagymamájának aprócska alakját.

– Ne haragudj, hogy régóta nem jöttünk. Elég ritkán tudtam hazautazni mostanság.

– A lényeg, hogy most itt vagytok. Nézzenek oda, Ava, hogy megnőttél! Jól megy az iskola?

Nagyi és Ava nevetgélve kezdtek csevegni a suliról, a barátokról és úgy általánosságban mindenről. Szokás szerint előkerült a fiókból néhány odacsempészett csokoládé, amit aztán hárman együtt fogyasztottak el. Nagyi szerette az édességet, de még jobban szerette az unokáival együtt elfogyasztani a finomságokat. Lily Jane és az édesanyja annak idején gyakran vittek neki egyfajta habos cukrászdai süteményt, mert az volt a kedvence. A lánynak hirtelen bűntudata támadt, amiért ezúttal nem hozott és az emlékezetébe véste, hogy legközelebb semmiképpen se mulassza el.

– Na és te hogy vagy, Nagyi? – simította meg a karját Lily Jane. Az ágyon ülve beszélgettek, Ava pedig az ágy mellett álló kisszéken üldögélt. A televízióban valami bugyuta vetélkedő ment, de egyikük sem nézte, csupán háttérzajként szolgált.

– Én megvagyok, kedvesem. Mostanság fáj néha egy kicsit a fejem, de biztosan csak az időjárás változás miatt. Meg hát tudod… nem túl jó itt lenni egyedül egész nap.

A lány torka ismét összeszorult.

– De azért néha kimozdulsz egy kicsit, ugye?

– Igen, néha igen. Ki szoktunk menni sétálni olykor. Egy héten egyszer-kétszer, azt hiszem.

Lily Jane elmosolyodott, de legszívesebben sírva fakadt volna. Megfogta nagymamája kezét és mélyen a szemeibe nézve sóhajtott.

– Egyre szebb az idő, már egészen meleg van. Biztosan gyakrabban kivisznek majd sétálni benneteket, ha nem kell már félni attól, hogy valaki esetleg megfázik.

A nagymama mosolyogva bólogatott, miközben csillogó tekintettel hallgatta unokái minden szavát.

Elég sokáig maradtak a lányok, Lily Jane egyszerűen nem tudta rávenni magát a távozásra. Mikor azonban már a Nap fénye rózsaszínesre kezdett változni, tudta, nem húzhatja tovább a dolgot. Ideje volt hazaindulni.

– Nagyon örülök, hogy jöttetek. Kérlek, gyertek máskor is! – ölelte magához a lányokat a nagymama, Lily Jane pedig gyengéden simogatta meg a hátát.

– Megígérem, hogy gyakrabban jövünk majd, Nagyi – suttogta kissé elérzékenyülve – És legközelebb hozok abból a finom sütiből is, amit annyira szeretsz.

– A habosból? – csillant fel a nagymama szeme, mire a lány elmosolyodott.

– Igen, abból.

– Az nagyon jó lesz. De az sem baj, ha nem hozol, csak gyere el.

A nagymama szavai úgy hangzottak, mintha egy kisgyermek mondta volna őket. Lily Jane szemeiben könnyek gyűltek, miközben bólintott, majd néhány mély levegőt véve összeszedte magát.

Egyiküknek sem volt már kedve futni a hazafelé vezető úton. Békésen sétáltak a késő délutáni tavaszi szellőben. Beszélgettek mindenféléről és sokat nevettek, ami ráébresztette Lily Jane-t arra, hogy a lehető legjobb döntés volt hazautazni néhány napra. Az otthon töltött napok segítettek neki visszatalálni önmagához és egy kissé visszaadni számára a rég nem érzett lelki békét. Még, ha csak néhány pillanatra is.

A ház elé érve azonban különös érzés lett úrrá rajta. Az utca végén egy piros autót látott elkanyarodni, ami mintha a szokásosnál ismerősebb lett volna számára. Tenyerei azonnal izzadni kezdtek, szíve pedig szaporább ütemre kapcsolt.

A lépcsőházba érve aztán meglepő felfedezést tett. A postaládájukból egy levél kandikált ki, a borítékon pedig kézzel írott, kacifántos betűkkel, a saját nevével találta szemben magát.

– Az micsoda? – kérdezte Ava, Lily Jane pedig a borítékot felbontva megrázta a fejét.

– Fogalmam sincs.

– Talán egy szerelmes levél! – lelkendezett a kislány, aki valóban nem lőtt túlzottan mellé.

Lily Jane elsápadva, remegő kezekkel vette elő a gondosan összehajtott papírlapot a borítékból, amin ezúttal már egyértelműen felismerte Matt kézírását.

Drága Lily Jane,

Sosem írtam még szerelmes levelet, ezért kérlek, nézd el nekem, hogy valószínűleg egy óriási összefüggéstelenség lesz az egész. Viszont, ha valaki megérdemli, hogy szerelmes levelet kapjon, akkor az te vagy. Másrészt pedig semmilyen más formában nem tudlak elérni, ezért kénytelen voltam előkeresni a legromantikusabb énemet.

Elmondhatatlanul sajnálom, ami történt. További életünk összes napja sem lenne elegendő ahhoz, hogy ezt elégszer elmondhassam neked. Nem szabadott volna ezt tennem. A világ legnagyobb baromja vagyok, amiért így viselkedtem és fogalmam sincs, mit tehetnék, hogy ezt valaha is jóvá tudjam tenni.

De nem akarlak elengedni, LJ. Tudom, hogy haragszol rám, tudom, hogy csalódtál és, hogy nagyon megbántottalak, de én egyszerűen képtelen lennék nélküled élni tovább. Nem kérem, hogy azonnal bocsáss meg, de térden csúszva könyörgöm neked, engedd meg, hogy az életed része maradhassak!

Úgy döntöttem, ha már a telefont nem veszed fel és talán még egyikünk sem áll készen arra, hogy szemtől szemben beszéljünk erről, az otthon töltött időd alatt, bármennyire eleged lesz is belőlem, minden nap írni fogok neked egy levelet. Szeretném, ha végre tényleg éreztetni tudnám veled, mennyire elmondhatatlanul sokat jelentesz számomra és szeretnék veled megosztani néhány okot a millióból, amiért mindennél jobban szeretlek.

A mai, egyúttal legelső levélben a céltudatosságodra esett a választásom. Nagyon tisztelem, hogy ennyire magad előtt látod mindazt, amit el szeretnél érni és azt, akivé válni szeretnél. Nagyon sajnálom, amiért eddig nem álltam teljes mértékben melletted, de szeretném, ha tudnád, hogy most már látom, mekkorát hibáztam. Támogatnom kellett volna téged az utadon, nem pedig a nehézségeket keresni mindenben.

Viszont kérlek, te is állj mellettem úgy, ahogyan eddig is, mert elképesztően nagy szükségem van rád.

Nem viccből mondogatom, hogy te vagy az egyetlen, ami életben tart és beleszakad a szívem a puszta gondolatába is annak, hogy valaha el kelljen engednem téged.

Kérlek, most már ne a negatív dolgokra koncentráljunk! Bízom benned, hogy a fenébe is ne bíznék! Menj Párizsba és váltsd meg a világot, viszont könyörgöm, te is bízz abban, hogy túléljük azt a bizonyos négy hetet a nyárból, mert beleőrülök, amikor azt látom rajtad, hogy nem vagy biztos a dologban.

Szeretlek, Lily Jane és soha többé nem kell más, szóval még csak ne is mondj ilyet!

Talán nevetni fogsz az elköszönésemen, de azt hiszem, a romantikus, kosztümös filmekben is így szokás.

Holnap ismét írok neked, kedvesem! Addig is maradok...

Alázatos szolgád,
Matt Edwards

34.

Matt nagyon kitartó volt. A levelek minden egyes nap, nagyjából ugyanabban az időben érkeztek. Lily Jane gyakran álldogált az erkélyen a piros autó érkezését várva, amint pedig elkanyarodott az utca végén, izgatottan szaladt le a postaládához, hogy elolvassa az újabb és újabb csodaszép sorokat. Bár továbbra sem tudott teljes mértékben megszabadulni az őt kínzó emlékek képeitől, Matt levelei mégis édessé és csodálatossá varázsolták otthon töltött napjait.

Mai levelemben a jóságodat szeretném kiemelni, LJ. Nem csupán, mert mindig mindenkinek segítesz anélkül, hogy bármit is várnál cserébe, hanem azért, mert engem is jobb emberré teszel. Talán te ezt nem is érzékeled, de valóban így van, ezért pedig örökké hálás leszek neked.

Szerintem nincs önmagában teljes ember a világon. Mindenki csupán egy fél, mígnem megtalálja azt a valakit, aki őt egésszé teszi. Nekem te vagy a másik felem, LJ. Te vagy az, aki kiegészíti tökéletlenségemet és egy teljes, még inkább pedig jobb emberré váltam általad.

Lily Jane úgy olvasta Matt sorait, mintha a világ legszebb szavait látná a papíron. Számára talán valóban azok is voltak.

A fiú minden nap mást emelt ki, ami miatt szerette a lányt. Mind olyan dolgokról beszélt, amik megmosolyogtatták, vagy éppen könnyeket csaltak a szemébe. Lily Jane azelőtt sohasem kapott szerelmes leveleket, az olvasásuk közbeni érzés pedig csodálatosabb volt, mint amit valaha el tudott képzelni.

Ezúttal a kreativitásodat szeretném megemlíteni, drága LJ. Olyan tehetség lakozik benned, ami egyetlen másik emberben sem ezen a világon, ez pedig elképesztően egyedivé tesz. Őszintén megmondom, ez az egyik legvonzóbb tulajdonságod, bár ezt talán titokban kellett volna tartanom. Imádom nézni, amikor megszáll az ihlet és magad elé meredve szinte hallom, ahogy forognak a fogaskerekek az agyadban. Elképesztően koncentrálsz ilyenkor és egyáltalán nem vagy tudatában annak, mennyire gyönyörű is vagy, ez az ártatlanság pedig csak még inkább fokozza a vonzerődet.

A lány olykor belepirult a sorok olvasásába, majd abbahagyhatatlan vigyorral emelte ajkaihoz a papírlapot. Sosem gondolta, hogy egy fiú valaha is ezt fogja tenni érte, azért, hogy megbocsásson. Talán most először életében valóban értékesnek érezte magát. Azok után, hogy az édesapja egyszerűen csak úgy eldobta őt, a tudat, hogy Matt Edwards még a lány számára oly jelentéktelennek tűnő pillanatokban is gyönyörűnek és vonzónak látta őt, egyszerre öntötte el a szívét nyugalommal és bizakodással. Talán mégis volt remény. Talán ők mégiscsak egymáshoz tartoztak.

Az egyik dolog, amit talán a legeslegjobban csodálok benned, az az, mennyire erős vagy. Rengeteg dolgot kellett már átvészelned, amit sosem szabadott volna megtapasztalnod, mégis megmaradtál csodálatos önmagadnak. Bármivel szembenézel, akárcsak az anyukád és bármilyen helyzetben megállod a helyed még akkor is, ha néhány arrogáns divattervező az utadba áll.

Viszont, drága LJ, szeretném, ha tudnád, hogy mellettem már nem kell mindig erősnek lenned. Itt vagyok, hogy támogassalak és segítselek az utadon és előttem bármikor kimutathatod a fájdalmad, vagy éppen a gyengeségedet, mert mindig melletted leszek. Tudom, hogy erős, önálló és magabiztos nő vagy, de én azért mégis szeretném, ha tudnád, hogy bármikor támaszkodhatsz rám.

Az utolsó otthon töltött napok során Lily Jane már szinte az összes levél olvasása közben sírva fakadt. Könnyei úgy hulltak szemeiből, mint megállíthatatlan lavina, kezei közt pedig remegett a papírlap a csodaszép vallomások láttán. Tudta, hogy nincs más választása, a szívére kell hallgatnia, az pedig egyértelműen ordított arról, mit is szeretne valójában.

Így aztán egy nap végül a lány az utcára gördülő piros autót megpillantva az erkélyről, nagy léptekkel indult a lépcsőház felé. Megállt egy pillanatra, miközben Matt mozdulatainak visszhangzó hangját hallgatta, majd kilépett a folyosó takarásából és a postaládák előtt szemben találta magát a fiúval.

Matt tekintete felragyogott a lány láttán. Eleinte halványan elmosolyodott, majd aggodalommal teli tekintettel kezdte fürkészni az arcát.

– Lily Jane, én annyira sajnálom… – szólt, de a lány közel lépett hozzá és az ajkához emelte ujját.

– Ssssh – suttogta, miközben Matt kezei közé fogva, gyengéden simogatni kezdte a lány arcát.

– Tetszettek a levelek?

– Egy író veszett el benned. Imádtam az összeset. Köszönöm.

– Ez volt a legkevesebb, amit tehettem. LJ, én… – Matt megakadt. Némán, könnyekkel telt szemekkel nézett a lány szemébe és látszólag nehezére esett beszélni a torkát fojtogató sírástól – Meg tudsz nekem bocsátani?

Lily Jane nem felelt, csak még közelebb hajolt a fiú arcához, majd szemeit lehunyva hagyta, hogy Matt megcsókolja őt. Úgy érintette meg a lányt, mint a legféltettebb, legtörékenyebb kincset a világon. Mozdulatait még csak össze sem lehetett hasonlítani a veszekedés estéjének durvaságával.

– Ez elegendő válasz volt? – suttogta Lily Jane visszahúzódva kissé, Matt viszont a fejét rázta.

– Nem, LJ. Hallanom kell – felelte esdeklőn, majd a lány értetlen arckifejezését látva hozzátette – Egyszerűen nem veszíthetlek el, Lily Jane. Könyörgöm, mondd, hogy megbocsátasz. Kérlek, csak mondd, hogy…

– Megbocsátok, Matt. Megbocsátok.

A fiú hálával teli tekintettel meredt rá, mintha Lily Jane ezzel az egyetlen kijelentéssel mindent megadott volna számára, amire vágyott. Talán így is volt. A lány nem tudhatta, mégis reménnyel teli szívvel ölelte át Matt-et, akiben ezúttal végre újból azt a pimasz mosolyú, tiszta szívű, szeretettel és szerelemmel teli fiút látta, mint első valódi találkozásukkor, este az autóban, mindentől távol, a világvégén.

35.

A párizsi divatbemutató legalább olyan csodálatos élmény volt Lily Jane és Will számára, mint azt remélték. Bár a lány a Matt-el való vita után kissé nehéz szívvel utazott el, a gyönyörű hotel és a divatbemutatón látott, ezernyi gondolatot elindító ruhák szinte azonnal elfeledtették vele problémái többségét. Már csak azért is, mert Matt újból elutazott egy megbeszélésre a nyári táborral kapcsolatban, így a lánynak egyáltalán nem kellett úgy éreznie, mintha hátrahagyta volna a fiút. A négyhetes tábor gondolata továbbra is felzaklatta kissé, mégis megnyugodott, amiért Matt nem otthon ülve fantáziált arról, vajon mi folyhat éppen Párizsban, helyette inkább ő is elfoglalta magát valamivel.

– Ez mesés! Nézd már, LJ, én még életemben nem láttam ilyen aprólékosan kidolgozott csipkét! – ujjongott Will a divatbemutató alatt a lányt bökdösve – Jézusom, látod azt a kalapot azon a lányon? Hiszen az egy valóságos műalkotás!

– Elképesztő... – felelte sóhajtva Lily Jane, aki a fiúval ellentétben néma döbbenettel figyelte az extravagáns kollekció darabjait. Valóban lenyűgöző volt. A francia tervező, aki Dubois jó barátja volt, egészen formabontó ötletekkel keltette életre tavaszi kollekcióját, a vad színekben pompázó ruhák és már-már polgárpukkasztónak mondható mesterművek kissé talán Will stílusát idézték. Nem is csodálkozott hát a lány, amiért a fiú hangot adott lelkesedésének.

A bemutató végeztével aztán Dubois a színfalak mögött várt rájuk. Lily Jane remélte, hogy gratulálhat az elképesztően tehetséges művésznek, a divattervezőt megpillantva azonban meglepetten tapasztalta, hogy Edwards-ék is csatlakoztak a társalgáshoz.

– Ó, hát itt is vannak az én kis felfedezettjeim! – intette oda őket Dubois, majd mindkettejüket bemutatta tervező barátjának, egy bizonyos Valentine Gauthier-nek.

– Engedje meg, hogy gratuláljunk! Egyszerűen lélegzetelállító a kollekciója! Annyira egyedi és különleges és...

– Will hasonló vonalat képvisel, mint te, drága Gauthier barátom. Azért is hoztam magammal, mert sejtettem, hogy megihleted a zsenialitásoddal – vágott Will ujjongása közbe Dubois – A csodálatos Lily Jane pedig maga a megtestesült elegancia. Bár gondolom, ezt te magad is észrevetted.

– Valóban – bólintott mosolyogva a francia tervező végigmérve tekintetével a lányt. Lily Jane meg sem lepődött ezen, réges-régen hozzászokott már az ilyenfajta pillantásokhoz. Egyébként pedig tényleg kitett magáért megjelenését illetően. Egy elegáns, bézs színű overált viselt vastag, derekát kiemelő övvel és egy fekete blézerrel.

– Nagyon bíztató, hogy ilyen nagy sikert aratott a kollekció – kapcsolódott váratlanul a beszélgetésbe Scott Edwards – Én eddig nem voltam kifejezetten az extravagánsság híve, de ezúttal valóban én is elámultam.

Suzanne nem igazán szólt hozzá a társalgáshoz, szokásos jeges tekintetével figyelte a jelenlévőket, majd elvonulva telefonálni kezdett. Miközben távolodó alakját figyelte, Lily Jane arra döbbent rá, hogy Suzanne valójában egész idő alatt egyetlen szót sem pazarolt rájuk. Még csak nem is köszönt nekik. Gauthier szintén hamar odébbállt, mosolyogva fogadva a gratulációkat, miközben Will rajongással teli, csillogó szemekkel figyelte őt és a színfalak mögött sürgő-forgó modelleket. Lily Jane figyelmét viszont egészen más kötötte le. A magára maradt Scott és Dubois látszólag mély, komoly társalgást folytatott, amit rajtuk kívül senki más nem hallhatott. Halkan beszéltek, bármennyire fülelt is a lány, egy szót sem tudott kivenni a párbeszédből. Feltűnt neki azonban, hogy a társalgás végeztével a két férfi kezet rázott, látszólag mindketten elégedettnek tűntek. A lány el sem tudta képzelni, miről lehetett szó.

– Ha visszaértetek a hotelbe, találkozzunk az étteremben! Fontos beszédem van veletek – súgta Dubois a lány fülébe, miközben elhaladt mellette, majd beleveszett a modellek és tervezők tömegébe. Lily Jane-nek különös érzése támadt. Kérdőn pillantott Will-re, aki látszólag továbbra is a felhők felett járt lélekben.

– Szerinted miről lehet szó?

– Fogalmam sincs – vonta meg a vállát a fiú – De hamarosan úgyis megtudjuk.

Will-nek igaza volt. A tömeg nemsokára oszlani kezdett, ők pedig taxiba ülve visszatértek a hotelbe. Lily Jane az ablakon kibámulva tűnődött, miközben az eléje táruló, gyönyörű környék képében gyönyörködött. Szerette volna, ha több idejük marad az addig sosem látott város felfedezésére, de már ez is több volt, mint amit valaha álmodni mert volna, így eszébe sem jutott panaszkodni a dologról.

A hotelszobába érve aztán ledobta táskáját az ágyra és már indult is vissza az ajtó felé. Épp csak egy szusszanásnyi időt töltöttek el, Dubois mégis várta már őket a hotel éttermében, viszkihez hasonlatos, sötét színű italt kortyolgatva.

– Üljetek le, csak néhány percig rabolnám az időtöket, utána végre tiétek Párizs – közölte, Will pedig izgatottan foglalt helyet vele szemben.

– Elmondhatatlanul hálásak vagyunk ezért a lehetőségért. Gauthier tervei annyira...

– A tieid sokkal jobbak, Will – vágott a szavába olyan hangsúllyal, mintha ez magától értetődő lenne

– Pontosan erről szeretnék beszélni veletek.

– Miről lenne szó? – kapcsolódott a párbeszédbe Lily Jane. Dubois karba tett kézzel dőlt hátra székén, miközben belekezdett mondandójába.

– Arról, kedvesem, hogy nem véletlenül jelent meg ma az Edwards-házaspár ezen a bemutatón. Különösképpen pedig Scott Edwards. Gauthier stílusvonala valóban nagyon közel áll Will ötleteihez, azonban Will még tőle is szélsőségesebben formabontó, már-már forradalmian új. Ő valósággal életre kelti a ruháit, gondoljunk csak például a démonból lett angyal esetére. Will ruhái beszélnek. Will ruhái jelentéssel és tartalommal bírnak.

– Igazán jól esik a dicséret, de nem igazán értem... – szólt halkan Will, Dubois viszont újból a szavába vágott.

– Pontosan ezt akartam bebizonyítani Scott-nak. Azt akartam, hogy lássa, mekkora jövője van ennek a stílusnak világtekintetben. A téli és a tavaszi kollekciónk nem várt sikert aratott és megállapodtunk Scott-al, hogy a váratlanul nagy bevételből két kollekciót is szabadjára engedünk a nyáron, amelyeket két külön bemutatón fogunk debütáltatni. Javasoltam neki, hogy az egyik kollekció teljes mértékben Will tervei alapján készüljön el, azonban Suzanne-al mindketten kissé szkeptikusak voltak a dolgot illetően. Ezért hívtam meg őket ide, hogy láthassák, mekkora biznisz rejlik a formabontó extravagánsságban. Azt hiszem, mondhatjuk, hogy sikerrel jártam.

– Tessék? – pislogott értetlenül Will – Azt akarja mondani, hogy…

– Hogy nyáron egy saját divatbemutatón prezentálhatod a tehetségedet, aminek anyagi hátterét Scott Edwards vállalata fogja állni. Ez az igazi ugródeszka, Will – Dubois hangja komoly volt, érzékeltetni akarta a fiúval a lehetőség súlyát – Ezután már leveszem rólad a kezem. Most kell bizonyítani, tudod, csak nagyon kevesen kerülnek ilyen kivételes helyzetbe.

Will néhány pillanatig még megszólalni is képtelen volt. Csak ült némán, elkerekedett szemekkel, hitetlenkedve.

– Én… azt hiszem, én…

– Nagy feladat lesz. Viszont, ha már megígértem ennek a tehetséges kisasszonynak itt melletted, hogy társtervezővé léptetem elő a modellek sorából, szeretném, ha a te saját bemutatódon venné ki a részét a munkából. Aztán majd meglátjuk… talán hamarosan ő is saját bemutatón villoghat majd a remekműveivel.

Will görnyedten ült az asztalnál, majd amint kezdte felfogni, mit is jelentenek Dubois szavai valójában, lassan a szája elé emelte kezét és könnyekkel teli szemekkel meredt a tervezőre.

– Nagyon köszönöm. El sem tudom mondani, hogy ez mennyire sokat jelent nekem – suttogta, Lily Jane pedig szintén elképedve ült mellette. Végre megtörténik. Az ő neve is ott lesz Will neve mellett. Végre nem Lily Jane, a modell. Végre Lily Jane Monroe, a tervező.

– Na, menjetek, pihenjétek ki magatokat! Holnap korán indulunk haza és gyűlölöm, ha nincs kivel beszélgetnem útközben, mert mindenki bealszik.

Will és Lily Jane szerettek volna még mondani valamit, láthatóan mindketten a szavakat keresték, amelyek azonban teljesen elhagyták őket. Dubois azonban tekintetük láttán is pontosan tudta, mire gondolnak, így hát megértően bólintott, majd visszatért itala szürcsöléséhez.

A hotelszobába érve aztán mindketten utat engedtek érzéseiknek. Amint bezárták maguk mögött az ajtót, Lily Jane Will nyakába ugrott és szorosan ölelve egymást mindketten sírni kezdtek.

– Saját divatbemutatód lesz! Rohadtul kaptál egy saját divatbemutatót! – sikította Lily Jane úgy kapaszkodva a fiú nyakába, mintha soha többé nem akarná elengedni. Will szótlanul bólogatott, miközben halkan szipogott és összekönnyezte a lány blézerét.

– Soha többé… soha többé nem hagyjuk, hogy modellkedésre fogjanak, LJ – suttogta – Végre megmutatod nekik, ki is az a Lily Jane Monroe. Aztán csak kapkodhatják az állukat a földről.

A lány hangosan nevetett fel, majd ujjongva kezdett ugrándozni a szobában. Az ágy mellett álló miniatűr hűtőszekrényhez vitték a lábai, ahonnan egy óriási, drágának tűnő palackot vett elő.

– Ezt illik rendesen megünnepelni.

Will nem ellenkezett. Az idő már egyébként is későre járt, így végül beletörődve, hogy nem ez lesz az alkalom, amikor felfedezik Párizs szépségeit, kiültek az erkélyre a nevetségesen nagy borosüveg társaságában. Az ég csodálatosan tiszta volt, a csillagok az előttük elterülő város fényeivel vetekedtek.

– Mondtam már, hogy te vagy a kedvenc emberem a világon, LJ? – kérdezte Will sokadjára töltve újra poharát. A lány sem sajnálta az édeskés aromájú italt, kellemes zsibbadás lett úrrá rajta, ez a különös nyugalom pedig a csillagok és a város fényeinek elegyével egész testét rég nem érzett békébe burkolta.

– Én is nagyon szeretlek, Will – suttogta a lány, majd nevetve hozzátette – És annyira örülök, hogy nem vagyunk szerelmesek egymásba.

– Ebben egyetértünk. Az csak mindent összekuszálna – ölelte át a vállát, majd kissé félve kérdezte – Jól sejtem, hogy ennek a kis elvonulásodnak köze volt Edwards-hoz?

Lily Jane nem felelt néhány pillanatig. Elgondolkodva meredt maga elé borospoharát az ujjai közt forgatva. Will nem tudta eldönteni, vajon a csillagok tükröződnek szemeiben, vagy könnyeket lát csillogni bennük. A lány végül halványan bólintott.

– Sokkal nehezebb ez az egész, mint gondoltam. Fogalmam sincs, hogy ez normális-e.

– Kit érdekel, mi a normális? – sóhajtotta a fiú – Azt hiszem, mi már mindketten elengedhetjük ezt a fogalmat. Sosem tartoztunk a normálisak közé.

– Igazad van. Csak tudod, úgy érzem, hiába próbálkozom, akkor sem tudom leküzdeni azt a szakadékot, ami köztünk van. Annyira... mások vagyunk és mégis részben ugyanolyanok. Tele vagyunk dühvel és haragszunk az egész világra, miközben egymást büntetjük ezért – suttogta lassan Lily Jane – Olyan, mintha a saját fájdalmaink nem engednék, hogy egyszerűen csak úgy szeressük egymást.

Will sokáig gondolkodott a hallottakon. Lebiggyesztve ajkát, mélyen a gondolataiba merült, miközben a borba kortyolt.

– Azt hiszem, értem, miről beszélsz. Velünk is valami hasonló lehet a helyzet, Peter-el – mondta, majd továbbra is elgondolkodó tekintettel folytatta – Tudod, azt hiszem, van bennük valami közös Edwards-al. Mindketten mintha elzárkóznának egy kicsit. Mintha félnének őszintén szeretni valakit. Csak eltérő okok miatt persze. Peter-nek a körülményei nem engedik, hogy szerethessen engem. Ő félt és a jövőjét is félti, ezért inkább ellök magától, mígnem újra és újra ráébred, hogy ez nem megoldás, mert mindketten belepusztulunk. Edwards hasonló. Ő talán nem is tapasztalta meg élete során, mit is jelent a szeretet valójában, így ő részben saját magát akadályozza abban, hogy úgy szeressen téged, ahogy azt megérdemelnéd. Valójában mindketten elérhetetlenek érzelmileg, csak az okaik térnek el.

Lily Jane-nek rá kellett döbbennie, hogy Will-nek igaza van. Szomorúan pillantott rá, miközben ő is szájához emelte poharát.

– Azt hiszem, a mi esetünkben én is hibás vagyok. Talán én hozom elő belőle azt az énjét, ami jobb lenne, ha sosem jönne elő. Talán csak rossz hatással vagyunk egymásra és...

– Te is tudod, hogy ez nem így van – vágott a szavába a fiú, majd a hajába túrva sóhajtott fel – Nézd, LJ! Érzelmileg elérhetetlen embert szeretni valójában mentális öngyilkosság. És te szenvedsz. Ne mondd, hogy nem, mert ismerlek és látom. Úgy, ahogyan én is szenvedek.

Lily Jane szeméből lassan gördült le egy könnycsepp, miközben a csillagos ég felé emelte tekintetét.

– De szeret engem. Tudom. Érzem.

– Hát persze, hogy szeret. Efelől nekem sincs kétségem. Csak te nem azt a fajta szeretetet érdemled, amit ő adni tud neked.

A lány a fejét rázva törölte le arcáról könnyeit. Tudta, hogy Will-nek igaza van, mégis fájtak a szavai.

– De próbálkoznom kell, Will, mert én már... én már nem bírnám ki nélküle. Azt hiszem, belehalnék. Még elképzelni is fáj az életemet nélküle.

– Tudom, hogy ki fogsz tartani az utolsó pillanatig – vágta rá Will azonnal – Ebben biztos vagyok. Viszont tudnod kell, hogy te mindent megteszel. Gyűlölöm, hogy folyamatosan magadat bünteted olyan dolgokért, amikért nem te vagy a hibás.

– Én pedig gyűlölöm az agyamat – nevetett fel keserűen a lány és érezte, hogy szavai felett kezdi átvenni az irányítást az alkohol okozta, kellemes, bizsergető állapot – Tudod, akárhányszor csalódást okozok magamnak, a legelső gondolatom mindig az, hogy talán Apa is azért hagyott magamra, mert nem vagyok elég jó. Hogy azért hagyott hátra, mert ilyen vagyok és, hogy Matt-el is ez fog történni. Will, az agyam néha, úgy érzem, egyszerűen azt szeretné, ha megőrülnék.

– Gyere ide, LJ – húzta magához a fiú, mire a lány ismét teret engedve könnyeinek a vállába temette arcát. Will egy ideig szótlanul simogatta a fejét, majd mélyet sóhajtva nyitotta szóra ajkait – Talán az egyik legnehezebb dolog a világon megbarátkozni önmagunkkal. Mind hibázunk és mind olyan rohadtul tökéletlenek vagyunk, hogy az már nevetséges. Te viszont képtelen vagy elfogadni ezt. Pedig muszáj. Kénytelen vagy megbarátkozni saját magaddal, hiszen míg mások kellemetlen társaságától egész könnyedén megszabadulhatsz, önmagadtól sohasem menekülhetsz – puszit nyomott a lány homlokára, majd hozzátette – Emellett pedig életem küldetésének tartom, hogy kinyírjak mindenkit, aki valaha is bántani merészel téged, szóval kérlek, ne kelljen paradox módon éppen a te agyaddal kezdenem.

Lily Jane felnevetett a kijelentés hallatán, majd megnyugodva kissé Will felé tartotta poharát.

– Igyunk arra, hogy sikeresek és boldogok leszünk! Még, ha jelen helyzetben éppen folyamatos mentális öngyilkosságot követünk is el mind a ketten.

Nevetni kezdtek, majd poharaikat finoman egymáshoz koccintva lehúzták az édes vörösbort. Lily Jane elgondolkodva nézte a csillagokat csodáló fiú arcát, miközben azon tűnődött, milyen szerencsés is, amiért az életében tudhatja őt. Will olyan volt számára, mint egy valóságos őrangyal, akit azért küldtek, hogy felhúzza őt a legmélyebb szakadékból is és szeretetével támogatva őt megvédje a totális megőrüléstől. Bár fogalma sem lehetett erről, de ez az érzés kölcsönös volt.

36.

A nyár vészesen közeledett. Bár a párizsi hétvégéről hazaérkezve Lily Jane az első néhány hétben addig talán sosem tapasztalt figyelmességet élvezett Matt részéről, minden egyes eltelt nap aggodalmat ébresztett a lelkében.

Talán mindketten kezdték egyre erőteljesebben érezni a négy hét súlyát. A szokásosnál sokkal több időt igyekeztek együtt tölteni, Matt pedig semmilyen program elől nem zárkózott el. A jó időt kihasználva gyakran piknikeztek, bár ezúttal már platós kocsi nélkül és a fiú még futni is hajlandó volt a lánnyal. A belvárosban kocogtak egy elég nagy kört, a végállomás pedig Matt albérlete volt, ahová izzadtan, levegő után kapkodva érkeztek meg.

– Életem szégyene lett volna, ha nem tudom veled tartani a tempót, de azért igazán megszánhattál volna egy kicsit! Azt hiszem, mindjárt megfulladok – lihegte térdeire támaszkodva Matt, mire Lily Jane felnevetett. Valójában ő is nagyon elfáradt, de élvezte nézni, ahogy a fiú erőlködve igyekezett nehogy egy kicsit is lemaradjon tőle. Ezt olyan aranyosnak találta, hogy el is feledkezett arról, valójában ő is nehezebben vette már a levegőt, mint bármikor azelőtt. A fullasztóan szorosan tartó sportmelltartó pedig egyáltalán nem segített ezen.

A lakásba érve aztán a lány azonnal lekapta magáról izzadt testéhez tapadt sport felsőjét és karjait felemelve nyújtózkodni kezdett.

Matt keze finoman simult a derekára háta mögül, majd gyengéd csókot lehelt a lány fedetlen vállára.

– Ha futás után mindig ezt csinálod, máskor is szívesen veled tartok – vigyorgott, Lily Jane pedig szembefordult vele, hogy a szemébe nézhessen és megcsókolhassa őt. Matt tekintete úgy csillogott, miközben kezei közé fogta a lány arcát, mintha most látná őt először.

Az emlék képe még napokkal később is fel-felderengett a lány fejében. A semmiből tört elő a legváratlanabb pillanatokban és arra késztette Lily Jane-t, hogy perceken át mosolyogva meredjen maga elé. Ez kissé kínos helyzeteket teremtett, Will és Natasha sokatmondó pillantásokat váltottak akárhányszor felismerték ezt a bizonyos kifejezést barátnőjük arcán. Lily Jane mégis képtelen volt bármit tenni ellene.

A reggeli kávéfőzés közben szinte látta maga előtt, amint Matt magával húzza a fürdőszobába és anélkül, hogy megszabadultak volna ruháiktól, megengedte az izzadt testüket kellemesen hűsítő vizet a zuhany alatt. A délutáni megbeszéléseken Dubois stúdiójában a lány Matt vizes ajkainak érintésén kívül képtelen volt bármi egyébre is koncentrálni. A Natashával töltött idő alatt, valamint az órái közben pedig számtalanszor villant fel gondolatai között a fiú tekintete, miközben a zuhanyfülke falához préselve a lányt igyekezett minden apró, közéjük furakodott milli, métertől megszabadulni.

Így ment ez egyik napról a másikra, míg valami egészen más el nem terelte a lány figyelmét. A megbeszéltek alapján egy kellemes hangulatú cukrászdában futottak össze Angelával, aki már az első pillanattól kezdve meglehetősen zaklatottnak tűnt. Ez azonnal feltűnt Lily Jane-nek, hiszen a lány megszokott, bájos mosolya egyszeriben szertefoszlott, helyét folytonosan elgondolkodó, feszült tekintet vette át.

– Egyelőre semmire sem haladtunk a nyári kollekciót illetően – próbált csevegni Lily Jane, de Angela szemmel láthatóan teljesen máshol járt fejben. A lány el sem tudta képzelni, mi lehet a baj, egy idő után viszont azt érezte, hiba lenne úgy tenni, mintha nem vette volna észre – Minden rendben van?

Angela a pillanat törtrésze alatt riadt fel merengéséből, kezeivel legyezve úgy tett, mintha elhessegetné a figyelmét elterelő gondolatokat, majd kínosan nevetve kóstolt bele cukormentes étcsokoládé tortaszeletébe.

– Ne haragudj, egy kicsit szórakozott vagyok mostanság. Azt sem tudom, hol jár az agyam, de minden rendben van, persze.

Angelával valami határozottan nem volt rendben. Lily Jane mosolyogva bólintott a lány kijelentése hallatán, majd tejeskávéját kortyolgatva kezdte fürkészni arcát. Tudta, hogy Angelának nem igazán vannak barátai, akikkel megoszthatta volna problémáit, azonban fogalma sem volt arról, vajon vele szeretné-e megosztani őket.

– Akkor jó – felelte végül, majd hozzátette – De azért itt leszek, ha bármi bántana.

Angela arca váratlanul változott meg. Lehullt a gyenge álarc, addigi erőltetett mosolya semmivé lett és őszintén teret engedett érzelmeinek. A kezében tartott desszertvillát a tányérra helyezte és előrehajolva ültében, tenyerébe temette arcát.

– Azt hiszem, nagyon nagy hülyeséget csináltam – szipogta, Lily Jane pedig elkerekedett szemekkel dőlt előre, hogy megsimogathassa vállát – Nem is tudom, hogy elmondjam-e, LJ, de megölnek a gondolataim, ha nem osztom ezt meg valakivel.

– Mi a baj, Angela? – kérdezte a lány aggódva.

Angela sokáig vacillált, látszólag nehéz csatát vívott fejben azon tűnődve, el merje-e mondani a lánynak, ami történt – Nekem bármit elmondhatsz. Fogalmam sincs, miről van szó, de szívesen meghallgatlak.

– Nekem nincsenek barátaim, Lily Jane. Én csak James társaságával szoktam lógni és fogalmam sincs, kitől kérhetnék tanácsot, de nem akarom rád zúdítani ezt az egészet.

– Semmi baj, Angela. Mondd el bátran, bármi bánt!

A lány továbbra is hezitált, száját rágva a cukrászda ablakán kívülre meredt, miközben olyan mértékű félelem és aggodalom sugárzott tekintetéből, ami egészen megrémítette Lily Jane-t. Angela várt néhány percet, igyekezett összeszedni magát, majd egy pillanatra sem nézve Lily Jane szemébe, mintha csak magában beszélne, elkezdte kiönteni szívét.

– Bármennyire magabiztosnak tűnök is, mindig is voltak fenntartásaim a súlyommal kapcsolatban. James volt az, aki elérte, hogy szeressem önmagam úgy, ahogy vagyok, mert állítása szerint neki sokkal jobban tetszem így, mintha vékony lennék – a lány hangja elcsuklott, nagyot nyelt, mielőtt folytatta – A közösségi oldalakon viszont folyamatosan sovány, hosszúlábú, kockás hasú lányok képeit kedvelte és ez egy idő után nagyon zavart. Többször beszéltünk erről, de aztán mindig az lett a vége, hogy nekem támadt bűntudatom, amiért megmondtam neki, mit csinálhat és mit nem, miközben ez az egész semmit sem jelentett neki. De tudod, LJ, kíváncsi voltam. Istenem, bár ne lettem volna az!

Angela abbahagyta a beszédet, a hajába túrva küzdött könnyeivel. Lily Jane viszont már elképesztően feszült volt a folytatásra várva.

– Mire voltál kíváncsi?

– Arra, hogyha adódna egy helyzet, hogyan reagálna rá… – suttogta, majd szégyenkezve, alig hallhatóan folytatta – Csináltam egy kamuprofilt az egyik közösségi oldalon, amin egy hasonlóan csinos és üresfejű lánynak állítottam be magam. És írtam neki egy üzenetet.

Lily Jane elkerekedett szemekkel meredt a lányra. Elhúzta a száját, Angela tekintetét látva pedig már majdnem biztos volt abban, tudja a történet folytatását.

– Válaszolt?

– Mi az, hogy! – nevetett fel fájdalmasan – Egész éjjel flörtöltek az első alkalommal. Aztán rákérdeztem másnap, miért volt fent olyan sokáig és azt válaszolta, hogy nem tudott aludni!

– Az első alkalommal? Úgy érted…

– Többször is beszélt a lánnyal, igen. Vagyis gyakorlatilag velem. Többször is végigkacérkodták az egész éjjelt. James olyanokat válaszolt, hogy bár van barátnője, nyugodtan beszélgethetnek, mert amiről nem tud, az nem fáj. Persze én is résen voltam, borzasztóan gagyi flörtszövegeket nyomtam le neki! Most biztosan nagyon el van szállva magától.

– Ó, Angela, ez… ezt alig hiszem el.

– A legjobbat még nem is tudod – rázta a fejét most már szabad utat engedve minden gondolatának. Úgy tűnt, a lány nagyon megkönnyebbült, hogy végre kiadhatja magából a történteket, Lily Jane azonban nem volt teljesen biztos abban, mit is kellene reagálnia – Megbeszélték, hogy találkozni fognak. James képes lenne a hátam mögött találkozni egy másik lánnyal. Szemrebbenés nélkül. Úgy érzem magam, Lily Jane, mintha a földbe tiportak volna és a legviccesebb az egészben, hogy én tettem ezt saját magammal. Fogalmam sincs, mit kellene csinálnom.

Lily Jane mélyet sóhajtott a hallottakat emésztgetve. Egy darabig elgondolkodva meredt maga elé, majd jobb ötlet hiányában, szomorúan felelt Angelának.

– Azt hiszem, el kellene mondanod neki.

– Nem lehet – vágta rá azonnal a lány – Nagyon dühös lenne rám. Biztos vagyok benne, hogy szakítana velem.

– És te ezek után tudnál ugyanúgy nézni rá?

– Nem tudom. Talán igen. Fogalmam sincs – temette ismét tenyerei közé az arcát, majd sírni kezdett – Én nem bírom ki nélküle, LJ. Nekem senki másom sincs rajta kívül. Te szerencsés vagy, ott van Will és Natasha, de nekem te vagy az egyetlen barátnőm. Én egyszerűen… képtelen lennék nélküle élni. Tudom, hogy ez szörnyen hangzik, de kérlek, ne ítélj el! Annyira… nem tudom, hogy mitévő legyek.

Lily Jane hátán végigfutott a hideg, amint Angela fájdalmas szavaiban saját gondolataira ismert rá. Tejeskávéját az asztalra helyezve felállt, hogy a lány mellé ülhessen és vállát átölelve szorosan magához húzta őt.

– Nem ítéllek el, Angela. Milyen barát is lennék, ha elítélnélek?

A lány egy szót sem szólt, képtelen volt abbahagyni a sírást és már-már könyörgő tekintettel fordult Lily Jane felé, aki azonban hiába törte a fejét, semmi hasznos tanáccsal nem tudott előrukkolni. Őt is ledöbbentette a váratlanul kialakult helyzet és fogalma sem volt, hogyan lehetne ezt megoldani őszinteség nélkül.

Ahogy ott ült, a lány megtört alakját magához ölelve, elképesztően gonosznak érezte magát, de azt kívánta, bár ne tudna az Angelával és James-el történtekről. A hallottak felzaklatták és szörnyű gondolatokat indítottak útra a fejében. James és Matt sok mindenben hasonlítottak. Lily Jane magában azért fohászkodott, hogy csak ebben az egyben térjenek el a lehető leginkább egymástól.

Aztán gondolatai közé villant ismét a futás utáni zuhany emléke. Az, ahogy Matt telefonja rezegni kezdett, a fiú pedig a kijelzőre pillantva azonnal kinyomta a bejövő hívást, amikor pedig a lány azt kérdezte, ki volt az, csak annyit felelt, hogy nem fontos.

Lily Jane tudta, hogy be kell fejeznie. Szemeit lehunyva megrázta a fejét és igyekezett csak és kizárólag Angela problémájára koncentrálni, nem pedig különböző összeesküvés elméleteket gyártva kiterjeszteni azt saját magára.

– Nem tudok tanácsot adni sajnos – sóhajtotta a lány hátát simogatva – Ezt neked kell eldöntened, Angela. Szerintem te többet érsz ennél, de ez nem az én életem és teljes mértékben megértem és tiszteletben tartom akárhogyan is döntesz.

– Köszönöm, Lily Jane – zokogta – Annyira hálás vagyok, amiért elmondhattam.

Angela szeme valóban mérhetetlen háláról árulkodott, bár még ennek sem sikerült elnyomnia az aggodalmat és a lány egész lényéből áradó félelmet. Lily Jane sajnálta őt és félelmét felismerve arra kellett rádöbbennie, átérzi az Angela szívében küzdő érzelmeket. Akárcsak ő, Angela is attól félt, hogy elveszíti, aki az egész világot jelentette számára, ennek elkerülése érdekében pedig mindent képes volt feláldozni. Lily Jane azon tűnődött, vajon nem túlságosan nagy ár-e, amit a lánynak fizetnie kell. Bár ő maga is sok mindent odadobott már Matt miatt, azon tanakodott, vajon ő képes lenne-e feladni önmagát azért, hogy a fiú mellette maradjon. Aztán azon kezdte törni a fejét, vajon van-e még értelme szerelmesnek lenni, ha ez azzal jár, hogy teljes egészében lemondunk saját magunkról. A lány végül arra jutott, hogy valószínűleg nincs, Angela hátát gyengéden simogatva azonban mégis jobbnak látta ezt magában tartani.

– Minden rendben lesz – suttogta és a cukrászda halk nyüzsgésének közepette arra eszmélt, hogy valójában nem is Angelát, sokkal inkább saját magát próbálja meggyőzni erről.

37.

Angela esete kísértette Lily Jane-t. Napközben gyakran eszébe jutott és akadt néhány álmatlan éjszakája is a történteken gondolkodva. Próbálta tisztán átlátni a dolgot, de akárhogy próbálkozott, képtelen volt megérteni James-t és még inkább képtelen volt nem haragudni rá. Nem értette, hogyan képes ezt tenni valakivel, aki őszintén szereti őt még akkor is, ha úgy gondolja, sosem fog kiderülni.

Viszont Angelát sem igazán tudta megérteni. Nem értette, a lány mit is akart valójában elérni tettével és nem értette, hogyan tudta véghezvinni ezt az egészet. Azon tanakodott, vajon ő képes lenne-e rá, de végül arra jutott, hogy egészen biztosan nem. Bármennyire gyötörte is olykor a kétely és a bizonytalanság Matt-el kapcsolatban, egyszerűen képtelen lett volna ezt tenni vele. Másrészt pedig be kellett látnia, hogy valójában túlságosan félt volna megtudni, vajon a fiú hogyan viselkedne egy hasonló helyzetben.

A nyár továbbra is közeledett és már a nyári tábor puszta gondolata is libabőrössé varázsolta Lily Jane karjait. Ezen a helyzeten pedig Angela beszámolója egyáltalán nem segített.

– Még három hét van addig, LJ. Inkább élvezzük ki, ne aggodalmaskodj, kérlek! – mondta Matt mosolyogva az egyik hétvége alkalmával, amikor Lily Jane otthonában a lány ablaka alatt álló íróasztalnál üldögélt és a barbadosi nyaralásra gyűjtögetett pénzt tartalmazó malacperselyt forgatta kezei közt – Egyébként miért pont Barbados?

Lily Jane a vállát vonogatta ágyán fekve, miközben a plafont bámulta.

– Egyszer egy külföldi cserediák program honlapján láttam meg és azonnal beleszerettem. Szerintem az a legszebb hely a világon.

– Nos, talán igazad van. De azért Málta sem rossz. Vagy éppen Mexikó. Egyszer búvárkodtunk egy mexikói öbölben, egyszerűen lélegzetelállító volt!

Lily Jane némán hallgatta a fiút, akit látszólag cseppet sem aggasztott a közelgő távol töltött négy hét gondolata. Talán ez volt az, ami a lány számára pedig még az addiginál is elviselhetetlenebbé tette a dolgot.

– Hát... én még a tengerpartot sem igazán láttam, úgyhogy te egészen biztosan jobban tudod, mint én – sóhajtotta, mire a fiú azonnal felelt.

– Ha hazajövök a táborból, elmehetnénk együtt.

– Hová?

– Barbadosra – vonta meg a vállát – Szívesen elvinnélek. Igazán megérdemelnéd.

Lily Jane felnevetett a kijelentés hallatán. Barbadosra utazni számára egyet jelentett egy űrutazás lehetőségének esélyével, az a könnyedség pedig, amivel Matt kiejtette az utazás tervét, egyszeriben valahogy eltompította az egész varázsát.

– Egyelőre éljük túl azt a négy hetet – sóhajtotta a lány, Matt pedig nem szólt, csak a telefonját elővéve pötyögni kezdett ezúttal már oda sem figyelve rá. Gyakran csinálta ezt akkoriban. Arra hivatkozott, hogy fontos megbeszélnivalói vannak a táborral kapcsolatban és, hogy folyamatosan frissítik az oldalt a legújabb tudnivalókról, Lily Jane-t azonban ez csak még inkább felbosszantotta. Matt volt az, aki folyamatosan hangoztatta, hogy a fennmaradt néhány hetet minél hasznosabban töltsék el arra koncentrálva, mennyire szeretik egymást, miközben az együtt töltött idő nagy részében egyfolytában a telefonját nyomkodta.

A rejtélyes telefonhívások pedig még ettől is szörnyűbbek voltak. Lily Jane sosem tudhatta, kivel is beszél valójában a fiú, aki általában hallótávolságon kívülre távolodva a lánytól vette fel a készüléket, majd mindig csak annyit mondott, a táborral kapcsolatban telefonáltak. Ez addig fajult, míg Lily Jane gyomra már apró gombóccá zsugorodott össze minden egyes alkalommal, amint meghallotta Matt jól ismert csengőhangját.

Érezte, hogy ismét kezdenek eltávolodni egymástól és ezúttal sem tehetett mást, mint hogy ölbe tett kézzel nézte és várta, mikor tör elő valamelyikükből újra a némán köztük lebegő düh.

A helyzethez képest mégis sok időt töltöttek együtt. Több családi összejövetel is volt az Edwards-házban akkoriban. Jules-nak már szépen növekedett a pocakja és az egész család örömmel, izgatottan várta az új családtag érkezését.

– Annyira várjuk már, hogy megszülessen! Ő a mi kis csodánk – áradozott Jules Lily Jane-nek, aki szeretettel teli mosollyal, olykor-olykor könnyes szemekkel hallgatta őt. Bár Jules-t valódi barátnőjének tekintette, azért vele mégsem tudta megosztani a Matt-el kapcsolatos kételyeit, így minden időt megragadott, hogy amikor nem otthon, vagy éppen az Edwards-házban tartózkodott, a barátaival lehessen.

– Azt hiszem, Lewis és Matt kicsit eltávolodtak. Natashával egy délutáni közös futásból tartottak hazafelé. Lily Jane remélte, hogy a testmozgás segít majd elterelni a figyelmét kételyeiről, azonban ezúttal még ez sem segített.

– Miből gondolod?

– Nem tudom – felelte Natasha nyújtózkodva – Mostanság nagyon keveset hallok Lewis-tól róla. De talán jobb is így. Ezt most nem Matt ellen mondom, de nagyon elegem volt már, hogy akárhány bulin ott voltunk, szegény Lewis-t mindig egyből leszólták, ha akár egy perccel hamarabb szeretett volna eljönni a többiektől. Számukra, aki nem vedel, mint egy vadállat és nem marad minden hétvégén hajnalig kint, az már papucs.

– Matt sem bulizik annyit mostanság – szólt Lily Jane.

– Gondolom, szeretne minél több időt kettesben tölteni veled mielőtt elmegy.

– Igen, igaz – sóhajtotta Lily Jane – Bár néha úgy érzem, fejben már félig ott van. Talán a fiúkkal is ezért távolodtak el ennyire.

– Hogy érted ezt? – kérdezte Natasha összevont szemöldökkel.

– Egyfolytában a telefonját nyomkodja. Ha éppen nem telefonál. Folyamatosan a táborról beszél és olyan, mintha őt nem is zavarná, hogy négy hétig nem találkozhatunk. Fogalmam sincs, milyen varázslatos hely lehet az, ha mindent képes így hátrahagyni nem törődve azzal, mi lesz itthon, amíg ő távol van.

Natasha némán hallgatta barátnője szavait. Látszólag megdöbbent kissé, majd próbált minél megértőbben pillantani Lily Jane-re.

– Nem lehet könnyű. Engem biztosan nagyon zavarna.

– Nem az zavar, hogy elmegy – rázta a fejét a lány – Sokkal inkább az, hogy úgy érzem, engem teljesen kizár ebből az egészből. Meg sem próbálta úgy intézni a dolgot, hogy esetleg csak kevesebb időre menjen, vagy hazajöjjön félúton, vagy akár én is vele mehessek. Egyáltalán nem érzem úgy, hogy bármiféle kompromisszum lett volna kötve a dologgal kapcsolatban.

– Azért, mert nem is lett – húzta el a száját Natasha

– Ez egy kicsit azért különös, ha engem kérdezel. Vajon mi van ott, ami ennyire odahúzza a szívét?

– Ugye nem arra célzol, hogy…

– Nem, LJ, egyáltalán nem akartam célozni semmire – vágta rá egyből a lány – Csak hangosan gondolkodtam. Mindenesetre én lehet, rápillantanék a telefon kijelzőjére, hogy kitől jön az a sok hívás.

– Szerinted jobb lenne, ha tudnám?

– Én nem mondom, hogy jobb lenne, de én egészen biztosan tudni akarnám.

Lily Jane nem felelt. Át kellett gondolnia Natasha szavait. Bízni akart Matt-ben, de a szíve a napok múltával egyre inkább kezdett kétségbeesni és fejben próbált minden lehetőséget számításba venni, ami esetleg javíthat a helyzeten, vagy bármilyen módon megkönnyítené azt.

Némán bandukoltak egymás mellett, mígnem Lily Jane fejében felgyúlt az a bizonyos szikra és fejét felemelve, elkerekedett szemei egyértelműen árulkodtak arról, támadt egy ötlete.

– Hogy ez eddig hogy nem jutott eszembe! – fordult barátnője felé, aki kíváncsian várta, mire akar kilyukadni.

– Fogalmam sincs, miről beszélsz.

– Hiszen évek óta tervezzük a csajos nyaralásunkat! A modellkedésből pedig elég pénz bejött ahhoz, hogy megvalósíthassuk!

– Ez tényleg jó ötlet, de továbbra sem értem, hogy jön ez most ide – rázta a fejét Natasha, Lily Jane lelkesedése azonban megállíthatatlan volt.

– Szervezzünk egy nyaralást a tengerpartra Matt táborának idejére! Végre megvalósíthatjuk a tervünket és akkor találkozni is tudnék vele, amíg ott dolgozik. Ha a harmadik héten mennénk, már csak egy hetet kellene kibírnom, mielőtt hazajön, az meg már úgyis elrepülne és időközben nyaralhatnánk egy csodálatosat!

Natasha elgondolkodva hallgatta, majd elégedett mosollyal az arcán bólintott.

– Azt kell mondanom, hogy ez határozottan nem hangzik rossz ötletnek. Sőt, határozottan brutál jó ötlet! Irány a tengerpart! – ujjongott, mire Lily Jane is lelkes ugrándozásba kezdett. Végre úgy érezte, megtalálta a módját annak, hogyan vészeljék át a helyzetet és ezzel a megoldással valójában mindenki jól járt. Alig várta, hogy megoszthassa az ötletét Matt-el. Nem is várt vele sokáig.

– Te egy zseni vagy, LJ – ölelte magához a fiú az ötlet hallatán – Nem is értem, ez eddig miért nem jutott eszünkbe. Bőven rátok fér már a pihenés Natashával.

– És így sokkal kevesebb időt kell majd kibírnunk egymás nélkül – felelte a lány Matt nyakába ugorva – Így már nem tűnik olyan félelmetesnek.

– Egyébként sem kellett volna, hogy annak tűnjön, LJ. Hiszen csak dolgozni megyek, aztán hazajövök hozzád és minden folytatódik onnan, ahol abbahagytuk.

A lány mosolyogva nézett a fiú szemeibe, de egy kellemetlen belső sugallat hatására képtelen volt hinni a szavaiban, pedig szeretett volna. Mindennél jobban szeretett volna hinni neki.

– Szeretnék kérni tőled valamit – szólt Matt gyengéden, Lily Jane pedig kérdőn vonta fel a szemöldökét.

– Micsodát?

– Tudom, hogy nagyon sokat jelentenek neked és, hogy az anyukádtól kaptad őket, de szeretném, ha nekem adnád az egyik gyűrűdet – kérte a fiú – Ráfűzném egy láncra és a nyakamban hordanám, hogy mindig velem legyél. Még akkor is, ha éppen fizikailag nem vagyunk együtt.

Lily Jane elérzékenyülve nyújtotta Matt felé kezeit, melyeken ott pihent az édesanyjától kapott két gyűrű. A fiú gyengéd csókot lehelt bal kezére és lehúzta róla az ezüst ékszert.

– A tiéd – suttogta Lily Jane – Kérlek, nagyon vigyázz rá!

– Jobban fogok, mint a saját életemre – felelte a fiú, szavait azonban ismét telefonjának rezgése szakította félbe. Elővette zsebéből a készüléket és már el is lépett volna a lánytól, de az visszahúzta magához.

– Minden rendben lesz, ugye? – kérdezte mosolyogva, Matt pedig bólintott.

– Persze, hogy rendben lesz, de ezt most muszáj felvennem.

Lily Jane pontosan tudta, hogy ezt a választ fogja kapni, Matt feleletének pillanata azonban éppen elegendő volt arra, hogy szeme a készülék kijelzőjére vándorolva leolvashassa a rajta villogó nevet.

Dorothy.

A lány szíve szaporán kezdett verni és valamiért nehezebbnek tűnt a levegővétel, mint néhány perccel azelőtt. A tüdeje szúrni kezdett, a gyomra görcsbe rándult és úgy érezte, azon nyomban képes lenne elhányni magát. Nem tudta, nem tudhatta, ki lehet az a lány, de egy csontjáig hatoló, belső megérzés az egész testét átjárta és azt ordította az agyában, meneküljön, amíg nem késő. Erre azonban képtelen lett volna. Szemeiben könnyek gyűltek és a torkát is a sírás fojtogatta, de minden erejét összeszedte, hogy ezúttal elkerülje ezt. Erősnek kellett maradnia, ezt az egyet biztosan tudta.

Néhány órának tűnő perc elteltével Matt lassan visszasétált hozzá, mire Lily Jane leghatározottabb hangját megütve mindenféle köntörfalazás nélkül szegezte neki a kérdést, ami lelkét bántotta.

– Ki volt az?

Természetesen azt a választ kapta, amit sejtett és, ami ezúttal nyílként fúródott a szívébe. Két szó volt csupán, a lány mégis úgy érezte, az egész világ elvesztette értelmét néhány pillanatra miután elhagyták a fiú ajkát.

– Nem fontos.

38.

A nyár beköszöntött. Szélsebesen és váratlanul, Lily Jane pedig még sosem tiltakozott már a puszta gondolatától is ennyire. Félt. Már-már rettegett. Képtelen lett volna megfogalmazni, valójában mitől, mégis egyfajta belső, zsigeri megérzés késztette rá, hogy minden Matt-el töltött pillanatot utolsóként raktározzon el az agyában. Mintha egy időzített bomba visszaszámlálója ketyegett volna füleiben, szüntelenül arra figyelmeztetve őt, közel a robbanás pillanata.

– Nem mondtam el neki. Azt hiszem, nem is fogom. Egészen biztosan nem fogom – panaszolta Angela. A lány belvárosi albérletének hálószobájában beszélgettek éppen, miközben James és Matt a konyhában nevettek valamin. A dupla randinak indult ebédet követően mind odamentek, ahol aztán a lányok egy-egy pohár bor kíséretében a szobába vonultak beszélgetni, a fiúk pedig ugyanígy tettek.

– Nem tudom, hogy bírod – felelte Lily Jane mély sóhaj kíséretében – Én azt hiszem, nem sokáig fogom.

– Hogy érted ezt?

Lily Jane gondolatban magát szidta, amiért hamarabb járt a szája mielőtt átgondolta volna, mit is mond. Esze ágában sem volt szóba hozni a különös telefonhívásokat Angela előtt. Tudta, hogy csak feleslegesen felzaklatná a dolog.

– Semmiség az egész – füllentette – Csak Matt mostanában elég sokat telefonál. Engem pedig kiborít, hogy négy héten át nem találkozhatunk. Szerveztem egy nyaralást a tábor közelében, hogy egyszerűbb legyen a dolog és összefuthassunk félidőben.

– Kivel telefonál? – kérdezte Angela figyelmen kívül hagyva Lily Jane törekvését a témaváltásra. Közben viszont a nyaralás szervezése valóban jól haladt, a lány lefoglalt egy szállást hármójuknak Will-el és Natashával, a szállásadó pedig szinte azonnal vissza is jelzett. Ez jelentette az egyetlen szálat, amibe a lány még kapaszkodni tudott.

– A táborból hívják általában. Fogalmam sincs, mi lehet az a sok megbeszélnivaló.

– Nem láttad, ki hívja?

Lily Jane habozott. Úgy érezte, ha megosztja Angelával tapasztalatait, azzal valamiképp elárulja Matt-et. Nem tartotta a lányt eléggé jó barátnőjének ahhoz, hogy elmesélje neki kételyeit, ezért igyekezett úgy felelni, mintha semmiség lenne az egész.

– Egyszer láttam egy nevet a telefonján, de nem különösebben foglalkoztam vele. Talán valami Dorothy hívta, azt hiszem.

Angela szemei elkerekedtek a név hallatán, majd ezúttal már ő próbált feltűnően úgy tenni, mintha semmiség lenne az egész. Lily Jane a lány tekintete láttán megrémült kissé, majd kérdőn felvont szemöldökkel várta a választ. Sokat kellett rá várnia. Feltűnően sokat.

– Dorothy – motyogta maga elé Angela, miközben felállt az ágyról, hogy újratöltse poharát. Lily Jane kétségbeesve meredt rá, miközben a konyhából ismét felhangzott a fiúk nevetése.

– Ismered őt, Angela?

– Nem – vágta rá azonnal, majd mélyet sóhajtva folytatta – Csak rémlik valami. Azt hiszem, Matt

mesélt róla James-nek az egyik nyáron, miután
hazajött a tengerparti táborból.

– Mit mesélt?

Lily Jane félt a választól, Angela szemeibe nézve
pedig egyetlen szó nélkül megértette, miről van szó.

– Már nem emlékszem – felelte a lány, Lily Jane
pedig esdeklő tekintettel nézett rá.

– Volt köztük valami, ugye?

– Azt hiszem, igen. De nem akarok belekavarni a
dolgaitokba, akár egy másik Dorothy-ról is lehet szó.
Lily Jane megsemmisülve ült az ágyon. Úgy nézett
maga elé, mint aki szellemet látott és borospoharát
az asztalra helyezve kezdte azt érezni, menten
elhányja magát.

– Jobb, ha most…

– Ne csináld ezt, Lily Jane – szabadkozott a lány –
Sajnálom, hogy elmondtam. Nem akartam, hogy
emiatt konfliktus legyen köztetek. Kérlek, ne hozd
szóba nála! Nagyon szeret téged és el sem hinnéd,
milyen nagy lelkesedéssel és szeretettel beszél rólad,
amikor nem vagy jelen. Kérlek, higgy nekem, LJ!

– Akkor te miért tesztelted James-t a kamu
oldaladdal? – kontrázott – Ő is szeret téged, nem?
Tudod, sajnos manapság az emberek fejében kicsit
eltorzult a szeretet fogalma.

– LJ, én… – kezdte volna Angela, de abban a
pillanatban Matt dugta be a fejét az ajtón széles
mosollyal az arcán. Amint meglátta a lányok
tekintetét, mosolya azonnal elhalványult kissé, majd
felváltva pillantott egyikükről a másikra.

– Valami baj van?

Angela tekintete könyörgött Lily Jane szemeibe
fúródva, aki végül csak megvonta a vállát. Sosem

esett még ennyire nehezére magára erőltetnie egy mosolyt.

– Miért lenne baj? Csak beszélgetünk.

– Nem tudom. Olyan… ijedtnek tűntetek – nevetett a fiú kínosan – Most hívott Anya, hogy ugorjunk be vacsizni, mielőtt átmegyünk hozzám. Van kedved, LJ?

A lány bólintott. Semmi kedve sem volt, mégis jobbnak tűnt a közös családi vacsora gondolata, minthogy egyből Matt lakásához menjenek, ahol gondolatait magába fojtva kell úgy tennie, mintha semmi sem bántaná.

Lily Jane-nek akkor még halvány sejtése sem lehetett arról, mi vár rá az elkövetkezendő időszakban, mégis úgy ült az Edwards-ház megterített étkezőasztalánál, mint akit megbabonáztak. Minden kiejtett szóra odafigyelt, ami bármely családtag száját elhagyta, evés előtt szorosan magához ölelte a hozzábújó Emmát, megcsodálta a ragyogó arcú Jules egyre növekvő pocakját, nagyot nevetett Josh minden apró, viccesnek szánt megjegyzésén és egyszerűen csak próbálta minél inkább kiélvezni az időt, amit Matt családjának társaságában tölthetett. Mintha az lenne az utolsó alkalom, amikor ezt megteheti.

– Elvileg a következő ultrahangon már megtudhatjuk, fiú-e, vagy lány a kicsi – ölelte magához Jules – Mindenki tippel a családból. Most te jössz, LJ.

A lány szíve óriásit dobbant. Mindenki tippel a családból. Ezek szerint már őt is a család részének tekintették.

Jules nem értette, miért néz így rá a lány, akinek szemeiben könnyek jelentek meg. Sírni szeretett volna, maga sem tudta, miért. Arra a fájdalomra gondolt, amit az okozott, hogy az édesapja magukra hagyta őket és most itt állt előtte ez a lány, aki bármiféle feltétel nélkül a családjának nevezte őt.

– Szerintem olyan csodálatos kislány lesz, mint amilyen az anyukája – felelte suttogva, mire Jules is elérzékenyült és gyorsan pislogva elűzte a szemében gyülekező könnyeket, miközben újból magához ölelte a lányt.

– Vagy egy olyan jó fej kissrác, mint amilyen az apukája – tette hozzá Josh nevetve, mire Lily Jane azonnal rávágta.

– És olyan jóképű is!

Az egész család felnevetett a kijelentés hallatán, Josh pedig elégedetten kacsintott a lányra leplezett elérzékenyüléssel figyelve, ahogy várandós felesége Lily Jane-t ölelte.

Matt-el feltűnően szótlanok voltak a fiú lakásához vezető úton. Mindkettejük lelkére rátelepedett valami néma, vészjósló köd, ami nem hagyta nyugodni őket. Azonban mindketten túlságosan kimerültnek érezték magukat ahhoz, hogy szóvá tegyék ezt.

A lakásba lépve Matt az előszobaszekrényre helyzete kulcsait, Lily Jane pedig szemeit lehunyva magában gondolkodva huppant le az ágyra.

– A francba! Azt hiszem, Angela lakásában felejtettem a tárcámat. Hogy nem vettem észre útközben, hogy nincs meg?

– Majd holnap átugrunk érte – felelte a lány különösen nyugodt hangsúllyal. Ugyanaz az érzés öntötte el, mint a családi asztalnál. Valamiért úgy érezte, minden Matt-el töltött pillanatot magába kell szívnia, hogy elraktározhassa az idők végezetéig.

Kirázta a hideg, miközben lassú léptekkel és kissé
fátyolos tekintettel a szobába lépő fiúhoz sétált.
– Emlékszel arra, amikor futni voltunk? – suttogta,
miközben megcsókolta a fiút. Matt elmosolyodott,
majd kissé kétségbeesetten szólt a lány füléhez
hajolva.
– Azt ne mondd, hogy ilyen későn még futni akarsz!
Lily Jane magához húzta Matt-et és úgy nézett a
szemeibe, mintha az lenne az utolsó alkalom, amikor
láthatja őt.
– Nem akarok futni. De, ami utána következett, azt
igazán megismételhetnénk.
Matt tekintete a pillanat törtrésze alatt homályosult
el, miközben élénk csillogással fürkészte Lily Jane
minden porcikáját. Lélegzetvételeik hevessé váltak,
majd a fiú szenvedélyes csókokkal kezdte
elárasztani őt. A fürdőszoba felé vették az irányt,
ahol Lily Jane lerángatta magáról napközben kissé
meggyűrődött flanelingét és a fiút is kisegítette
ruháiból. Fehérneműben vetették magukat a
zuhanyfülkébe egy pillanatra sem távolodva el
egymástól. Matt hevesen préselte a falhoz a lányt,
akinek a feje hangosan koppant a zuhanyfülke
oldalának, majd nevetve csókolta tovább a fiút. A
meleg víz érintése csak még inkább megbabonázta
őket, Lily Jane úgy érezte, az egész teste felrobbanni
készül, miközben a szíve zokogott a
bizonytalanságtól.
Nem akart kérdéseket szegezni Matt-nek és nem
akart válaszokat kapni sem. Egyszerűen csak érezni
akarta őt.
Amikor aztán már a hajnalhoz közeledve békésen
egymáshoz bújtak az ágyban, Lily Jane csendre
intette a lelkében háborgó kételyeket. Matt szerette

őt. Szerelmes volt a lányba, ehhez pedig kétség sem fért. Nem hagyhatta, hogy vészjósló barátnői, vagy éppen néhány félreérthető telefonhívás elbizonytalanítsa őt ebben.

És akkor Matt telefonja ismét rezegni kezdett. Hajnalok hajnalán, váratlanul.

A fiú azonnal a készülékért nyúlt, ami azonban a lány oldalán hevert az ágy szélén. Lily Jane felemelte és a kijelzőre pillantva a fiú felé tartotta. A képernyőn Dorothy neve villogott.

Matt látszólag nyugodt maradt, arcszíne mégis mintha elsápadt volna kissé, miközben elutasította a bejövő hívást. Végül visszafeküdt, mintha semmi sem történt volna.

– Mi az? – mosolygott Lily Jane-re, aki mellette ülve az ágyban kifejezéstelen arccal meredt maga elé. Nem halogathatta tovább. Meg kellett tudnia.

– Ki az a Dorothy?

Matt lassan felült az ágyban és megfogva a lány kezét gyengéden simogatni kezdte azt.

– Csak valaki a táborból.

– Valaki, aki fontos?

– Nem – vágta rá a fiú – Miért lenne fontos?

– Mert sokszor hív – vonta meg a vállát a lány, majd a lényegre tért – Volt köztetek valami?

Matt megdörzsölte kezeivel az arcát, miközben a lány szíve olyan erősen kezdett verni, hogy azt hitte, menten kiugrik a helyéről. Félt a választól és az egész helyzet megrémítette kissé, mégis tudta, hogy szembe kell néznie vele.

– Igen, volt – felelte Matt, majd hozzátette – De ez már nem számít, mert itt vagy nekem te.

– Akkor mégis miért hívkál egyfolytában?

– Nem hívkál egyfolytában. Általában a táboros haverjaimmal beszélek, amikor magadra hagylak. Csak egyszer-kétszer beszéltünk, de akkor sem sokáig. Jóban vagyunk, de már nincs köztünk semmi. Ennyi az egész.

Lily Jane úgy nézett maga elé, mintha megütötték volna. Teljesen üresnek érezte a testét, mintha minden érzelem elhagyta volna és érzéketlenné vált testként lebegne csupán Matt mellett.

– Értem – suttogta maga elé, miközben egy könnycsepp gördült le az arcán. Gyorsan letörölte, mielőtt még Matt láthatta volna, majd lassan a másik oldalára fordult, háttal a fiúnak.

Matt szorosan hozzábújt a takaró alatt, átölelve őt, miközben a fülébe suttogott.

– Most mi a baj, LJ?

Hangjában nyoma sem volt ingerültségnek, megadóan és gyengéden beszélt a lányhoz.

– Azt hiszem… félek. Nagyon félek – felelte alig hallhatóan Lily Jane, mire Matt még közelebb húzódott hátulról szorítva őt magához.

– Ne félj, LJ! Minden rendben lesz. Megígérem neked, hogy minden rendben lesz. Higgy nekem, kérlek!

Lily Jane szeretett volna hinni. Ő lett volna a legboldogabb ember a Földön, ha el tudta volna hinni a fiú szavait. Viszont ezúttal már képtelen volt rá.

Másnap Angela lakása felé vették az irányt Matt ottfelejtett pénztárcájáért. Lily Jane az autóban maradt. A tenyere izzadt, az arca kipirult, miközben Matt kiszállt az autóból és mindent hátrahagyva a lépcsőház felé indult.

Lily Jane a rádióhoz csatlakoztatott mobiltelefonra meredt. Úgy érezte, az ördög vigyorog éppen gúnyosan az arcába. Legszívesebben a saját kezére ütött volna, miközben a készülékért nyúlt.

Az ördög és az angyal vívott párbajt lelkében. Nem akarta ezt tenni, de nem akart hazugságban élni tovább. Érezte, szinte már tudta. De a saját szemeivel akart megbizonyosodni.

Az édesanyja jutott eszébe. Megtört alakját látta lelki szemei előtt, amint az édesapja telefonjával kezei közt zokogott, szíve pedig szemmel láthatóan milliónyi apró darabra tört. Ugyanezt készült tenni saját magával.

Lily Jane már akkor könnyezett, amikor még semmit sem csinált. Csak ült a telefonnal kezei között és azon vacillált, megtegye-e. Semmilyen korábbi kínhoz nem tudta volna mérni az abban a percben átélt szenvedést.

Nem kezdett turkálni Matt dolgai között, egyetlen üzenetváltás érdekelte csupán. Tudnia kellett, egyszerűen muszáj volt megbizonyosodnia arról, hogy a fiú őszinte volt vele. Gyermekként végignézte, ahogy a saját édesapja eldobja mindenét, amije volt és a szemébe hazudik azoknak, akiket védelmeznie kellett volna. Képtelen volt ennél tovább vakon hinni Matt szavaiban.

Szemeit lehunyva mély levegőt vett és megfogadta, amennyiben a Dorothy-val való üzenetváltásban semmi kifogásolhatót nem talál, soha többé nem fogja rávenni magát ilyesmire.

Remegő kezekkel nyitotta meg az üzeneteket, Dorothy neve az elsők között villant fel. Lily Jane némán nyomott rá az ikonra, miközben szemeiből továbbra is záporoztak a könnyek.

És akkor ott volt. Tisztán és olvashatóan. Flörtölések tömkelege, melyekben a lány lelkesen kérette magát, Matt pedig tovább buzdította őt lelkesítő, kacér válaszaival.

Lily Jane lelke meghalt abban a pillanatban. Minden, amit egészen odáig sikerült felépítenie magában, mindaz a csoda, amit Matt visszaadott számára, miután az édesapja elvette tőle, egyszeriben szertefoszlott és semmivé lett.

Szörnyűbb volt bármely addig érzett fájdalomnál. Kibírhatatlan. Megsemmisítő.

A lány a szájához emelte kezeit és tenyerei közé sikoltott. Úgy dobta el magától a telefont, mint a legundorítóbb tárgyat, amit életében megérintett nem is törődve azzal, hogy bezáratlanul hagyta a megnyitott üzenetet.

Valósággal kiugrott az autóból és saját mobilját elővéve Natasha nevét kereste ki a névjegyzékből. Remegő kezei miatt többször is félrenyomott, míg végre fel tudta hívni a lányt.

– Mizu, LJ? – hallotta hangját a vonal túlsó feléről, a lány zokogását meghallva azonban egyből hangnemet váltott – Jézusom, megsérültél? Jól vagy? Mi történt?

– Megnéztem Matt telefonját – zokogta szinte érthetetlenül a lány, miközben úgy érezte, ott helyben megfullad.

– Basszus!

– Mit csináljak, Nat? – sírt és kiabált egyszerre – Itt állok a rohadt kocsi mellett és nem tudom, mit csináljak!

– Ő hol van?

– Mindjárt jön – vágta rá a lány kétségbeesetten – De nem akarok itt maradni, Nat! Képtelen vagyok itt állni és várni! Mindjárt meghalok, én esküszöm, mindjárt meghalok.

– Gyere el onnan, LJ! – vágta rá Natasha határozottan – Indulok, öltözök, ülj fel az első buszra, amit találsz és menj minél messzebb! Hívj, ha leszálltál és Lewis-al azonnal indulunk érted.

– De Lewis ugye nem…

– Egy szót sem fog szólni – biztosította a lány, Lily Jane pedig egyetlen utolsó pillantást vetve a szívét oly sokszor megdobogtató, most mégis őt kínzó, meggypiros autóra, nagy léptekkel elindult, maga sem tudva, merre.

Bár abban a pillanatban az egész világ elvesztette értelmét, a szíve minden egyes megtett lépéssel könnyebbé lett és most már világossá vált számára, miért érezte azokban a napokban úgy, mintha valami végérvényesen a végéhez közeledett volna.

39.

A sötét, éjszakai kollégiumszoba tele volt fájdalommal. Három földön fekvő egyetemistának sikerült éppen nyugalomra lelnie a biztonságot jelentő álmok világában, néhány pohár, vagy talán üveg bornak köszönhetően.

Lily Jane egy kissé elhagyatott, külvárosi utcában, az utolsó állomáson szállt le a buszról. Szerencsére a buszsofőr nagyon ráérősen vezetett és rekordlassúsággal érte el célját, így Natasha és Lewis a leszállást követően valóban nemsokára oda is tudtak érni, hogy felvegyék a lányt. Egyenesen a kollégium felé tartottak, ahol aztán Will várta őket.

Lily Jane viselkedése valósággal megrémisztette Natashát. A lány egy szót sem tudott kinyögni, némán meredt maga elé az autóban, miközben szemeiből megállíthatatlanul záporoztak a könnyek.

– Nem kellene előbb enned valamit? – kérdezte aggódó tekintettel Natasha barátnőjére pillantva, aki a konyhába lépve azonnal kitöltött magának egy pohár bort és nem törődve továbbra is ömlő könnyeivel, nagyot kortyolt belőle.

– Mégis mi volt abban a telefonban? – nézett rá Will látszólag teljesen letaglózva. Lily Jane nem akarta Natasha előtt szóba hozni, de valójában egyértelműen látszott, hogy Will szívét is bántja valami. Szemei alatt óriási, fekete karikák éktelenkedtek, a bennük rejlő piros csíkok pedig sírásról árulkodtak.

– Minden, amitől féltem – felelte a lány elcsukló hangon – Rettenetes volt. Azt hittem, megszakad a szívem. Levegőt sem kaptam hirtelen.

– De mégis mit írt?

– Sok mindent... Például, hogy milyen jó estéi lennének, ha a lány ott lenne vele – nyögte ki, a gondolatra viszont hányingere támadt, ezért szemeit összeszorítva ismét a borba kortyolt. Will és Natasha felháborodva rázták a fejüket, néhány perccel később pedig már mindhárman a földön ülve sírtak és nevettek, miközben újra és újra teletöltődtek a borospoharak.

Miután megéheztek, rendeltek egy pizzát, amit seperc alatt elpusztítottak, majd azon kapták magukat, hogy hamarosan rájuk sötétedett.

– Odaadtam neki a gyűrűmet, értitek? A gyűrűt, amit Anyától kaptam – nevetett fel a lány zokogva.

– Mert bolond voltál. Néha mind azok vagyunk, nincs mit ezen szégyellni – ölelte magához Will artikulálatlanul ejtve ki a szavakat – És akkor most mihez kezdesz?

– Mármint?

– Szakítasz vele?

Lily Jane szeme újabb kövér könnycseppet engedett szabadjára, miközben tenyerébe temette arcát. Úgy érezte, menten apró darabokra hullik, az egyetlen pedig, ami visszatartja ettől, az a testét kellemesen bizsergető alkohol okozta, különös nyugalom.

– Nincs más választásom – zokogta – Nem tehetek mást. Egyszerűen... ránézni is képtelen lennék. Soha többé nem akarom látni. Soha.

Fájt kiejteni ezeket a szavakat és a lány maga is tudta, hogy nem voltak igazak. Mindennél jobban szerette volna maga mellett tudni Matt-et, hogy azt mondhassa, ez csak valami buta félreértés volt. És mindennél jobban szeretett volna újból vakon hinni neki. Erre azonban ezúttal már képtelen volt.

Másnap reggel, jobban mondva, dél körül a telefonja zúgására ébredt. Will feküdt mellette a padlón, mély álomba merülve, Natasha valószínűleg már a kávézóban volt. A mobil az ágy mellett hevert a sarokban, Lily Jane-nek fogalma sem volt, hogyan kerülhetett oda. Lassan, négykézláb vánszorogott a készülékért, miközben a fejébe éles fájdalom nyilallt. Különösen nyugodt tudatlanság telepedett szívére, egészen addig, míg Matt nevének villogása a kijelzőn újból eszébe nem juttatta, mi történt.

A név láttán a lánynak kedve támadt egyszerűen csak úgy kihajítani a telefont az ablakon, végül azonban csak hevesen verő szívvel megvárta, amíg a rezgés abbamarad. Amint aztán Matt letette, a kijelző alján további három nem fogadott hívást jelzett a telefon. Mind tőle volt.

– Ugye tudod, hogy egyszer muszáj lesz felvenned? – ásította Will, miközben nehézkesen feltápászkodott – Mi most komolyan a földön aludtunk?

Azzal felállva Lily Jane ágyába vetette magát, miközben folyamatosan arra panaszkodott, mennyire elgémberedett a háta.

– Még nem vagyok készen arra, hogy felvegyem. Fogalmam sincs, mit mondanék. Nem tudok tisztán gondolkodni.

– Jobb hamarabb túlesni rajta. Minél tovább húzod, annál nehezebb lesz.

Will lehunyt szemekkel beszélt a lányhoz, aki továbbra is úgy üldögélt a telefonnal a földön, mintha egy időzített bombát tartana kezei közt.

– Will... – suttogta elcsukló hangon, mire a fiú azonnal felült és aggódó tekintettel kezdte fürkészni a lányt. Eddig tartott a különös tudatlanság. Lily

Jane szívét ismét elöntötte az agyában élénken üvöltő emlékek áradata és újból kezdte azt érezni, ott helyben képes lenne belehalni a fájdalomba – Én ezt nem fogom kibírni. Én ezt...

– Gyere ide! – állt fel, hogy felsegítse a lányt és aztán kényelembe helyezkedjenek az ágyban. Will úgy ölelte magához, mint egy gyermeket, Lily Jane pedig csak zokogott és zokogott és úgy érezte, talán sosem fogja tudni abbahagyni – Figyelj rám, LJ! Ez nem a te hibád. Edwards egy világi szemétláda.

– Én azt hittem, hogy szeret! Azt hittem, ő is ragaszkodik hozzám!

– Hogyan várhatnánk el valakitől, hogy szeressen, ha azt sem tudja, mi az a szeretet? – nevetett fel Will fájdalmasan – És hogyan várhatnánk el valakitől a ragaszkodást, aki úgy váltogatja az autóit, mint más a zoknikat?

– Ugyanazt tette, Will. Ugyanazt, mint... – zokogta Lily Jane, mintha meg sem hallotta volna a fiú szavait. Will a fejét rázva szorította magához, majd hamarosan az ő könnyei is eleredtek.

– Sokkal többet értek ennél, LJ. Anyukád is és te is. Sokkal, de sokkal többet – suttogta, a hangja pedig tele volt fájdalommal. Lily Jane aggódó tekintettel pillantott rá, Will pedig a szeméből kiolvasott kérdés láttán még inkább könnyezni kezdett – Peter szülei rájöttek – nyögte, mire Lily Jane arcszíne még a korábbinál is sápadtabbra vált. Úgy meredt a fiúra, mintha szellemet látott volna, Will-ről pedig lehullt az addigi álarc és összeroskadva ő is zokogni kezdett.

– De mégis hogyan?

– Még csak sejtik, de fogalmam sincs, miből jöttek rá. Egyik este, amikor már hazafelé készülődtem a szendvicsbárból, szóltak, hogy beszélni akarnak velem – Will megállt egy pillanatra, a hangja elcsuklott és elképesztően vékonnyá vált.

– Mit mondtak?

– Tagadtam mindent. Azt mondták, ha mégis kiderül, hogy igazuk van és Peter-el van köztünk valami, búcsút mondhatok a munkahelyemnek és fel fognak jelenteni munkahelyi zaklatásért.

– Hogy micsoda? – vágta rá azonnal Lily Jane – Hiszen ezt nem tehetik! Semmi ilyesmi nem történt!

– De ők ezt nem értik. Ők…

– Peter mit mondott?

Will vállai előreestek, egész testében összeroskadt és Lily Jane úgy érezte, menten beleszakad a szíve a látványba. Will-nek mindig jókedve volt, ő volt az örök pozitív, az egyetlen, aki pillanatok alatt mosolyt varázsolt az arcára. Most pedig egy megtört, hófehér, végletekig kimerült szempár nézett vissza rá, melyből megállíthatatlanul ömlöttek a könnyek.

– Azt, hogy el kell felejtenünk ezt az egészet. Hogy tegyünk úgy, mintha meg sem történt volna. Azt hiszem, igaza van. Így lesz a legjobb.

– De hiszen erre senki sem lenne képes!

– Pedig muszáj lesz – húzta fájdalmas mosolyra a száját egy sóhaj kíséretében – Ha bebizonyosodik a dolog, esély sincs arra, hogy Peter szülei ráhagyják a szendvicsbárt. Ez az álma, LJ, nem tehetem tönkre!

Lily Jane felháborodva, hitetlenül rázta a fejét a hallottakra. Nem akarta elhinni, hogy valami valóban ennyire igazságtalan lehet és hirtelen valahogy az egész világ kezdte elveszíteni az értelmét. Szörnyű volt a fájdalom, amit Matt okozott a számára, azt nézni azonban, ahogy az ártatlan Will, akinek egyetlen bűne, hogy szerelembe esett, lelkileg tönkremegy, még ennél is elviselhetetlenebb volt.

Nehéz volt abban a pillanatban a vigasztaló szerepét betölteni, miközben az ő szíve is apró darabokra hullott, mégis folytonosan váltogatták egymást. Hol egyikük omlott össze zokogva, hol a másik kezdte hullatni fájdalmasan könnyeit.

De ott voltak egymásnak. Szilárdan és törhetetlenül, mint két kőszikla, amelyek a végletekig kitartanak egymásért. Az ok pedig pontosan ez volt, ami végül mégis túlélhetővé szépítette számukra a helyzetet. A tény, hogy egyikük sincs egyedül.

Ez adta az erőt végül Lily Jane-nek ahhoz is, hogy megtegye, amit talán már réges régen meg kellett volna. A kollégium épülete előtt keresett egy csendesen rá váró padot és mély sóhaj kíséretében, telefonját elővéve bepötyögte Matt számát. Sokáig csörgött ki, többször is próbálkozott, mígnem az üzenetrögzítő kapcsolt be. Lily Jane gondolhatta volna, hogy a fiúnak egyszerűen csak dolga akadt, de a szíve mélyén valamiért pontosan tudta, hogy csupáncsak gyáva szembenézni a következményekkel. Elegendő idő telt el ahhoz, hogy felfogja a helyzet súlyát, ami nem csupán a telefonhívások megszüntét eredményezte, de azt is, hogy a lány ezúttal már hiába kereste őt.

Nem volt hát más választása, Matt üzenetrögzítőjére kezdett beszélni.

– Szerettem volna személyesen elmondani, de miután még a telefont sem veszed fel nekem, így nem volt más lehetőség. Azt hiszem, igazad volt, Matt. Te tényleg nem vagy jó ember. Remélem, egyszer azért mégis sikerül valaki kedvéért megváltoznod, ha már értem nem sikerült. A saját érdekedben remélem – rövid szünetet tartott, amíg sikerült legyőznie a torkát fojtogató sírást – Köztünk vége. Szép nyarat és minden ilyesmi...

Lily Jane talán sok mindent szeretett volna még mondani, azonban képtelen volt rá. A szavak elhagyták, könnyei ismét utat törtek, a mellkasa pedig üressé vált. Csak ült ott a padon és próbált bármit találni, amitől jobban érezhetné magát akár egy kicsit is. Nem járt sikerrel.

Néhány nap múlva Lewis-tól tudta meg, hogy Matt elutazott a táborba. Elvileg semmit sem mesélt a barátainak a történtekről és egyik napról a másikra egyszerűen csak úgy felszívódott. Az Edwards-házat gyakran lengték körbe pletykák. Lehetett hallani történeteket, miszerint Lily Jane telefonhívásának napján Matt sírva tért haza, mások szerint pedig nyugodtan kávézgatott James-el a belvárosban. Talán mindkettő igaz volt. Talán egyik sem. Lily Jane szíve mégis nehezen volt képes beletörődni a tudatba, hogy talán a legutolsó, amit a számára mindennél többet jelentő fiú szájából hallott csupán annyi volt:

Ez itt Matt hangpostája. Hagyj üzenetet.

40.

Pokoli volt. Egyszerűen elviselhetetlen. Lily Jane abban reménykedett, hogy talán majd minden újabb nappal egyre könnyebbé válik a mellkasára nehezedő, fojtogató súly, mégsem ez történt. A lány minden reggel azt hitte, csupán egy rossz álom kísértette, azonban minden újabb elkövetkezendő nap első néhány pillanatában rádöbbent, hogy valóban ez volt a kegyetlen igazság. Ez az érzés pedig még annál is kibírhatatlanabb volt, mint esténként hosszú órákon át válaszokat keresni a megválaszolhatatlan miértekre.

– Hogy érzed magad? – kérdezte tőle minden reggel Will, miközben a stúdió felé vették az irányt. Semmire sem haladtak a kollekcióval. Egész napokon át üldögéltek üres papírlapokkal és próbababákkal maguk körül, de egyiküknek sem akadt egyetlen épkézláb ötlete sem. Hosszú perceken át képesek voltak üres tekintettel meredni maguk elé, fejben réges régen elhagyva a divattervezés világát.

– Azt hiszem, ez már sosem lesz jobb – sóhajtotta Lily Jane kedvetlenül. Szokás szerint unottan firkálgatott egy vázlatfüzetbe, miközben Will régebbi ruhaterveit nézegette, hátha támad valami ötlete.

– Ez nevetséges.

– Micsoda?

– Az, hogy végre elértük, amit szerettünk volna, de lélekben mindketten halottak vagyunk, ezért nem is tudunk igazán élni a lehetőséggel. Vagy legalább örülni neki.

Lily Jane szomorú mosollyal bólintott. Őt is nagyon aggasztotta a helyzet.

– Jelen pillanatban engem csak a nyaralás gondolata tart életben. Azt hiszem, a Sors akarta, hogy olyan szállást találjak, ahol nem lehet visszamondani a foglalást. Ennyit már igazán megérdemlünk – mondta, mire Will elgondolkodva húzta el a száját – Ugye nem akarod visszamondani?

– Nem tudom, LJ.

– Ne csináld, kérlek!

– Nagyon szeretnék veletek menni, de sehogy sem állunk – sóhajtotta a fiú – Scott Edwards támogatása túl nagy dolog ahhoz, hogy ne vegyem komolyan. Három hét múlva saját divatbemutatóm lesz és még egyetlen épkézláb ötlettel sem rukkoltunk elő. Te is tudod, hogy nem mehetek.

– Akkor én sem megyek – vágta rá Lily Jane, de szinte alig tudta befejezni utolsó szavát, Will azonnal közbeszólt.

– De igen. Natashával évek óta tervezitek ezt és, ha valakinek szüksége van most egy nyaralásra, akkor az te vagy.

– Pontosan annyira van rá szükségem, mint neked – tárta szét karjait a lány, Will azonban meggyőzhetetlennek tűnt. Mosolyogva álldogált az ablakban, mosolya és tekintete mögött azonban néma, mély fájdalom rejtőzött.

– Így lesz a legjobb, hidd el.

Lily Jane nem hitte el, de nem tehetett mást. A napok pedig csak teltek. Lassan, vánszorogva és szenvedve, eseménytelenül.

Egészen addig, mígnem egyik nap Dubois is csatlakozott hozzájuk a stúdióban Suzanne King társaságában, hogy átbeszéljék a nyári bemutató koncepcióját.

– Beszéltem Scott-al a helyszínről és azt mondta, ha az időjárás is engedi, nyugodtan gondolkodhatunk kültéri rendezvényben is – mondta Suzanne, miközben Dubois-val a stúdióba léptek. Nem sejtették, hogy időközben Lily Jane és Will is jelen voltak már, szokás szerint tétlenül üldögéltek a stúdió számukra kialakított, apró helyiségében.

– Ez nagyszerű! – hallották Dubois válaszát – Remélem, nem okoznak csalódást. Egy kicsit mintha meghökkentek volna a feladattól.

– Hogy érted ezt?

Halkan beszéltek, Will-nek és Lily Jane-nek nagyon kellett fülelniük, hogy kivehessék a szavakat.

– Alig haladnak egyről a kettőre és… nem is tudom. Mindketten olyan kedvetlenek.

Suzanne egy darabig nem válaszolt, majd szenvtelen, hideg hangon felelt.

– Matt és a lány szakítottak. Talán megviseli.

Úgy ejtette ki a szavakat, mintha ez a világ legtermészetesebb dolga lett volna. Lily Jane legszívesebben felpattant volna a helyéről, hogy Suzanne arcába mondhassa, nem csupán megviseli, hanem menten belehal a fájdalomba, amit a fia okozott.

– És Matt hogy van? – kérdezte Dubois, aki hallhatóan megdöbbent. Suzanne könnyed nevetése zengte be a szobát.

– Tudod, hogy megy ez. Egyik jön, másik megy. És egyébként is elment már a táborba, ahol dolgozni szokott.

Nem kellett ennél több. Lily Jane felpattant a helyéről és hangos léptekkel az ajtó felé indult.

Szemeit könnyek áztatták, de végül megtorpanva Dubois és Suzanne meglepett tekintetének kereszttüzében mégis torkán akadt a szó.

Lily Jane többször csalódott már élete során, ahogy ott állt azonban, szemben ezzel a jéghideg arcú, márványszoborra emlékeztető nővel, úgy érezte, egy újabb világ dőlt össze a lelkében. Volt idő, amikor felnézett rá, ő volt a legnagyobb ihletforrása, bálványozta és csodálta őt, miközben minden tőle telhetőt megtett, hogy legalább valamelyest megkedveltesse magát vele. Abban a pillanatban viszont végre belátta, hogy lehetetlen küldetésre vállalkozott. Talán akkor először értette meg igazán a nőt, miközben egyszeriben azon kapta magát, hogy mélységesen megveti őt.

Suzanne-nak, mint jólmenő cégvezető feleségnek rengeteg szörnyűséggel kellett szembenéznie élete során, ebben egészen biztos volt. Meg kellett barátkoznia férje arrogáns viselkedésével és szexista világnézetével annak érdekében, hogy az anyagilag stabil család szilárdan megmaradhasson. Kitartott a férfi mellett, akit szeretett, még akkor is, ha az megcsalta és elárulta őt. Ezt akár még tisztelni is lehetett volna. A tény azonban, hogy anyaként nem arra törekedett, hogy fiából férjétől eltérően tisztességes és becsületes férfit neveljen, hanem csukott szemmel vette tudomásul, hogy Matt lányok százainak szívét töri darabokra, mintha ez a legtermészetesebb dolog lenne a világon, felháborította Lily Jane-t. Már egyáltalán nem tisztelte Suzanne King-et és a legkevésbé sem szeretett volna olyanná válni, amilyen ő volt. Lehetett elegáns, gyönyörű és tekintélyes, a lány abban a pillanatban mégis elítélte és mélységesen megvetette a nőt.

– Már meg is érkeztetek? Remek, akkor hozzá is kezdhetünk! – mosolygott a lányra Dubois, Lily Jane azonban képtelen volt viszonozni mosolyát. Kifejezéstelen arccal álldogált, miközben Will alakja jelent meg mellette.

A teremben vágni lehetett volna a feszültséget, a némaságot azonban hamarosan Suzanne telefonjának csörgése szakította félbe. A nő egy szó nélkül állt fel, majd kisétálva a szobából füléhez emelte a készüléket.

– Jól vagytok? – kérdezte Dubois aggódó tekintettel, mire mindketten némán bólintottak. Szokatlanul valódi érdeklődés tükröződött a férfi arcán – Őszintén kérdeztem.

Már éppen válaszoltak volna, amikor félbeszakította őket a visszatérő Suzanne, aki továbbra is a telefonba beszélt, ezúttal viszont már nyugtalanítóan kétségbeesett hangnemben.

– Most indulok. Néhány perc és ott vagyok.

Dubois kérdő tekintettel fordult felé.

– Valami baj van?

– Be kell mennem a kórházba – felelte a táskáját felkapva már távozóban – Most hívott Josh. Jules elvetélt.

Lily Jane szíve óriásit dobbant. Ez nem lehet. Ez egyszerűen képtelenség.

Maga előtt látta a bájos arcú, jólelkű Jules-t és a mindig vicces kedvében lévő Josh-t, amint csillogó szemekkel arról beszélgetnek, milyen ötleteik vannak a baba nevét illetően. A lánynak megszakadt a szíve a gondolatra, hogy pont velük történik ilyesmi. Legszívesebben Suzanne után indult volna, hogy vele tartson és biztosítsa Jules-t arról, mellette van és minden rendben lesz, azonban a nő néhány perccel azelőtti megjegyzését követően ez borzasztó ötletnek tűnt. Így végül már sokadjára törődött bele, hogy nem tehet mást, mint csendben várja a fejleményeket és magában imádkozik, ezúttal már nem magáért, a barátaiért, vagy a kapcsolatáért, hanem azért a két emberért, akiket akkor is a családjának érzett, amikor mindenki más idegennek tűnt körülötte.

Dubois érezte, hogy a hangulat nem éppen megfelelő a divatbemutatóval kapcsolatos megbeszélésre, így végül ő sem forszírozta a dolgot. A férfi távozását követően Will a stúdióban maradt továbbra is reménytelenül kutatva ötletek után, Lily Jane azonban képtelen volt egy pillanatnál is tovább üldögélni tétlenül. A belvárosi utcák közt cikázott, miközben gyomra folyamatosan görcsberándult, kezei remegtek, szemét pedig újból és újból elárasztották a könnyek.

Nem tudta, mitévő legyen. Úgy érezte, Jules és Josh mellett van a helye, mindenekelőtt pedig Matt mellett. A telefon remegett a kezei közt, majdnem elejtette és fogalma sem volt, vajon jó döntést hoz-e, de ezúttal utoljára úgy határozott, a szívére hallgat és tárcsázta a számot. Matt neve a kijelzőn egyszerre tűnt ismerősnek és valahogy mégis fájdalmasan idegennek.

– LJ…

Az ismerős suttogás millió érzelmet rejtett. A fiú hangja a vonal túlsó végén egyszerre tűnt meggyötörtnek és mégis megkönnyebbültnek.

– Matt, én… Nézd, én most hallottam, mi történt Jules-al. Csak szeretném, ha tudnád, hogy nagyon sajnálom. Nagyon – nyögte a lány erőtlenül, Matt pedig hozzá hasonló állapotról árulkodó hangon felelt.

– Ne is mondd! Ez szörnyű – suttogta – Annyira várták a babát. És annyira megérdemelték volna.

Lily Jane arcát egy könnycsepp simította végig. Matt hangja nem várt intenzitással varázsolt pillangókat a hasába pontosan úgy, ahogy kapcsolatuk legelején. Szerette volna, ha a fiú előtte áll és magához ölelheti. Azt gondolta, ha ezt megtehetné, talán soha többé nem engedné el.

Egy darabig hallgattak, egyikük sem igazán tudta, mit kellene mondania, majd másodperc pontossággal egyszerre szólaltak meg.

– Hiányzol.

Egyetlen szó, nem több, mégis mindkettejük szívét reménnyel és megkönnyebbüléssel árasztotta el. Lily Jane halkan felnevetett, miközben az iménti könnycseppet további száz követte és a lány szíve ismét felrobbanni készült.

– Figyelj, Matt – mondta elcsukló hangon, majd várt néhány pillanatot, amíg összeszedte magát annyira, hogy folytatni tudja – Fogalmam sincs, hogy hogyan, de én szeretném megoldani ezt a helyzetet. Ha te is szeretnéd. Azt hiszem, a kapcsolatunk sokkal többet ért annál, hogy egy ilyen ügy miatt legyen vége. Ez pedig, hogy… ez, hogy nem tudtuk normálisan lezárni, mert elmentél, egyszerűen nem hagy nyugodni – a lánynak ismét meg kellett állnia, mert a zokogás valósággal fojtogatta torkát – Kérlek, mondd meg, hogy várjak-e rád, vagy tényleg zárjuk le ezt az egészet és engedjem el, mert ebbe a befejezetlenségbe bele fogok őrülni.

Matt fellélegzett a vonal túlsó végén, majd ő is sírni kezdett.

– Könyörgöm, LJ, ne engedj el! – vágta rá azonnal a fiú – Jézusom, el sem tudom mondani, mennyire megkönnyebbültem! Szeretlek, mindennél jobban szeretlek és én is meg akarom oldani! Még szép, hogy meg akarom oldani! Annyira kedvetlen vagyok minden nap és folyamatosan mindenkinek csak rólad beszélek. Várj meg, könyörgöm! És gyertek nyaralni Natashával és találkozunk és megbeszéljük és én annyira, de annyira sajnálom és…

– Jól van, Matt – felelte Lily Jane mosolyogva, miközben a világot egyik pillanatról a másikra ismét elkezdte szépnek látni. Volt remény. Ez pedig többet ért számára a világon bárminél abban a percben.

Mindketten sírtak, de ezúttal már örömükben. Lily Jane elhatározta, hogy akárhogyan is, de át fogják vészelni az elkövetkezendő heteket egymástól távol, mert, ha az elmúlt néhány nap után mégis képesek voltak visszatalálni egymáshoz, már nem tudott olyan akadályt elképzelni, amit ne tudtak volna legyőzni együtt.

– Szeretlek, Lily Jane Monroe, minden örömöm forrása – suttogta Matt ismét a telefonba, a lány pedig hallotta a hangján, hogy mosolyog.

– Szeretlek, Matt Edwards – felelte ő is széles mosollyal az arcán, majd nevetve hozzátette – De esküszöm neked, ha ezek után megint történik valami, én már nem szakítok, hanem nemes egyszerűséggel kinyírlak!

– Megtiszteltetés lenne, ha te lennél, aki kinyír, de az életemre esküszöm neked, hogy nem lesz miért. Akkor ugye minden rendben van köztünk?

– Minden rendben, Matt.

Lily Jane nem volt biztos abban, hogy helyesen cselekedett, de eszébe sem jutott ezen törni a fejét. Matt-et akarta. Továbbra is, megingathatatlanul. Az iránta érzett szerelem pedig minden egyebet félresöpört az útból.

Will nagymamájának egyik bölcselete jutott eszébe, amit a tavaszi bemutató után mondott. Szerelemben és háborúban mindent szabad. Sosem érezte ezt még ennél igazabbnak.

41.

– Vigyázzatok magatokra nagyon! És dokumentáljatok mindent! Látni akarom az összes milliónyi bikinis képeteket – ölelte magához Will a lányokat a nyaralás reggelén. Lily Jane és Natasha vonattal utaztak le a tengerpartra, a búcsúzkodás pillanata viszont valamiért nehezebbre sikerült, mint bármelyikük is gondolta volna.

– Sokkal jobb lenne, ha te is jönnél – suttogta a fiú fülébe Lily Jane, akit a nyaralás miatti izgalma ellenére különös, nyugtalanító érzés kerített hatalmába. Will nem volt jól. Peter szülei, bár nem találtak kézzel fogható bizonyítékot, továbbra is egyre erősebben gyanították, hogy a két fiú között alakul valami és jobb megoldás hiányában végül úgy döntöttek, kirúgják Will-t. Ezt még úgy, ahogy el is fogadta, hiszen egyébként is minden idejét lekötötte a divatbemutató, de a fiú valósággal kikészült, amiért napok óta nem láthatta Peter-t.

– Jövőre bepótoljuk – kacsintott Will, a lány azonban nem nyugodott meg. Tudta, hogy valójában ő a hibás, amiért Will nem tarthat velük. Ha nem kifejezetten Matt miatt utaztak volna el, hanem egyszerűen csak a hecc kedvéért, nyugodtan megszervezhették volna az egészet a bemutató után és akkor Will is gond nélkül velük tarthatott volna. A nyaralás viszont nem a szórakozásról szólt elsősorban. Csak és kizárólag arról, hogy Lily Jane és Matt végre találkozhassanak – Üdvözlöm Edwards-ot! Ja, és üzenem neki, hogy ha hazaér egy éven belül már kétszer lesz eltörve a karja.

– Átadom! – nevetett fel a lány, tekintetében mégis mintha kétely csillant volna.

– Tudod már, hogy melyik nap találkoztok majd?

Lily Jane idegesen túrt a hajába, majd száját elhúzva rázta meg fejét.

– Két napja nem tudom elérni – felelte halkan – Előtte sem beszéltünk túlzottan sokat, mert mindig lerázott azzal, hogy dolga van. Amikor arra kért, várjak rá, azt gondoltam, egy kicsit azért könnyebb lesz ennél.

Will mélyet sóhajtva hallgatta őt, majd nyugalmat erőltetve magára ismét szorosan átölelte a lányt.

– Bárcsak ott lehetnék veled!

Lily Jane is ezt kívánta. Abban bízott, a fiú talán meggondolja magát, de a nyaralás közeledtével is megingathatatlan maradt. Az viszont, hogy ilyen szörnyű érzés lesz a távolodó vonatról Will megtört, egyre homályosabbá váló alakja felé integetni, őszintén meglepte a lányt. Fogalma sem volt, miért, de a szíve azt üvöltötte, ez így nem helyes.

– Nyaralni megyünk. El tudod ezt hinni? Rohadtul nyaralni megyünk! – űzte el fejéből gondolatait a visongó Natasha, amint elhelyezkedtek a vonaton. Bár csupán egy hétre tervezték a vakációt, annyi ruhát vittek magukkal, ami akár egy hónapra is elegendő lett volna, ezért kissé szűkösen zsúfolódtak össze az aprócska utazókabinban.

– Igen, nyaralunk... – próbált mosolyt erőltetni az arcára, Natasha viszont felismerte a tekintete mögött rejlő bizonytalanságot és közelebb hajolva hozzá az ülésen, megszorította barátnője kezét.

– Hé, LJ! Ugye tudod, hogy most jól kell éreznünk magunkat? Ez egy talán soha vissza nem térő alkalom, életünkben először együtt nyaralhatunk a tengernél. Könyörgöm, ne hagyd, hogy Edwards még ezt is elrontsa! Kérlek, próbáld meg élvezni még akkor is... még akkor is, ha nem jön el, hogy találkozzatok.

Lily Jane nagyot nyelt. Natashának igaza volt. A puszta gondolatra azonban, hogy a fiú egy újabb ígéretet megszegve nem jön el, görcsbe rándult a gyomra. Magának sem merte volna bevallani, de nagyon félt ettől az eshetőségtől és, ami még rosszabb, túlságosan elképzelhetőnek tartotta.

– Jól fogjuk érezni magunkat. Ne aggódj, Nat.

– Megígéred?

– Megígérem.

Lily Jane erősen tartotta magát ígéretéhez. Tudta, hogy Matt-el a hétköznapi folyamatos programok miatt csak a hétvégén lenne lehetősége találkozni, így az elkövetkezendő öt napban igyekezett száműzve őt a fejéből egyszerűen csak jól érezni magát. Ez persze nem igazán jött össze, de Natashát legalább sikerült meggyőznie.

A tengerparti kemping többórányi sétára volt a vonatállomástól, a lányok lihegve, izzadtan és kifáradva érkeztek meg bőröndjeikkel, ahol aztán a kemping tulaja közölte velük, hogy van egy furgon, ami a vonatállomástól szokta felhozni az érkező vendégeket és, ha a foglalásnál jelezték volna, hogy vonattal érkeznek, őket is szívesen elhozták volna.

– Késő bánat. Ezt mégis honnan kellett volna tudnunk? – motyogta Natasha az orra alatt, amint aztán a tulaj visszatért két óriási pohár, kedvcsináló fröccsel, mindketten kifizetődőnek érezték a fáradalmakat.

– A ház ajándéka – mosolygott rájuk a férfi kedvesen, a lányok azonban elfeledkezve arról, hogy valójában aznap még reggelizniük sem sikerült, vidáman húzták le a jóleső, hideg italt. Ezzel semmi probléma nem lett volna, csakhogy a fejük egyik pillanatról a másikra elnehezült, a nyelvük összeakadt és mindent viccesnek találtak, miközben nekiálltak a szokatlan hőségben felállítani a sátrat.

– Úgy izzadok, mint egy ló – huppant le a fűbe az arcát legyező Natasha – Ez sosem lesz kész, ugye tudod?

A sátorra bökött, aminek a felállítási folyamatában úgy tűnt, hátrébb jártak, mint mikor egyáltalán hozzákezdtek.

– Aludjunk a fűben! – ült le mellé Lily Jane kipirulva – Csillagos ég, bogarak és a jó öreg harmat. Kell ennél jobb?

– Te tiszta bolond vagy – vihogott a hasát fogva Natasha, majd egymásra pillantva még hangosabban kezdtek nevetni.

Nehéz feladat volt, az egyszer biztos, de végül egyszer csak mégis készen állt a sátor. Kissé rozogának tűnt és feltűnően ferde is volt, a lányok mégis elégedett tekintettel szemlélték. Úgy érezték, bármi történhet, semmi sem tudná elrontani a kedvüket és semmi sem tudná megakadályozni őket abban, hogy jól érezzék magukat a nyaralás alatt.

Matt viszont nem jelentkezett. Lily Jane ígéretéhez ragaszkodva felhőtlenül sütkérezett a napon Natashával, majd mikor már úgy érezték, lángra kapnak a napsütésben, vidáman vetették magukat a habok közé. Közben azért a lány időről időre mégis rápillantott a mobiljára, Natasha egy-egy figyelmetlen pillanatában, de semmi. Se hívás, se üzenet.

A nap legmelegebb óráit mindig a tengerparti büfében töltötték, ahol megkóstolták a legnagyobb hamburgereket, amiket életükben láttak és vicces képeket készítettek, amiket aztán egyből továbbítottak Will-nek. Esténként a parton sétálva beszélgettek kerülve minden olyan témát, ami bármelyiküket felzaklathatta volna. Kisebb-nagyobb sikerrel.

– Szerinted eljön? – sóhajtotta Lily Jane az egyik ilyen séta alkalmával, amikor már vészesen közeledett a lehetséges találkozás ideje – Elvileg holnap kellene összefutnunk. Azt mondta, szombatonként nincs sok dolga és akár egész nap együtt lehetünk.

– Ezt mikor mondta?

– Úgy egy hete.

Natasha sokatmondó pillantást vetett rá, Lily Jane pedig nem merte újból megkérdezni, mit gondol. Tudta a választ.

– Beszéltetek, mióta itt vagyunk?

Lily Jane várt a válasszal. Próbált valami enyhítő körülményt találni, amivel szebben tálalhatja a dolgokat, mint ahogy valójában álltak, rá kellett döbbennie azonban, hogy csupán önmagát próbálja átverni.

– Nem – felelte végül egyszerűen – Írtam neki üzeneteket, de nem válaszolt. Azt hiszem, meg sem nézte. Mindenesetre holnap megpróbálom felhívni. Talán csak sok a dolga, vagy ilyesmi.

– Annyira, hogy nem tud két szót visszapötyögni? Mondjuk, hogy minden rendben?

– Ez nem ilyen egyszerű...

– De igen az – vágta rá Natasha – Ha a fiúk szemetek, mindenki folyamatosan mentséget keres a számukra. Mintha mindig meg lehetne magyarázni mit, miért csinálnak és egy tettükkel sem lenne az égvilágon semmi probléma. Mondd, LJ, számunkra ki keres mentséget? Szerinted ő türelmesen várna rád, amíg te éled a világodat és egyáltalán nem érdekel, mi van vele?

Lily Jane némán hallgatta barátnőjét. Igaza volt. Ismét. Ezt belátni azonban nehezebb volt, mint azt valaha is el tudta volna képzelni.

– Tudom, Nat, de mégis. Utána jöttem a tengerpartra, hogy megbeszélhessük a dolgainkat. Ennyire senki sem lehet szemét – sóhajtotta, majd kérdőn pillantott Natashára – Vagy mégis?

Natasha végül csak széttárta karjait és barátnőjét átölelve megrázta a fejét.

– Akárhogy is, én itt leszek veled. Ez ne felejtsd el!

Lily Jane-t abban a pillanatban megnyugtatták barátnője szavai, nyugalma mégsem tartott tovább a következő napnál, amikor is elhatározta, hogy felhívja Matt-et. Aznap kellett volna találkozniuk, a fiúnak azonban semmi hírét nem hallotta. Részben aggódott, hogy talán valami baj történt, részben pedig csak szerette volna megtudni, valójában hiába vár-e rá.

Némán sétált ki a partra, amíg Natasha elugrott a büfébe üdítőért. Lassan leült a homokban, olyan közel a vízhez, hogy a hullámok elérték lábait. Félt. Rettegett. Ugyanakkor dühös is volt, amiért Matt már sokadjára ébresztett benne ilyen mértékű félelmet.

A füléhez emelte a telefont, minden egyes újabb csörgésnél magában imádkozott.

– Vedd fel, kérlek – suttogta, de hiába. A mobil újból és újból kicsörgött, válasz nélkül, fájdalmas ürességet hagyva a lány lelkében. Akkor már tudta. Lily Jane abban a pillanatban rádöbbent, hogy Matt nem fog eljönni és, hogy talán minden remény és minden kétségbeesett kapaszkodás a találkozásba valójában hiábavaló volt.

A lány már sírni is képtelen volt. Úgy ült ott a csillámló vizű tenger partján, mint akit örökre magára hagytak. Valójában úgy is érezte magát.

– Nem vette fel, ugye? – huppant le mellé Natasha a kezébe nyomva egy nagy pohár limonádét. Lily Jane nem felelt, csak a fejét rázta – Rohadék. Viszont jó jel, hogy már nem zokogsz miatta.

– Azt hiszem, nem maradt több könnyem.

– Vagy csak egyszerűen már megszoktad, hogy folyamatosan csalódnod kell benne – sóhajtotta Natasha, majd felpattant és barátnője felé nyújtotta a kezét, hogy felsegítse – Tudom, mi kell most neked. Lily Jane kérdőn vonta fel a szemöldökét.

– Mire gondolsz?

– Elmegyünk bulizni – vágta rá a lány, mintha ez lenne a világ legtermészetesebb dolga. Lily Jane ellenkezni akart, jobban belegondolva viszont az alkohol okozta tompa nyugalom és a gondolatokat elűző, dübörgő zene valahogy mégsem tűnt olyan rossz ötletnek.

A tengerparti szórakozóhelyek minden este zsúfolásig teltek emberekkel, a két lány pedig úgy vetette bele magát az éjszakába, mintha egész életükben erre vártak volna. A villódzó fények és a hangos zene valóban gyógyerővel bírt Lily Jane szívére, nem sokkal később azon kapta magát, hogy Natashával néhány óriási méretű koktél elfogyasztása után egy bárpult tetején táncolva torkuk szakadtából üvöltik a nyár slágereit.

Lily Jane szabadnak érezte magát. Fejét elöntötte a jól ismert, alkohol okozta köd és úgy érezte, minden viszonzott pillantással, amit az odalent táncoló fiúk vetnek rá, elégtételt nyer a Matt okozta fájdalom után. Nem volt már önmaga, ezzel ő is tisztában volt, úgy táncolt, ahogyan soha azelőtt, viszont semmit sem szeretett volna, mint legalább abban a néhány pillanatban elfeledkezni a csalódásról.

– Natasha? – hallották a tömegből valaki hangját, mire a lány odafordult és homályos tekintettel, széles vigyorral integetett a Lily Jane számára ismeretlen fiúnak.

– Ki az? – kérdezte Lily Jane artikulálatlanul, mire a lány megvonta a vállát.

– Lewis egyik haverja, azt hiszem. Nem láttam túl sokszor, szaktársak, de én csak néhány szót beszéltem vele egyszer egy buliban.

Lily Jane-t nem érdekelte többé a téma, már alig hallotta, amit barátnője mond. Ismét átadta magát a zenének és a testét megtöltő, tompa bizsergésnek, amely olyan mámorral töltötte el, mint soha azelőtt. Már-már úgy érezte, nincs is szüksége Matt-re, hiszen végre felszabadult és szabadabb, mint valaha. Ez az érzés pedig minden mást félresöpört az útból. Egészen másnap reggelig.

42.

Bár a buli jócskán elhúzódott és a két lány már-már öntudatlan állapotban vetette magát a sátorba hajnalhoz közeledvén, Lily Jane-nek mégis egészen korán felpattant a szeme másnap reggel. Fejébe éles, lüktető fájdalom nyilallt, végtagjait pedig súlyosnak és erőtlennek érezte. Lassú mozdulatokkal kászálódott ki a sátorból, majd azonnal egy vizes palackért nyúlt, hogy valamelyest segítsen csont szárazzá vált ajkain.

A partra indult vázlatfüzete társaságában, miközben igyekezett minél mélyebbeket szippantani a kora reggeli, friss levegőből. Borzasztóan érezte magát. Matt előtt csak nagyon kevésszer ivott alkoholt, részeg pedig egyáltalán nem volt, a fiú és a tettei azonban olyan hatással voltak rá, amelyek teljesen eltorzították addigi énjét. Szégyellte magát és abban sem volt biztos, hogy egyáltalán még tisztában van vele, ki is ő valójában. Egyetlen módja volt csupán, hogy legalább részben újból ráébredjen.

A habok lágy érintése finoman simogatta a talpát, miközben a homokba huppant. Azon gondolkodott, vajon mennyi fájdalomra lenne még szüksége ahhoz, hogy el tudja engedni ezt az angyali szörnyeteget, aki egyszerre édesítette meg és tette tönkre az életét. Fogalma sem volt. Azt azonban biztosan tudta, bár senkinek sem vallotta volna be, hogy ha Matt abban a pillanatban váratlanul megjelenne és bocsánatot kérne tőle, zokogó megkönnyebbüléssel borulna ismét a karjai közé. Mert szerette őt. Sokkal, mérföldekkel jobban, mint amennyire önmagát szerette.

A lány gondolataiba merülve azt tette, ami egyetlen végső megoldást jelentett bármiféle problémára. Rajzolni kezdett. Minden ceruzavonás könnyített a lelkén valamelyest, mintha a kezében tartott ceruza a lelkében lévő fájdalmat ültette volna át a papírra. Egy szenvedésről, mégis vad újjászületésről mesélő ruha alakja kezdett körvonalazódni a füzet lapján. A karcsú testhez simuló, lángnyelvekre emlékeztető felsőrész pihekönnyű, tűzvörös fátyolszoknyaként suhant a rajzolt modell után. Szenvedély, fájdalom és az újjászületés tüze üvöltött a ruha megjelenéséből.

– Lily Jane! Lily Jane, hol vagy? – hallotta váratlanul Natasha kétségbeesett kiabálását a távolból. A lány a parton sétált, távoli alakját megpillantva Lily Jane felpattant a homokból, összezárta vázlatfüzetét és integetni kezdett felé. Natasha szaladni kezdett az irányába, közelebbről pedig Lily Jane észrevette, hogy barátnője arcát könnyek áztatják.

– Mi a baj, Nat? – kérdezte, de a lány csak a fejét rázva törölgette könnyeit – Hé, mondd el, mi történt!

– Lewis telefonált. A haverja a bárban levideózott minket, miközben a pulton táncoltunk. Azt mondta... azt mondta...

Natasha hangosan felzokogott, Lily Jane pedig elkerekedett szemekkel lépett közel hozzá, hogy magához ölelje.

– Mit mondott?

– Azt mondta, hogy a csajos nyaralás szerinte nem jelenti, hogy idegen fiúknak rázzuk magunkat egy bárban. Azt hiszem, szakítani akar velem, Lily Jane. Én... ezt én nem fogom kibírni. Ez nem lehet... én...

– Nem fog szakítani – próbálta csitítani barátnőjét a lány, de a helyzet valóban eléggé komolynak tűnt. Natasha és Lewis szinte sosem veszekedtek, a fiú álláspontját pedig részben meg lehetett érteni, mégis erősebbnek tűnt a kapcsolatuk annál, semmint hogy egy ilyen történés kettévágja – Lewis szeret téged. Nagyon. Meg fogjátok beszélni, Nat, ne aggódj!

Natasha továbbra is kétségbeesve távolodott el kissé tőle, hogy a szemébe nézhessen. Tekintetében egyszerre tükröződött fájdalom, félelem és mégis egyfajta bűnbánat.

– Tudom, hogy fontos neked ez a nyaralás, LJ. De haza kell mennünk.

Bár eredetileg két nappal későbbre tervezték csak a hazautat, Lily Jane-nek eszébe sem jutott ellenkezni. Határozottan bólintott barátnője szavaira, aki hálásan ölelte magához. A nyaralás egyébként sem teljesen úgy alakult, ahogy tervezték és, ha valaki, akkor Lily Jane pontosan tudta, milyen érzés, ha nincs lehetőség tisztázni és megbeszélni a problémákat, mert az egyik fél éppen messze van a másiktól. Ilyenkor pedig minden múló perc döntő lehet.

Néhány órával később a két lány már a hazafelé tartó vonaton ücsörgött, miután könnyes búcsút vettek a mosolygó vendéglátótól, aki a legmennyeibb fröccsöt készítette a világon. Natasha egész úton türelmetlenül dobolt lábaival, miközben a száját rágta és folyamatosan a telefonjára pillantgatott. Lily Jane részben irigyelte, amiért még volt oka izgulni, őt viszont fájdalmas nyugalom járta át. Talán már tudta, hogy Matt-el réges rég elveszítették egymást, még akkor is, ha a szíve legmélyén továbbra is reménykedett abban, hogy ez nem így van.

– Hívj, amint beszéltetek! – ölelte magához Natashát, amikor a végállomásra érve taxiba pattantak, onnan pedig egyenesen Lewis-ék háza felé vették az irányt. Ott aztán a lány gondolkodás nélkül ugrott ki az autóból. Elszánt tekintete arról árulkodott, minden forgatókönyvre felkészült lélekben és valószínűleg fejben többféle beszédet összeállított, hogy minél nagyobb eséllyel győzhesse meg a fiút. Lily Jane őszintén szurkolt neki, főként azért, mert senkinek sem kívánta azt az ordító, fájdalmas ürességet, amit ő érzett a lelkében.

– A kisasszonyt hová vihetem? – szólt hátra a sofőr felébresztve a lányt gondolataiból. Lily Jane összerezzent, majd gondolkodás nélkül vágta rá Will kollégiumának címét. Remélte, hogy ott találja majd a fiút, mert, bár nem értesítette őt korábbi hazaérkezésükről, általában még nem volt a stúdióban ilyen korai órákban.

Az út különösen hosszúnak tűnt, Lily Jane pedig váratlan izgalommal kezdett sóvárogni azután, hogy végre egy kis nyugalomra leljen Will társaságában. Valójában nagyon hiányzott már neki a fiú, erre pedig a kollégiumi szoba ajtaja előtt arcán felderülő mosoly döbbentette rá.

Meglepetésére azonban hiába kopogtatott, a fiú nem nyitott ajtót. Lily Jane elfordította kissé a kilincset, aminek titkát Will már megismerkedésükkor elárulta neki. Volt egy bizonyos szög, amelyben az ajtó könnyedén kinyílt, amennyiben nem volt kulcsra zárva. A lány még szélesebb mosollyal az arcán konstatálta, hogy sikerrel járt, az ajtó kinyílását követően azonban különös szag csapta meg az orrát, aminek hatására azonnal eltűnt a mosoly arcáról. Felvont szemöldökkel, váratlanul dübörgő ritmusra kapcsoló szívveréssel lépett a besötétített szobába, melyet állott és meglehetősen orrfacsaró bűz lengett be.

Lily Jane-nek szörnyű előérzete támadt. Will sosem szokott besötétíteni és mindig kiszellőztetett, mert gyűlölte az áporodott levegőt. A mindig pozitív, mosolygós, jókedvű, élettel teli, vicces és vidám Will nem lakott ilyen fájdalomtól üvöltő szobában.

A lány nagyot nyelt és még beljebb lépett, az előszobából a hálószoba felé indult.

Az idő lelassult. Az események egybeolvadtak. A múlt, a jelen és a jövő teljesen összemosódott. Lily Jane megtorpant, táskája kiesett a kezéből, arca pedig halálsápadttá vált.

Will a földön hevert. Mozdulatlanul. Csukott szemekkel.

– Will – sikította a lány, sikolya az egész szobát belengte. Halálra rémülve guggolt a fiú mellé, aki vészjóslóan kifejezéstelen arccal feküdt és a lány egyetlen szavára sem reagált. Lily Jane észrevette, hogy két üres üveg hever mellette, az egyik darabokra törve.

A lány őszintén reménykedett abban, hogy a fiú talán csak túlságosan sokat ivott, bevillant aztán egy emlék, amely viszont még inkább nyugtalanítani kezdte. Will soha nem volt részeg. Egyetlen buliban sem.

– Nincs az az alkoholmennyiség, amitől én részeg lennék – hencegett mindig. Lily Jane szívét villámcsapásként érte a felismerés. Telefonját elővéve azonnal tárcsázta a mentők számát, miközben könnyei záporként hullottak szemeiből.

– Eszméletlen – zokogta a telefonba. Az üvöltő némaságba burkolózott szobát hangos zokogás töltötte meg, miközben a lány a mentők érkezésére várt.

Abban a néhány percben Lily Jane egész addigi életét átértékelte. Will mozdulatlan, halálsápadt teste mellett zokogva arra gondolt, mennyire hálás lehet, amiért maga mellett tudta a fiút. Ő volt a legcsodálatosabb ember, akit valaha ismert és legszívesebben csak üvöltött és üvöltött volna, amiért ezt tette velük az élet. Will nem érdemelte meg azt a fájdalmat, amit a Sors neki osztott. Ez pedig mérhetetlen dühöt és haragot ébresztett a lányban.

Csak erre tudott gondolni, miközben a mentők megérkeztek és hordágyra helyezték a fiú élettelen, elernyedt testét. És csak erre tudott gondolni akkor is, amikor a sarokba pillantva már távozóban észrevett egy kiürült gyógyszeres dobozt.

43.

A kórház, mint a legtöbb embernek, Lily Jane-nek sem tartozott a kedvenc helyei közé. A hófehér falú folyosóra érve a lány lihegve huppant le egy székre, miközben a szíve olyan szaporán vert, hogy azt hitte, menten kiugrik a helyéről. A kórteremben, ahol Will mély álomba merülve aludt, a Nagymamája volt bent éppen, a lány pedig semmiképpen sem akarta megzavarni őket, miközben alig várta, hogy a fiú szívhangját látva megbizonyosodjon arról, valóban életben van. Amikor a mentősök közölték, hogy lélegzik és van pulzusa, Lily Jane-t addig sosem érzett megkönnyebbülés járta át.

A lány Natasha számát tárcsázta a széken várakozva, miután sikerült lecsillapodnia kissé.

– Mondd, hogy életben van – szólt a lány mindenféle bevezetés nélkül. Lily Jane már a kórházba vezető úton írt neki egy gyors üzenetet, amiben nagyvonalakban összefoglalta, mi történt.

– Igen, életben van. Kimosták a gyomrát és még nagyon sok vizsgálaton kell átesnie, de a lényeg, hogy él.

– Ó, édes Istenem, annyira megkönnyebbültem! – sóhajtotta Natasha, majd amint az utolsó szó is elhagyta száját, zokogni kezdett – Mi lett volna, ha nem jövünk haza hamarabb?

– Nem akarok erre gondolni – vágta rá azonnal Lily Jane – Ennek így kellett lennie, Will-nek még nagyon sok dolga van ezen a világon.

– Ő a legjobb közülünk, LJ – suttogta Natasha és abban a pillanatban Lily Jane is könnyezni kezdett – Ő mindig pozitív maradt. Teljesen mindegy, mi történt. Ő vigasztalt minket minden egyes pillanatban, miközben ő még nálunk is jobban szenvedett. Nem veszíthetjük el.

– Nem is fogjuk. Minden rendben lesz, Nat. Minden a lehető legnagyobb rendben lesz – suttogta Lily Jane rádöbbenve, hogy talán saját magát próbálja megnyugtatni éppen – És mi a helyzet Lewis-al?

Natasha hallgatott néhány pillanatig, mire Lily Jane-nek rossz előérzete támadt. Túlságosan jól ismerte már ezt a fájdalomtól üvöltő, feszült némaságot.

– Szakítottunk.

Lily Jane szorosan hunyta le szemeit, miközben a szavakat kereste.

– Menthetetlen a helyzet?

– Azt hiszem, igen. Egyáltalán nem tudtunk megbeszélni semmit. Nagyon dühös rám. Sosem láttam még ilyennek.

– Talán idővel megbékél.

– Talán – suttogta Natasha, hangja azonban arról árulkodott, erre semmi esélyt nem lát. Lily Jane elkeseredve rázta meg a fejét.

– Nagyon sajnálom, Nat – sóhajtotta – Az én hibám. Én találtam ki ezt az egész hülye nyaralást. Ha nem ragaszkodok ennyire ahhoz, hogy találkozhassak Matt-el, akkor Lewis-nak sem lett volna oka megharagudni rád és Will sem maradt volna itthon egyedül. Én...

– Ez eszedbe se jusson, LJ – szakította félbe a lány – Egyáltalán nem a te hibád, te is megmondtad, hogy ennek így kellett történnie. Minden rendben lesz – ismételte Lily Jane néhány perccel azelőtt kiejtett szavait, mire mindketten megnyugodtak kissé.

Miután letették, Lily Jane mélyen a gondolataiba merült, mígnem a kórterem ajtajának nyílására kapta fel a fejét. Will nagymamájának tekintete felderült a lány láttán, halvány, szomorkás mosollyal az arcán lépett közelebb hozzá.

– Felébredt. Azt hiszem, nagyon örülni fog, ha te is benézel hozzá.

Lily Jane felállt a székből és magához ölelte a bájos arcú, ezúttal is makulátlan megjelenésű, idős hölgyet.

– Nem szabadott volna magára hagynunk Will-t egy ilyen nehéz időszakban. Nagyon sajnálom.

– Jaj, kicsim, erről egyáltalán nem te tehetsz – törölt ki szemeiből egy könnycseppet – A szendvicsbáros fiú és Will szüleinek kellene inkább szörnyen érezniük magukat.

– Will szüleinek?

– Igen – bólintott a hölgy – Peter bevallotta otthon, hogy szereti Will-t és nem bírja tovább nélküle, mire az a két háborodott felhívta Will szüleit, hogy kifejezzék nemtetszésüket és megfenyegessék őket, hogy bírósági ügyet fognak kerekíteni a dologból, amennyiben a fiúk folytatják. A lányom férje… Will édesapja nagyon konzervatív ember – mondta letörten – Mindig is úgy gondoltam, hogy túl keményen bánik Will-el, de azt sosem gondoltam volna, hogy figyelmen kívül hagyva minden csodálatos értékét, egyszerűen közli a saját fiával, hogy ne menjen haza többé csak, mert egy fiúba szerelmes. Teljesen el vagyok képedve.

Lily Jane néma döbbenettel hallgatta Will nagymamájának szavait. A fiú elernyedt testének látványakor érzett düh és harag semmi volt ahhoz képest, amit abban a pillanatban érzett. Gyűlölte a világot. Gyűlölte az igazságtalansággal, megaláztatással, csalódással és fájdalommal teli életet, ami a fejében egyszerre nőtte ki magát egy groteszk értelmetlenséggé. Hiszen ők olyan jók voltak. Miért volt szükség arra, hogy ilyen erősnek is kelljen lenniük?

– Erről semmit sem tudtam – felelte végül a lány – Viszont már hónapok óta láttam, hogy Will szenved.

– Gyakran szenvedett, kedvesem – sóhajtotta szomorúan a nagymama – Talán ritkán mutatta, de én mindig észrevettem. Ez a világ sajnos néha a legcsodálatosabb embereket teszi a leginkább próbára. Olykor pedig nincs szükség semmilyen külső hatásra, egyszerűen életben lenni is felérhet a szenvedéssel. És mégis. Azt hiszem, nincs annál gyönyörűbb dolog, mint ezt legyőzve végül mégis elérni a célt, amit az élet szánt nekünk. Megtalálni önmagunkat.

A lány hosszasan elgondolkodott a nagymama szavain. Igaza volt. Talán pontosan azért történt minden, mert erre volt szükség ahhoz, hogy a szenvedés gyönyörét megpillantva csodálatos dolgokat alkothassanak. Jobban belegondolva, talán pontosan ez teszi a művészt művésszé.

Lily Jane kissé félve lépett a kórterembe, Will erőtlen, mégis őszinte mosolyát megpillantva azonban a félelem helyébe ismét megkönnyebbülés lépett.

– Soha többé ne csinálj ilyet! – borult az ágyon fekvő Will ölébe zokogva, mire a fiú is sírni kezdett

– Hát mi lenne velünk nélküled, te bolond? Mi értelme lenne az életemnek a bölcs megjegyzéseid és fantasztikus ötleteid nélkül? Hogy is gondolhattad, hogy…

– Nagyon szeretlek, LJ! – szipogta a fiú erőtlenül ölelve magához a lányt – Kérlek, ne haragudj rám!

Teljesen elborult az agyam, azt sem tudtam, mit csinálok.

– Dehogy haragszom. Uramisten, dehogyis haragszom.

Úgy ölelték egymást, mintha semmi más nem számítana, csak hogy végre újból ott vannak egymásnak. És talán valóban nem is számított semmi más.

Miután mindketten kisírták magukat egymás vállán, az ölelésből kibontakozva, szipogva mosolyogtak egymásra. Talán sosem voltak még ennyire hálásak a másik társaságáért.

– Nem csak két nap múlva kellett volna hazajönnötök? – törölte meg a szemét Will, mire Lily Jane szomorúan bólintott és röviden elmesélte, mi történt.

– Őszintén hibásnak érzem magam a dologgal kapcsolatban. Natasha csak jobb kedvre akart deríteni, egyikünk sem gondolta, hogy ez lehet belőle.

– Szerintem Lewis eléggé túlreagálta a dolgot. Ha egymásnak lettek teremtve, biztosan ráeszmél majd, ne aggódj!

– Én azt hittem, ők tényleg egymásnak lettek teremtve. Annyira kiegészítették egymást – rázta a fejét a lány, majd fájdalmasan felnevetve hozzátette

– Mondjuk az én megítélésem nem egészen mérvadó, hiszen én Matt-ről és saját magamról is ezt gondoltam.

Will megrázta a fejét a lány kezét simogatva.

– A Sors neked szánta őt, LJ, de nem azért, hogy hozzá menj feleségül, hanem, hogy egy brutális tanulság legyen.

A fiúnak igaza volt, még ha nehéz is volt elfogadni
ezt. Matt rengeteg dologra tanította meg Lily Jane-t,
bár negatív tapasztalatokon keresztül, de a lány
valójában sokkal erősebbé és bátrabbá vált a fiúnak
köszönhetően. Ezt pedig már senki sem vehette el
tőle.
– Mi lesz Peter-el?
Will lehunyta szemeit a név hallatán.
– Ez a kapcsolat már a legelején halálra volt ítélve.
Azt hiszem, mindkettőnknek jobb lenne, ha
hagynánk a fenébe a dolgot.
– Én nem így gondolom – vágta rá Lily Jane, majd
elgondolkodott kissé – Tudod, talán sokszor én sem
álltam túl egészségesen a kapcsolatunkhoz Matt-el
és én is rengeteget hibáztam, de sosem adtam fel. És
pontosan addig tartott a küzdelem, amíg egyikünk
fel nem adta.
– Lily Jane, egy egészségtelen kapcsolathoz nem
lehet egészségesen hozzáállni – nevetett fel a fiú –
És hidd el nekem, hogy ezt nem csak én, de Peter is
feladta már. Értelmetlen szenvedés az egész.
Bár a lány nem értett teljes egészében egyet Will-el,
a legkevésbé sem akarta felzaklatni, így végül csak
ráhagyta a dolgot. Mindennél jobban szeretett volna
tenni valamit a két fiú ügyében, de végül kénytelen
volt beletörődni, hogy ez szintén bőven a hatáskörén
kívül eső, voltaképpen megoldhatatlan dolgok közé
tartozik. Még akkor is, ha borzasztóan nehéz volt
beletörődni ebbe.
– Képzeld, sikerült újra előszednem a kreatív énemet
– mosolygott végül témát váltva, majd táskájából
elővéve vázlatfüzetét, megmutatta Will-nek a parton
tervezett, tűzvörös ruhát – Megszállt az ihlet a

nyaralás útolsó reggelén. Talán kezdhetünk vele valamit.

– Egy igazi főnix – suttogta maga elé Will a papírra meredve – Ugye tudod, hogy ez zseniális?

– Nem tudom. Mindenesetre jobb, mint a semmi – vonta meg a vállát a lány, miközben Will arcát fürkészte. A fiú tekintete különös volt. Egyszerre árulkodott büszkeségről, eltökéltségről és egyfajta elképesztően mély, őszinte szeretetről, miközben Lily Jane szemeibe nézett.

– Tisztában vagy vele, hogy nem fogom tudni megcsinálni a divatbemutatót, igaz?

Lily Jane egy pillanat alatt vált hófehérré.

– Miről beszélsz? Hiszen még van három hetünk! Addig egészen biztosan összehozunk valamit – hadarta, de Will közbeszólt.

– Összehozol.

– Tessék?

– Nekem most egy kis időre van szükségem, LJ. És rengeteg pihenésre. Eljött a te nagy lehetőséged.

– Fogalmam sincs, miről beszélsz – hebegte a lány, mire Will halkan felnevetett.

– Beszélni fogok Dubois-val, hogy adja neked a divatbemutatómat. Meg kell mutatnod nekik, hogy mit tudsz, Lily Jane.

A lány teljesen ledermedt, elkerekedett szemekkel rázta a fejét dadogva.

– Nem, Will… én nem… ez a te bemutatód és…

– Most már a tiéd – Will hangjából érezni lehetett, megingathatatlan a döntését illetően – Könyörgöm, csináld meg a kedvemért! Az én kedvemért, LJ.

Ez volt az aduász. Erre már képtelen lett volna ellenkezni a lány, ezzel Will is pontosan tisztában volt. Bár Lily Jane tenyere izzadni kezdett a bemutató puszta gondolatára is, különös izgalom járta át.

Eljött hát az idő. A világnak most már tényleg meg kellett tudnia, hogy ki is valójában az a Lily Jane Monroe.

A lány elszántan vetette bele magát ötleteinek előásásába, amint hazaért a kórházból. Rajzolt és vázlatokat firkantott, a szíve azonban különösen nyugtalan maradt, valamiért sehogy sem sikerült koncentrálnia. Fogalma sem volt, mi lehet a baj, hiszen Will már láthatóan jobban volt. Már éppen kezdte azt gondolni, hogy csak a hirtelen kezébe adott lehetőség rémiszti meg ennyire, ám abban a pillanatban rezegni kezdett a telefonja, a kijelzőre pillantva pedig édesapja villogó nevét pillantotta meg. Lily Jane kezei remegni kezdtek, miközben fogadta a hívást, a vonal túlsó végéről üvöltő némaság hallatán pedig szörnyű előérzete támadt.

– Haló? – nyögte halkan, majd elhallgatott, amint a vonal túlsó végén távoli szipogásra lett figyelmes. Az édesapja hangja idegenként csengett a telefonban.

– A Nagyi… – kezdte, de elcsuklott a hangja – a Nagyi agyvérzést kapott. Nagyon rossz állapotban került a kórházba. Azt hittük, meg tudják menteni, de… Nem élte túl, Lily Jane.

A lány testét minden erő elhagyta, még a telefon is majdnem kiesett kezei közül. Képtelen volt bármit is mondani. Néma volt a vonal. Néma volt a szoba. Néma a tér és néma az egész világ.

Csak Lily Jane gondolatai üvöltöttek. Kegyetlenül és elfojthatatlanul ordítottak a lány fejében, emlékeztetve őt immár soha be nem teljesíthető ígéretére. Hiszen azt mondta, hamarosan újból meglátogatja. És megígérte, hogy visz neki habos sütit.

44.

Szép volt a temető. Békés és nyugodt, a borult, esős időjárás mégis vészjósló szürkeségbe burkolta a légkört. Lily Jane édesapja autójának hátsó ülésén üldögélve üres tekintettel meredt maga elé, miközben begördültek a temető parkolójába. Ez a fájdalom még elviselhetőnek bizonyult, tompa volt és könnyed, mintha a lelke már túlságosan fáradt lett volna a kínzó teher cipeléséhez. Néhány pillanat múlva azonban a szíve újból megtelt a fájdalom jól ismert, haraggal és gyűlölettel keveredő elegyével.

Ott volt. A temető kapujában álldogált, fekete szoknyában és ingben, gyermekei társaságában, akik Lily Jane tudomása szerint soha még csak nem is találkoztak a nagymamájával. A nő tekintete feléjük villant, majd befelé indult, amint látta, hogy a két lány közeledik édesapjuk társaságában. Lily Jane Avára pillantott és ettől a puszta pillantástól megszakadt a szíve. Hiszen a kislány még csak azt sem tudhatta, hogy ennek a nőnek továbbra is köze van az édesapjukhoz, mert a férfi teljesen kizárta őket az életéből. Ava gyönyörű volt lenge, fekete ruhácskájában és mégis olyan mély fájdalom vegyült a tekintetébe a nő láttán, aminek egy ilyen kislány szemében sosem szabadna lennie. Lily Jane a kezéért nyúlt és megszorította azt, miközben bíztató mosollyal az arcán igyekezett visszafojtani könnyeit.

– Utána mind összegyűlünk Frank bácsiéknál? – nézett Ava az édesapjára, aki szokatlanul sápadtnak és meglepően idegesnek tűnt.

– Nem tudom pontosan, hogy lesz. Azt hiszem, lesz valami összejövetel, de majd... – köhintett egyet leplezni próbálva zavarát – De majd eldöntitek, hogy szeretnétek-e jönni.

Lily Jane összevont szemöldökkel pillantott rá. Rossz előérzete támadt, fogalma sem volt, ugyan miért ne szeretnének menni. Még rosszabb érzés volt azonban, hogy az édesapja szavai úgy csengtek, mintha valójában ő lenne az, aki nem szeretné, hogy a lányok részt vegyenek a családi összejövetelen. Lily Jane végül elhessegette a gondolatot, főleg mert alkalma sem volt bármit is kérdezni édesapjától.

A temetőbe érve Frank bácsi és a többi rokon azonnal üdvözölték őket, Lily Jane pedig a családi forgatagban azon tűnődött, milyen üresnek tetszik a légkör. Valahogy idegennek érezte magát saját rokonai körében és ismét Avára pillantott, akinek tekintetéből azt olvasta, ugyanígy érzi magát. Hiányzott valami. Pontosabban valaki.

Hamarosan viszont az édesanyja kecses alakja jelent meg a temető kapujában, lassan sétált feléjük és őt nézve Lily Jane szemei újból könnyben áztak. Annyira szép volt. Össze sem lehetett hasonlítani a hideg tekintetű, mély lelki romlottságról árulkodó arcú nővel, aki néhány lépésre álldogált tőlük igyekezve bekapcsolódni egy-egy rokonok közti beszélgetésbe. Az a nő idegen volt köztük, megbontotta az egész légkör hangulatát. Az édesanyja közeledte azonban mindent megváltoztatott. Nyugalmat és békét sugárzott, úgy lépdelt lányai felé, mint egy valóságos angyal. Léptei nyomán a légkör tompa súlya enyhült valamelyest és valahogy mintha még a fűben pihenő, kókadt virágok is új életre keltek volna.

Lily Jane csak nézte őt, ahogy közeledett és talán még sosem volt ennél büszkébb az édesanyjára.

– Helen gazdaságtudományt tanul. Nagyon jól megy neki hála az Égnek! – hallotta tompán Frank bácsi hangfoszlányait. Fogalma sem volt, hogyan képesek egy ilyen helyzetben ennyire felhőtlenül cseverészni.

– Gyertek, menjünk, hamarosan kezdődik! – érezte aztán egy nagynéni kezét a vállán, aki a sírok felé terelte őt. Lily Jane egy pillanatra sem engedte el Ava kezét. A nagymama sírjának és a sír elé helyezett fénykép láttán úgy érezte, menten összeesik, el sem tudta képzelni hát, mi játszódhat le a kislány lelkében. Szerette volna megvédeni őt a búcsúzás fájdalmas pillanatától, szerette volna, ha csak ők ketten vannak jelen és őszinte szavakkal engedhetnék el a nagymamát. Erre azonban nem volt mód, a légkört továbbra is a rokonok idegennek tetsző beszélgetésfoszlányai és a nem várt vendég jelenléte törte darabokra.

– Összegyűltünk hát az Úr színe előtt, hogy búcsút vegyünk egy áldott, szerető édesanyától, feleségtől, nagymamától... – kezdte a pap színtelen hangon. Lily Jane szeméből kövér könnycsepp gördült alá. Az édesapja és Ava között állt, a kislány teljes testével nekitámaszkodott, mintha nem lenne elegendő erő a testében ahhoz, hogy megtartsa magát. Az édesapjuk azonban kifejezéstelen arccal, könnyes tekintettel meredt maga elé egyetlen pillantást, egyetlen bíztató érintést sem szánva két összetört, görnyedten álldogáló kislányára.

Lily Jane úgy érezte, ott helyben belehal a fájdalomba. A pap érzelemmentes szavaitól menekülvén hátrapillantott édesanyja tekintetét keresve, a háta mögött azonban édesanyja helyett az idegen, jéghideg tekintetű, felszegett állú nővel találta szemben magát, aki úgy álldogált ott gyermekei társaságában, mint aki legalább valami fontos személyként van jelen az eseményen. Lily Jane összeszorította fogát és a szemeiből ömlő könnyek ezúttal már haraggal is telítődtek a gyötrő fájdalom mellett.

Az édesanyja néhány lépésre volt csupán, amint összeakadt tekintetük, Lily Jane tehetetlen fájdalommal rázta meg a fejét, az édesanyja pedig úgy nézett a szemeibe, mint akinek ott helyben megszakad a szíve lányai fájdalmának láttán.

– Helyezzük hát örök nyugalomra Isten színe előtt! – ért a pap mondandója végére, a megjelentek pedig elindultak a gyászoló család irányába, hogy kifejezzék együttérzésüket.

Sokatmondó pillanatok következtek akkor. Lily Jane és Ava édesanyja magába roskadva szorította magához lányait, miközben a családba olvadva, melybe egykor tartozott, hozzá is ugyanúgy odament minden megjelent, hogy kifejezze sajnálatát. Az a nő a hátuk mögött nem tartozott közéjük, idegenként, kívülállóként álldogált egyik lábáról a másikra kínosan. Lily Jane édesanyja azonban úgy szorította lányai kezét, mint az egyetlen oltalmazó őrangyaluk és úgy sírt a nagymamáért, mintha saját édesanyját veszítette volna el.

– Fogadd őszinte részvétem! – lépett a lányok édesapjához, mire a férfi szenvtelen arckifejezéssel bólintott felé. Lily Jane már legszívesebben eltakarta volna Ava szemeit, egyszerűen nem akarta elfogadni, hogy a kislánynak ekkora fájdalmat kelljen átélnie.

Talán való igaz volt, hogy az a nő idegennek tetszett köztük. Viszont abban a pillanatban Lily Jane valamiképp saját édesapját sem tudta a családjának, a támaszának, a szerettének érezni. Üvöltöttek a gondolatai, könyörgött magának, hogy ebben a szörnyű helyzetben képes legyen megbocsátani neki, ezt azonban az édesanyja közeledésére tett hideg válasz egyszerűen képtelenné tette.

A temetőből kifelé tartva Lily Jane magához vette a sír mellé helyezett, fekete keretű fényképet, amelyről a nagymama mosolygó arca nézett vissza rá. Ava kezét szorongatva úgy ölelte magához a képet, mintha ez visszahozhatná őt az életbe.

– Lesz egy kis összejövetel Frank-éknél. Várunk mindenkit sok szeretettel! – hallott egy hangot Lily Jane a temető kapuján kilépve, melytől végigfutott hátán a hideg. A nő volt az.

– Apa... – szólt a lány elcsukló hangon édesapjára pillantva, akinek arca a pillanat törtrésze alatt változott hófehérré.

– Hazavigyelek titeket, vagy szeretnétek jönni Frank-ékhez?

A két lány mindent elmondó pillantást váltott.

– Ha *Ő* ott lesz, akkor mi nem megyünk – mondta ki Lily Jane, az édesapjuk pedig az autó felé indult.

– Akkor hazaviszlek titeket.

Fájdalom. Kín. Szenvedés. Lily Jane nem is tudta volna pontosan megmondani, hányszor is járta át testét a jól ismert érzés. Ez a pofon, amit az édesapja szavai okoztak azonban minden addigi csalódást túlszárnyalt.

A lány úgy ült az autó hátsó ülésén rázkódva, mint akit megütöttek. Hitetlenül meredt maga elé, összeroskadva, szemeiből pedig megállíthatatlanul ömlöttek a könnyek. Az ablakon kibámulva gondolatok milliói cikáztak fejében, miközben a nagymama mosolygó arcképe nézett vissza rá öléből. Nem ezt érdemelte. Sokkal szebb temetést érdemelt volna, sokkal szeretetteljesebb körülmények között.

Az autó begördült a ház elé, a lányok pedig lassan kikászálódtak az ülésről. Lily Jane még sosem látta ennyire összezavarodottnak és bizonytalannak az édesapját. Úgy festett, mint egy kisgyerek, aki tisztában van vele, hogy hibát követ el, mégsem tesz ellene semmit.

– Lányok, tudjátok, hogy ez egy bonyolult helyzet – kezdte, de Lily Jane beléfojtotta a szót.

– Egyáltalán nem bonyolult. Tudtad, hogy ha ő ott lesz a családi összejövetelen, akkor mi nem megyünk.

– Nem tudok, mit csinálni. Két tűz között vagyok.

– Pontosan. Választanod kellett a két tűz között. És te megtetted. Te választottál, Apa. Csak nem minket.

– Menjünk, LJ – fogta meg a kis Ava a lány kezét, aki azonban halál fehérre vált arccal meredt az édesapjára választ várva.

– Nem tudtam, mit csinálni... én... nem tudtam... – hebegte a férfi, Lily Jane pedig hitetlenül felnevetett és mielőtt Ava után indult a lépcsőház felé, zokogva közölte, amit talán már réges-régen közölnie kellett volna.

– Én nem tudok megbocsátani neked, Apa. Tönkretetted az életünket és még most sem vagy képes észrevenni, mekkora fájdalmat okozol nekünk. Menj és legyél azokkal a vadidegen gyerekekkel, akik nem is ismerték Nagyit! Menj, remélem, nagyon jól fogod érezni magad nélkülünk! Sosem fogok megbocsátani, Apa. Soha...

Ava is zokogott akkor már, nagy léptekkel, remegő lábakkal értek a lépcsőházba, ahol aztán szorosan átölelték egymást. Abban a pillanatban rájöttek, hogy az édesanyjukon kívül bizony csakis egymásra számíthatnak.

Lily Jane tudta, mi következik. Tudta, hogy az édesapja könnyezve indul a családi összejövetelre, ahol erősen elferdítve a történteket az egész család előtt önző, képmutató gyerekekként állítja majd be őket az idegen nő buzgó támogatásával. De már nem érdekelte. Mondhattak róluk már bármit. Lily Jane csak szeretett volna megszabadulni attól a súlyos, bírhatatlan tehertől, amit az édesapja az egész idegennek tetsző családjával együtt jelentett. Nem akart már közéjük tartozni többé. És teljes szívével érezte, hogy valójában már rég nem is tartozott közéjük.

Még este sem tudott megnyugodni, az édesanyjuk egész napos vigasztalása sem volt elegendő ehhez. A fürdőkádban fekve óriási, kövér könnycseppek gördültek le arcán, miközben Lily Jane az édesapjára gondolt. És Matt-re is ugyanakkor. Arra, hol van most a fiú, amikor a legnagyobb szüksége lenne rá. És arra, vajon hányan fogják még eltaszítani őt, vajon hány olyan ember fog még lemondani róla, akikért ő az életét is könnyedén feláldozná.

45.

Egy héttel később Lily Jane Jules-tól tudta meg, hogy Matt hazajött a táborból. A lány néhány gőzölgő, házi készítésű sütemény társaságában látogatta meg a fiatal házaspárt, akik szívesen látták maguknál minden alkalommal. Lily Jane ezúttal örömmel tapasztalta, hogy bár továbbra is ott lebegett mindkettejük tekintetében a fájdalom aprócska szikrája, látszólag egymást támogatva lassacskán sikerült átvészelniük az őket ért tragédiát.

– Próbáljuk minél pozitívabban felfogni, már amennyire ez lehetséges persze. Minden okkal történik. Az orvos azt mondta, lehet, hogy beteg lett volna a baba – mesélte Jules, miközben beleharapott egy Lily Jane által készített muffinba – Jézusom, ez isteni lett! Milyen krém van a belsejében?

– Van egyfajta narancsos répatorta, amit az anyukámmal szoktunk csinálni húsvétkor. Annak a krémjét használtam fel, a tésztája pedig diós – felelte mosolyogva Lily Jane, miközben Josh és Jules elégedetten nyammogó arcát figyelte.

– Ugye tudod, LJ, hogy mindig szívesen látunk? – harapott Josh egy süteménybe újból arra célozva, hogy máskor is nyugodtan vihet hasonló finomságokat. Mindhárman felnevettek, majd hozzátette – Egyébként komolyan mondtam.

Lily Jane-nek fájt a szíve, miközben magában azt kívánta, bár az ő családja lenne ez a két életvidám, csodálatos személy. Szerette őket, a lelke mélyén mégis úgy érezte, ez a látogatás egyfajta búcsúval egyenértékű.

– Mi sem tudunk túl sokat Matt-ről – sóhajtotta Jules, mire Lily Jane szíve óriási dobbant – Csak annyit, hogy már itthon van, de fel sem hívott minket a babás incidens óta.

– Furcsálltuk is – tette hozzá Josh, a lány pedig nem tudott felelni, csak szomorúan meredt maga elé. Borzasztóan esett neki, hogy a fiú még hazaérve sem kereste őt és fogalma sem volt, hogyan is áll a dolog köztük.

Miután továbbra is sajgó szívvel, távozni készülőben magához ölelte a bájos Jules-t és a vicces Josh-t, már tudta, mit fog tenni. Fel kellett hívnia Matt-et. Még egyszer, utoljára, hogy a lelke végre megnyugodhasson.

Hazafelé sétálva, remegve emelte füléhez a mobilt, miközben tárcsázta a jól ismert számot. Fogalma sem volt, mire számítson és azt sem tudta volna megmondani, ő mit szeretne valójában. Sokáig kellett várnia, mire a fiú felvette.

– Lily Jane? – szólt, a lány szíve pedig zokogott odabent. Szóra nyitotta száját, de nem jött ki rajta hang – Haló! Ott vagy?

– Igen, itt vagyok, igen – vágta rá dadogva, mire Matt halkan felnevetett. Különös volt. A hangja eleinte úgy csengett, mintha igyekezne figyelmen kívül hagyni a köztük lévő feszültséget, majd Lily Jane számára kezdett úgy tűnni a dolog, mintha a fiú az egész kapcsolatukat elfelejtette volna, ez a gondolat pedig éles nyílként fúródott a lány szívébe.

– Tegnap értem haza a táborból. Képzeld, csináltattam egy tetoválást. Rengeteg minden történt. Azt sem tudom, hol áll a fejem.

Könnyedén beszélt, Lily Jane megsemmisülve álldogált és már azt sem tudta, miért telefonált valójában.

– Gondolom, izgalmas négy heted lehetett – felelte miután fogalma sem volt, mit mondhatna.

– Az biztos. Na, és veled mi a helyzet? Minden rendben van?

– Öhm... – a lány hezitált a válasszal, végül a büszkesége nem engedte, hogy bevallja, valójában majdnem az egész nyara ráment az általa okozott szenvedésre – Minden rendben. Elég sok minden történt velem is, elképesztően jót nyaraltunk. Olyan bárok vannak a tengerparton, hogy el sem hinné az ember! És kaptam egy saját divatbemutató lehetőséget is.

A lelke üvöltött. Az igazat akarta mondani. De képtelen volt rá.

– Ez nagyszerű! Nagyvilági életedet éled. Nagyon örülök neki, fontos vagy, LJ.

– Te is fontos vagy – vágta rá Lily Jane hezitálás nélkül, a fiú azonban néma maradt, ezért folytatta – Meglátogattam Jules-t és Josh-t. Azt hiszem, fel kellene hívnod őket, mert eléggé rosszul esik nekik, hogy nem hallottak felőled.

– Jól van, majd felhívom őket – felelte Matt lazán, majd mindketten hallgattak. A lánynak fogalma sem volt, mit mondjon. Erre a forgatókönyvre egyáltalán nem volt felkészülve. Az esti levegő kezdett hűvössé válni, ő pedig nem tudta eldönteni, hogy a lelkében üvöltő hangoktól, a félelemtől, vagy az esti szellőtől didereg-e valójában.

– Matt – nyelt óriásit. Nem húzhatta tovább – Most mi van velünk?

A fiú óráknak tűnő percekig hallgatott.

– Mármint? – kérdezte, Lily Jane pedig kezdte úgy érezni, szíve szerint egyszerűen a földhöz vágná a telefont.

– Azt hittem, meg tudjuk oldani ezt a dolgot. Azt hittem, meg tudjuk beszélni, ami történt, de aztán egyik napról a másikra eltűntél. Fogalmam sincs, hogy te meg akarod-e oldani egyáltalán.

– Ez nem csak rajtam múlik.

– De főként igen – felelte hevesen a lány – Mert én meg akartam oldani. Egész nyáron vártam rád, Matt. A nyaraláson végig a pulóveredben aludtam, minden nap csak rólad beszéltem és tényleg... én tényleg vártalak.

Lily Jane torkát sírás fojtogatta, miközben a fiú nagyot sóhajtott a vonal túlsó végén. Vészjósló sóhaj volt ez.

– Én nem tudok megbocsátani, LJ – mondta ki, mire Lily Jane kezei közül majdnem kiesett a mobil. Lábai földbe gyökereztek és úgy érezte, ott helyben képes lenne belehalni a fájdalomba.

– De mit, Matt? Mit nem tudsz megbocsátani?

– Azt, hogy belenéztél a telefonomba – vágta rá a fiú gorombán – Te tényleg úgy gondolod, hogy semmi rosszat nem tettél? Fogalmad sincs, milyen érzés volt.

– Fogalmam sincs, milyen érzés volt? – nevetett fel a lány fájdalmasan – És te tudod, hogy milyen érzés volt látni, amiket írtál? Hogy milyen érzés volt azon tűnődni, vajon csak egy kis botlásról van szó, vagy az egész kapcsolatunk hazugságokra épült?

– Sajnálom – nyögte a fiú, de ez az egy szó egyszeriben semmi erővel sem bírt. Nem volt mögötte tartalom, sem érzés, egyszerűen csak úgy hangzott, mintha minél hamarabb le akarná rázni a lányt.

– Ennyi. Sajnálod – rázta a fejét Lily Jane hitetlenül. Heteken át várta ezt a beszélgetést. Heteken át teljesen feleslegesen emésztette magát. Heteken át őrlődött egy fiú miatt, akit látszólag már teljesen hidegen hagyott az egész, mintha számára soha nem jelentett volna semmit.

– Nem tudok mást mondani.

– Jól van. Akkor most már tényleg békén hagylak.

– Nem kell békén hagynod – szólt Matt, Lily Jane pedig értetlenül vonta össze szemöldökét.

– Mi az, hogy nem kell békén hagynom?

– Hát… nem zavarsz.

A lány erre már képtelen volt bármit is felelni. Elképedve nevetett fel, miközben egy hatalmas könnycsepp gördült végig az arcán és megszakította a hívást. Porig alázva, megsemmisülve érezte magát. Mint egy értéktelen rongydarab, amit csak úgy eldobtak, mert már használhatatlan volt. Szerette volna a filmekben látott, erős, önálló nő képét mutatni, de képtelen volt erőt önteni magába. Az a csodálatos mesevilág, ami reményt adott számára, hogy talán mégis létezik szerelem és boldogság, egyszeriben szertefoszlott az eddiginél is hangosabban ordító, néma kínt hagyva maga után.

Lily Jane úgy érezte, ha nincs Natasha és Will, valószínűleg beleőrült volna a fájdalomba. A barátai azonban mindvégig mellette álltak és támogatták őt. Ha kellett, a vállukat adták, amin a lány kedve szerint bármikor kisírhatta lelkét, ha pedig kellett, vad bulikba rángatták magukkal, hogy kiszabadítsák őt a fájdalmas emlékek csapdájából.

– Ez a hely őrületes! – üvöltötte Natasha egy belvárosi szórakozóhely bejáratánál – Meglátod, olyan jól fogjuk érezni magunkat, mint soha ezelőtt! Most már csak jó jöhet, én mondom neked.

– Bizony, most már csak jó jöhet – helyeselt Will, miközben beléptek a fényektől villódzó, üvöltő zenétől visszhangzó, óriási terembe. Lily Jane nem volt ebben teljesen biztos, de néhány vodkanarancsot követően ő is kissé elviselhetőbbnek kezdte látni a dolgokat. Egy darabig legalábbis.

– Lily Jane? – hallott egy vékony, ismerős hangot a háta mögül. Angela volt az.

– Hé, Angela! Micsoda meglepetés! – ölelte magához a bájos arcú lányt, miközben a szíve azonnal hevesebben kezdett verni – James is itt van?

– Igen. Azt hiszem a bárhoz mentek valami piát venni… Matt-el.

Lily Jane a pillanat törtrésze alatt vált halálsápadttá. Kezei remegni kezdtek, alig kapott levegőt és legszívesebben azonnal hazaindult volna. Angela aggódva kezdte fürkészni arcát, miközben a lány kínjában azt sem tudta eldönteni, nevessen, vagy sírjon inkább.

– Elmondtad James-nek a… tudod a kamu…?

– Nem – szakította félbe Angela – És nem is fogom. Rengeteg időt töltöttünk együtt a nyáron és úgy érzem, nagyon sokat komolyodott a kapcsolatunk. Sosem fogja megtudni. Nem lennék meg nélküle.

– Értem – bólintott Lily Jane, bár valójában nem értette. Fogalma sem volt, mi értelme lehet a legszebb éveit pazarolni olyasvalakire, aki számára a szeretet fogalmába belefér, hogy a háta mögött megalázza a másikat és idegenekkel flörtöl – Beszéltél Matt-el? – kérdezte, mert látta, hogy Angelát feszélyezi a kamuprofilos téma, viszont nem volt biztos abban, hogy hallani akarja a választ a kérdésre.

– Beszéltünk. Azt mondta, ő már túl van a dolgon – húzta el a száját, de Lily Jane kifejezéstelen arcát látva folytatta – Őszintén, fogalmam sincs, mit gondoljak. Elég furcsán viselkedik. Azt mondta, tudja, hogy nem kellett volna beszélnie a lánnyal, de elvileg ez a Dorothy elég nehéz időszakában volt akkoriban és ezért írt Matt-nek. Azt mondta, nem kellett volna aggódnod, mert ő sosem jön össze az ex barátnőivel. Meg azt is, hogy nagyon zavarta, hogy csak úgy otthagytad az autót és a telefonját, mert, hogy ez mekkora felelőtlenség, de fogalmam sincs, én hasonló helyzetben hogyan reagáltam volna.

Lily Jane képtelen volt felelni. Mérhetetlen harag lett úrrá rajta. Az Angela által felvázolt álláspont annyi sebből vérzett, hogy a lány inkább meg sem kísérelt reagálni rá.

Dorothy nehéz időszakában volt. Nos, ő sem volt éppen a toppon az édesapjának és a divatvilágban őt ért folyamatos sérelmeknek köszönhetően, az utolsó hetekben mégsem érezte, hogy számíthatna a fiúra sőt, rengetegszer érezte magát egyedül mellette. Emellett a sérelmeket, amiket Matt felhozott, már nagyjából sikerült tisztázniuk, amikor a fiú könyörgött Lily Jane-nek, hogy várjon rá otthon, de egészen biztosan meg tudták volna oldani, ha csak vette volna a fáradságot, hogy találkozzon a lánnyal, amíg a tengerparton lehetősége lett volna rá. Az autót pedig még ellopni sem tudták volna, mert Matt magával vitte a kulcsot, a telefon pedig az ülés alá ejtve hevert a földön, észrevehetetlenül, ahogy a lány otthagyta.

Magyarázkodhatott volna, de valójában senkit sem akart meggyőzni. Ő tudta az igazságot. Az emberek, akik fontosak voltak számára, tudták az igazságot. Ennél többre nem volt szüksége.

– Ne haragudj, de el kell ugranom a mosdóba – erőltetett magára egy mosolyt és alig várva, hogy szabaduljon Angela szánakozó pillantásától, a szórakozóhely másik felében lévő mosdó felé vette az irányt. Nehezen tudta csak átverekedni magát a tömegen, a táncoló fiatalok forgatagában még néhány lépés is kihívást jelentett.

Mikor végre sikerült utat törnie és kiszabadult a tömegből, nagy léptekkel indult a mosdó felé. A szíve szaporán vert és érezte, hogy a torkát sírás fojtogatja, de erősen tartotta magát.

Aztán, amikor már csak néhány méter választotta el céljától, a férfimosdó ajtaja váratlanul kivágódott és Matt jól ismert, mégis idegennek tetsző alakja jelent meg. Tekintete furcsán ködös volt és kissé, mintha nehezére esett volna egyensúlyozni, miközben a táncoló tömeg felé indult, éppen Lily Jane irányába.

A lány agyában gondolatok ezrei cikáztak és pillanatok alatt milliónyi lehetséges forgatókönyvet játszott le fejben. Erre azonban még így sem volt felkészülve.

Matt egyetlen pillantást sem vetett rá, miközben elhaladva a lány mellett súrolták egymást karjaik. Teljesen levegőnek nézve Lily Jane-t haladt előre, a lányban pedig abban a pillanatban végleg meghalt valami. Földbe gyökerezett lábakkal meredt maga elé, miközben azt kívánta, bár soha meg sem született volna. Szeretett volna eltűnni, semmivé lenni és kitörölni mindenki fejéből, hogy ő akár valaha is a világon volt.

Lily Jane szíve ezúttal már nem összetört. Lassan, kínnal teli hangot hallatva szakadt szét, akárcsak a legnemesebb, legértékesebb szövet a világon. Már semmit sem érzett. Egy élettelen, lebegő, üres testté változott.

A mosdóba érve aztán öklét a szájához szorítva átadta magát néma, fuldokló zokogásának egészen addig, míg Natasha rá nem talált. Most már értette, Will miért tette azt, amit. Ő sem szeretett volna mást, csak mérhetetlen mennyiségű alkohol mámoros nyugalmába burkolózni. Esetleg egyéb más szerek nyugalmába, amik még erősebbek lehettek. A következmények sem érdekelték többé.

– Be kell fejezned, LJ! – próbálta vízzel mosni a lány arcát Natasha – Könyörgöm, értsd meg, hogy te sokkal, de sokkal többet érsz ennél! Te vagy a legszebb, legokosabb, legtehetségesebb, legnagyszerűbb ember, akivel életemben találkoztam! Most kell összeszedned magad és megmutatnod neki, mekkora hibát követett el azzal, hogy semmibe vett! Kérlek, Lily Jane, kérlek!

Natasha szavai hatottak a lányra. Hosszú perceket követően szipogása alábbhagyott, majd a hideg víz a szeme alatti karikákat is eltűntette valamelyest. Borzasztóan érezte magát és mindennél jobban szeretett volna hazamenni, a barátnőjének mégis igaza volt.

A tánctérre lépve a lány egyből kiszúrta Matt-et. Bár a szórakozóhely elég nagy volt, azt kívánta, bár lenne még nagyobb, hogy eltűnhessen benne és ne kelljen többé látnia a fiút. Matt egy vékony, göndör hajú lánnyal táncolt, szorosan egymáshoz simultak, majd a fiú kezei közé fogta az arcát és megcsókolta őt. Pontosan úgy, ahogy annak idején Lily Jane-el tette.

A lány már majdnem felnevetett a kép láttán. Egyszeriben világossá váltak számára a dolgok. Matt-nek sohasem rá volt szüksége. Matt-nek egyszerűen csak valakire volt szüksége. Fájt nézni őt azzal az idegen lánnyal, aki még csak nem is Dorothy volt. Fájt, hogy a lánynak ezúttal már nem csak neve, de arca és illata is volt, ez egyszerűen elviselhetetlenné tette az egészet, Lily Jane mégis erőt tudott venni magán. Bár hónapokon át a fájdalom utáni reményt jelentette számára a fiú, egyszeriben jelentéktelennek és egy egyszerű hibának kezdte tekinteni az egészet.

– Szükséged van rá – nyújtott át neki egy teli műanyagpoharat Will, Lily Jane pedig gondolkodás nélkül húzta le a tartalmát. A kellemes tompaság azonnal segítségére sietett. Szemeit lehunyva, karjait felemelve, felszabadultan, teljes átéléssel kezdett táncolni a zenére, miközben a feje kiürült és képtelen volt bármire is gondolni. Azt kívánta, bár örökre ebben a különös, tudattalan állapotban maradhatna, ahol semmilyen érzelem nem létezik.

Csak egyetlen egyszer nyitotta ki szemeit. Egyetlen pillanatot engedett meg magának, ebben a csodavilágot megtörő pillanatban pedig tekintete összefonódott Matt tekintetével. A fiú szeméből üvöltött a fájdalom. Úgy nézett Lily Jane-re, ahogy egy apró kisfiú néz az édesanyjára, miután éppen rosszat csinált, a lány azonban képtelen volt sajnálni őt többé. Fogalma sem volt, mi lehetett a fejében, de szemeit ismét lehunyva igyekezett nem is gondolkodni rajta. Abban a pillanatban végre meglátta a valódi Matt Edwards-ot. Ez pedig egyszerre volt áldás és elviselhetetlen fájdalmat jelentő, kínokkal teli, valódi átok.

A lánynak barátai bíztató szavai jártak a fejében.

– Most már csak jó jöhet.

Nos, ez meglehetősen elhamarkodott bizakodásnak tűnt. Lily Jane arra gondolt, nem véletlenül mondják, hogy az ember szerelembe esik. Talán akadnak esetek, amikor a landolás biztonságos földet éréssel és csodálatos boldogsággal végződik, de valószínűleg ő azok csoportját erősítette, akik a zuhanás végeztével majdnem halálosan nagyot puffantak.

46.

Dubois nem kifejezetten rajongott Will divatbemutatóval kapcsolatos ötletéért. Mondhatni, egyáltalán nem támogatta, magából kikelve őrjöngött, miközben tudta, már túl késő lefújni az egészet.

– Nem erről volt szó, egyáltalán nem erről volt szó – járkált fel-alá a stúdióban a fejét fogva – Ezt Scott sem fogja támogatni. Fogalmunk sincs, a lány milyen bevételeket hozhat. Hogyan is kérhetnénk, hogy fektesse a pénzét egy ennyire bizonytalan kimenetelű dologba?

– Cseppet sem bizonytalan – vágott közbe Will, szemében pedig ott csillogott a szilárd elhatározás megingathatatlan szikrája – Lily Jane, kérlek, mutasd meg a főnixruhád tervét!

A lány belepirult Will büszkeségtől sugárzó pillantásába. Izgatottan kapta elő vázlatfüzetét, majd Dubois-hoz lépve gyorsan az ominózus tervhez lapozott.

A férfi sokáig meredt szótlanul a papírlapra. Látszólag ezernyi gondolat cikázott a fejében, az arca mégis megkönnyebbülésről árulkodott valamelyest.

– Van több ilyen is? – nézett felvont szemöldökkel a lányra, aki meglepett bólogatásba kezdett.

– Ami azt illeti, igen. Elég sok ötletem van a bemutatóval kapcsolatban.

– Minden, amink eddig van, Lily Jane ötlete – tette hozzá Will – Valójában nem átadtam neki a lehetőségemet, egyszerűen csak nem akarom learatni helyette a babérokat. Tudom, hogy csalódást okoztam, de jelen helyzetben sajnos képtelen vagyok megbirkózni a feladattal. Úgy gondolom, senki sem érdemelné meg Lily Jane-nél jobban, hogy végre lehetőséget kapjon, ha már én nem tudok élni vele.

Dubois mély sóhaj kíséretében meredt Will-re. Egyértelműen látszott rajta, továbbra is szkeptikus kissé a dologgal kapcsolatban, de Will már annyiszor bizonyított a számára, hogy kezdett hajlani afelé, hogy végre megbízzon a fiú megítélésében. Az újjászülető főnixet idéző ruhaterv pedig valóban egészen elképesztő volt, ehhez kétség sem fért.

A tűzvörös, monumentális alkotás talán a valaha volt legjobb ruha volt, amit a lány tervezett. A tengerparton firkált vázlatot teljes egészében sikerült életre keltenie, miközben Will nagymamájának kórházban említett szavai jártak a fejében. Valóban szüksége volt a fájdalomra ahhoz, hogy újból megszállja az ihlet. Szüksége volt a szenvedésre, hogy a lelkében alvó szenvedély új erőre kapjon és az addig parázsló gondolatmorzsákat lángra lobbantsa. Sajnos, vagy nem sajnos, végre volt bőven külső hatás, ami előidézte ezt.

Matt-nek új barátnője volt. Ez még nem nyugtalanította volna különösebben a lányt, a lelke mélyén már a szórakozóhely estéjén tudta, hamarosan sor kerül erre. A hír, amit James-től és Angelától hallott azonban mégis lesokkolta valamelyest.

– A táborban jöttek össze, de fogalmunk sincs, ki az. Elvileg már magával viszi Scott születésnapi partijára – mondta Angela, akivel egy belvárosi üzletben futott össze néhány nappal azelőtt, James társaságában.

– Nem Dorothy az?

– Nem. Azt hiszem, talán valami Mandy, vagy Monica... nem tudom pontosan. Az ország másik felén lakik, az mindenesetre biztos.

Lily Jane felől akár az angol királynő is lehetett volna. Az azonban, hogy a táborban jöttek össze, nem hagyta nyugodni a lelkét. Hiszen ők kibékültek a telefonhívás alkalmával. Matt könyörgött neki, hogy várjon rá, aztán egyik napról a másikra egyszerűen csak úgy eltűnt és teljesen megváltozott. Akkor már sok mindent el tudott róla képzelni a lány, de a tény, hogy valószínűleg megcsalta őt, amíg itthon várt rá, egy valódi arcul csapással ért fel. Persze az szintén felvetett néhány kérdést a lányban, hogy Matt új barátnőjét figyelmen kívül hagyva akkor vajon mit művelt azzal a másik lánnyal a szórakozóhelyen, de nem volt már ereje törődni ezzel. És egyébként is. Semmi értelme nem lett volna törődni vele.

Lily Jane-nek tehát jócskán akadt mit kiadnia magából a rajzoláson keresztül. Valójában borzasztóan érezte magát, miközben a kollégium erkélyén álldogálva néha-néha még mindig eljátszott a gondolattal, hogy Matt piros autója begördül a parkolóba, ő pedig mosolyogva szalad le hozzá, mint régen. De Matt autója nem jött. Soha többé nem jött. Sok mindent jelentett számára a tűzvörös ruha. Az újjászülető főnixmadár valójában egy szimbólum volt. Annak a szimbóluma, hogy végleg meg akart szabadulni a lelkében lakozó, évek óta halmozódó fájdalomtól. Meg akart végre bocsátani az édesapjának és el akarta felejteni ezt a fájdalommal teli fiút is, aki annyi minden után végül mégis megalázta és megcsalta őt, hiszen talán semmi másra nem volt képes, mint fájdalmat okozni.

A legnehezebb az egészben viszont nem a csalódás volt. A lány számára az okozta a legtöbb álmatlan éjszakát és kiáltó szenvedéssel teli reggelt, hogy Matt pontosan olyan hirtelenséggel hagyta őt magára, ahogyan az édesapja tette annak idején. Lily Jane már képtelen volt bármit is biztosnak tekinteni az életében. A számára legfontosabb emberek közül hagyta őt hátra kettő, akikért ő nemes egyszerűséggel bármikor az életét is áldozta volna. Ez pedig, na ez volt az, ami igazán fájt.

– Suzanne nemsokára ideér. Meg fogom említeni neki az ötletet, de valószínűleg nagyon sok munkánkba fog kerülni, hogy meggyőzzük Scott-ot.

– Aztán meglátja Lily Jane tervét és semmi kétsége sem lesz a dologgal kapcsolatban – felelte mosolyogva Will, Dubois azonban a fejét rázta.

– Sajnos Scott szeme nem egészen a tehetségek felfedezésére lett tervezve. Ő csak üzletet lát és egy eddig tervezőként ismeretlen kezdő mögött nem hiszem, hogy túl sok dollárjelet fog remélni.

Dubois-nak igaza volt, ezt mindketten tudták, de nem tehettek semmit, csak némán várták a fejleményeket. Suzanne hamarosan valóban megérkezett, fontoskodva turkált a táskájában, miközben a stúdióba lépett.

– Alig vártuk, hogy megérkezz! Képzeld, Suzanne…

– Azt hiszem, otthon hagytam a telefonomat – szakította félbe gorombán a nő Dubois-t – Írnál egy üzenetet Matt-nek, hogy hozza utánam? Azonnal el kellene intéznem néhány hívást.

– Természetesen.

Suzanne kimérten foglalt helyet a stúdió közepén álló kanapén, néha-néha reménykedve pillantva táskája mélyére, hátha mégis ott lapul a mobil. Amint azonban rájött, hogy hiába keresi, végre hajlandó volt a jelenlévőknek szentelni figyelmét.

– Mit képzeljek el?

Dubois nyelt egyet. Látszólag nem tudta pontosan, hogyan is kellene felvezetni ezt a merész és meglehetősen polgárpukkasztó ötletet.

– Will szeretné átadni a bemutatóját Lily Jane-nek – mondta ki végül mindenféle köntörfalazás nélkül, mire Suzanne hideg pillantást lövellt felé, miközben kimérten felvonta szemöldökét.

– Ti teljesen megőrültetek?

– Hallgass meg, drágám, kérlek – ült le mellé Dubois legnyájasabb hangvételén szólalva meg – Will szemmel láthatón nincs most olyan lelkiállapotban, hogy véghez tudjon vinni egy ekkora lehetőséget, de már túl késő ahhoz, hogy lefújjuk. Kérlek, legalább csak vess egy pillantást a lány terveire!

A férfi magához intette Lily Jane-t, aki Suzanne felé tartotta vázlatfüzetét a tűzvörös ruhánál kinyitva. Suzanne egyetlen pillantással igyekezett megsemmisíteni őt, a lány azonban legnagyobb meglepetésére szilárdan, rezdületlenül állta jéghideg tekintetét.

A nő lassan elvette a füzetet a lánytól, majd a papírra meredve gondolkodni kezdett. Az arcán egyetlen ránc sem volt látható, a márványszobor még gondolataiba mélyedés közben is makulátlan és tökéletesen mozdulatlan maradt.

– Scott nem fog belemenni – mondta végül egyetlen szót sem pazarolva a ruhára – A lány modell, nem tervező.

– Az emberek legalábbis eddig így tudták – vágta rá Dubois feszülten mosolyogva – De be kell látnod, hogy ez a ruha valóban ígéretes.

– Te is tudod, hogy ez nem ilyen egyszerű. Mutassuk be a kollekciót a fiú neve alatt! Más lehetőséget nem látok.

– Suzanne… – kezdte volna Dubois, de a nő közbevágott.

– Ha most azzal jössz nekem, hogy ez igazságtalan, menten lefújom az egészet. Te is tudod, hogy ez az ipar nem az igazságra épült. Ez nem a bíróság, hanem egy divatbemutató!

– Az én szemem viszont még sosem csalt és Scott-al ellentétben én felismerem, ha valamiben van lehetőség! – emelte fel a hangját Dubois Lily Jane legnagyobb meglepetésére – Legalább csak próbáld meg! Én vagyok az, aki nem fogja engedni, hogy Will neve alatt fusson a bemutató a lány terveivel. Ha le akarod fújni inkább az egészet, akkor legyél szíves az én bemutatómat is lefújni, mert kezdem úgy érezni, nekem egyébként sincs semmi beleszólásom a dolgokba.

Lily Jane elképedve nézett a férfira, már-már egészen meghatódva. Annyi megalázkodás, elviselt szexista megjegyzés és megtűrt éhes férfipillantás után végre valaki kiállt érte. Sosem volt még ennyire hálás Dubois-nak.

Suzanne némán meredt a férfira, bár próbálta leplezni, látszólag őt is meglepte a hirtelen kirohanás. Sarokba szorították, ehhez pedig valószínűleg cseppet sem volt hozzászokva.

– Beszélni fogok Scott-al. Nem rajtam múlik a dolog – mondta végül beletörődve, majd büszkeségét mentve témát váltott – Úton van már a telefonom?

– Igen – felelte megkönnyebbült nevetéssel Dubois – Matt az előbb írt, hogy néhány perc múlva itt lesz.

Lily Jane egy furcsa ösztöntől vezérelve azon nyomban izzadni kezdett és úgy érezte, menten el kell menekülnie onnan. Mégpedig minél messzebbre. Sietve indult az ajtó felé, miközben telefonját elővéve gyors dadogásba kezdett.

– Most jutott eszembe, hogy el kell intéznem valamit. Elmondhatatlanul hálás leszek, ha végül úgy döntenek, hogy adnak nekem egy esélyt. Viszont most muszáj mennem.

Az ajtón kifelé indulva még összetalálkozott tekintete Will megértő mosolyával, Dubois és Suzanne viszont teljesen elmerültek a bemutató részleteinek megbeszélésében, így nem tulajdonítottak különösebb jelentőséget a lány távozásának.

Lily Jane gyorsan szedte lábait a lépcsőházban, szinte már rohant, mégsem volt elég gyors. A félemeletre érve meghallotta a lépcsőház bejáratának nyílását jelző nyikorgást, mire a szíve azonnal eszeveszett tempóra kapcsolt. Bár önmagában már nagyjából sikerült tisztáznia a dolgokat és lecsillapítania Matt iránt érzett haragját, abban egészen biztos volt, a fiú láttán képtelen lenne uralkodni magán.

A léptek egyre közelebbről hallatszódtak, mígnem az érkező felért a félemeletre és elkerekedett szemekkel pillantotta meg a hófehérré vált Lily Jane-t.

Matt egy szót sem szólt. Némán, döbbenten meredt a lányra, látszólag fogalma sem volt, mit kezdjen a helyzettel. Lily Jane viszont képtelen volt néma maradni tovább.

Mélyen a fiú szemeibe nézett és érezte, ahogy a hetek óta elnyomott düh és harag egész testét elárasztja. Matt megcsalta őt. Megalázta, elárulta és utána még képes volt őt hibáztatni mindenért; elérni, hogy a lány éjszakákon át magát okolja a történtek miatt.

– Óriási hiba volt ez az egész – mondta és még maga is meglepődött, mennyire érzelmektől mentesen és hidegen sikerült a fiúhoz vágnia szavait – Szeretném visszakapni a gyűrűmet. Add oda James-nek és majdcsak visszakerül hozzám valahogy! Ja, és…

Ami ezután következett, azt nem lenne túl példás dolog szépirodalmi műben említeni, ám amint elhagyta Lily Jane száját a nyomdafestéket nem tűrő szócska, úgy érezte, a lelke tonnák súlyától szabadult meg hirtelenjében. Végre életében először nem azzal törődött, vajon helyes-e, ahogyan cselekszik, egyszerűen csak teret engedett indulatainak és szabadjára eresztette minden cenzúrázatlan gondolatát. És nem bánta. Ó, Istenem, cseppet sem bánta!

– Gratulálok, LJ! Nagyon intelligens vagy. Igazán büszke vagyok rád – felelte Matt haraggal teli tekintettel. Lily Jane már éppen továbbindult volna, végül fájdalmasan felnevetett a fiú feleletén és visszafordult.

– Köszönés nélkül mész el mellettem, mint egy idegen. Hozzám vágtad, hogy szétküldenéd a fejem, ha fiú lennék. Annyit hazudtál nekem, mint soha senki ezelőtt. Nevetséges, hogy te beszélsz intelligenciáról, Matt Edwards.

Válasza telibe talált. A Matt tekintetéből üvöltő tehetetlen düh mindent elárult, a lány pedig egyetlen további pillanatot sem akart a közelében tölteni, így lehetőséget sem adva az újabb értelmetlen, megalázó feleltre, kiviharzott a lépcsőházból.

Azt hitte, a fiú már képtelen lenne meglepetéseket okozni számára, mégis be kellett látnia, hogy tévedett. Bár a szíve mélyén sejtette, hogy a gyűrűjét valószínűleg már sosem fogja visszakapni és az egyetlen, amit tehet, hogy megpróbálja a lehetetlent és kitöröli a fejéből az egészet, mégsem akarta, hogy akár csak egyetlen fennmaradt szál is Matt-hez, vagy az Edwards-család bármely tagjához kösse.

Lily Jane azon a napon rájött, hogy valójában miért is jelent óriási szenvedést egy szerelem elvesztése. Bár egy szakítás nem egyenlő egy valódi halálesettel, a gyász mégis hasonló módon öleli körül az ember szívét. Talán nem teljesen ugyanaz a kettő, de talán mégis van kapocs köztük. Hiszen, amikor csalódunk valakiben, valójában meghal számunkra egy kép, egy addig alkotott illúzió a szerelmünkről. Tudjuk, hogy továbbra is láthatjuk és akár beszélhetünk is vele, fizikai voltában továbbra is jelen lesz ezen a világon, mi már mégsem leszünk képesek ugyanúgy nézni rá, mint azelőtt. Ezért hát talán egy szerelmi csalódás is magában hordozza a halál végérvényességét és visszavonhatatlanságát. Ez volt az, ami leginkább kínozta Lily Jane-t.

Jobban belegondolva pedig, talán az édesapja okozta csalódás is hasonló érzéseket keltett benne. Annyi volt a különbség csupán, hogy az édesapjáról kislányként alkotott kép szertefoszlása valójában egész gyermekkora halálával volt egyenértékű. A lány rájött, hogy nincs is feltétlenül szükség halálesetekre ahhoz, hogy úgy érezzük, a múltunk gyászolására kényszerülünk.

Neki valójában nem Matt hiányzott. Neki az az ember hiányzott, akinek látta, hitte és gondolta a fiút.

Lily Jane sokáig tűnődött ezen, miközben hazafelé tartott. És egy másik gondolat is fejébe férkőzte magát. Egy terv. Egy óriási, rengeteg lehetőséget magában rejtő ötlet.

Hazaérve véghezvitte évek óta dédelgetett tervét és egy felszabadító mozdulattal az asztalhoz vágta a Barbados feliratú malacperselyt. Előtte még megközelítőleg sem tudta volna belőni, mekkora összeget tehetett ki az évek alatt összekuporgatott születésnapi és karácsonyi pénzek, a nyári diákmunkák nevetségesen kevés fizetései és a modellkedési lehetőségeinek árából félretett összeg, amint viszont a darabokra tört persely felfedte tartalmát, döbbenten tátotta el száját.

Telefonját előkapva azonnal Dubois nevét kereste elő a névjegyzékből.

– Jelen állás szerint Scott hajlandó támogatni a bemutatódat. Itt a nagy esély, kisasszony! – közölte a férfi köszönés nélkül, a lány azonban széles mosollyal az arcán felelt.

– Köszönöm, de nem szeretnék élni Mr. Edwards támogatásával. Úgy döntöttem, hogy a saját pénzemből valósítom meg a bemutatót.

47.

Az emberek többsége valószínűleg őrültnek, valóságos elmeháborodottnak tartotta volna Lily Jane-t döntése miatt. Kérésével nem csak Suzanne King-et sikerült magára haragítania, de elérte, hogy a divatipar nagyjai mind gúnyos érdeklődéssel és szkeptikus kíváncsisággal várják a valódi anyagi támogatás nélküli bemutatót. Lily Jane azonban még sosem volt ennyire biztos a dolgában.

– Biztos, hogy ezt akarod? Hiszen a modelleket már egészen biztosan nem fogod tudni fedezni – dörzsölte a halántékát Will gondterhelten, miközben a divatbemutató napjához közeledve még egyszer átnézték a költségvetést.

– Ilyen biztos még semmiben sem voltam és hidd el, nem kell aggódnunk a modellek miatt. Ez az első saját bemutatóm, akkor már legyen száz százalékban az enyém.

Will-nek fogalma sem volt, mi járhat a lány fejében, de a tekintetében csillogó, elszánt szikra bizakodásra adott okot.

– Hiszek benned, LJ. Tudom, hogy fantasztikus bemutatót fogsz összehozni, még ha el sem tudom képzelni, mi lehet a rejtélyes ötleted mögött.

– Már nem kell sokat várnod, hogy megtudd.

És valóban. A divatbemutató napja eszeveszett gyorsasággal közeledett, a lány közvetlen környezete pedig egyre kevesebbszer látta őt vázlatfüzete és néhány színes ceruza társasága nélkül. Lily Jane a nap minden egyes pillanatában dolgozott. Amellett, hogy az ihletáradat, a rengeteg ötlet és a hirtelen lehetőség izgalma teljesen feltöltötte energiával, úgy érezte, valójában ez a leghatásosabb gyógymód a Matt okozta fájdalom enyhítésére is. Amikor rajzolt, tervezett, a bemutatóval kapcsolatban intézte a dolgokat, telefonált és szervezkedett, teljesen elfeledkezett a fiúról, csak és kizárólag a célja lebegett szemei előtt. Ez részben kissé paradox helyzetté nőtte ki magát, hiszen a bemutató koncepciójának kigondolásakor valójában a Matt-hez kötődő érzelmei is óriási szerepet játszottak, de talán pontosan emiatt érezte a lelkét egyre és egyre könnyebbnek, ahogy a bemutató napjához közeledtek.

– Egy kicsit lazíts végre! Csak néhány órára szakadj el a terveidtől – kérlelte Natasha a bemutató előtt néhány nappal, aki új barátjával szerette volna megismertetni a lányt. Nem járt túl sok sikerrel.

– Majd a bemutató után megismerem…

– Simon-t – forgatta a szemét Natasha – De rengetegszer említettem már neked a nevét. Miért nem tudod megjegyezni?

– Azt hiszem, jelen pillanatban a ruhákon kívül semmit sem képes befogadni az agyam. Sajnálom, teltház van, Nat.

– Igen, egy ideje már feltűnt – nevetett fel – Viszont megígérte nekem, hogy elkísér a bemutatódra, úgyhogy ott végre kénytelen leszel megismerni őt.

Lily Jane halványan bólintott csupán, miközben félig már oda sem figyelt barátnője szavaira. Ceruzával a szájában meredt a vázlatfüzetében lévő rajzok egyikére, miközben mélyen a gondolataiba merült. Valójában nem igazán értette, Natasha hogyan volt képes ilyen hamar túllépni a Lewis-al történteken, de ismerte már eléggé ahhoz, hogy tudja, nála egészen másként működnek ezek a dolgok. Az édesanyja elvesztése hatalmas érzelmi űrt hagyott a lányban, aki ezáltal képtelen volt elviselni az egyedüllétet. Lily Jane kezdte úgy érezni, valójában akárhány ember van a világon, annyiféle megközelítése létezik a szeretet és a szerelem fogalmának. Volt, aki számára a biztonságot jelentette, mint például Angela, aki még óriási megaláztatások árán is ragaszkodott élete stabilnak tűnő pontjához, James-hez. És volt, akit a magánytól való félelem kergetett a szerelem karjaiba újból és újból, akárcsak Natashát.

Lily Jane részben szeretett volna a helyükben lenni, miközben azon tűnődött, vajon számára mit is jelent valójában a szerelem. Ő nem a stabilitásért és a magány elkerüléséért áhítozott. Ő egyszerűen csak szerette volna élete küzdelmeit egy másik személyre támaszkodva harcolni tovább és szerette volna, ha valaki rácáfol a fejében kialakult, fájdalmakkal és csalódásokkal teli világképre. Ketten a világ ellen. Igen, Lily Jane számára valóban ezt jelentette a szerelem, a szívébe azonban újból fájdalom hasított, amint arra gondolt, milyen könnyedén nőtte ki magát a ketten a világ ellen elképzelés ketten egymás ellenné.

– Egyébként hallottam pár új infót Lewis-ról – sóhajtotta Natasha, mire Lily Jane felkapta a fejét.

– Mármint?

– Újra összejött az előző barátnőjével. Akit… nos, tudod, akit megcsalt… velem.

Lily Jane szemei elkerekedtek döbbenetében, talán még a száját is nyitva felejtette egy röpke pillanatra.

– Tessék? Dehát szörnyű dolgokat mondott arról a lányról!

– Ne is mondd, LJ! Én is csak negatívumokat hallottam róla Lewis-tól. Olyan megalázóan beszélt arról a lányról, hogy rossz volt hallgatni. Utólag viszont már azt mondom, én voltam hülye, amiért azt hittem, velem másképp bánik majd.

– Borzasztóan hiteltelen, mint ember, Natasha. Őszintén megmondom, óriási csalódás ez még nekem is – rázta a fejét Lily Jane hitetlenkedve.

– Meg sem hallgatott, amikor próbáltam elmagyarázni neki, mi történt és kértem, hogy bocsásson meg. Nem is volt kíváncsi a mondandómra, Lily Jane. Azt hiszem, most már értem, miért. Talán már akkor is képben volt ez a lány. Volt kihez menekülnie.

Natasha felháborodva mesélte barátnőjének a fejleményeket, Lily Jane azonban mégis kihallotta hangja mögül a fájdalmat.

– Gyere ide, Nat! – ölelte magához a lányt, aki akkor már könnyeit törölgette arcáról.

– Annyi éjszakán át nem tudtam aludni, LJ! – sírta – Annyi éjszakán át rágódtam azon, milyen szörnyű ember vagyok és, hogy én sosem szerettem volna harmadik fél lenni egy kapcsolatban. Aztán mindig azzal nyugtattam magam, hogy Lewis szenvedett a lány mellett és, hogy én csak megpróbáltam megmenteni őt. De közben bántott a dolog, Istenem, mennyire bántott!

– Pedig te semmi rosszat nem tettél, Natasha, hidd el nekem!

– Minden szenvedésem, minden álmatlan éjszakám valójában semmit sem ért, Lily Jane. A semmiért álltam és tartottam ki Lewis mellett. A semmiért. Azért, hogy aztán visszamenjen hozzá, miközben porig alázta a lányt ezerszer.

– Ez őket minősíti, Nat, nem téged.

– De annyira fáj! Miért kell ennyire fájnia? – zokogta a lány, Lily Jane pedig látva szenvedését, azt hitte, menten megszakad a szíve. Hosszú perceken át próbálta vigasztalni a lányt, de hamar rájött, hogy hasztalan minden igyekezete. Hiszen ő is hasonló fájdalmat érzett a szívében és pontosan tudta, hogy ezt semmiféle vigasztaló szó nem enyhítheti, csakis az idő. Rengeteg idő.

Natasha igyekezett összeszedni magát, majd elhessegette az őt bántó gondolatokat és elvonult a konyhába, hogy vacsorát készítsen. Lily Jane nagyon szeretett volna segíteni megtört barátnőjén, tudta azonban, hogy olykor jobb, ha egyedül tölt egy kis időt és megpróbálja magában rendezni gondolatait, így hát végül elmélyülten visszatért a rajzoláshoz.

– Azért egy kis szünetet mégiscsak tartanod kellene lassan – helyezett Natasha egy gőzölgő teásbögrét néhány perccel később Lily Jane elé az asztalra szelíd mosollyal az arcán – Will-nek még mindig nem árultad el az ötletedet?

– Nem és nem is fogom. Azt akarom, hogy óriásit üssön a bemutatón. Csak sajnos ehhez még rengeteget kell telefonálnom.

– Képes vagy rá, LJ. Ugye tudod, hogy nagyon büszke vagyok rád?

Lily Jane barátnője unszolására végre letette néhány percre a ceruzát és a teába kortyolva halványan elmosolyodott.

– Köszönöm, Nat. Nem is tudom, mi lenne velem nélküled.

Natasha csak a fejét rázva kuncogott, majd ismét magára hagyta a lányt, hogy nyugodtan dolgozhasson. Lily Jane-nek valóban rengeteg elintéznivalója volt még a bemutatóval kapcsolatban. Ismerősökre és az ismerősök ismerőseire volt szüksége, így mindenkit felhívott, aki szóba jöhetett ötletének megvalósítása céljából. Beszélt az édesanyjával, akinek megnyugtató hangja további lendületet adott számára, felhívta Angelát, Jules-t, Will nagymamáját és még Mrs. Blair-t is. A segítség és támogatás pedig millió helyről érkezett.

– Ez óriási, persze, hogy benne vagyok! – ujjongott Angela.

– Ez egyszerűen elképesztő, kicsim! Máris szólok Avának – mondta édesanyja elérzékenyülve.

– Öröm a tanítványomnak nevezni téged, drága Lily Jane – érzékenyült el Mrs. Blair, a legmeglepőbb reakció azonban Will nagymamájától érkezett.

– Születésem óta erre a pillanatra várok. Hadd szóljon!

Bár Scott Edwards anyagi támogatását elutasította, Lily Jane mégis úgy érezte, sokkal több támogatót talált, mint amire valaha számított. Az ötletét fogadó lelkesedés még inkább bizakodással töltötte el, amikor pedig a bemutató előtti napokban a plakátjai elárasztották a belváros épületeit, legszívesebben kiugrott volna a bőréből.

A plakát színes fényekbe burkolta nevét, aminek láttán majdnem sírva fakadt örömében. Alig hitte el, amit lát. Annyi nehézség és megpróbáltatás után végre ott volt tisztán és olvashatóan.

Lily Jane Monroe, divattervező.

48.

– Tudom, hogy sietned kell, de félig kész tusvonallal akkor sem foglak elengedni – közölte mosolyogva Jules, aki Lily Jane sminkjén dolgozott éppen. Ezúttal a munkálat jelentősen kevesebb időt vett igénybe, mint bármelyik korábbi divatbemutató esetében. Most nem volt szükség többórás, monumentális maszkokhoz hasonlatos sminkre. Ezúttal Lily Jane kezében volt az irányítás. Csak és kizárólag ő volt a főnök.

A végeredmény önmagáért beszélt. Bár a lány kapott néhány tűzvörös fénycsíkot pillái köré, az összhatás sokkal inkább arcának természetes báját hangsúlyozta, semmint elrejtve az eredetit, újat varázsolt volna számára. Egy kis vörösre azonban mindenképpen szükség volt, hiszen az újjászülető főnix csak így lehetett teljes.

– Ugye tisztában vagy vele, hogy csak és kizárólag te viselheted a főnixruhát? – nézett mélyen a szemébe Will néhány nappal a bemutató előtt. Lily Jane valójában szerepelni sem igazán tervezett a bemutató alatt, az pedig egyáltalán nem jutott eszébe, hogy ő viselje a kollekció egyik darabját.

– Will, én nem igazán…

– Nemrég jöttem ki a kórházból. Képes lennél ellenkezni egy gyengélkedő akaratával? Hiszen az a legnagyobb álmom, hogy láthassalak abban a ruhában!

Erre már igazán nem mondhatott nemet. Valójában pedig egyáltalán nem bánta. A színfalak mögött állva, a tűzvörös ruhában, laza kontyba rendezett hajjal igazából hálás volt Will-nek. Tudta, hogy a fiú a közönség sorai közt, valószínűleg tűkön ülve várja a bemutató kezdetét, ez pedig őszinte lelkesedéssel töltötte el. Már csak néhány perc választotta el a nagy pillanattól. A szíve egyre erősebbeket dobbant, mígnem váratlanul egy jól ismert kéz érintésére lett figyelmes vállán.

Az édesanyja volt az.

– Csak szerettem volna ismét elmondani, mennyire büszke vagyok rád, kicsim. Nagyon hosszú út vezetett idáig, de most már tényleg itt vagy – mosolygott könnyekkel a szemében.

– Jaj, Anya ne sírj, mert akkor én is fogok és lefolyik a sminkünk! Jules ki fog nyírni minket!

– Igazad van – felelte nevetve az édesanyja, majd Lily Jane felé tartotta kezét felfedve a markában lapuló, aprócska ezüstgyűrűt – Ezt szerettem volna odaadni a bemutató kezdete előtt. Tudom, mennyire sokat jelentett neked az előző.

Lily Jane sminkje ekkor már valóban veszélyben forgott. Mutatóujjával igyekezett megakadályozni, hogy a szemében gyülekező könnyek utat törjenek maguknak és a gyűrűt ujjára húzva szorosan magához ölelte édesanyját. A különös üresség, amit a gyűrű elvesztése okozott egyszeriben megszűnt és végre újból a régi önmagának érezte magát. Jobban, mint valaha.

– Nagyi nagyon büszke lenne rád – suttogta Lily Jane fülébe az édesanyja, mire a lány lehunyta szemeit és magában remélte, hogy ez valóban így van.

A színpad melletti kivetítőn elindult a visszaszámlálás, Lily Jane pedig még egyszer utoljára megszorította édesanyja kezeit mielőtt a függönyhöz lépett.

Ava gyermeki, bájos nevetésére gondolt és arra a fájdalomra, amit túl korán kellett megtapasztalnia. Az édesanyja őszinte büszkeséget rejtő tekintetére. Angelára és Natashára, akik életüket áldozták volna a szerelemért. Jules örök optimizmusára még a legnehezebb időkben is. És a Nagymamájára, aki élete utolsó pillanatáig tele volt mérhetetlen szeretettel.

Mély levegőt véve megsimította az ujjain pihenő ezüstgyűrűket, miközben figyelte, ahogy a visszaszámláló eléri a nullát.

És abban a pillanatban kezdetét vette Lily Jane Monroe első saját divatbemutatója.

A lány a profik nyugalmával suhant végig a színpadon. A tűzvörös anyag valóságos futótűzként lebegett nyomában, miközben a közönség lélegzetvisszafojtva figyelte őt. Várt egy pillanatot mielőtt a színpad elejéhez érve szóra nyitotta száját. Minden egyes percet ki akart élvezni.

– Kedves közönség! Tisztelt megjelent divattervezők és érdeklődő vendégek! Azt hiszem, életem egyik legnagyobb lehetősége adódott számomra, amiért elmondhatatlanul hálás vagyok – kezdte a lány szélesen mosolyogva, sugárzó boldogságról árulkodó arccal – Hálával tartozom Piérre Dubois-nak, aki kitartóan és türelmesen kísérte végig pályafutásomat, valamint nagyban hozzájárult ahhoz a kezdeti lökéshez, amire óriási szükségem volt, bár ezt sok időbe telt felismernem. Hálával tartozom továbbá a legkiválóbb és legmosolygósabb sminkesnek, akivel valaha dolgom akadt, Jules Marshall-nak, a barátaimnak és a családomnak, akik mindvégig lelkesen támogattak. Különösképpen pedig Will Spencer-nek, aki nélkül ez a bemutató egészen biztosan nem jöhetett volna létre – a tömeget cikázva Lily Jane a fiú tekintete után kutatott, a sötétben azonban képtelenség lett volna egyetlen arcot is felismerni – Valószínűleg kissé meghökkentő lehet divatbemutatóm koncepciója, engedjék meg azonban, hogy lerántsam a bemutatót körbelengő rejtélyt! Eddigi életem során, különösképpen pedig mióta a divatipar meghatározó részét képezi mindennapjaimnak, többször volt lehetőségem szembesülni, mit is jelent valójában nőnek lenni. Nőnek lenni nem csupán születés kérdése. Nőnek lenni cseppet sem a babázásról, sminkelésről és a szép cipőkről szól. Sokkal több annál – a lány nagyot nyelt, majd távolba révedő tekintettel, mélyen a gondolataiba és emlékeibe merülve folytatta – Nőnek lenni maga egy üdvösség és egy átok is egyben. Sajnos azt kellett észrevennem, hogy nőként olyan helyzetek elé állít az élet, amelyekkel gyakran csak nagy nehézségek árán tudtam megküzdeni. Egyszer valaki azt mondta nekem, nagy erő az, ha az ember vonzó. Ha úgy néznek rá, mint egy darab húsra. Ezáltal manipulálni és irányítani tudja az embereket, valamint ebből kifolyólag a saját sorsát is. Sosem értettem egyet ezzel – mondta szemrebbenés nélkül – Vonzó, törékeny és érzékeny nőnek lenni valóban erő. De cseppet sem az irányítás és a manipuláció miatt. Sokkal inkább azért, mert ezek a gyönyörű, törékeny nők, akiket sajnos még jelen társadalmunk is gyakran elítél és megbélyegez, valójában nagy részben ők viszik előrébb világunkat. Bátran ki merem jelenteni, én büszke vagyok rá, hogy nő lehetek. Büszke vagyok arra a mérhetetlen megpróbáltatásra és fájdalomra, amelyet képes vagyok elviselni, mert nőnek születtem. Büszke vagyok rá, hogy egy ilyen erős és bátor nem képviselőjének mondhatom magamat. Büszke vagyok, amikor édesanyámra nézek, büszke vagyok, amikor a kishúgomat látom, és mérhetetlenül büszke vagyok, ha elhunyt Nagymamám emlékére gondolok, aki az egyik legcsodálatosabb ember volt ezen a Földön – Lily Jane elérzékenyülve torpant meg egy pillanatra, majd erőteljes, határozott hangon folytatta – Ezért hát szerettem volna, ha első saját bemutatómon az én életem leggyönyörűbb, legbátrabb és leginspirálóbb női szereplői mutatják be a ruhákat. Szeretném megmutatni, hogy a ruhák, amelyeket terveztem nem csodaszép anyaguk, vagy éppen díszítésük miatt válnak varázslatossá. Azért lesznek a szokásosnál csodálatosabbak, mert valódi, maszk nélküli, őszinte önmagukban fogják viselni a számomra oly sokat jelentő nők. Köszönöm, hogy meghallgattak és kérem, engedjék meg, hogy a divatbemutató alatt bemutassam Önöknek ezeket a csodálatos személyeket! Ezennel megnyitom első saját divatbemutatómat. Szeretet. Szenvedély. Bátorság. Ezek vagyunk mi, nők.

Lily Jane úgy ejtette ki a szavakat, mintha egész élete minden fájdalmát beléjük akarná sűríteni. A színpad hátsó részének széléhez húzódva, az óriási kivetítő mellett megállva figyelte, ahogy kezdetét veszi a divatbemutató, miközben ismét szájához emelte a mikrofont. A háttérben halk aláfestő zene csendült, amint beszélni kezdett.

– Ava Monroe, a kishúgom. A legelevenebb és legenergikusabb ember, akit ismerek. Ami pedig ennél is figyelemreméltóbb, teljesen mindegy, mi történik, Ava mindig minden körülmények között képes mosolyogni – a temetésen zokogó kislány emléke fájdalmasan nyilallt Lily Jane szívébe, miközben Ava félénken mosolygó alakja jelent meg a színpadon. Egy lenge, rózsaszín ruhát viselt, a felsőrészén elegáns virágokat idéző csipkedíszítéssel – Azért terveztem számára ezt a ruhát, mert a rózsaszín a szeretet színe és lássuk be, egy valóságos hercegnőként fest benne! – Ava elégedetten suhant körbe, majd büszke mosollyal az arcán távozott a színpadról. Natasha követte őt, egy testhez simuló, sötétzöld estélyiben – A legjobb barátnőm, Natasha Wilde. Amellett, hogy igéző drágakőként pompázik ebben a smaragdzöld ruhában, Natasha az egyetem jogi karának egyik legkiválóbb diákja. Törvénycikkek és jogszabályok ezreit képes eldarálni néhány perc alatt és olyan széleskörű lexikális tudással rendelkezik, mint nagyon kevesen. Ezt követően további értelmiségi hölgyek lengtek végig a kifutón. A modellek közt jelen volt Natasha néhány jogász, ügyvéd ismerőse, de akadtak az egyetemről biológushallgatók, illetve egy orvostanhallgató is, aki különféle rákos betegségek kimutatását segítő technológiákon dolgozott éppen. Miután Lily Jane bemutatta a rengeteg okos, intelligens és óriási tudással rendelkező hölgyet, ismét személyesebb hangvételre váltott.

– Angela O'Connor, az egyik legsikeresebb plussize modell. Angela nem fél megmutatni alakját a nyilvánosság előtt még akkor sem, ha nem pontosan felel meg a mai trendeknek. Bátran felvállalja tökéletlenségeit, amik valójában csodaszéppé teszik őt, ez az őszinteség pedig elképesztően értékes és becsületre méltó. Emellett Angela az egyetem gazdaságtudományi karának hallgatója. Azért választottam számára ezt a vöröses árnyalatú ruhát, mert a szerelem és a szenvedély jelképeként illik ehhez a csodálatos nőhöz, aki bármiféle megpróbáltatást legyőzve tart ki amellett, akit szeret – Lily Jane a lányra kacsintott, miközben az kecsesen távozott a színpadról. Meg is jelent a következő modell, egy hófehér selyemruhában, amely akár menyasszonyi ruhaként is szolgálhatott volna – Jules Marshall, a legvidámabb és legtehetségesebb sminkes, akit ismerek. Jules pozitivitása bármilyen nehéz helyzetben állja a sarat, bárminemű problémához képes tiszta fejjel, átgondoltan hozzáállni, majd megoldani. Egy igazi kincs, nem csoda hát, hogy egy hófehér ruhát választottam számára, amely lelkének tisztaságát jelképezi és azt a felhőtlen boldogságot, amit a jövőre kívánok neki, mert őszintén megérdemli.

Ezt követően egy valódi meglepetés, egy üde, sugárzó mosolyú szépség jelent meg a színpadon. Will nagymamája. Lily Jane könnyes szemekkel figyelte, amint leírhatatlan boldogsággal az arcán lejtett végig a színpadon gyönyörű, ezernyi színben pompázó koktélruhájában, amit egy hófehér, fodros szegélyű kardigánnal bolondítottak meg – Legkedvesebb barátom, Will Spencer drága nagymamája, Margaret. Amellett, hogy Margaret a divat szerelmese és minden körülmények között tökéletes és makulátlan megjelenésű, odaadó, szerető nagymama és egy csodálatos ember, akit valódi ajándék ismerni. Bölcs mondásai és mérhetetlen szeretete bármilyen szörnyű napot napsütésbe és mosolyokba burkol. Különleges ruhája, amelyet visel sokszínűségét és derűs jellemét hivatott képviselni.

A közönség úgy tapsolt az idős hölgynek, mint egy valóságos szupersztárnak. A Will nagymamájának szemében tükröződő öröm láttán pedig Lily Jane úgy érezte, már megérte megvalósítani ötletét. Margaretet a színpadon Mrs. Blair alakja követte, aki csodaszép, bézsszínű ruhában pompázott, majd büszke mosolyt küldött Lily Jane felé, mielőtt távozott a színpadról.

– A most következő modell a kollekció utolsó darabját mutatja be. Nem véletlenül hagytam utoljára, hiszen nagyon fontos számomra és szerettem volna különös figyelmet szentelni neki. Arról a csodálatos nőről van szó, aki a legnehezebb napokat is megkönnyíti számomra, akire mindig, feltétel nélkül számíthatok és, akinek az életemet köszönhetem. Kérem, fogadják sok szeretettel az édesanyámat – a közönség ismét óriási tapsviharban tört ki, miközben Lily Jane édesanyja könnyes szemekkel, elérzékenyült mosollyal az arcán jelent meg a színpadon. Több figyelemreméltó ruha is volt a kollekció darabjai között, minden kétséget kizáróan azonban az övé volt a legkülönlegesebb. Egy törtfehér színű ruhát viselt, amelynek tüllszoknyája terebélyesen terült szét háta mögött, miközben haladt, milliónyi, apró virággal díszítve. Lily Jane édesanyja királynőhöz méltó léptekkel, őszinte boldogságról és büszkeségről árulkodó mosollyal lengett végig a színpadon. Ez volt az ő pillanata. Mindenki őt figyelte lélegzetvisszafojtva, némán, mintha megállt volna az idő és mindenki ugyanabban a pillanatban döbbent volna rá, mennyire csodálatos személy jelent is meg valójában a színpadon. Lily Jane majdnem elsírta magát a láttán. Úgy érezte, azután a rengeteg fájdalom és szenvedés után végre révbe értek és igenis van igazság ezen a Földön, hiszen most mindenki az ő varázslatos, gyönyörű, bátor és erős anyukáját csodálja. Nem kellett ennél több. Ez abban a néhány pillanatban képes volt élete minden addigi fájdalmát elfelejtetni vele. A lány képtelen volt egyetlen szót is kiejteni száján, könnyekkel a szemében nézte gyönyörű édesanyját, aki aztán lassan odalépdelt hozzá és szorosan magához ölelte őt.

A bemutató a végéhez ért, egyetlen dolog maradt hátra csupán. Az összes modell visszatért hozzájuk a színpadra, közrefogva Lily Jane-t, aki szemeit törölgetve emelte ismét szájához a mikrofont. A színpad hátsó felénél elhelyezett kivetítőn nagymamája mosolygós arca jelent meg, mire Lily Jane mély levegőt véve szóra nyitotta száját.

– Végezetül pedig, habár ő már sajnos nem lehetett jelen a bemutatón, pedig biztos vagyok benne, hogy mindenkit elvarázsolt volna, szeretnék köszönetet mondani drága nagymamámnak. Az ő emlékének szentelném ezt a bemutatót, hiszen ő volt az egyik legmeghatározóbb és legfontosabb példakép, egy csodálatos nő az életemben – Lily Jane hangja elcsuklott, ajkait összeszorítva igyekezett összeszedni magát – Nagyon köszönöm, hogy megjelentek és köszönöm mindenkinek, aki hozzásegített ehhez a nagyszerű lehetőséghez!

A közönség nem várt intenzitással, egy emberként állt fel a helyéről, majd a teret óriási, hangos tapsvihar zengte be. A lámpák felkapcsolását követően elégedett, lenyűgözött szempárok szegeződtek a lányra, sokan büszkén bólogattak, fütyültek és voltak olyanok is, akik könnyes szemeiket törölgetve, elismerően ütögették össze tenyereiket.

Akkor már képtelen volt visszafogni magát. Lily Jane szemeit boldog, mérhetetlen megkönnyebbüléstől csorduló könnycseppek árasztották el, ezúttal pedig már utat is engedett nekik.

– Őszintén gratulálok! Ez elképesztő!

– Ez egyszerűen fantasztikus volt!

– Valódi őstehetség!

– Merész elképzelés, tökéletes kivitelezés! – bólogattak elismerősen az első sorokban a divattervezők, hamarosan pedig Will rohant fel a színpadra, hogy magához ölelje barátnőjét. Ő is sírt és még csak meg sem próbálta leplezni.

– El sem tudom mondani, mennyire büszke vagyok rád, LJ.

– És én is – hallottak egy ismerős, mély férfihangot a hátuk mögül. Piérre Dubois volt az, aki Valentine Gauthier, francia divattervezővel az oldalán lépett a lányhoz. Lenyűgözve mosolygott Lily Jane-re, miközben hitetlenül rázta a fejét – Persze elképesztően hatásos volt az ötlet, de azért ne suhanjunk át a tény fölött, hogy valódi mesterműveket terveztél, Lily Jane.

Kiérdemelte. Most már Lily Jane volt. Nem kislány és nem kisasszony. Lily Jane Monroe.

– Nagyon köszönöm, én…

– Innentől határ a csillagos ég. Nagyobb a kezdőlöketed, mint egy kilőtt űrhajónak.

Dubois tekintete bocsánatkérő volt, bár szavakkal nem mondta ki és Lily Jane pontosan tudta, hogy soha nem is fogja. Alábecsülte őt és megbélyegezte, miszerint egy törékeny kislány, ezúttal azonban sikerült bizonyítania, ez pedig Dubois tekintetéből egyértelműen sugárzott, nem volt hát szükség szavakkal kifejezett bocsánatkérésre. Lily Jane-nek a hosszú ideje várt, elismerő tekintet tökéletesen elég volt.

A közönség soraiból többen továbbra is őt bámulták elképedt mosolyokkal arcukon, Lily Jane pedig igyekezett mindenki mosolyát viszonozni. Így vándorolt tekintete az első sorban helyükről felállva beszélgető Edwards-házaspárra is, akik egyetlen pillantást sem pazaroltak a lányra. Emma is mellettük álldogált, a telefonját nyomkodta éppen. Lily Jane szíve valamiért összeszorult kissé a látványukra, a tekintete azonban továbbvándorolt és észrevette, hogy Matt széke üresen állt, így végül mégis megnyugodott. Egy percig sem nézte tovább a családot, amelyhez oly kettős érzelmek fűzték, inkább megfordult és belevetette magát a színpadon nevetgélő szerettei körébe.

Az édesanyja, Will, Natasha és Ava ölelésében aztán már eszébe sem jutott a fiúra gondolni többé. Sokkal inkább az járt a fejében, bár eltért a malacpersely eredeti céljától, milliószor többet ért ez az élmény bármilyen drága, barbadosi luxusnyaralásnál.

Szokás szerint Will vállára hajtotta a fejét, miközben továbbra is a kivetítőn mosolygó nagymamára nézett és némán köszönetet mondott, Will pedig halkan a fülébe suttogta:

– Egészen biztosan büszke rád.

A kép hirtelenjében mintha még fényesebben ragyogta volna be a bemutatótermet, Lily Jane pedig most már nem csupán remélte, hanem biztosan tudta, hogy így van.

49.

Nehéz volt felocsúdni a bemutató sikere okozta
eufóriából. Őszintén szólva pedig Lily Jane nem is
igazán akart felocsúdni belőle. Képtelen volt
hozzászokni, hogy az újságok címlapjáról a saját
neve és arca néz vissza rá. Akárhányszor elment egy
újságos mellett izgatottan nézte meg a cikkeket újból
és újból, mintha nem tudná elhinni, hogy valóban ez
az igazság.

– Ha tudnád, hányan irigyelnek most – ölelte át a
vállát Will, miközben a belváros utcáin sétálgatva a
lány egyre csak az újságárusok polcai felé pislogott.
A kollégium felé tartottak éppen. Mind otthon
tervezték tölteni a nyár utolsó heteit, a tanév alatt
felgyűlt dolgaik bedobozolása azonban több időt vett
igénybe, mint azt gondolták.

– Azt hiszem, még nem sikerült feldolgoznom ezt az
egészet. Annyira hihetetlen, hogy tényleg
megtörtént.

– Gondolkodtál már, mikorra tervezed a következő
bemutatót?

Lily Jane előtt ezúttal már nem állt anyagi akadály.
A divatbemutató nem várt bevételt hozott és bőven
akadtak szponzorai is.

– Fogalmam sincs – vonta meg a vállát mégis – Bár
nagyon sok ötletem van, azt hiszem, a nyáron ideje
végre pihenni egy kicsit. Igazán ránk fér.

– Az egyszer biztos. Nem semmi éven vagyunk túl.

– És neked mik a terveid? – pillantott kíváncsian a
fiúra.

– Hasonlóak a te ötleteidhez. Szeretném kipihenni
magam. Lelkileg. A nagymamámhoz költözöm erre

a pár hétre, nem tudom, mikor leszek képes szembenézni a szüleimmel.

Will igyekezett erősnek látszani, mosolya mögül azonban mégis előbújt a szomorúság. Lily Jane közelebb húzódott hozzá és belékarolva igyekezett bíztató arckifejezést ölteni.

– Nagyon büszkék lehetnének rád és ezt ők is fel fogják ismerni. Előbb, vagy utóbb.

– Azt hiszem, inkább utóbb – nevetett Will, a lány pedig komoly tekintettel pillantott rá – Nem rossz emberek ők, LJ, csak nagyon másként gondolkodnak, mint mi.

– Na, és mi a helyzet Peter-el?

– Peter összeszedte minden megtakarított pénzét és elköltözött otthonról. Már nem a szüleinek dolgozik, hanem egy belvárosi, egészen népszerű étteremben. Remélem, a szülei visszahívják majd idővel, mert eléggé fáj, hogy miattam kellett lemondania az álmáról.

– Új álma lett, Will – szorította meg a karját Lily Jane – Te vagy az.

– Ez akkor sem fair.

– De így legalább nagyjából megoldódott a helyzet?

– Ezt így nem mondanám – felelte a fiú, miközben a kollégiumba érve a lányok szobája felé vették az irányt a folyosón – Viszont lényegesen többet tudunk találkozni, mint azelőtt. És azt hiszem… egy kicsit talán meg is nyugodtunk végre mindketten.

Lily Jane őszinte megkönnyebbüléssel a tekintetében bólintott.

– Ennek nagyon örülök, Will. Senki sem érdemli meg jobban a boldogságot, mint ti.

– Te is megérdemelnéd – simította meg a lány arcát, mire az értetlenül vágta rá.

– Hiszen én boldog vagyok.

– Tudod, hogy értettem – sóhajtotta Will, majd félve kérdezte – Nem is hallottál felőle?

– Nem, Will. Matt a bemutatóra sem jött el, pedig megtehette volna. Már abban sem vagyok biztos, hogy valaha szeretett engem. De azt hiszem, ez nem is számít már.

– Szeretett téged, LJ.

– Ugyan miből gondolod?

– Abból, hogy téged egyszerűen képtelenség nem szeretni – mosolygott Will, Lily Jane pedig kissé elérzékenyülve nyitott be a kollégiumi szobába, ahol Natasha furcsán izgatott vigyorával találta szemben magát. A padlón mindenütt telepakolt kartondobozok hevertek, Lily Jane-nek már a puszta látványukra is elment a kedve a további pakolászástól.

– Minek örülsz ennyire, Nat? Mondd el, hátha én is örülni fogok, mert ez a felfordulás, ami itt van egyszerűen már elviselhetetlen.

– Én nem örülök semminek – tárta szét karjait a lány továbbra is széles mosollyal az arcán, majd Lily Jane a háta mögé pillantva észrevette, hogy Will is követte a lány példáját. Úgy néztek rá, mintha a világ legizgalmasabb titkának tudói lennének, Lily Jane pedig értetlenül pillantgatott egyikről a másikra.

– Most már mondjátok el, mert kezdek megijedni!

– Menj be a szobába és megtudod! – felelték egyszerre, Lily Jane pedig összevont szemöldökkel, lassan besétált a hálószobába. Eleinte semmi különöset nem látott, hamarosan azonban megpillantott az íróasztalán egy malacperselyt. Hasonló volt ahhoz, amit összetört a divatbemutató előtt, közelebbről megvizsgálva pedig egy papír cetlit pillantott meg a malac hasára ragasztva. Egyetlen szó állt rajta.

Barbados.

– Mi ez az egész? – vette kezei közé a perselyt továbbra sem értve, miről lehet szó. Úgy tűnt, Natasha és Will mindjárt kiugranak a bőrükből.

– A persely nem arra való, hogy összetörjék? – kérdezte Will sokatmondó mosollyal, Lily Jane pedig egy pillanatra elgondolkodott.

– Túl szép ez a persely. Nincs szívem összetörni. Honnan van?

– Jaj, az Isten szerelmére, vágd már az asztalhoz! – nyögte ki Natasha türelmetlenül, mire Lily Jane megvonta a vállát és egy határozott mozdulattal az asztal széléhez ütötte a perselyt.

A malac belseje hangos csörömpölés kíséretében egy újabb papír cetlit fedett fel, ez azonban jelentősen nagyobb volt az előzőnél. Lily Jane lehajolt, hogy felvegye a földről és megnézze a tartalmát. Nem akart hinni a szemének.

– Ez ugye... ez most... Uramisten, ez komoly? – kérdezte kezét a szája elé emelve, elkerekedett szemekkel, leírhatatlan döbbenettel arcán.

A papír valójában egy repülőjegy volt. Barbadosra.

Will és Natasha a lányhoz siettek, hogy magukhoz ölelhessék, ő azonban teljesen megbabonázva, hitetlenül meredt a kezében tartott repülőjegyre.

– A napokban Dubois behívott a stúdióba, mert szeretné, ha továbbra is részt vennék társtervezőként a bemutatói során. Elég mélyen elbeszélgettünk, mert szeretett volna biztos lenni abban, hogy lelkileg már helyrejöttem kissé. Szóba jöttél és nagyon sokat meséltem rólad. Elmondtam neki, hogy képes voltál darabokra törni az évek óta kuporgatott pénzedet gyűjtő malacperselyt, amit egy barbadosi nyaralásra szántál eredetileg, hogy önerőből megvalósíthasd a bemutatódat. Nagyon érdeklődő volt a dologgal kapcsolatban és ragaszkodott hozzá, hogy tegyen valamit az ügy érdekében. Azt hiszem, valódi bocsánatkérést sosem fogunk hallani a szájából, ez viszont sokkal jobb annál. Úgy tűnik, ő így közli, hogy sajnálja.

Lily Jane döbbenten hallgatta Will szavait. Ha addig nehezére esett elhinni, hogy ez tényleg a valóság, akkor abban a pillanatban már őszintén kezdett kételkedni abban, vajon nem csak álmodik-e. Natasha és Will őszinte örömtől sugárzó tekintete azonban biztosította arról, hogy ez nem csak álom, ez tényleg, őszintén a valóság.

– Gyertek ide! – suttogta széttárva karjait, a barátai pedig úgy ölelték magukhoz, mint a legértékesebb kincset a világon.

– Mész Barbadosra! – kiabálták felváltva Lily Jane fülébe, a lány azonban csak könnyes szemekkel szorította magához őket és halkan, alig hallhatóan, talán csak a saját maga megerősítésére, suttogva felelte.

– Megyek Barbadosra…

50.

Ahogy regényem elején említettem, sokféle dolog megihlethet egy művészt. Ihletforrásként szolgálhat a természet, más művészek alkotásai, maga az élet és az annak lépcsőfokain megismerésre váró érzelmek is. Ezen bonyolult és furfangos érzelmek közül is pedig leginkább a fájdalom.

Lily Jane is ezen töprengett éppen. Talán Will nagymamájának valóban igaza volt. Bár, ha jobban belegondolunk, nem gyakran fordult elő olyan alkalom, amikor ez másképpen lett volna. A művészek kárhozatként átélt fájdalmai valójában a kiteljesedés megteremtői voltak, a kín ajándék, amely az alkotás ihleteként használható.

A Nap forrón sütött, a hullámok fodrozódva simogatták Barbados partjait. És, bár abban a pillanatban a lány millió dolog kapcsán érzett hálát szívében, leginkább talán mégis a fájdalomért volt hálás. Valójában a szenvedés adott neki elegendő erőt, ez indította el a benne lakozó kiteljesedni vágyás lavináját.

Ehhez szükség volt minden apró fájdalomra, életének minden apró megpróbáltatása, lényegtelennek tűnő nehézsége ide vezetett.

Szükség volt Piérre Dubois hitetlenkedésére. Szükség volt arra, hogy ne bízzon benne, ezáltal felszította benne a dühöt és a tenni akarás vágyát, amely addig néma vulkánként szunnyadt lelkében, kitörésre várva.

Szükség volt Suzanne King-re, aki semmibe vette őt és minden divattervezőre, akik gúnyos mosollyal arcukon pillantottak rá.

Szükség volt a férfiak lekicsinylő megszólalásaira, Scott Edwards vezetésével. Általuk ébredt fel a lányban a vágy, hogy bebizonyítsa a női lét nagyságát, hogy felülkerekedjen a hímsoviniszta férfiak elképzelésein. Erre jó például szolgált Steve, akihez Lily Jane hatalmas sikerű bemutatója után magabiztos léptekkel tért be egy kávéra. Pontosan tudta, hogy a nap mely szakaszában találja majd ott a férfit, Natashával szélesen mosolyogva libbentek hát be az ajtón a jól ismert helyre, ezúttal vásárlókként. Legnagyobb meglepetésükre Steve-el egyenesen a kasszánál állva találták szemben magukat. A férfi rájuk sikló tekintete többet ért minden szónál és minden sérelmükért kárpótolta őket. Elvörösödve fordított hátat nekik, Lily Jane azonban céltudatos léptekkel a pulthoz sétált.

– Két jegeskávét szeretnénk vaníliafagyival és egy kis fahéjjal, ha nem esik nehezedre – mondta, Natasha pedig visszafojtott nevetéssel álldogált mellette. Steve egy szó nélkül nekilátott elkészíteni a rendelést, Lily Jane azonban nem érte be ennyivel oly sok évnyi megaláztatás után – Hogyhogy te végzed a piszkos munkát, Steve? Nem volt jelentkező? Pedig egészen kellemes ez a hely… mondjuk, gondolom, nem ezzel van itt a probléma.

– Egyelőre nem találtam új jelentkezőket a helyetekre. Egyelőre.

Natasha néhány héttel azelőtt hagyta ott a kávézót, mert gyakornoki állást kapott egy ügyvéd asszisztenseként.

– Talán a fizetéssel van a gond. Igaz, lehet belőle venni havonta egy-két pár cipőt. Na, jó, inkább csak egy felet – Steve a szemét forgatta a kijelentés hallatán, kapkodva készítette a kávékat, látszólag alig várta, hogy a lányok távozzanak – Mondjuk a főnöki bánásmód sem a legkellemesebb. Bár, ha valaki el bírja viselni a folytonos undorító, szexista beszólásokat…

– És az izzadságszagot – tette hozzá Natasha tettetett komolysággal az arcán.

Steve úgy tette le eléjük a két jegeskávét, mint aki menten felrobban. Az arca égett és a füle tövéig rákvörössé vált, szemöldökét pedig haragosan húzta össze. Lily Jane már majdnem megsajnálta, végül csak jó adag borravalót nyomott a kezébe és elegánsan a hajára tolva napszemüvegét, félvállról szólt vissza.

– Senkivel sem bánhatsz úgy, ahogy velünk bántál, Steve. Egy jó tanács: ha találsz két csak feleannyira belevaló csajszit, mint mi voltunk, akkor jól becsüld meg őket és tanuld meg befogni!

A lányok diadalmasan hagyták hátra a magában puffogó férfit, majd a kávézóból kiérve egymásra néztek és hangos nevetésben törtek ki.

Mint említettem azonban, lényegében mégis hálás lehetett még Steve goromba megjegyzéseiért is. Szükség volt erre az apró megpróbáltatásra, hiszen ez is formálta és alakította jellemét, hogy bátor és erős nővé válhasson.

Emellett szükség volt az édesapja okozta fájdalomra, amiért bár sosem lesz képes hálásnak lenni, végül mégis az alkotás varázsával hozhatta párhuzamba. Talán egész életében bizonytalan lesz és kételyek övezik majd, tudta azonban, hogy ez a fájdalom tette őt azzá, aki. Erősebbé, mint valaha is volt. És tudta, hogy meg kell bocsátania. Egyszerűen képtelen volt már a szívében hordozni többé az évek alatt cipelt súlyt, fel akarta adni végre az önmagával vívott, végeláthatatlan küzdelmet. Nem harcolt többé. Elfogadta a sorsát és beletörődött a történtekbe. Belátta, hogy vannak emberek, akiket nem egész életünkben szánt mellénk a Sors és, hogy olykor el kell engedni még azokat is, akiket a legjobban szeretünk.

Abban a néhány percben lehunyta szemeit a barbadosi tengerparton egy napozóágyban pihenve és megbocsátott az édesapjának. A lelkéről, mintha egy óriási sziklát emeltek volna le, önmagát szabadította fel a fájdalom alól valójában. Végre véget ért a végeláthatatlannak tűnő háború és valahogyan, mintha még a habok is kissé lágyabban fodrozódtak volna vízbe lógatott lábai körül.

Az édesapja talán sosem volt az szuperhős, akinek egykor gondolta őt, mégis az édesapja volt. És a szíve mélyén pontosan tudta, hogy képtelen lenne nem szeretni őt.

Már csak egy dolog maradt hátra. Tudta, hogy meg kell bocsátania még egy valakinek.

Matt Edwards. Akit élete egyetlen értelmének, földi megmentőjének és igaz szerelmének gondolt egykor. Nehéz volt elfelejteni őt, olykor úgy érezte, talán sosem lesz képes rá. A napok múltával azonban már akadtak percek, majd egész órák is, amikor a fiú elkerülte gondolatait, ez pedig nagyon jó előjel volt.

Matt-nek ő csak egy lány volt. Ő nem az érző, értékes emberi lényt látta benne, aki segített rajta, megmentette önmagától és mindennél jobban szerette őt. Csak egy lányt, akit megcsókolt, akivel elhitette a hazugságait és véghezvitte játékait. Ez talán még mindig fájón nyilallt a szívébe olykor, mégis bízott abban, hogy egyszer útjába akad majd egy férfi, aki nem csupán a vonzó nőt látja benne, hanem valódi emberi értékekkel rendelkező társat. Aki büszke lesz rá, tiszteli és megbecsüli. És, aki úgy szereti majd, ahogyan azt valójában megérdemli.

Lily Jane megbocsátott Matt-nek. Nem akart haragudni többé és tisztában volt vele, hogy minden megtörtént szörnyűség ellenére egyszerűen képtelen lenne gyűlölni a fiút. És nem is akarta gyűlölni őt többé. Felismerte, hogy nem veheti magára az emberek jelleme okozta terheket, egyszerűen elfogadta őt olyannak, amilyen és végre megajándékozta magát azzal a csodálatos ajándékkal, hogy elengedje őt.

Lily Jane szabadnak érezte magát, miközben a parton üldögélve édesanyja nevét kereste elő telefonja névjegyzékéből. Hangja hallatán egyből otthon érezte magát még, ha többszáz kilométerre voltak is egymástól.

– Szia, kicsim! Már aggódtam, hogy nem hívtál? Minden rendben van?

Lily Jane egy kósza könnycseppet törölt ki szeméből.

– Igen, Anya, minden rendben van. A parton ülök éppen és... megy le a Nap. Annyira gyönyörű és csak eszembe jutott, hogy bárcsak láthatnád! – szipogta nevetve.

– Biztos, hogy minden rendben? Ugye nem sírsz?

– Ennyire rendben még sosem voltak a dolgok, Anya – nevetett fel újból, majd néhány pillanatnyi hallgatás után halkan suttogta – Nagyon szeretlek.

– Én is szeretlek, kicsim!

Talán Barbados különös varázsa kellett hozzá, talán az átélt fájdalmak okozta művészi megvilágosulás, de az az este sokkal meghatározóbb élménnyé nőtte ki magát a lány életében, mint azt valaha is el tudta volna képzelni. A parton üldögélve, édesanyja otthoni beszámolóját hallgatva nem csak a tengerpart és az egyedüllét tette őt szabaddá, hanem egy ettől jóval nagyobb felfedezés.

Azon a napon, Barbados kéklő vizének fodrozódó habjait csodálva Lily Jane végül megtalálta önmagát.

Epilógus

Néhány évvel később egy bájos arcú, fiatal hölgy London belvárosa felé közeledve, szelíd mosollyal az arcán pillantott ki egy taxi ablakán. Legújabb kollekciója világhírének köszönhetően az egész kontinenst körbeutazta, hogy különböző országok neves tervezői előtt mutathassa meg tehetségét. Laza kontyba rendezett hajából néhány rakoncátlanul kilógó tincs arról árulkodott, hosszú, fárasztó napokon volt túl éppen, Londonhoz közeledve azonban mégis különös nyugalom járta át. Az utcák, sőt, még a fák is ismerősek voltak; tudta, hol lehet kapni a legfinomabb pékárut és hová érdemes fordulni, ha az ember elfogadható áron szeretne szép új frizurát. Ez volt az otthona. Minden egyes milliméterét ismerte. Vagy talán mégsem?

A város felé közeledve váratlanul idegennek tetsző vidékre tévedtek. A fiatal hölgy összevont szemöldökkel hajolt előre az ülésen.

– Biztos, hogy jó felé megyünk?

– Igen, hölgyem. Ezt az utat nemrég építették, eddig földút volt helyette. Nyílt azonban egy új étterem errefelé és a tulaj elintézte, hogy normális utat építsenek, így könnyebben megközelíthető.

– Ó, értem. És miféle étterem?

– Kellemes hely. Azt mondják, érdemes kipróbálni, bár az árak nem túl alacsonyak.

– Azt hiszem, van még egy kis időnk. Arra fordulna, kérem?

A taxisofőr mosolyogva bólintott, a fiatal hölgy pedig újból kényelembe helyezte magát a hátsó ülésen.

Az étterem valóban közel volt, a taxi néhány perccel később egy takarosnak tűnő vendéglő parkolójába fordult, a fiatal hölgy pedig összevont szemöldökkel olvasta az épület tetején fénylő, arany betűkkel írt szavakat: *Lost Joy.*

– *Tovatűnt örömök* – motyogta magában – Lehetne ennél lehangolóbb nevet adni egy étteremnek?

A taxisofőr felnevetett és látszólag egyetértve csóválta a fejét.

A negatív csengésű név ellenére a hely azonban meglepően barátságosnak tűnt. A kis faasztalok körül színes ülőpárnákkal ellátott székek sorakoztak, a falon fényfüzérek és virágok emelték a helyiség hangulatát. A levegőben mennyei illatok terjengtek, helyet foglalva pedig azonnal odalépett egy mosolygó pincér, hogy üdvözölje és étlappal kínálja a betérőt.

– Mit hozhatok?

A fiatal hölgy udvariasságból vetett egy pillantást az étlapra, majd szokásához híven felelt.

– Mi a séf ajánlata?

– Félig átsült T-bone steak párolt zöldségkörettel.

Összerezzent a válasz hallatán, majd zavarában elkapta és ismét az étlapra szegezte tekintetét. Ekkor azonban újabb különös észrevételt tett. Az étlap tetején az épületen látható felirathoz hasonlóan ott ragyogott aranyló betűivel a *Lost Joy* felirat, alatta pedig az étterem logója nézett vissza rá.

A logó kör alakú volt közepén egy karcsú női alakkal, akinek egyik felén angyal-, másikon démoni szárny volt látható, két oldalán az étterem nevének kezdőbetűivel.

LJ.

A hölgy a szája elé emelte kezét, majd elkerekedett szemekkel pillantott a kíváncsian pislogó pincérre.

– Valami baj van?

– Nem, semmi – felelte kínosan nevetve a hölgy – Megkérdezhetem, hogy ki ennek az étteremnek a tulajdonosa?

A pincér értetlenül húzta össze szemöldökét.

– Mr. Matt Edwards.

A hölgy szemeiben könnyek csillogtak, a torkában pedig óriási gombóc növekedett. Meghatódva pillantott újból körbe az étteremben, amelyben ezúttal már valóban felismerte régi ismerőse jellegzetes stílusát. A falak polcain sorakozó híres italok, a mindent behálózó fényfüzérek, a meggypiros ülőpárnák... fogalma sem volt, hogy nem jött rá már a belépés pillanatában.

– Inkább csak egy limonádét kérnék, köszönöm.

A pincér bólintva távozott, ő pedig egyedül maradt gondolataival és a hirtelen rátörő, milliónyi emlék képével. Rég nem gondolt már a fiúra. Egy ideig azt hitte, sosem fog megszűnni az általa okozott fájdalom, csupán az idő múlásával tompábban fogják kísérteni őt az emlékek és valójában ez fogja csak enyhíteni kissé az egészet. Nem volt igaza. Az emlékek tompulásával a fájdalom is tovaszállt, az évek elteltével pedig immár csupán egy múltbéli történet maradt az egészből.

Lost Joy.

A limonádé elfogyasztása után a hölgy nem akart túl sokáig időzni tovább az étteremben. Furcsa, kissé talán kellemetlen érzés kerítette hatalmába odabent, amitől szeretett volna minél hamarabb megszabadulni. Amint felállt a helyéről és a kijárat felé indult, még gyorsan odalépett az őt kiszolgáló pincérhez.

– Átadna egy üzenetet Mr. Edwards-nak?

A pincér meglepetten fürkészte arcát, majd vállát megvonva bólintott.

– Persze.

– Csak azt szeretném mondani, hogy… szóval, hogy gyönyörű az étterme.

– És mit mondjak, ki üzeni?

A hölgy félénken túrt a hajába és már indult is ismét az ajtó felé, miközben válaszolt.

– Nem szükséges nevet mondani. Csak egy… régi barátja.

Az étteremből kilépve ismét szemben találta magát a hely nevét hirdető felirattal, a távolba révedve pedig a múlt kezdte hatalmába keríteni.

– Szeretlek, Lily Jane – suttogta egykor a fiú a nevét, mint a legszebb szót a világon – Te vagy minden örömöm forrása.

Az autóban ültek akkor, a csillagok alatt, a semmi közepén, ahogy ők hívták.

– Minden örömöm forrása – motyogta most maga elé a fiatal hölgy – *Tovatűnt örömök.*

Lost Joy.

Nevetve rázta meg a fejét, hogy elhessegesse a rátörő érzéseket, majd a taxiba ülve szólt a sofőrnek, hogy indulhatnak tovább.

– Gyors volt. Nem tetszett a hely?

– De igen, nagyon szép. Csak már… nem vagyok éhes.

A sofőr nevetve rázta meg a fejét, miközben beindította az autót.

– Kinek jutna eszébe éttermet nyitni a semmi közepén? Az egyetlen előnye, hogy innen sokkal kisebb az esély, hogy dugóba keveredik az ember a város felé.

– Mit mondott az előbb?

– Hogy kisebb az esélye…

– Nem, azelőtt.

– Azt, hogy a világvégén van ez a hely. Eddig még rendes út sem volt errefelé.

A hölgy hitetlenül meredt maga elé, miközben a taxi elindult.

– Állj! Várjon még egy kicsit, kérem!

A taxisofőr értetlenül vonta össze szemöldökét, a hölgy azonban rá sem hederített, kipattant az autóból és széles mosollyal az arcán újból körbetekintett a vidéken.

Hát tényleg ott volt. A semmi közepén. A világvégén.

Most már értette, miért volt egyszerre ismerős és különösen idegen a táj. Az üres puszta helyén álldogált az étterem, amelynek látványára ezúttal már képtelen volt visszafogni könnyeit. Egyszerre sírt és nevetett, miközben hitetlenül emelte az ég felé tekintetét. Lélekben teljesen máshol járt. Újból egyetemista volt és annak a fiúnak az oldalán üldögélt az autóban, akiért bármelyik pillanatban képes lett volna meghalni. A földre guggolt és úgy érintette meg a fűszálakat, mintha legkedvesebb titkának őrzői lettek volna. Aztán tenyerébe temette arcát és hitetlenül rázva fejét igyekezett visszatérni a valóságba.

– Indulhatunk – szipogta aztán visszahuppanva az ülésre, a sofőr pedig egyetlen kérdés nélkül elindult.

A parkolóból kifordulva Lily Jane valahogy úgy érezte, most lelt csak igazán megnyugvást a történtek után. És, bár az úton haladva egy különösen ismerős, meggypiros autó haladt el mellettük, amelyben mintha egy egykor ismert alak körvonalait vélte volna felfedezni, eszébe sem jutott utána járni a dolognak.

– Talán mégis van egy különös varázsa – motyogta a sofőr, felébresztve Lily Jane-t gondolataiból.

– Tessék?

– A helynek. Talán pont azért hangulatos, mert semmi sincs itt. Azért nem mindennap lehet az ember a semmi közepén.

– Ez így igaz. A semmi közepén lenni a legcsodálatosabb dolog tud lenni, higgye el nekem!

– nevetett fel, miközben a taxi tovasuhant eltávolodva az étteremtől, Lily Jane pedig újból elmerült gondolatainak tengerében.

Már nem volt teljesen jelen. A semmi közepének csillagos égboltja alatt sétált a távoli múlt emlékképei közt.

– Sajnálom, hogy ennyi fájdalmat okozok neked, LJ – suttogta Matt az éjszakában – Szeretném, ha olyan tökéletesek lennénk, mint a filmekben, de azt hiszem, én egyszerűen képtelen vagyok erre.

– Az élet nem egy romantikus film, Matt – felelte a lány – És nem is kell annak lennie. Engem nem zavar, ha kissé viharos a történetünk. Akkor is a miénk.

Lily Jane még sosem érezte annyira igaznak azon az estén kiejtett szavait, mint most. Valóban igaza volt. Nem minden szerelmes történetnek kell beteljesülő, örök boldogsággal végződnie. Vannak történetek, amelyek sajnos éppen valami kellős közepén érnek véget, ettől azonban nem lesznek kevésbé jelentőségteljesek, vagy kevésbé fontosak. Az életben nincs előre megírt forgatókönyv jól megkoreografált kezdettel és drámai befejezéssel. Az élet csak úgy véget ér és sajnos ez vonatkozik az életünk során átélt történetekre is.

Lily Jane Monroe és Matt Edwards története azonban akkor is az övék marad. Ez az ő történetük a maga kuszaságában, a maga egyszerű befejezetlenségében.

A taxi már látóhatáron túl járt a messzeségben, Lily Jane neve pedig örök időkre őrizte egy tökéletlenségekkel teli szerelem emlékét egy étterem logójának aranyló betűi közt, távol mindentől, a semmi közepén.

KÖSZÖNETNYILVÁNÍTÁS

Eddig sosem írtam köszönetnyilvánítást a könyveim végén. Egyrészt, mert általában csak nyers kéziratként maradtak meg a laptopom rejtett zugaiban. Másrészt, mert fogalmam sem volt, hogyan is kellene köszönetet mondanom annak a rengeteg embernek, akiknek hálás lehetek többek között ezen regény megszületéséért is.

Elsőként, szeretném megköszönni a csodálatos borítót Kapczár Botondnak, aki egyébként még az általa tervezett borítónál is csodálatosabb. Köszönöm, hogy ilyen jó barát vagy és, hogy mindig számíthatok rád!

Emellett köszönet illeti az anyukámat és a bátyámat, akik elviseltek még a könyv születésének időszakában is, amikor határozottan elviselhetetlen voltam. De, ahogy arra Lily Jane is ráébredt a történet végén, a fájdalom a legnagyobb ihletforrás, én pedig biztos vagyok benne, hogy engem ez a regény szabadított meg az elmúlt évek fájdalmaitól. Köszönöm, hogy kibírtátok még a legkibírhatatlanabb napjaimon is! Nálatok jobb családot nem is kívánhatnék.

Köszönöm a barátnőimnek, akik beleolvastak a kéziratba, hogy megtalálhassuk a legapróbb helyesírási hibákat is, amik elkerülték a figyelmemet. A könyvem valóságos szerkesztőivé nőttétek ki magatokat.

Köszönöm legkedvesebb gimnáziumi tanárnőim, Remeczki Adrienn és Lőrincz Gabriella motiváló segítségét, akik gyakran akkor támogattak tanácsaikkal, amikor nem is tudták, milyen nagy szükségem volt rá.

Szintén köszönet illeti drága kiskutyámat, Boglárkát, aki az ölemben fekve, mély álomról árulkodó szuszogásával tökéletes aláfestést nyújtott a könyvíráshoz. Köszönöm, hogy széppé teszed még a legborúsabb napokat is!

A nagypapám, aki sajnos már nincs velünk, nagyon lelkesen támogatta kislánykori divattervező álmaimat. Bár később más irányt vett az érdeklődésem, remélem, hogy ezzel a regénnyel egy kicsit mégis beteljesíthettem, amiről oly sokat beszélgettünk. Ő és Nagyi, aki engem mindig is a bájos és ártatlan Hófehérkére emlékeztetett, örök példaképként állnak előttem. Köszönöm, hogy ilyen csodálatos emberek voltatok!

Végezetül pedig szeretném megköszönni mindenkinek, aki akár pozitív, akár negatív tapasztalatokon keresztül hozzásegített, hogy azzá váljak, aki ma vagyok. Csalódások és szenvedések nélkül ez a regény sosem születhetett volna meg, ezért még életem legtöbb fájdalmát okozó emberinek is csak azt mondhatom:

Köszönöm. Őszintén köszönöm.